Schwangerschaftsabbrüche kranker/geschädigter Föten
und Neugeboreneneuthanasie

Europäische Hochschulschriften
Publications Universitaires Européennes
European University Studies

Reihe II
Rechtswissenschaft

Série II Series II
Droit
Law

Bd./Vol. 4328

PETER LANG
Frankfurt am Main · Berlin · Bern · Bruxelles · New York · Oxford · Wien

Maria Mattisseck-Neef

Schwangerschaftsabbrüche kranker/geschädigter Föten und Neugeboreneneuthanasie

Im rechtsvergleichenden Überblick mit den Niederlanden, Österreich und der Schweiz

PETER LANG
Europäischer Verlag der Wissenschaften

Bibliografische Information Der Deutschen Bibliothek
Die Deutsche Bibliothek verzeichnet diese Publikation in der Deutschen Nationalbibliografie; detaillierte bibliografische Daten sind im Internet über <http://dnb.ddb.de> abrufbar.

Zugl.: Freiburg (Breisgau), Univ., Diss., 2005

D 25
ISSN 0531-7312
ISBN 3-631-54847-8

www.peterlang.de

Für Franziska

Inhaltsverzeichnis

A. Einleitung

I. Früh- oder Neugeboreneneuthanasie

Die Thematik Sterben und Sterbenlassen beschäftigt die Menschheit schon seit langem. Dementsprechend wird die Problematik der Sterbehilfe mittlerweile in der ganzen Welt umfassend diskutiert.
Als spezielles Problem der Sterbehilfe rückt dabei die sog. Früh- oder Neugeboreneneuthanasie zunehmend in den Focus der Diskussionen. Es handelte sich hierbei zunächst um Fälle schwerst kranker oder behinderter Neugeborener, deren prognostizierte Lebenszeit stark begrenzt ist. Die Problematik wird heute aber zunehmend anhand weniger schweren Krankheitsfällen erörtert.

Euthanasie - griechisch „schöner Tod" - war ursprünglich ein Begriff aus der Philosophie der Stoa, wonach dem Menschen, dessen Leben im Alter durch Krankheit oder Gebrechen bestimmt wurde, ein Recht auf Freitod zugesprochen wurde. Später wandelte sich die Begriffsauslegung insbesondere unter christlichen Auffassungen dahingehend, daß der Arzt dem Kranken das Sterben durch schmerzbeseitigende oder -lindernde Mittel zu erleichtern habe.[1] Euthanasie bedeutet seither, einem bereits „im Sterben liegenden" Menschen, einem Moribunden, das Sterben zu erleichtern. Euthanasie wird dementsprechend überwiegend als „die durch Mitleid bestimmte, direkt gewollte und aktiv ins Werk gesetzte Lebensverkürzung bei einem unheilbaren Leiden und mehr oder minder großer Todesnähe"[2] definiert.
Bei der vorliegenden Problematik geschädigter Neugeborener befinden sich diese häufig aber nicht in Todesnähe, so daß hier nur in erweitertem Sinne von Euthanasie gesprochen werden kann. In der vorliegenden Bearbeitung wird dennoch der Begriff Neugeboreneneuthanasie zur Kennzeichnung der Problematik verwendet.

Die Frage nach der Zulässigkeit von Sterbehilfe allgemein und Sterbehilfe bei Neugeborenen im besonderen stellt sich aufgrund der Fortschritte in der Medizin gegenwärtig immer drängender, weil auch schwerst geschädigte Neugeborene aufgrund der neuen medizinischen Möglichkeiten - zumindest für einen

---

1 Bertelsmann Lexikon, Band 4, S. 341 f..

2 Engisch, in Laber, MedR 1990, 182 Fn. 4.

gewissen Zeitraum - am Leben erhalten werden können. Dabei stellt sich die konkrete Frage, ob in jedem Fall alle medizinischen Möglichkeiten zur Lebenserhaltung ausgeschöpft werden müssen und wo gegebenenfalls Grenzen gezogen werden können. Eine Grenzziehung ist aber gerade auch hinsichtlich der Behandlung weniger schwer geschädigter Neugeborener erforderlich, um etwaigen gesellschaftlichen Tendenzen und Mißbräuchen entgegenzuwirken.

II. Schwangerschaftsabbruch kranker/geschädigter Föten

Ein weiteres Problem der Medizin, welches infolge des stetigen medizinischen Fortschritts offensichtlich geworden ist, ist die Frage nach der Handhabung von Schwangerschaftsabbrüchen kranker/geschädigter Föten.
Da es heute möglich ist, bereits vor der Geburt Krankheiten und Schädigungen des Föten festzustellen, stellt sich die Frage, ob dieses menschliche Leben in zulässiger Weise beendet werden darf. Dabei ist zu berücksichtigen, daß in Deutschland, wie in vielen anderen Ländern auch, grundsätzlich ein Schwangerschaftsabbruch aufgrund des Anerkennens mütterlicher Interessen zumindest strafrechtlich zulässig sein kann.
Als Termini für Schwangerschaftsabbrüche aufgrund der Diagnose eines kranken/geschädigten Kindes wurden und werden verschiedene Begriffe verwendet, wie z.B. kindliche, eugenische, genetische oder embryopathische Indikation. Der Begriff der Eugenik trifft vorliegend die Problematik nicht, weil es gerade nicht um die allgemeine Auslese gesunder oder günstiger Erbanlagen zur Erhaltung der menschlichen Spezies, sondern vielmehr um die konkrete Existenz eines geschädigten Föten geht. Auch sind die möglichen Erkrankungen nicht allein genetisch bedingt, was der Begriff der genetischen Indikation indizieren könnte. In der vorliegenden Bearbeitung wird daher der Begriff der embryopathischen Indikation verwendet.

Als besondere Problematik der Schwangerschaftsabbrüche wegen embryopathischer Indikation sind die sog. Spätaborte anzusehen. Als Spätabbrüche werden die Schwangerschaftsabbrüche bezeichnet, die in einem so späten Stadium der Schwangerschaft durchgeführt werden, daß die Föten bereits außerhalb des Mutterleibs lebensfähig sind oder sein könnten. In diesen Fällen besteht die Möglichkeit einer „Lebendgeburt“ nach Schwangerschaftsabbruch, was zu weiteren Problemen wie die Frage nach der Behandlungspflicht, der Haftung des Arztes und der zusätzlichen Schädigung des Föten/Kindes führt. Zur Vermeidung solcher „Lebendgeburten“ wird bereits die Zulässigkeit des sog. Fetozids, das bedeutet das intrauterine Abtöten der Leibesfrucht, angedacht.

Fraglich ist also, ob auch der Abbruch einer Schwangerschaft aufgrund der Diagnose einer Krankheit/Schädigung zulässig ist oder sein sollte und gegebenenfalls unter welchen Voraussetzungen. Hierbei ist auch zu klären, ob die sog. Spätabbrüche zulässig sein sollen und wie mit deren Folgeproblemen umgegangen werden soll, insbesondere ob zur Verhinderung von „Lebendgeburten“ ein intrauteriner Fetozid zulässig sein soll.

III. Zusammenhang/Verbindung beider Thematiken

Nach Ansicht der Verfasserin sind die beiden Problembereiche Neugeboreneneuthanasie und embryopathische Indikation, insbesondere im Spätstadium, teilweise dergestalt miteinander verquickt, als Ausgangspunkt beider Themen menschliches Leben mit (schweren) Krankheiten oder Schädigungen ist.
Diesbezüglich stellt sich die Frage, ob die beiden Problembereiche rechtlich gleich behandelt werden müssen bzw. sollen, weil ein Rechtsgut, das menschliche Leben, betroffen ist. Bei einer Notwendigkeit differenzierender Handhabung der Probleme ist fraglich, ob nicht zumindest gewisse Parallelen bei der Problemlösung wünschenswert sind. Besonders interessant ist aber die Problemlösung im Bereich der Spätabtreibungen mit möglichen „Lebendgeburten“, weil hier die Grenzen der Problembereiche fließend sind bzw. miteinander vermischt werden können.

IV. Struktur und Ziel der Bearbeitung

Zum Gang der Bearbeitung:
Zunächst erfolgt im Teil B der Bearbeitung ein Überblick bzgl. der früheren Handhabung der Problematiken in der Geschichte, um ein Verständnis für heutige Auffassungen und gesetzliche Regelungen zu entwickeln. Ausgangspunkt hierbei ist die Antike bis zur Darstellung der Situation und Diskussion der beiden Problembereiche in Deutschland nach 1945.
Im anschließenden Teil C wird der Problembereich der Schwangerschaftsabbrüche wegen embryopathischer Indikation, insbesondere im Spätstadium der Schwangerschaft, abgehandelt. Ausgangspunkt ist dabei zunächst die gesetzliche Entwicklung zum Recht des Schwangerschaftsabbruchs allgemein und der

embryopathischen Indikation im besonderen bis zur heutigen gesetzlichen Regelung. Danach werden die Voraussetzungen und die Kritik an der gegenwärtigen Gesetzeslage dargestellt. Weiterhin werden auch die medizinischen Komponenten der Problematik wie die Pränataldiagnostik und die Präimplantationsdiagnostik überblickartig beleuchtet. Zum Schluß dieses Teils wird die Diskussion zur Lösung der Problematik bzw. für eine gesetzliche Neuregelung dargestellt und erörtert.
Teil D der Bearbeitung beschäftigt sich mit dem Problembereich der Neugeboreneneuthanasie. Ausgehend von der Aktualität dieser Problematik werden zunächst die Regelungen bzw. Prinzipien zur allgemeinen Sterbehilfe dargestellt, um zu ergründen, ob bereits existierende Rechtsgrundsätze zur Lösung dieser Problematik beitragen können. Im weiteren wird dann die spezielle Handhabung der Neugeboreneneuthanasie untersucht und dabei die Diskussion zur Lösung der Problematik dargestellt.
In dem die Bearbeitung abschließenden Teil E Schlußbetrachtung werden die Prämissen der gesamten Bearbeitung noch einmal kurz zusammengefaßt.
Als rechtsvergleichender Teil der Bearbeitung schließen sich jeweils an Teil C und D im Rahmen der beiden Problembereiche Ausführungen zur Rechtslage und Situation in den (Nachbar-)Ländern Österreich, Niederlande und Schweiz an.

Zum Ziel der Bearbeitung:
Die vorliegende Bearbeitung versucht zunächst, die beiden Problembereiche in ihrer Vielschichtigkeit und Verquickung darzustellen und die bestehenden Auffassungen und Lösungsansätze wiederzugeben. Dabei wird aber auch die Komplexität der Problematik deutlich, soweit es gerade nicht nur um rechtliche Regelungen und Gesichtspunkte geht, sondern vielmehr auch medizinische, gesellschaftliche und nicht zuletzt ethische Fragen eine maßgebliche Rolle spielen.
Ein umfassende Erfassung der medizinischen, gesellschaftlichen und ethischen Fragen der Problematik sind der Verfasserin im Rahmen einer juristischen Promotion jedoch nicht möglich, insbesondere wäre auch die Erwartung eines umfassenden Lösungskonzepts vermessen.
Ziel der Bearbeitung kann daher nur eine Darstellung und Auseinandersetzung der Problemdiskussionen und damit eine gewisse Annäherung an die Problematiken sein.

B. Geschichtlicher Rückblick

Damit soll zunächst, insbesondere zum näheren Verständnis der heutigen Entwicklung der Thematiken, ein Rückblick auf die Entwicklung der Tötung geschädigter Neu- und Ungeborener in der Geschichte erfolgen.
Weil sich die Pränataldiagnostik und damit einhergehend die Problematik der embryopathisch indizierten Schwangerschaftsabbrüche und der Spätabtreibung im heutigen Sinne erst in jüngerer Zeit entwickelt haben, kann ein geschichtlicher Rückblick nur hinsichtlich der Abtreibung allgemein und nicht speziell in Bezug auf kranke und geschädigte Föten erfolgen.

I. Römisches Recht (ca. 500 vor bis 500 n. Chr.)

Das römische Recht hatte im Mittelmeerraum in der Antike eine vorherrschende Rolle. Es enthielt hochentwickelte Konstruktionen rechtlicher Regeln, welche zeitweise in der Praxis hervorragend funktionierten und geeignet waren, den Rechtsfrieden im römischen Stadtstaat und in der gesamten Mittelmeerwelt zu sichern.

1. Aussetzung und Tötung

a. Aussetzung
Wie bereits ausgeführt, wurde der Begriff der Euthanasie in der Antike geprägt, so daß dementsprechend auch Fälle des sog. Infantizids aus dieser Zeit überliefert sind. Insbesondere gab es die auf der ganzen Welt verbreitete Praxis, daß dem Vater, als Inhaber der Hausgewalt, das Recht zustand, sein behindertes oder auch unerwünschtes Kind auszusetzen.[3] Diesbezüglich geht aus der „Politeia“ von Platon (428/27-348/47 v.Chr.) hervor, daß „irgendwie mißgestaltete“ Kinder an einem geheimen und unbekannten Ort verborgen wurden, „wie es sich gehört“.[4]
Ebenso konstatierte auch Aristoteles (384-322 v. Chr.), daß der Staat dafür sorgen müße, daß gesunde und kräftige Kinder nachwachsen. Er hielt dement-

---

3 Benzenhöfer, S. 14; Blanke, S. 15; Blümner, S. 301; Peters, S. 10; Schöpf, S. 112 f., 119.

4 Benzenhöfer, S. 31 f.; Jerouschek, S. 12 f.; Kindl, S. 48; Platon, Staat, 5. Buch, 460*c*; Schöpf, S. 65, 113.

sprechend, wie schon Platon, die Aussetzung überzähliger und mißgebildeter Kinder für zulässig.[5]
Es bestand dann zwar die Möglichkeit, daß das Kind von „Vorbeikommenden adoptiert" wurde; sicherlich wurde aber auch der Tod in Kauf genommen.
Einen Sonderfall stellte die Aussetzungspraxis in Sparta dar, welche von Plutarch (46-ca. 120 n.Chr.) wiedergegeben wurde. Hiernach entschied über die Aussetzung nicht der Vater des Kindes, sondern die Stammesältesten. War das Kind „festgebaut und recht kräftig", so war es aufzuziehen; war es hingegen schwach und mißgestaltet, wurde es in der Höhle „Apothetä" oder auf dem Berg „Taygetus" zurückgelassen. Nach Meinung der Stammesältesten war es weder für das Wesen selbst noch für den Staat von Nutzen, wenn es am Leben blieb.[6]

b. Tötung

Selbst die Tötung eines Neugeborenen konnte unter besonderen Umständen, insbesondere im Falle von Mißbildungen, gerechtfertigt sein.
Das mit einer Auffälligkeit geborene Kind wurde als monstrum oder prodigium bezeichnet[7], dessen Rechtlosigkeit sich bis zum justinianischen Recht (Justinian, geb. 482, oströmischer Kaiser 527-565) durchzog.
Hierbei ging es um die Interessen an der Bevölkerungsvermehrung und der Nützlichkeit für die Gemeinschaft.
Zum Beispiel berichtet Livius (59 v.Chr.-17 n.Chr.), daß im Jahre 207 v.Chr. ein Zwitter „von wunderbarer Größe" geboren wurde, vor dem die Menschen sogar in Angst geraten seien. Dieses Kind wurde dann nach Begutachtung durch Zeichendeuter lebendig in eine Kiste gesteckt und ins Meer geworfen.[8] Seneca (um Chr. Geburt -65 n. Chr.) berichtet von der Sitte, mißgebildete Föten zu töten und schwache oder mißgebildete Kinder zu ertränken.[9] Nach dem Gesetz des Romulus sollten zwar Aussetzungen und Tötungen eingeschränkt werden, was jedoch nicht für verkrüppelte Kinder und Wundergeburten (Ungeheuer)

---

5 Aristoteles, Politik, 7. Buch, Kap. 16, 1335b Rz. 20; Benzenhöfer, S. 33; Schöpf, S. 65, 113.

6 Benzenhöfer, S. 14; Blanke, S. 14; Plutarch nach Meltzer, S. 102 f.; Schöpf, S. 112 f..

7 Luterbacher, S. 8 f., 25 ff.; Peters, S. 14.

8 Livius nach Luterbacher, S. 25; Peters, S. 15.

9 Blümner, S. 301 Anm. 10; Peters, S. 15; Seneca nach Voigt, S. 252 Anm. 20; Schöpf, S. 65.

galt. Nach Cicero soll nach dem Zwölftafelgesetz ein auffallend entstellter Knabe getötet worden sein.[10]

Selbst nach den Lehren medizinischer Autoritäten war nur das Neugeborene in Windeln zu wickeln und weiter zu versorgen, welches ohne Makel war.[11] Diesbezüglich entwickelte Soranus von Ephesus (100 n.Chr.) in seiner „Gynäkologie" ausführliche Kriterien, wann ein Kind aufzuziehen sei, z.B. zur rechten Zeit geboren, kräftiges Schreien, Gliedmaßen, Körperteile und Sinneswerkzeuge in normalem Zustand, Bewegungen nicht matt und schwach etc. Ein gegenteilig beschaffenes Kind war dementsprechend nicht zum Aufziehen geeignet und wurde getötet, ausgesetzt oder unversorgt liegen gelassen.[12]

c. Änderungen der Rechtspraxis durch das Christentum

Mit Einführung des Christentums als Staatsreligion (um 300 n.Chr.) wurden dann die Aussetzung und Tötung Neugeborener unter Strafe gestellt, insbesondere wurde die Tötung ungeborener und neugeborener Kinder nunmehr mit dem Begriff des Mordes verbunden. Weiterhin wurde die Aussetzung der Tötung gleichgestellt. Deutlich wurde die Änderung der gesellschaftlichen Einstellung zur „Kindstötung" in dem Edikt der Gesamtkaiser Valentinian, Valens und Gratian (374 n.Chr.), wonach die Tötung eines neugeborenen Kindes ein Verbrechen war und mit dem Tode bestraft wurde.[13]

Hierbei ist aber zu beachten, daß als Kinder nicht diejenigen galten, die „wider der Gestalt des menschlichen Geschlechts" hervorgebracht waren. Soweit lediglich die Zahl der Glieder vermehrt war, wurde das Neugeborene noch als schützenswert angesehen. Dementsprechend wurde also eine Unterscheidung zwischen einem sog. monstrum - keine Menschqualität aufgrund schwerer Mißbildungen - und einem sog. prodigium - Menschqualität soweit nur Doppelbildung von Extremitäten - eingeführt.[14] Ein Schutz für geschädigte Neugeborene bestand also auch weiterhin nicht. Zudem schlug man nunmehr Kapital aus den Mißgeburten, soweit sie zur Belustigung des Volkes auf Märkten öffentlich auftreten mußten.[15]

---

10 Blanke, S. 12 ff.; Dionys nach Mommsen, S. 618 ff.; weitere Beispiele bei Luterbacher, S. 25 ff.; Peters, S. 16.

11 Galen (129-199 n.Chr.) nach Arnold, S. 94; Peters, S. 17.

12 Peters, S. 17; Soranus, Kap. XXVI, § 79 , S. 56 f; Soranus nach Arnold, S. 90 ff..

13 Blanke, S. 19; Kindl, S. 51 f.; Peters, S. 28, 29; Schöpf, S. 124 ff..

14 Peters, S. 37.

15 Peters, S. 16; Schöpf, S. 119 f..

In Anbetracht der wirtschaftlichen Not im 4. Jhr. mußten aufgrund der Bestrafung der Kindstötung und -aussetzung neue Möglichkeiten geschaffen werden, um sich solcher Kinder zu entledigen. Nunmehr wurde der Kinderverkauf gestattet.

2. Abtreibung

Die Abtreibung galt zunächst als schwerer Sittenverstoß, welcher nach den sog. Königsgesetzen den Mann zur Scheidung berechtigte.[16] Ein generelles Abtreibungsverbot gab es jedoch in der antiken Medizin nicht.[17]
Andererseits waren nach Platon (428/27-348/47 v.Chr.), der das „Sterbenlassen" bzw. die Nichtbehandlung von unheilbar körperlich Kranken aus Gründen des „Staatsinteresses" befürwortete, Abtreibungen nur unter bestimmten Umständen gerechtfertigt. So sollten Kinder, die von Männern gezeugt wurden, die das beste Zeugungsalter überschritten hatten, abgetrieben werden. Wurde die unerwünschte Frucht dennoch geboren, so sollte sie ausgesetzt werden.[18]
Auch nach Aristoteles (384 -322 v.Chr.) war die Abtreibung im Interesse des Staates zulässig, wobei diese erfolgen sollte, bevor das Kind Wahrnehmung und Leben erhalten hatte. Man kann also eine Tendenz bei Aristoteles erkennen, Abtreibungen im Spätstadium der Schwangerschaft aus sittlichen Gründen abzulehnen bzw. zu verbieten. Der entsprechende Zeitpunkt des Spätstadiums wurde von Aristoteles aber nicht genauer definiert.[19]
Inwieweit der „hippokratische Eid" zur Zulässigkeit der Abtreibung herangezogen werden kann, ist streitig. Zwar untersagt dieser das Verabreichen von schwangerschaftsunterbrechenden Mitteln durch einen Arzt (wobei schon umstritten ist, ob diese Ausführungen überhaupt Hippokrates zugeschrieben wer-

---

16 Jerouschek, S. 22; Mommsen , S. 636 f.; Peters, S. 26; Schöpf, S. 118.

17 Jerouschek, S. 20; Kindl, S. 46 ff.; Schöpf, S. 116 ff..

18 Platon, Staat, 5. Buch, 460c; Benzenhöfer, S. 31; Jerouschek, S. 12 ff.; Kindl, S. 48.

19 Aristoteles, Politik, 7. Buch, Kap. 16, 1335b Rz. 20; Benzenhöfer, S. 33; Jerouschek, S. 13 ff.; Kindl, S. 49 f.; Schöpf, S. 113 f. – Allgemein war umstritten, wie und zu welchem Zeitpunkt die Geistes- und Vernunftsseele (anima rationalis) als Merkmal menschlichen Lebens in den Menschen gelangte, mit dem männlichen Samen oder durch einen Schöpfungsakt Gottes. Hinsichtlich des Zeitpunktes differierten die Auffassungen zwischen Beseelung mit der Empfängnis (Simultanbeseelung), im Verlauf der Schwangerschaft (Sukzessivbeseelung) oder mit der Geburt. Sh. im Einzelnen Peters, S. 48 ff. - auf die sog. aristotelische Sukzessivbeseelungstheorie soll hier nicht näher eingegangen werden.

den können), an anderer Stelle gibt Hippokrates jedoch vielfältige Hinweise auf verschiedene Abtreibungstechniken.[20]
Erst mit dem wirtschaftlichen und politischen Verfall Roms in der Mitte des 2. Jahrhunderts n.Chr. einhergehenden sittlichen Verfall und der damit zusammenhängenden Zunahme von Abtreibungen wurde diese unter staatliche Strafe gestellt. Das um 200 n.Chr. erlassene Reskript des Septimius Severus und Antonius enthielt als Strafe die Verbannung der Frau, soweit sie ihren Mann durch eine Abtreibung um die Kinder „betrügt". Die Abtreibung nichtehelicher Kinder wurde nicht bestraft. Die zur gleichen Zeit entstandene Sentenz des Paulus bedrohte die Abtreibung mit Bergwerksarbeit und Deportation.[21]
Insgesamt wird hierbei aber deutlich, daß es bei den Abtreibungsregelungen nur um das Recht des Mannes ging. Im römischen Recht galt die Auffassung, daß das ungeborene Kind kein eigenes Lebensrecht hat.[22]

II. Germanisches und Deutsches Recht im Mittelalter

Nach dem Prozeß des wirtschaftlichen Niedergangs des römischen Reiches entstanden im 5. Jahrhundert mit dem Eindringen der Germanen in die römische Welt durch die Völkerwanderung die ersten Aufzeichnungen von sog. Stammesrechten. Diese waren noch vom römischen und kirchlichen Recht geprägt. Weiterhin waren in den Gesetzen nunmehr sog. Bußgeldkataloge enthalten, wonach für eine Fülle von Gesetzesverletzungen jeweils ganz bestimmte Geldstrafen vorgesehen waren.

1. Lehre und Recht der Kirche

Im Gegensatz zum Neuen Testament enthält die Didache, das älteste erhaltene Moral- und Pastoralhandbuch, Texte, die sich unmittelbar auf den Lebensschutz Neugeborener beziehen. Hiernach sollte ein Kind nicht durch Abtreibung umgebracht und ein Neugeborenes nicht getötet werden.[23] Eben solche Verbote der

---

20 Jerouschek, S. 17 ff.; Kindl, S. 46 f.; E. v. Liszt, Die kriminelle Fruchtabtreibung, S. 116 f..

21 Jerouschek, S. 24 ff.; Kindl, S. 51; Peters, S. 26.

22 Jerouschek, S. 20 f., 26 ff.; Kindl, S. 50 f.; Peters, S. 27; Schöpf, S. 112 f..

23 Didache 2, 2 nach Schöpf, S. 124 f.; Jerouschek, S. 50 ff.; Peters, S. 39.

Abtreibung und Kindstötung enthielten der Barnabasbrief, die apostolische Kirchenordnung und die apostolischen Konstitutionen.[24]
Nach der christlichen Lehre waren bereits die Kinder im Mutterleib Geschöpfe Gottes, so daß Abtreibung, Kindstötung und Aussetzung mit Todesfolge nicht nur als Sünde, sondern nach dem kirchlichen Strafrecht (in Verbindung mit „Unzucht") als Mord angesehen wurden.
Dementsprechend sind auch die frühmittelalterlichen Bußbücher voll von Bestimmungen über Abtreibung und Kindstötung.
Dieses kirchliche Strafrecht prägte seit dem 4. Jahrhundert entscheidend das weltliche Recht und gewann so zunehmend an Einfluß, so daß bis zum 12. Jahrhundert die kirchliche Strafgewalt die weltliche überwog. Die weltlichen Rechtsquellen enthalten hingegen so gut wie keine Bestimmungen zur Strafbarkeit der Abtreibung und Kindstötung.

a. Aussetzung

Seit dem 5. Jahrhundert wurde die Aussetzung von der Kirche – im Gegensatz zu den christlichen Auffassungen in der Antike - nicht nur geduldet, sondern zur Vermeidung von Kindstötungen sogar propagiert. Hiernach sollten Aussetzungen vor der Kirchentür oder der Klosterpforte erfolgen, damit man sich dort der Kinder annehmen und diese versorgen konnte.[25]
Mit der Verbreitung von Epidemien, Hungersnöten und der Ausweitung der Geldwirtschaft im Spätmittelalter wurden arme Menschen zunehmend als Plage angesehen, so daß die Menge der ausgesetzten Kinder von den kirchlichen Institutionen nicht mehr verkraftet werden konnte. Deshalb wurde die Aussetzung wieder strafbar mit der Folge, daß Neugeborene zunehmend in hilfloser Lage ausgesetzt oder sogleich getötet wurden.[26]

b. Abtreibung und Tötung allgemein

Nach der kirchlichen Lehre war unbeachtlich, ob ein ungeborenes Kind durch Abtreibung starb oder ob ein Neugeborenes getötet wurde. Man unterschied zwar hinsichtlich der Höhe der Geldbuße zwischen beiden, die Abtreibung galt aber ebenso als Menschenmord. Zumindest in den späteren Schwangerschaftsmonaten war die Leibesfrucht nach Ansicht der Kirche unstreitig Mensch und

---

24 Peters, S. 39; Schöpf, S. 124.

25 Peters, S. 45.

26 Peters, S. 46 f.; Scherpner, S. 21.

verdiente dementsprechenden Lebensschutz, so daß hier auf die verschiedenen Ansichten der Beseelungslehre[27] nicht eingegangen werden muß.
Eine Ausnahme vom Lebensschutz bestand aber dann, wenn das Leben des noch ungeborenen Kindes das Leben der Mutter bedrohte. „Ein bei Austritt aus dem Mutterleib quer liegendes Kind wird, weil es nicht anders geht, grausam getötet, würde es doch zum Muttermörder, wenn es nicht stürbe".[28]
Insoweit wurde der Mutter also ein „Notwehrrecht" zugesprochen, was in der Diskussion um Perforation und medizinische Indikation bis heute fortwirkt.

c. Mißgebildete Kinder

In den Bußbüchern wurde nicht zwischen Mißgeburten und gesunden Kindern unterschieden, weil dies den religiösen Vorstellungen der Kirche widersprach. Die Kirche betrachtete Mißbildungen und Mißgebildete nüchtern als Geschöpfe Gottes und lehnte jegliche Verbindung bzw. Zusammenhänge zwischen Mißbildungen und dem Teufel ab.
Augustin (354-430), als früher Vertreter des theologischen Naturrechts, erklärte, daß derjenige, der „als sterbliches, vernunftbegabtes Lebewesen geboren wird, in jedem Fall von jenem Ersterschaffenen abstammt, mag er an Leibesgestalt, Farbe, Bewegung und Stimme noch so fremdartig vorkommen, mag er Kräfte, Teile, Eigenschaften haben, welche er will." Entscheidend dafür, ob es sich um einen Mensch handelte, war demnach zu dieser Zeit, ob das neugeborene Lebewesen ein „animal rationale mortale" ist.[29]
Nach Thomas von Aquin (1225-1274) waren die Mißgeburten Gott sogar besonders nah und als solche sog. Wundergeburten, die die Macht Gottes widerspiegelten.[30]
Erst seit dem 11. Jahrhundert änderte sich diese Haltung der Kirche dahingehend, daß die Kirche sich zur Bekämpfung des Teufels- und Dämonenglaubens ausführlicher mit diesen Gedanken auseinandersetzte und so derartigen Volksglauben noch verstärkte. Dies entwickelte sich im hohen Mittelalter dahin, daß nunmehr diejenigen, die nicht an Hexenwerke glaubten, als Ketzer betrachtet und dementsprechend geächtet und verfolgt wurden.

---

27 Sh. zu den Beseelungslehren oben Fn. 19.

28 Jerouschek, S. 109 ff.; Kindl, S. 56 f.; Peters, S. 55; Schöpf, S. 134 f..

29 Jerouschek, S. 98 ff.; Peters, S. 56 ff..

30 Peters, S. 58 f..

Insbesondere glaubte man damals, daß die Mißgeburten aus einer Verbindung zwischen dem Teufel und einer Frau entstanden waren. Nach der sog. succubus/incubus-Lehre konnte der Teufel Menschengestalt annehmen und als Beischläferin (succubus) den Samen eines Mannes aufnehmen, um ihn dann in Gestalt eines Mannes als Beischläfer (incubus) an eine Frau weiterzugeben. Hieraus sollen dann die sog. monstra entstanden sein, weil im „teuflischen Beischlaf" wenig „Wollust und Ergötzlichkeit" war, der Teufel kalt sei und dementsprechend ein Wärmeverlust des Samens bestehe. Aus derartigen Samen könnte dann keine starke, vollständige und ausgebildete Frucht entstehen und somit kein gesundes Kind.[31]
Aufgrund dieser vorherrschenden Auffassungen verkörperten die Mißgeburten im Hoch- und Spätmittelalter „das Böse", für die keinerlei Lebensschutz bestand, sondern vielmehr die Vernichtung erforderlich war. Nach Luther (1483-1546) sollte man diese Geburten ersäufen, da sie nur ein Stück Fleisch, massa carnis, ohne Seele seien.[32]

2. Stammesrechte

Die Stammesrechte waren - nicht alle Bereiche des Lebens erfassende - Gesetzesbücher, die die Beziehungen innerhalb und zwischen den verschiedenen Sippen und Stämmen regeln sollten.
In den verschiedenen Stammesrechten waren die Tötung eines Neugeborenen durch andere Personen als die Eltern (Lex Salica, Lex Ribuaria und Lex Alemannorum) und die Abtreibung durch Dritte (Lex Alemannorum und Lex Baiuvariorum) erwähnt.[33]

Was die Tötung Neugeborener durch die Eltern betrifft, soll es nach Tacitus (um 55 n. Chr. - etwa 120 n. Chr.) eine Schande gewesen sein, die Kinderzahl zu beschränken oder Neugeborene zu töten. Daß die Kindstötung nicht vorgekommen sei zu dieser Zeit, ist aber durchaus zweifelhaft. Wenn Tacitus nichts von Strafen oder Bußen für derartige Handlungen berichtete, beabsichtigte er wohl eher, den Römern die germanische Sittenstrenge als Vorbild vorzuhalten.[34]

---

31 Peters, S. 61 f.; Rueff, S. 144 ff..

32 Luther nach Wahl, S. 39 f.; Peters, S. 62.

33 Jerouschek, S. 54 f.; Kindl, S. 54 f.; v. Liszt, S. 120 ff.; Peters, S. 72 f..

34 Peters, S. 11.; nach Blanke, S. 15 f. ist der Ausspruch von Tacitus aber so zu verstehen, daß es eine Schande sei, die Neugeborenen zu töten, die bereits vom Vater „an-

Insbesondere enthält bei Betrachtung der einzelnen Stammesrechte auch nur das Lex Visigothorum ausführliche Regelungen über Abtreibung, Tötung und Aussetzung.[35]
Die Tötung Neugeborener wurde zusammen mit der Abtreibung behandelt, was sich in dem Gesetz des Königs Chindaswind darin zeigt, daß Abtreibung und Tötung Neugeborener in einer gesonderten Bestimmung (in Abgrenzung zur Tötung allgemein) geregelt und mit der Todesstrafe bedroht wurden.[36] Auch das Lex Frisionum, welches als Gesetzesentwurf kaum praktische Bedeutung erlangte, aber die Rechtsauffassungen der Zeit wiederspiegelte, zeigte das Bestreben der öffentlichen Gewalt, Kindstötungen zu ahnden.[37]
Diese Verbote offenbaren, daß die Kindstötung wohl weit verbreitet war. Hierbei zeigte sich insbesondere, daß Mißgeburten einen minderen Stellenwert inne hatten. Ein strafrechtlicher Schutz für kranke und/oder behinderte Neugeborene war dementsprechend nicht vorhanden.
In den Büchern der Rechtsgelehrten findet die Tötung Neugeborener keine Erwähnung, die Bestrafung der Kindstötung mit dem Tode setzte sich erst im 14./15. Jahrhundert durch.[38]

III. Von der Constitutio Criminalis Carolina (CCC) von 1532 bis zur ersten Hälfte des 19. Jahrhunderts

Am Ende des Mittelalters war das Strafrecht, welches nunmehr vom Zivilrecht fast vollständig getrennt war, durch äußerst harte Strafen und vielfältige Mißstände, insbesondere Folter, gekennzeichnet und wurde daher als Drakonisches Strafrecht bezeichnet. Der Wunsch nach schnell handelnder und effektiver Strafrechtspflege war groß, so daß sich in Deutschland Ansätze einer Strafrechtswissenschaft entwickelten. Entsprechend ihrer reformerischen und humanen Intention wird die Constitutio Criminalis Carolina (CCC) als bedeutendstes Reformgesetz des 16. Jahrhunderts angesehen. Die CCC war zwar primär eine Prozeßordnung, enthielt aber auch Regelungen des materiellen Strafrechts und betonte als Strafzweck die Gerechtigkeit. Zudem wurde auch die Folter einge-

---

genommen" wurden; vor der „Anerkennung/Annahme" durch den Vater, seien auch nach Tacitus die Neugeborenen schutzlos.

35 Blanke, S. 22; Closmann, S. 9 ff.; Jerouschek, S. 56 ff.; Peters, S. 74.

36 Blanke, S. 22; Jerouschek, S. 61; Peters, S. 75.

37 Blanke, S. 23 f.; Peters, S. 76 ff..

38 Peters, S. 81; Ullman, S. 62 ff..

schränkt. Trotz der Neuerungen in der CCC blieben aber bis ins 18. Jahrhundert die Strafen hart und grausam, die Prozesse dauerten lang und die Folter wurde weiterhin anerkannt.
Erst im ausgehenden 18. Jahrhundert wirkte das Naturrecht der Aufklärung auf das Strafrecht ein, insbesondere wirkte sich die Aufklärung erst mit neuer Gesetzgebung durch die aufgeklärten Regierenden aus. Die Strafen wurden nunmehr weltlich begründet und dienten der Förderung des öffentlichen Wohls.
Der wichtigste Grundsatz des Gesetzlichkeitsprinzips „nulla poena, nullum crimen sine lege" setzte sich nunmehr als Art. 1 des redigierten Strafgesetzbuchs für das Königreich Bayern von 1813 in der Strafrechtswissenschaft durch.[39]

1. Allgemeiner Überblick über den strafrechtlichen Lebensschutz

a. Überblick bis zum Ende des 18. Jahrhunderts
Sowohl die CCC als auch andere Gesetze der damaligen Zeit, wie z.B. die Heneberger Landesordnung von 1539, die Verordnung des Landgrafen von Hessen von 1554, die Constitutio Criminalis Bambergensis von 1507 - sog. Mater Carolinae - und die brandenburgische peinliche Gerichtsordnung von 1582 enthielten Regelungen über Neugeborenentötung, -aussetzung und Abtreibung.[40]
Nach Art. 131 CCC sollte eine Kindsmörderin zur Abschreckung lebendig begraben oder gepfählt werden, wenn sich Kindstötungen häuften. Ansonsten war die Strafe für „Kindsmord" das Ertränken.
Im Zuge der Beeinflussung des deutschen Rechts durch die italienische Rechtswissenschaft wurde dann ab dem 17. Jahrhundert die Kindstötung als Unterfall der Verwandtentötung behandelt, welche dann die „poena ordinaria parricidii" nach sich zog, also die sog. Säckung (poena culei).[41] Eine Privilegierung der Kindstötung sollte es aber nicht geben, weil diese ein sehr häufiges und schreckliches Verbrechen gewesen war. Als schwerste Strafe wurde in der Constitutio Criminalis Theresiana 1769 die symbolische Pfählung festgesetzt,

---

39 Peters, S. 86 f.; Rüping, S. 30 ff..

40 Arnold, S. 169 f.; Boehmer, im Anhang: Bambergische Ordnung (S. 52 ff), Brandenburgische Ordnung (S. 137 ff); Handke, S. 15 ff; Kastner, NJW 1991, 1443 ff.; Schwarz, S. 9 ff..

41 Nach Carpzow (1595-1666), Jurisprudentia forensis, Part. IV Const. III, S. 1294 soll der Täter „in einen Sack/ samt einem Hunde un Affen/ oder an statt desselbigen einer Katzen/ Hahne/ auch einer Schlangen gesteckt/ ins Wasser geworffen/ und ertränkt werden". Sh. auch Blanke, S. 28; Kröner, S. 74 ff., 78 ff..

auch gab es außerordentliche Strafen wie Landesverweisungen und Auspeitschen.[42]

Nach Art. 132 CCC sollte die Aussetzung eines Kindes mit Todesfolge mit Leib- oder Lebensstrafe bestraft werden; überlebte das Kind die Aussetzung, sollte nach dem Rat sog. Rechtsverständiger gestraft werden. Die Tötung durch Aussetzung enthielt nach damaligen Recht eine Privilegierung, weil sie statt der Säckung „nur" die Schwertstrafe zur Folge hatte. Dieser Privilegierung lag der Gedanke zugrunde, daß die Aussetzung wohl eher wie eine Unterlassungstat betrachtet wurde und diese nach allgemeiner Ansicht milder zu bestrafen war. Mit Bewußtwerden des Wertungswiderspruchs bei der Behandlung von Aussetzung und Tötung im 18. Jahrhundert wurde dann auch die vorsätzliche Tötung durch Aussetzung mit der „poena ordinaria parricidii" bestraft.[43]

In Art. 133 CCC war normiert, daß bei Abtreibung durch einen Mann dieser wie ein Totschläger durch das Schwert sterben sollte. Eine Frau wurde sowohl bei Eigen- als auch bei Fremdabtreibung ertränkt oder in sonstiger Weise getötet.[44]

Die Eltern hatten also nach damaliger Rechtsauffassung, aufgrund der göttlichen Schöpfungsordnung, keinerlei Recht über das von Gott gegebene Leben zu entscheiden. Dies wurde auch von aufgeklärten Denkern vertreten, soweit die Pflicht der Eltern darin bestehen sollte, die Kinder zu erziehen und nicht zu töten.[45]

Im weiteren wurden auch hinsichtlich des strafrechtlichen Lebensschutzes die nichtehelichen Kinder den ehelichen gleichgestellt.[46]

b. Änderungen im 18. Jahrhundert

Aufgrund strenger Moralvorstellungen der Kirche, welche sich z.B. in den Unzuchtdelikten auswirkten, und der geschlechtlichen Ausbeutung der Unter-

---

42 Bei der Pfählung sollte „eine solch unbarmherzige Mutter ... mit dem Schwerd hingerichtet, nach der Enthauptung ihr Körper ins Grabe gelegt, ein Pfahl durch das Herz geschlagen, und sodann verscharrt werden ..." zitiert nach Peters, S. 90 f.; sh. auch Kröner, S. 31, 94 ff.; Schwarz, S. 13.

43 Kröner, S. 107 ff.; Peters, S. 91 f..

44 Kröner, S. 28 f.; Peters, S. 87 f.; Wächtershäuser, S. 67 f..

45 Kröner, S. 86 ff., 98; Peters, S. 92 f. - Hingegen sollte nach Thomas Hobbes (1588-1679) nach geltendem Naturrecht der Mutter ein Verfügungsrecht/das Eigentum über das Kind zustehen, weil sie es zuerst in ihrer Gewalt habe. Diese Auffassung konnte sich aber zunächst nicht in der Rechtswirklichkeit durchsetzen. Sh. Bingler, S. 117; Peters, S. 93.

46 Kröner, S. 86 f.; Peters, S. 94.

schicht durch die Oberschicht hatte im ausgehenden 18. Jahrhundert die Tötung gerade unehelicher Kinder stark zugenommen. Somit wurde die Kindstötung zu einem Hauptthema sowohl der Strafrechtsbewegung als auch für nichtjuristische Diskussionen.

Im Zuge der Aufklärung veränderte sich dann auch das Interesse des Staates an Kindern. Diese wurden nunmehr als Untertanen betrachtet, deren Schutz, Erziehung und Bildung dem Staat wichtig waren, um die Wirtschaftskraft, die Steuererträge und die militärische Macht zu stärken. Ein Ziel war deswegen, die Säuglings- und Kindersterblichkeit zu senken und dementsprechend auch Kindstötungen zu verhindern.[47]

Auch wurden im 18. Jahrhundert die Auffassungen stärker, wonach staatliches Strafen durch die sog. Lehre vom Gesellschaftsvertrag gerechtfertigt wurde. Im Mittelpunkt des Strafens stand nunmehr der Täter, seine Motive, Umstände etc.[48] In diese Erwägungen paßt dann auch die Anerkennung der medizinisch indizierten Lebensvernichtung, wenn die Tötung des Kindes im Mutterleib das Leben der Mutter retten konnte. Zur Rechtfertigung dieser Handlungen dienten hier die Lehren von Notstand und Notwehr.[49]

Zur Problematik der Sterbehilfe/Euthanasie allgemein gab es im 18. Jahrhundert vereinzelt, Anfang des 19. Jahrhunderts zunehmend Stimmen, wonach die Sterbebegleitung als ärztliche Aufgabe thematisiert wurde. Hierbei wurde aber die bewußte Sterbehilfe durchweg abgelehnt, wobei die medikamentöse Schmerz- und Leidensminderung umstritten war, wenn sie zur Lebensverkürzung führen konnte. Die Verwendung von Beruhigungsmitteln war aber allgemein anerkannt.[50]

2. Beschaffenheit des Kindes als für den Lebensschutz entscheidendes Kriterium

a. „Lebendig und gliedmäßig Kind“

In den Artikeln der CCC bzgl. der Kindstötung und Abtreibung war für die Strafbarkeit ein „lebendig und gliedmäßig Kind“ vorausgesetzt, wobei die Begriffe „lebendig und gliedmäßig“ in der CCC selbst nicht erklärt wurden. Hin-

---

47 Kröner, S. 94 ff.; Peters, S. 96 f.; Radbruch/Gwinner, S. 242 ff.; Schlumbohm, S. 25 f., 42; Wächtershäuser, S. 109 ff..

48 Handke, S. 26 ff.; Peters, S. 98; Wächtershäuser, S. 72 ff..

49 Peters, S. 100 f..

50 Benzenhöfer, S. 68 ff..

sichtlich der Abtreibung bezog sich wohl das Erfordernis der Lebendigkeit auf die Problematik der „Beseelung“[51], bezüglich der Kindstötung sollte eine Abgrenzung zu den sog. monstra und Totgeburten erfolgen.
Aus den Kommentaren von Carpzow (1595-1666) zur CCC ergibt sich, daß ein „monstrum“ nicht als lebendig gliedmäßig Kind galt und dementsprechend nicht dem strafrechtlichen Lebensschutz unterfiel.
Nach J.H. Böhmer (1674-1749) war die Abgrenzung zum „monstrum“ aufgrund des Begriffs „gliedmäßig“ zweifelhaft. Er vertrat die Auffassung, daß dieser Begriff die Vermutung der Lebendgeburt begründen sollte.
Unbeantwortet blieb aber nach wie vor die Problematik, wann ein Kind nun tatsächlich lebendig und gliedmäßig war.[52]
Für die Abgrenzung des Lebensschutzes waren im Zeitraum der Geltung der CCC als Kriterien die Beseelung, die verschiedenen Zeitpunkte der Schwangerschaft: erste Kindsbewegungen, die Lebensfähigkeit und nunmehr auch die Geburt des Kindes maßgeblich. Hierbei wurden als wesentlich die „Beseelung“ und der Beginn der Lebensfähigkeit angesehen,[53] wobei aufgrund der Thematik dieser Arbeit hier nur das Kriterium der Lebensfähigkeit näher erörtert werden soll.
Bis zur CCC wurde die Frage, ob ein Kind lebendig war, nach der Beseelungslehre entschieden, wobei über den Zeitpunkt der Beseelung Streit herrschte. Die CCC wurde diesbezüglich dahingehend umgedeutet, daß auf die ersten Kindesbewegungen abzustellen war, wobei aber noch der Zusammenhang zwischen Belebung und Beseelung erhalten blieb. Anfang des 19. Jahrhunderts wurde dann genauer zwischen Abtreibung und Kindstötung differenziert, so daß die Beseelungsproblematik dann nur noch bei der Abtreibung eine Rolle spielte.[54]

b. Lebensfähigkeit

Die Lebensfähigkeit war seit jeher ein Indiz dafür, daß ein später tot aufgefundenes Kind lebend zu Welt gekommen war und demnach keine Totgeburt, sondern ein Tötungsverbrechen vorlag. Ende des 18. Jahrhunderts entwickelte sich dieses Indiz zu einem materiellrechtlichen Merkmal, wonach es nunmehr darauf ankam, ob ein Kind lebenskräftig, zur selbständigen Lebensführung außerhalb

---

51 Sh. zu den Beseelungslehren oben Fn. 19.
52 Handke, S. 22 ff.; Kröner, S. 103; Peters, S. 103 f..
53 Peters, S. 106.
54 Kröner, S. 24 ff.; Peters, S. 106 ff..

des Mutterleibes fähig war. Schwaches, bald nach der Geburt verlöschendes Leben wurde vom Tötungsverbot also nicht erfaßt.[55]
Es sollte somit statt der Geburt die Lebensfähigkeit als Abgrenzungskriterium zwischen Abtreibung und Tötung dienen. Die Abtreibung eines lebensfähigen Kindes sollte als Kindstötung behandelt werden.[56]
Weiterhin sollte die Lebensfähigkeit auch ein zusätzliches Tatbestandsmerkmal des Kindsmordes im engeren Sinne sein, so daß zur Vollendung der Kindstötung gefordert wurde, daß das Kind aufgrund seiner körperlichen Beschaffenheit und des Zeitpunktes der Schwangerschaft in der Lage war, außerhalb des Mutterleibs zu leben. Die Beurteilung der Tötung eines nicht lebensfähigen Kindes war dann territorial verschieden, weitgehend wurde aber ein Strafmilderungsgrund angenommen.[57]

Nach Feuerbach (1775-1833) sollte die Lebensfähigkeit durch die lebensfähige Reife bestimmt werden, so daß es nach seiner Auffassung auf mangelnde Lebensfähigkeit aufgrund Krankheit oder eines organischen Fehlers nicht ankommen konnte.[58]
Bei der Überarbeitung des Allgemeinen Landrechts für die Preußischen Staaten (PrALR) von 1794 wurde auf die Lebensfähigkeit als Tatbestandsmerkmal verzichtet, weil jedes Leben schützenswert sei und zudem die Auffassungen der Mediziner zu oft differierten. Die Lebensfähigkeit eines Kindes sollte nunmehr nach dem Gesetzesentwurf von 1843 lediglich bei der Strafzumessung berücksichtigt werden. 1845 wurden sämtliche Strafzumessungsgründe gestrichen, so daß das Merkmal der Lebensfähigkeit seit 1851 nicht mehr im preußischen Strafgesetz enthalten war.[59]

In der Rechtswissenschaft und -praxis in Preußen war das Merkmal aber auch weiterhin bedeutsam. Nach der corpus delicti-Lehre, welche am Tatopfer anknüpfte, wurden bestimmte Personen vom strafrechtlichen Lebensschutz ausge-

---

55 Anmerkungen zum Strafgesetzbuch für das Königreich Baiern, zu Art. 159, S. 34 f.; Peters, S. 116; Steltzer, Lehrbuch, § 519, S. 250 f..

56 Peters, S. 117; Koch, Lib. II, Cap. XXXII, § CCCCLXXXI, S. 366 f.; Kröner, S. 22 f..

57 Closmann, S. 15 ff.; Feuerbach (1847), § 237, S. 289 ff.; Grolman, § 276, S. 311 f; Handke, S. 33 ff.; Peters, S. 118; Wächtershäuser, S. 145 ff..

58 Anmerkungen zum Strafgesetzbuch für das Königreich Baiern, zu Art. 159, S. 34 f., Art. 160, S. 3; Feuerbach (1847), § 237, S. 394 ff.; Peters, S. 119.

59 Beseler, S. 357 f.; Entwurf (1843), §§ 314, 315, S. 53; Peters, S. 120 f..

nommen. Insbesondere wurden nicht lebensfähige Kinder als untaugliche Tötungsobjekte angesehen.[60] Im weiteren entwickelten sich aus der Diskussion um die Lebensfähigkeit die medizinischen Begriffe „Lebenskraft" und „Lebensschwäche", wobei der Arzt C.W. Hufeland (1762-1836) bei Neugeborenen zwischen normaler und krankhafter Lebensschwäche unterschied. Hiernach war die von Natur aus bei Kindern bestehende sog. Lebensschwäche krankhaft, wenn sie Anomalien bei der Lebensäußerung erzeugte oder notwendige Lebensvorgänge störte, wie z.B. der sog. Scheintod oder die schwache Atmung.[61]

Ingesamt wurde das Leben „schwacher" Neugeborener als nicht so bedeutsam angesehen. Diese Neugeborenen wurden nicht ausreichend ernährt und bei Krankheiten wurde selten ein Arzt gerufen. Dies spiegelt sich insbesondere in der hohen Säuglingssterblichkeit zu dieser Zeit wieder.[62]

c. Geburtsvorgang

Bis 1800 wurde als Kindstötung auch die Tötung *in* der Geburt bestraft, wobei die Begriffe *bei* oder *in* der Geburt nicht sonderlich thematisiert wurden.[63] Erst mit der Differenzierung durch Feuerbach, daß eine Tötung nur *nach* der Geburt und eine Abtreibung nur *bis* zur frühzeitigen Geburt möglich sei, wurde eine Gesetzeslücke für Handlungen *während* der Geburt angenommen. Diese wurde aber dadurch geschlossen, daß eine Tötung in oder während der Geburt wie die Kindstötung behandelt wurde.[64] Eine genauere Präzisierung, ab welchem Stadium der Geburt eine Tötung in Betracht kam, erfolgte jedoch nicht.

d. Zeitraum der Neugeboreneneigenschaft

Weiterhin ergab sich nunmehr auch die Frage, wie lange ein Kind „neugeboren" und dementsprechend dessen Tötung als (bloße) Kindstötung anzusehen war. Für die Beantwortung der Frage wurde zum einen angenommen, daß das Kind neugeboren sei, solange seine Existenz nur der Mutter oder einem etwaigen

---

60 Peters, S. 122 ff..

61 Peters, S. 124.

62 Imhof, in Imhof, S. 66 ff.; Peters, S. 125.

63 Schmid, Codex Juris Bavarici Criminalis, 1. Theil, 3. Cap., § 19, S. 24 f; Constitutio Criminalis Theresia, Art. 87, § 1, S. 236; Stenglein, Strafgesetzbuch für die Preußischen Staaten (1851), § 180.

64 Beseler, S. 356; Fabrice, S. 254 ff.; Feuerbach (1847), § 237, S. 394, § 393, S. 629 f.; Schliebeck, S. 15 ff..

Vertrauten bekannt war. Zum anderen wurde erwogen, feste Zeitbestimmungen zu normieren (bayrisches StGB 3 Tage, andere Gesetzbücher 24 Stunden nach der Geburt). Auch wurde der Zeitraum als maßgeblich angesehen, in dem das Ringen der (unverheirateten) Mutter zwischen mütterlichen Gefühlen und der Angst vor der bevorstehenden Schande anhielt.[65]
Eine einheitliche Auffassung entwickelte sich zunächst aber nicht.

3. Behandlung mißgebildeter Neugeborener

a. Fehlender Lebensschutz für „Mißgeburten"
Zwar war der für Mißbildungen gängige Begriff des „monstrum" in der CCC nicht enthalten; Art. 131 CCC wurde aber einhellig dahingehend ausgelegt, daß ein „monstrum" nicht als lebendig und gliedmäßig Kind galt. Ein unter den erläuterten Begriff des „monstrum" fallendes Kind wurde also nicht als Mensch anerkannt und dementsprechend nicht vom Tötungsverbot erfaßt.[66]
Entscheidendes Kriterium für die Unterscheidung zwischen einem „homo" und einem „monstrum" war nach Menochius (gest. 1607), einem viel zitierten Vertreter der italienischen Rechtslehre, die Lebensfähigkeit und die Fähigkeit der Vernunft. Rein äußerlich seien die monstra aufgrund ihrer Körperformen zu erkennen.[67]
Die italienische Wissenschaft beieinflußte auch das gemeine deutsche Strafrecht und die Strafrechtswissenschaft. Auch hier waren die Lebensfähigkeit und die äußerliche Erscheinung maßgebliche Kriterien. Insbesondere sollte es sich dem Aussehen nach um einen Menschen handeln, wenn eine gewisse „forma hominis" zu erkennen und nur Weniges oder etwas Bestimmtes monströs war, sog. ostentum. „Monstra" waren diejenigen, denen die menschliche Gestalt völlig oder in wesentlichen Teilen fehlte. Hierbei wurden die „monstra" mit Schuld und Sünde in Verbindung gebracht, während es sich bei einem sog. ostentum lediglich um einen Irrtum der Natur handeln sollte.[68]
Aus den früheren Gedanken, daß die „monstra" aus der Verbindung mit dem Teufel herrühren und die Menschen sich den Teufel gern als Tier mit Hörnern

---

[65] Stenglein, Bayrisches StGB Art. 159, Sachsen (1841) Art. 126, Württemberg (1839) Art. 249, Baden (1845) Art. 216; Closmann, S. 15 ff.; Grolman, § 276, S. 290; Peters, S. 132 ff.; Wächter, II, § 171 Anm. 58, S. 162 ff..

[66] Feuerbach (1847), § 207, S. 357 f.; Peters, S. 135.

[67] Peters, S. 135 f..

[68] Peters, S. 137 f..

und Pferdefuß vorstellten, entwickelte sich zudem die Verdächtigung der Sodomie. Die Sodomie wurde zur damaligen Zeit mit dem Tode bestrafte, so daß schon aus diesem Grunde die Mütter mißgebildeter Kinder Grund hatten, diese sofort zu töten oder sonst „beiseite zu schaffen", z.B. auszusetzen.[69]

b. Änderungen im 18. Jahrhundert

Im 18. Jahrhundert gewannen die Mediziner zunehmend Erkenntnisse in der Vererbungslehre, so daß die Erklärungen über Teufelsmißgeburten aufgegeben wurden. Auch veränderte sich unter dem Einfluß der Aufklärung der Lebensschutz für „monstra", weil diese nun nicht mehr unverzüglich nach der Geburt getötet werden durften. Vielmehr sollte abgewartet werden, ob sich Anzeichen für ein vernunftbegabtes Wesen fänden. Zudem mußte die Zustimmung der Obrigkeit zur Tötung eines „monstrum" eingeholt werden.

Maßgebliches Kriterium sollte nunmehr die Vernunft sein. War schon nach der Beseelungslehre die Vernunftseele, anima rationalis, für ein menschliches Leben bedeutsam, so war jetzt das vernünftige Denken maßgeblich. Nach Auffassung Descartes (1596-1650) wurde der Mensch wesentlich durch sein vernünftiges Denken und Handeln bestimmt. An die Stelle der „anima rationalis" trat die „ratio", so daß ein Neugeborenes als Mensch anzusehen war, wenn bei ihm die Fähigkeit zur Vernunftsentwicklung erkennbar war. Die „monstra" sollten nicht getötet werden, sobald sich irgendwelche Anzeichen der Vernunft fänden bzw. bevor nicht ausgeschlossen werden könne, daß Vernunftsfähigkeit besteht.[70]

Als äußeres Kennzeichen wurde der ordnungsgemäße Bau des Schädels gefordert, weil dieser auf die richtige Ausbildung des Gehirns schließen lasse und damit die Vernunftsfähigkeit ermögliche. Somit galt das Gehirn nunmehr als Organ der Seele. Kopfform und Antlitz waren also ausschlaggebend für die Beurteilung eines Neugeborenen.[71]

Durch eine Anzeigepflicht sollten Tötungen von nicht oder nur geringfügig mißgebildeten Kindern verhindert werden. Für die Erteilung der obrigkeitlichen Zustimmung zu einer Tötung war zunächst die vorherige Anzeige einer monströsen Geburt erforderlich, zu welcher in erster Linie die Geburtshebamme verpflichtet war. Sowohl die aktive Tötung als auch die passive durch Unterlassen

---

69 Peters, S. 139; Wahl, S. 25.

70 Fischer-Homberger, S. 261 ff.; Peters, S. 140 f..

71 Fischer-Homberger, S. 301 ff.; Peters, S. 141 f..

der Versorgung des Kindes ohne diese Zustimmung wurden als Polizeivergehen bestraft und waren im preußischen Entwurf eines Strafgesetzbuches von 1833 im zweiten Teil, dem Polizeistrafgesetz, enthalten. Diese Regelungen hatten aber kaum praktische Relevanz, weil sie nicht angewandt und dementsprechend auch nicht ins Strafgesetzbuch von 1851 aufgenommen wurden.[72]
(In Holland war bereits im 17. Jahrhundert die Zulässigkeit der Erstickung der „monstra“ nach obrigkeitlicher Zustimmung anerkannt.[73])

c. Änderungen im 19. Jahrhundert

Mit der Weiterentwicklung der wissenschaftlichen Ursachenforschung bzgl. der „monstra“ verdrängten dann im 19. Jahrhundert die modernen Lehren die traditionellen Auffassungen. Die Mißbildungen wurden nunmehr mit der Lehre vom psychischen Trauma der Schwangeren erklärt. Auch gab es Auffassungen dahingehend, daß die monströsen Kinder durch in der Schwangerschaft auftretende Hindernisse in ihrer vollständigen Entwicklung gehemmt wurden und daher mißgebildet seien.
Aufgrund der medizinischen Nachweise, daß nur reife Samen eine Befruchtung bewirken könnten und aus der geschlechtlichen Beziehung von Mensch und Tier keine Befruchtung möglich sei, setzte sich die Ansicht durch, daß alle Geburten menschlich seien. Dementsprechend wurde der Begriff des „monstrum“ von Medizinern - im Gegensatz zu den Strafrechtsgelehrten - kaum noch verwendet.[74]
Die neuen Mißbildungslehren überschnitten sich teilweise mit der Lehre von der Lebensfähigkeit. Insbesondere Casper zählte zu den verschiedenen Ursachen der Lebensunfähigkeit die schweren Mißbildungen. Er stellte hierbei auf anormal gebildete Organe ab, die ein Weiterleben unmöglich machten, differenzierte aber nicht zwischen äußeren und inneren Mißbildungen.[75]
So waren dann auch in den Territorialgesetzen der ersten Hälfte des 19. Jahrhunderts Regelungen enthalten, die Mißbildungen und die Lebensfähigkeit zu-

---

72 Peters, S. 142 f.; Schwarz, S. 20 ff..

73 Peters, S. 143.

74 Fischer-Homberger, S. 264; Peters, S. 145 f.; Schwalbe, S. 5 ff. (11).

75 Casper, II AT, 1. Abschn., 1.Kap., S. 10 ff.; Fabrice, S. 163 ff.; Peters, S. 147 f..

sammen normierten und dementsprechend bei Lebensunfähigkeit wegen Mißbildungen die Strafe für Kindstötungen milderten.[76]

IV. Von der Zeit des Reichsstrafgesetzbuchs (1871) bis zum Ende der Weimarer Republik (1933)

1. Überblick über die strafrechtlichen Regelungen zur Abtreibung und Tötung Neugeborener

Durch die Anfang des 19. Jahrhunderts einsetzende Bewegung zur Revision des Strafrechts entstand auf der Grundlage des Strafgesetzbuchs für die preußischen Staaten (1851) das 1870 in Kraft gesetzte Strafgesetzbuch des Norddeutschen Bundes, welches dann nach der Reichsgründung als Reichsstrafgesetzbuch (1871) weitergalt. Dieses Strafgesetzbuch war geprägt von der „Idee der generalpräventiven Tatvergeltungsstrafe" und enthielt aufgrund des Vorwirkens Feuerbachs (1775-1833) kaum spezialpräventives Gedankengut. Es stellt daher die Grundlage unseren heutigen Rechts dar.

a. Gesetzliche Regelungen

Vorliegend interessieren insbesondere die Regelungen der §§ 211 ff. des Reichsstrafgesetzbuches (RStGB), bei denen zwischen Mord, Totschlag, Kindstötung und Abtreibung unterschieden wurde.[77] Nach § 211 RStGB wurde eine

---

76 Stenglein, Baden (1845) § 219, Hessisches StGB (1841) Art. 260, Thüringen (1850) Art. 126 Abs. 3; Closmann, S. 15 ff.; Fabrice, S. 161 f.; Handke, S. 15 ff.; Peters, S. 149.

77 *§ 211 RStGB: Wer vorsätzlich einen Menschen tödtet, wird, wenn er die Tödtung mit Ueberlegung ausgeführt hat, wegen Mordes mit dem Tode bestraft.*

§ 212 RStGB: Wer vorsätzlich einen Menschen tödtet, wird, wenn er die Tödtung nicht mit Ueberlegung ausgeführt hat, wegen Todtschlags mit Zuchthaus nicht unter fünf Jahren bestraft.

§ 217 RStGB: (1) Eine Mutter, welche ihr uneheliches Kind in oder gleich nach der Geburt vorsätzlich tödtet, wird mit Zuchthaus nicht unter drei Jahren bestraft.

(2) Sind mildernde Umstände vorhanden, so tritt Gefängnißstrafe nicht unter zwei Jahren ein.

§ 218 RStGB: (1) Eine Schwangere, welche ihre Frucht vorsätzlich abtreibt oder im Mutterleibe tödtet, wird mit Zuchthaus bis zu fünf Jahren bestraft.

(2) Sind mildernde Umstände vorhanden, so tritt Gefängnißstrafe nicht unter sechs Monaten ein.

vorsätzliche Tötung mit „Überlegung“ als Mord, ohne „Überlegung“ als Totschlag bestraft. Die Kindstötung war also je nach der jeweiligen Motivation des Täters Mord oder Totschlag, die fahrlässige Tötung war in § 222 RStGB unter Strafe gestellt. In § 217 RStGB wurde die Kindstötung privilegiert, wenn ein uneheliches Kind in oder gleich nach der Geburt von seiner Mutter getötet wurde. Diese Regelung galt bis 1953 - einschließlich des Strafmaßes (Zuchthaus nicht unter drei Jahren, bei milderen Umständen Gefängnis nicht unter zwei Jahren) - fort[78], die psychische Ausnahmesituation der Mutter eines nichtehelichen Kindes war bis in die heutige Zeit privilegiert und wurde dann durch Art. 2 Nr. 35 des 6. StrRG vom 26.1.1998[79] aufgehoben. Die vorsätzliche Abtreibung durch die Mutter war in § 218 RStGB geregelt und enthielt ein grundsätzliches Abtreibungsverbot ohne Indikationen oder Rechtfertigungsgründe. In der Folgezeit wurden die Regelungen des Schwangerschaftsabbruchs häufig geändert, insbesondere entfiel 1926 mit der Änderung des StGB die Zuchthausstrafe (nunmehr Gefängnis), so daß die Abtreibung zu einem Vergehen wurde.

b. Abgrenzung zwischen Abtreibung und Tötung durch die Geburt

Nunmehr wurde auch zwischen Leibesfrucht und Mensch durch die im Gesetz enthaltene Zäsur der Geburt differenziert, so daß der Streit um das Merkmal der Lebensfähigkeit entfiel. Ein lebend geborenes Kind war damit unabhängig davon, ob es unreif geboren oder aus sonstigen Gründen nicht für längere Zeit lebensfähig war, taugliches Tötungsobjekt. Problematisch war dabei, welcher Zeitpunkt während der Geburt maßgeblich sein sollte. Hierbei wurden als Kriterien das Einsetzen der Lungenatmung, der Austritt eines Körperteils oder des

---

(3) Dieselben Strafvorschriften finden auf denjenigen Anwendung, welcher mit Einwilligung der Schwangeren die Mittel zu der Abtreibung oder Tödtung bei ihr angewendet oder ihr beigebracht hat.

§ 1 RStGB: (1) Eine mit dem Tode, mit Zuchthaus, oder mit Festungshaft von mehr als fünf Jahren bedrohte Handlung ist ein Verbrechen.

(2) Eine mit Festungshaft bis zu fünf Jahren, mit Gefängniß oder mit Geldstrafe von mehr als fünfzig Thalern bedrohte Handlung ist ein Vergehen.

(3) Eine mit Haft oder mit Geldstrafe bis zu fünfzig Thalern bedrohte Handlung ist eine Uebertretung.

abgedruckt in: Vormbaum/Welp, Das Strafgesetzbuch, Band 1, RStGB vom 15. Mai 1871; sh. auch geschichtlichen Überblick bei Eser, DJT 1980, S. 23 ff.; Peters, S. 153 f.; Schwarze, S. 482.

78 Closmann, S. 28 ff.; Handke, S. 46 ff.; Peters, S. 153.

79 BGBl I, S. 164.

ganzen Körpers oder die zur Ausstoßung des Kindes führenden Wehen erörtert.[80]

Die Rechtsprechung des Reichsgerichts entwickelte sich im weiteren dahingehend, den Beginn der Eröffnungswehen als maßgebliches Kriterium anzunehmen, was mit weiteren Differenzierungen bis heute gilt.[81]

c. Rechtsfortbildung bzgl. des gesetzlichen Abtreibungsverbots

Die medizinisch indizierte Perforation war nach den Auffassungen der Rechtslehre und -praxis auch unter dem RStGB straflos, wobei man sich mit der Begründung schwer tat und trotz der Forderung der Ärztekammern keine entsprechenden speziellen Regelungen in das Gesetz aufnahm.[82] Hingegen erklärte die katholische Kirche die Perforation für unzulässig.[83]

Die von Vertretern der Ärztekammer 1917 aufgestellten Leitsätze befürworteten dann auch die Zulässigkeit einer eng begrenzten medizinischen Indikation, lehnten jedoch eine soziale und rassenhygienische Indikation kategorisch ab.[84] Dies wurde von der Rechtsprechung des Reichsgerichtshofes insofern bestätigt, als bei anderweitig nicht zu beseitigender Gefahr des Todes oder schwerer Körperverletzung für die Schwangere ein rechtfertigender Notstand für einen Schwangerschaftsabbruch bejaht wurde.[85]

2. Diskussionen in der Rechtslehre und ihre Auswirkungen auf die Kindstötung

a. Sog. Schulenstreit

Mit der sog. „soziologischen“ oder „modernen Schule“ Franz von Liszts (1851-1919) wurde der Zweckgedanke in das Strafrecht eingeführt, wonach ein Verbrechen zwar als antisoziale Handlung zugleich aber auch als sozial beding-

---

80 Eisenmann, S. 660 ff.; Lüttger, JR 1971, S. 133 ff.; Peters, S. 155 ff.; Schliebeck, S. 31 ff..

81 Peters, S. 159 f.; RGSt 9, 131 ff.; RGSt 26, 178 ff.; - heutige Rspr. sh. Schönke/Schröder-Eser, StGB, 26. Aufl., Vorbem. §§ 218 ff. Rz. 33, Vorbem. §§ 211 ff. Rz. 13; BGHSt 31, 348 ff.; 32, 194 ff..

82 Eser/Koch, Ssa im internationalen Vergleich, Teil 1, S. 64 f..

83 Peters, S. 160 f.; Radbruch, S. 3 ff..

84 Eser/Koch, Ssa im internationalen Vergleich, Teil 1, S. 66; v. Liszt, ZStW 40 (1919), 77; RGSt 61, 248. Zu den verschiedenen Gesetzesentwürfen bzgl. der medizinischen Indikation sh. Eser/Koch, Ssa im internationalen Vergleich, Teil 1, S. 66 ff. m.w.N..

85 RGSt 61, 243 ff.; RGSt 62, 137 ff..

tes Geschehen anzusehen und dementsprechend zu bestrafen war. Nach Liszt sollte der Schwache gegen die Starken und damit gegebenenfalls der Verbrecher vor der Gesellschaft geschützt werden. Das Strafgesetzbuch war für ihn die „magna charta des Verbrechers", es schützte den Verbrecher vor der Strafgewalt des Staates.[86]
Hiergegen wandten sich die Vertreter der „klassischen Schule". Insbesondere Karl Binding (1841-1920) vertrat die Auffassung, daß das Verbrechen lediglich eine Normübertretung sei, die entsprechend des Gesetzes geahndet werden müsse. Mit dem auf den einzelnen Straftäter gerichteten Zweckgedanken sah Binding die mühsam erkämpften rechtsstaatlich-liberalen Garantien gefährdet.[87]

b. Auffassung Franz v. Liszt

Einflußreich auf die Rechtsdiskussion war aber die Sicht Liszts zur Behandlung der Abtreibung. Er unterschied bei der Abtreibung erstmals zwischen Handlungsobjekt und Rechtsgut, was dazu führte, das geschützte Rechtsgut vom Handlungsobjekt zu lösen und so konkret für den jeweiligen Straftatbestand zu bestimmen. Rechtsgüter waren nach Liszt menschliche Interessen, so daß Voraussetzung für das Rechtsgut „Leben" die Menschqualität war. Das ungeborene Kind wurde von Liszt dabei nicht als Mensch anerkannt und somit nicht um seiner selbst willen geschützt, sondern nur, soweit Menschen ein Interesse an ihm hatten. So konnten die §§ 218 ff. RStGB dem Schutz der verschiedensten Interessen: Gesundheit der Mutter, Interesse der Gesellschaft an Kindern etc. dienen und waren dementsprechend von den jeweiligen Staats- und Gesellschaftsinteressen abhängig.[88]

c. Auffassung Darwins und der weiteren Vertreter der darwinistischen Lehre

Ebenfalls großen Einfluß auf die Sichtweise hinsichtlich des Rechtsguts Mensch gewann die Abstammungslehre von Darwin (1809-1882), nach der der Mensch nicht mehr durch die Schöpfung Gottes eine einmalige Stellung in der Natur einnahm, sondern sich nur als Teil der Natur aus den anderen Lebewesen entwickelt hatte.
Als Verfechter der darwinistischen Lehren bestimmte dann der Zoologe Haeckel (1834-1919) die allgemeine Diskussion. Nach Haeckel stammt der Mensch

86 Rüping, Rz. 313; Schmidt, § 310, S. 362 ff..
87 Rüping, Rz. 310; Schmidt, § 273, S. 308 ff..
88 Amelung, S. 84 ff.; F.v.Liszt, ZStW 6, S. 673; Peters, S. 162 ff..

nicht nur stammesgeschichtlich von der Tierwelt ab, sondern er durchläuft auch in seiner individuellen Entwicklung die Stadien der stammesgeschichtlichen Entwicklung. Lediglich die Vernunft soll den Menschen vom Tier unterscheiden, wobei sich der menschliche Geist erst im Laufe der Zeit entwickelt. Haeckel vertrat die Auffassung, daß das neugeborene Kind keinerlei Geist besitze und deshalb das eigentliche Geistesleben erst mit der Entwicklung des „Ichbewußtseins" beginne. Eizelle und Embryo seien dementsprechend nur Teil des mütterlichen Körpers, so daß diese über den Föten frei verfügen könne.[89]

d. Auswirkungen der Lehren

Aufgrund dieser Lehren wurde auch die Schutzwürdigkeit des Neugeborenen in Frage gestellt, weil es ohne Bewußtsein, Gefühl, Vernunft und Selbständigkeit sei, keine Lücke in der Gesellschaft hinterlasse und sich bei der Mutter noch keine Mutterliebe entwickelt habe.[90] Teilweise wurde daher die mindere Schutzwürdigkeit des Neugeborenen als weiterer Privilegierungsgrund des § 217 RStGB angesehen.[91]

Nach der Rechtsprechung des Reichgerichts wurde das Neugeborene zwar nicht als minder schutzwürdig angesehen, jedoch war das Strafmaß oft geringer als bei der Tötung Erwachsener; die gesetzlich vorgesehene Zuchthausstrafe wurde in diesen Fällen selten verhängt.[92]

Die Entwürfe zu einer Reform des Strafgesetzbuches im Zeitraum von 1909 bis 1927 sahen eine Minderung der Strafe bei § 217 RStGB und die Erweiterung des Tatbestandes auf eheliche Kinder vor. Grund hierfür war die Betrachtung der betroffenen Frau in ihrem psychischen und physischen Zustand, wobei auch die wirtschaftliche Situation eine Rolle spielen sollte.[93]

---

89 Haeckel, Die Lebenswunder, S. 368 ff.; Peters, S. 165 ff..

90 E.v.Liszt, Die vorsätzlichen Tötungen, S. 140 ff.; Peters, S. 174 ff..

91 Amschl, ArchKrimAnthrop 30 (1908), S. 83; v. Gleispach, ArchKrimAnthrop 27 (1907), S. 246 ff.; Peters, S. 169 f..

92 Sh. Kriminalstatistik bei Blanke, S. 205 ff., Tabelle III und Schaubild III im Anhang; Peters, S. 178 f..

93 Peters, S. 179 f..

3. Behandlung mißgebildeter Neugeborener

a. Allgemeine Betrachtung

Bei der Betrachtung der Behandlung mißgebildeter Neugeborener im ausgehenden 19. und beginnenden 20. Jahrhundert ist zu beachten, daß durch die Bewertung des Lebens aufgrund der neuen Lehren nicht nur Mißgebildete, sondern alle Schwachen, Kranken oder nicht der Normalität entsprechenden Personen abwertend behandelt wurden bzw. behandelt werden sollten.

Nunmehr unterschieden auch die Juristen nicht mehr zwischen Mensch und „monstrum“, sondern es gab nur Menschen mit verschiedenartigen Krankheiten. Durch den stetigen Fortschritt in der Medizin konnten zunehmend Krankheiten geheilt oder zumindest gemildert werden, zudem wurden zahlreiche Heil- und Pflegeanstalten errichtet, um Bedürftige fachgerecht zu versorgen.

Gleichzeitig änderte sich aber auch das Ansehen der Kranken, weil die Krankheit bei der Betrachtung des Menschen als Teil der Natur ohne göttlichen Schöpfungsgedanken keinerlei Sinn hatte und somit als bloßes Übel angesehen wurde. Dementsprechend kam es zu umfangreichen Diskussionen zu den Themen Selbstmord, Beihilfe zum Selbstmord, Tötung auf Verlangen und Sterbehilfe.[94]

b. Auswirkungen und Fortwirken der darwinistischen Lehre

aa. Selektionstheorie von Darwin

Mit der darwinistischen Abstammungslehre war auch die Selektionstheorie verbunden, nach der aufgrund des Vermehrungsstrebens der Individuen bei gleichbleibender Populationsgröße ein „Kampf ums Dasein“ entstehe, den nur der „biologisch Tauglichste“ überleben könne. Dieser natürlichen Selektion stehe aber mit der Pflege von Kranken und Schwachen die fortschreitende Humanisierung entgegen, weil sich dadurch auch diese fortpflanzen können, was für die Rasse „äußerst nachteilig“ sei. Rief Darwin selbst nie zur Vernichtung der Schwachen und Kranken auf, so bereitete er jedoch durch seine Schriften die Grundlage für entsprechende Argumentationen vor.[95]

---

94 Feja, S. 10 ff.; Haeckel, Die Lebenswunder, S. 128, 543; Peters, S. 183 ff..

95 Benzenhöfer, S. 78 ff.; Darwin, S. 171 ff.; Nowak, Euthanasie, S. 11 ff.; ders., Eugenische Ausmerze, S. 4 ff.; Peters, S. 186.

bb. Auffassung von Haeckel

Deutlicher waren dann bereits die Aussagen von Ernst Haeckel (1834-1919), der die biologischen Theorien Darwins auf die menschliche Gesellschaft übertrug, was als Sozialdarwinismus bezeichnet wurde. Für ihn war die Tötung behinderter Kinder in der Antike und bei Indianerstämmen ein positives Beispiel künst-licher Züchtung, wobei auch er eine direkte Übertragung auf bzw. entsprechende Forderungen an die damalige Gesellschaft zunächst (1870) noch vermied. Durch seine Kritik an der modernen Medizin mit ihren Fortschritten für Kranke und Schwache im Hinblick auf die künstliche Auslese durch Kriege, bei denen starke und kräftige Männer geopfert werden, war jedoch seine Ausrichtung bereits in diesem Zeitpunkt durchaus erkennbar.[96] In seinem Werk „Lebenswunder" aus dem Jahr 1904 wurde seine Haltung dann deutlicher, indem er dort die Kindstötung in der Antike ausdrücklich lobte und nunmehr die Kindstötung aus dem Bereich der Tötungsdelikte entfernen wollte, da das Gehirn eines Neugeborenen noch nicht so weit entwickelt sei, daß man von einem menschlichen Geist sprechen könne. 1915 stellte er die Frage, ob es sinnvoll sei, ein Kind mit Defekten, die einer künftigen Entwicklung entgegenständen, künstlich am Leben zu erhalten. Nach seiner Ansicht war die Tötung mißgebildeter Kinder als für die Gesellschaft nützlich zu billigen.[97]

cc. Auffassungen zur Rassenhygiene und Eugenik

Die Äußerungen Haeckels blieben in Deutschland nicht ungehört und fanden zahlreiche Anhänger. Insbesondere der als radikaler Sozialdarwinist bekannte Alexander Tille (1866-1912) entwickelte positive Forderungen der künstlichen Auslese zur Rassenstärkung. Hiernach sollte bei Schwachen die Fortpflanzung begrenzt und die natürliche Auslese durch das soziale Absinken Kranker und Schwacher in Slums mit hoher Sterblichkeitsrate wiederhergestellt werden. Eine direkte Tötung Kranker und Schwacher forderte also auch er nicht.[98]

Mit dem Sozialdarwinismus verbreiteten sich auch die Auffassungen der Rassenhygiene und Eugenik zur Problematik der Kranken und Schwachen.

---

96 Benzenhöfer, S. 80 ff.; Schmuhl, S. 31 ff..

97 Benzenhöfer, S. 96; Haeckel, Ewigkeit, S. 34 f.; ders., Die Lebenswunder, S. 128 ff.; Peters, S. 192.

98 Benzenhöfer, S. 82 ff.; Nowak, Eugenische Ausmerze, S. 12 ff.; Schmuhl, S. 41 ff.; Tille, S. 140.

Die Eugenik wurde Ende des 19. Jahrhunderts in England geprägt. Hier entwickelte F. Galton (1822-1911), ein Vetter Darwins, eine eugenische Programmatik, wonach bei der geistigen Elite Englands die frühe Heirat und Zeugung vieler Kinder gefördert werden sollten. Weiterhin sollte die Fortpflanzung von Geistes-kranken und -schwachen eingeschränkt werden.[99]
In Deutschland entwickelte sich die sog. Rassenhygiene, welche nahezu der englischen Eugenik entsprach, wobei (noch) nicht die nordische Rasse im Vordergrund stand. Unter Rasse verstand man die gesamten gesunden, eugenisch wertvollen Erbanlagen einer Menschengruppe. Nach Alfred Ploetz[100] (1860-1940) war das Rassenwohl vorrangig vor dem Einzelwohl. Den Zeitpunkt für eine ideale Rassenhygiene sah er aber noch nicht für gekommen, weil die Kulturideale der Gegenwart, die Humanisierung der Gesellschaft, dem entgegenständen. Dennoch skizzierte er seinen Vorstellungen in Form utopischer Schriften, wonach „möglichst viele bessere Varianten erzeugt und schlechtere ausgemerzt werden sollen“; auch sollte die Kontraselektion durch Kriege verhindert werden.
Insbesondere vertrat er aber in seiner „rassenhygienischen Utopie“ die Auffassung, daß einem schwächlichen oder mißgestalteten Neugeborenen durch ein Ärztekollegium ein sanfter Tod durch Morphium zu bereiten sei. Für ihn war die Tötung mißgebildeter Kinder also ein Element für einen idealen Rasseprozeß. Weiterhin sollten allein aufgrund der Möglichkeit von Schwäche oder Mißgestalt bestimmte Kinder, wie beispielsweise Zwillinge, Kinder nach der sechsten Geburt sowie diejenigen Neugeborene getötet werden, deren Eltern eine bestimmte Altersgrenze (nach dem 45. Lebensjahr der Mutter und/oder dem 50. Lebensjahr des Vaters) erreicht hatten.
Nach Wilhelm Schallmayer (1857-1919), einem weiteren deutschen Vertreter des Rassegedankens, sollte man die Vererbungslehre als Grundlage für eine Menschenzüchtung einsetzen, die der Mensch der Kontraselektion, insbesondere durch Kriege, entgegensetzen sollte.[101]
Ebenso beschäftigte sich Nietzsche (1844-1900) in seiner Schrift „Fröhliche Wissenschaft“ (1882) in einem Abschnitt mit der Überschrift „Heilige Grau-

---

99 Benzenhöfer, S. 84; Schmuhl, S. 30; Schrömbgens, S. 22 ff..

100 Benzenhöfer, S. 86 ff.; Nowak, Eugenische Ausmerze, S. 14 ff.; ders., Euthanasie, S. 19 ff.; Peters, S. 186 ff.; Schmuhl, S. 33 ff..

101 Nowak, Eugenische Ausmerze, S. 19 ff.; Peters, S. 186 ff.; Schallmayer, S. 29 ff., 368 ff.; Schmuhl, S. 43 ff.; Schrömbgens, S. 27 f..

samkeit“ mit der Tötung mißgebildeter Neugeborener. Hierin rät ein Heiliger einem Vater, sein mißgebildetes Neugeborenes zu töten.[102]

dd. Auffassung von Binding und Hoche

Den wohl größten Einfluß in der Euthanasiedebatte hatten der Jurist Karl Binding (1841-1920) und der Psychiater Alfred Hoche (1865-1943) mit ihrer Doppelschrift „Die Freigabe der Vernichtung lebensunwerten Lebens“ aus dem Jahr 1920.

Im ersten Teil der Schrift beschäftigte sich Binding mit der Freigabe der ärztlichen Euthanasie Moribunder, wobei nach seiner Auffassung der Lebenswille zu beachten sei. Unheilbar Geisteskranke hätten aber weder einen Willen zu leben noch zu sterben, so daß ihre Tötung zumindest durch die Zustimmung der Angehörigen ohne Einwilligung des Betroffenen zulässig wäre. Hierbei kam er auch zu der Frage, ob nicht die Tötung mißgebildeter Neugeborener als Mitleidsakt möglich sein müsse. Vordergründig für die Freigabe der Tötung von missgebildeten oder kranken Neugeborenen waren aber wirtschaftliche Erwägungen. Die Entscheidung zur Tötung sollte von einer Staatsbehörde, bestehend aus einem Arzt für körperliche Krankheiten, einem Arzt für Geisteskranken bzw. einem Psychiater und einem Juristen getroffen werden.[103]

Den zweiten Teil der Schrift bildeten Hoches „ärztliche Bemerkungen“. Hiernach war bzgl. der „unheilbar Blödsinnigen“ zwischen sog. „Spätverblödungen“, d.h. Zuständen, die im Laufe des Lebens eingetreten waren, und sog. „Frühverblödungen“, angeborenen Zuständen, zu unterscheiden. Nach Hoches Auffassung sollten aufgrund der Belastung für die Allgemeinheit vor allem die angeborenen Geisteskranken der Vernichtung zugeführt werden.[104]

---

102 Benzenhöfer, S. 88 f.; Nietzsche, Fröhliche Wissenschaft, Zweites Buch, Nr. 73, S. 89.

103 Benzenhöfer, S. 100 ff.; Peters, S. 192 ff.; Binding, in Binding/Hoche, S. 5-41 (insbes. S. 31 f., 35 ff.); Nowak, Euthanasie, S. 48 ff.; Schmuhl, S. 115 ff.; Schrömbgens, S. 31 f..

104 Benzenhöfer, S. 104 f.; Hoche, in Binding/Hoche, S. 45-62 (insbes. S. 51 ff.); Nowak, Euthanasie, S. 48 ff.; Peters, S. 195 f.; Schrömbgens, S. 31 f..

4. Auswirkungen der Auffassungen zur „Vernichtung lebensunwerten Lebens"

Insbesondere die Schrift von Bindung und Hoche löste unter Juristen und Medizinern umfangreiche und kontroverse Diskussionen aus, die aber nicht zu Gesetzesänderungen führten.

In der juristischen Diskussion wurde die Freigabe „Blödsinniger" überwiegend abgelehnt. Es gab aber auch Stimmen, die angesichts der wirtschaftlichen Notlage der Nachkriegszeit und der Opfer des 1. Weltkrieges die Freigabe entschieden befürworteten.[105] Insbesondere sollten nach diesen Auffassungen, soweit sie nicht eine gesetzliche Regelung forderten, derartige Fälle im Rahmen von Rechtfertigungs- oder Schuldausschließungsgründen gelöst werden. Hierbei wollte man aber nicht nur Einzelrechtfertigungsgründe heranziehen, sondern vielmehr sollte die Rechtmäßigkeit einer Tat durch einen Vergleich von Nutzen und Schaden für staatliche Zwecke bestimmt werden. Der Wertrelativismus des Staatsrechts griff somit auch auf die Strafrechtslehre über.[106]

Auch die Ärzteschaft wandte sich überwiegend gegen die Freigabe der Tötung.[107]

Aus den Ergebnissen einer kurz nach Erscheinen der Doppelschrift von Binding und Hoche gestellten Umfrage an die Angehörigen geisteskranker Kinder geht jedoch hervor, daß die Mehrzahl der Befragten die Lebensbeendigung eines Kindes befürworteten, wenn ein Sachverständiger die Unheilbarkeit der Krankheit festgestellt hatte.[108]

5. Eugenische Indikation zum Schwangerschaftsabbruch

Aufgrund dieser Auffassungen zu mißgebildeten Kindern befand sich auch eine Meinung im Vordringen, die eugenische Indikation im Rahmen des Abtreibungsrechts rechtlich anzuerkennen. Bei allen chronisch Geisteskranken, Gewohnheitsverbrechern und Trinkern sollte mangels rechtlich existierender Fortpflanzungsverbote und Zwangssterilisationen eine Abtreibung möglich sein.

---

105 Benzenhöfer, S. 105 f.; Meltzer, S. 58 ff.; Nowak, Euthanasie, S. 52 ff.; Schmuhl, S. 119 ff..

106 Zu Dohna, S. 48 ff.; Peters, S. 206 f..

107 Benzenhöfer, S. 106 f.; Meltzer, S. 72 ff.; Nowak, Euthanasie, S. 55 ff.; Schmuhl, S. 121 ff..

108 Benzenhöfer, S. 107 f.; Meltzer, S. 85 ff.; Peters, S. 196 f..

Die Ärzteschaft lehnte die Zulässigkeit einer eugenischen Indikation aber überwiegend ab.[109]

V. Drittes Reich (1933-1945)

1. Fortwirken/Auswirkungen der Lehren und Diskussionen in der Weimarer Republik allgemein

Die in der Weimarer Republik in den Mittelpunkt gerückte Diskussion über die „Vernichtung lebensunwerten Lebens" wurde in der Zeit des Nationalsozialismus nicht nur verstärkt, sondern vielmehr wurden jetzt auch Maßnahmen ergriffen.

In den Vordergrund des Rechtsdenkens rückte die Volksgemeinschaft; der bisher dominierende bürgerliche Rechtsgedanke der Freiheit des Einzelnen wurde verdrängt. Der Einzelne wurde nun als Volksgenosse in seiner Beziehung zur Gemeinschaft betrachtet.

Dies wirkte sich auch auf die Diskussionen über die privilegierte Kindstötung und die Abtreibung aus. Sowohl das Ungeborene als auch das Neugeborene sollten nicht als Individuen an sich, sondern als Erbgutträger geschützt werden. Dementsprechend entwickelte sich auch die Abgrenzung zwischen der Tötung einer Leibesfrucht und eines Neugeborenen nicht weiter.[110]

Vielmehr konzentrierte man sich auf die Verbreitung und Verfeinerung der Rassenideologie, bei der man sich nicht mehr auf die Erforschung und Beschreibung der Rassen beschränkte, sondern die arische Rasse als die allen überlegene Rasse darstellte. Daraufhin wurde der Wert eines Menschen nicht mehr nur nach seiner Lebenskraft und Erbgesundheit, sondern auch nach seinem Wert für die arische Rasse bestimmt.[111] In der Denkschrift des preußischen Justizministers v. Gleispach aus dem Jahre 1933 heißt es dann auch, daß sich im Unterschied zum Problem der Sterbehilfe „die Schaffung eines Unrechtsausschließungsgrundes bei der sog. `Vernichtung lebensunwerten Lebens`" erübrigt. „Sollte der Staat etwa bei unheilbar Geisteskranken ihre Ausschaltung aus dem Leben durch amtliche Organe gesetzmäßig anordnen, so liegt in der Ausführung solcher Maßnahmen nur die Durchführung einer staatlichen Anord-

---

109 Peters, S. 190; Schrömbgens, S. 87 ff..

110 Freisler, in KdStr, BT, S. 35 ff.; Peters, S.180 ff..

111 Nowak, Eugenische Ausmerze, S. 33 ff.; Schrömbgens, S. 36 ff..

nung. Ob diese Anordnung geboten ist, steht hier nicht zur Erörterung. Wohl bleibt zu betonen, daß die Vernichtung lebensunwerten Lebens durch eine nichtamtliche Person stets eine strafbare Tötung darstellt."[112] Auch nur bzgl. letzterem sind die Aus-führungen von v. Gleispach in einem Bericht der amtlichen Strafrechtskommission zu verstehen, worin er die Vernichtung lebensunwerten Lebens ablehnt und lediglich für vorbeugende Maßnahmen wie Sterilisation und Schwangerschaftsabbruch plädiert.[113]
Die aus den Diskussionen resultierende nationalsozialistische Rassenhygiene reichte von präventiven Maßnahmen der Eheberatung und -verbote über Sterilisation und Schwangerschaftsabbrüche aus eugenischer Indikation bis zur Vernichtung „lebensunwerten Lebens". Bis auf die Vernichtung „lebensunwerten Lebens" wurden für alle Maßnahmen gesetzliche Grundlagen geschaffen und diese öffentlich propagiert.[114]

2. Schwangerschaftsabbruch

Zunächst gab es während der Zeit des nationalsozialistischen Regimes umfassende Bemühungen zur Reformation des Abtreibungsrechts, wobei dieses aus der Systematik der Tötungsregeln herausgenommen und in einem Kapitel zum „Schutz der Familie. Angriffe auf das Kind" geregelt werden sollte. Weiterhin gab es Bestrebungen, nunmehr auch die Zulässigkeit einer eugenischen Indikation zum Schwangerschaftsabbruch gesetzlich zu regeln. Zu einer derartigen Änderung kam es jedoch nicht, was zu dem Streit führte, ob in der fehlenden Kodifikation der eugenischen Indikation im Erbgesundheitsgesetz vom 14.7.1933 eine konkludente Ablehnung oder eine selbstverständliche Zustim-

---

112 Benzenhöfer, S. 109 ff.; Peters, S. 208 ff..

113 Benzenhöfer, S. 211; v. Gleispach, in KdStr, BT, S. 375; Peters, S. 211.

114 Z.B konnte nach § 1 Abs. 1 des Gesetzes zur Verhütung erbkranken Nachwuchses (RGBl. 1933 I, S. 529; 1936, I, S. 119) ein Geisteskranker sterilisiert werden, *„wenn nach den Erfahrungen der ärztlichen Wissenschaft mit großer Wahrscheinlichkeit zu erwarten ist, daß seine Nachkommen an schweren körperlichen oder geistigen Schäden leiden werden"*. Nach § 1 Abs. 1 des Gesetzes zum Schutze der Erbgesundheit des deutschen Volkes (RGBl. 1935 I., S. 1246) durfte eine Ehe nicht geschlossen werden, wenn einer der Verlobten *„an einer mit Ansteckungsgefahr verbundenen Krankheit leidet, die eine erhebliche Gefährdung der Gesundheit ... der Nachkommen befürchten läßt"*, wenn ein Verlobter *„an einer geistigen Störung leidet, die die Ehe für die Volksgemeinschaft unerwünscht erscheinen läßt"* oder wenn einer der Verlobten *„an einer Krankheit im Sinne des Gesetzes zur Verhütung erbkranken Nachwuchses leidet"*. Sh. Klee, S. 166 ff.; Peters, S. 211 ff.; Schmuhl, S. 129 ff..

mung lag.[115] Teilweise wurde eine ausdrückliche gesetzliche Regelung verlangt[116], teilweise die eugenische Indikation als übergesetzlicher Notstand anerkannt[117]. Zumindest war die eugenische Indikation als Folge einer Sterilisation nach der Rechtsprechung des Erbgesundheitsgerichtes Hamburg[118] erlaubt. Mit § 10 a des Änderungsgesetzes zum Gesetz zur Verhütung erbkranken Nachwuchses vom 26.6.1935[119] wurde dies auch gesetzlich normiert, wobei die Einwilligung der Schwangeren erforderlich war. Hinsichtlich der Erlangung der Einwilligung der Schwangeren zum Schwangerschaftsabbruch dürften wohl keine Schwierigkeiten bestanden haben. Einerseits versuchte man der Schwangeren klar zu machen, welches Leben dem Kind bevorsteht, andererseits konnte auch ein gesetzlicher Vertreter oder Betreuer der Frau einwilligen, wenn dieser die Bedeutung des Abbruchs nicht verständlich gemacht werden konnte.[120]

Teilweise wurde auch eine rassenbiologische Indikation, insbesondere nach Erlaß des „Blutschutzgesetzes" im Jahr 1935, welches die „Rassenschande" unter Strafe stellte, als erlaubt angesehen. Dies wurde vom Reichsgericht jedoch abgelehnt.[121]

Weiterhin sollten in Ablehnung marxistisch-liberaler Forderungen nach sozialer Indikation Schwangerschaftsabbrüche wieder strenger bestraft werden. Dementsprechend wurde § 218 RStGB im Jahre 1943 dahingehend geändert, daß dem-

---

115 Eser/Koch, Ssa im internationalen Vergleich, Teil 1, S. 70 ff.; Schrömbgens, S. 159 ff..

116 Schrömbgens, S. 161 f.; Erbgesundheitsgericht Bamberg JW 1935, 1427; Erbgesundheitsgericht Hamburg JW 1935, 1428.

117 Erbgesundheitsgericht Bamberg JW 35, 1427; Erbgesundheitsgericht Hamburg JW 35, 1428; Schaffstein, JW 1934, 1884; Schrömbgens, S. 162 f.; Tappe, S. 26 ff..

118 Erbgesundheitsgericht Hamburg JW 1935, 215; Peters, S. 214 f.; Schrömbgens, S. 165 ff.; nach Schmuhl, S. 161 f., wurde die eugenische Indikation bereits im März 1934 vom Hamburger Erbgesundheitsgericht freigegeben.

119 *§ 10 a Abs. 1: Hat ein Erbgesundheitsgericht rechtskräftig auf Unfruchtbarmachung der Frau erkannt, die zur Zeit der Durchführung der Unfruchtbarmachung schwanger ist, so kann die Schwangerschaft mit Einwilligung der Schwangeren unterbrochen werden, es sei denn, daß die Frucht schon lebensfähig ist oder die Unterbrechung der Schwangerschaft eine ernste Gefahr für das Leben oder die Gesundheit der Frau mit sich bringen würde.*

Abs. 2: Als nicht lebensfähig ist die Frucht anzusehen, wenn die Unterbrechung vor Ablauf des sechsten Schwangerschaftsmonats erfolgt.

120 Erbgesundheitsgericht Hamburg JW 1935, 216; Gütt/Rüdin/Ruttke, S. 260 ff.; Peters, S. 215 f.; Schaffstein JW 1934, 1884; Schrömbgens, S. 168 f..

121 RG DJ 1936, S. 1498; Peters, S. 216 f.; Tappe, S. 56 f..

jenigen die Todesstrafe drohte, der durch eine Abtreibung „die Lebenskraft des deutschen Volkes fortgesetzt beeinträchtigt“ (§ 218 Abs. 2 Satz 3 RStGB).[122] Eine Ausnahme bildete nur die medizinische Indikation, wenn eine ernste Gefahr für das Leben der Mutter bestand. Soweit lediglich eine Gefahr für die Gesundheit der Mutter bestand, sollte eine Abwägung erfolgen, wobei Erbkrankheiten bzw. Krankheitsanlagen ebenfalls zu Lasten des Ungeborenen berücksichtigt wurden.

3. Tötung

Im dritten Reich wurden sowohl körperlich missgebildete und/oder geistig behinderte Kinder als auch Erwachsene getötet, wobei hier nur auf die Tötung der Kinder näher eingegangen werden soll. (Dabei ist jedoch zu beachten, daß die Kindstötung im Nationalsozialismus nicht auf Neugeborene beschränkt war und es sich somit nicht um Neugeboreneneuthanasie im eigentlichen Sinne dieser Bearbeitung handelte.)
Der sog. Fall „Kind Knauer“[123] löste in Verbindung mit dem (für die Zielsetzung der Aktionen) günstigen Zeitpunkt des Kriegsbeginns die sog. „Kinder-Aktion“ aus, die aber geheim gehalten wurde. Dabei ermächtigte Hitler Reichsleiter Bouhler und Reichskommissar für das Sanitäts- und Gesundheitswesen Prof. Dr. med. Brandt zur Gewährung des „Gnadentods“, wenn der Krankheitszustand eines Kindes unheilbar war. Zur Organisation dieser Aktion wurde der Reichsausschuß zur wissenschaftlichen Erfassung von erb- und anlagebedingten schweren Leiden gegründet, beratend wurde eine Gruppe von „zuverlässigen“ Ärzten tätig. Aufgrund eines Runderlaßes des Reichsministers des Innern vom 18.8.1939 waren Geburten mit genau bestimmten Krankheiten (Idiotie sowie Mongolismus, Mikrocephalie, Hydrocephalie schweren bzw. fortschreitenden Grades, Mißbildungen jeder Art wie z.B. Fehlen von Gliedmaßen, schwere

122 Eser/Koch, Ssa im internationalen Vergleich, Teil 1, S. 72.

123 Ende 1938/39 sollen sich die Eltern eines Kindes, welches in einer Kinderklinik in Leipzig vorgestellt worden war, mit der Bitte an Hitler gewandt haben, dem Kind den Gnadentod zu gewähren. Nach Auffassung des nach Leipzig geschickten Prof. Brandt war das Kind blind geboren und schien idiotisch, zudem fehlten ihm ein Bein und ein Teil des Armes. Die Lebenserhaltung schien nach Auffassung der Ärzte nicht gerechtfertigt, so daß das Kind „eingeschläfert“ wurde. Sh. Mitscherlich/Mielke, Medizin ohne Menschlichkeit, S. 184; Nowak, Euthanasie, S. 77 ff.; Peters, S. 218 f.; Schmuhl, S. 182; nach Benzenhöfer, S. 114 f., ist jedoch der Name Knauer nicht der richtige Name des Kindes/der Familie.

Spaltbildungen des Kopfes und der Wirbelsäule und Lähmungen einschließlich spastischer Lähmungen infolge frühkindlicher Hirnschädigung, sog. Little* Syndrom) dem zuständigen Gesundheitsamt zu melden, welches dies dem Reichsausschuß weiterleitete. Dieser entschied dann anhand der vom Gesundheitsamt/Amtsarzt ausgefüllten Meldebögen, ob das Kind „zu beseitigen" war. War dies der Fall wurden die Eltern aufgefordert, ihr Kind zur besseren Behandlung in sog. Kinderfachabteilungen abzugeben, wo dann ein großer Teil der Kinder durch Tabletten oder Spritzen getötet wurde oder auch durch mangelnde Ernährung verhungerte.[124] Gerüchte und Pressemitteilung über diese Maßnahmen erregten im Jahr 1941 so große Unruhe, daß Hitler im August 1941 diese Euthanasie-Aktion stoppte. Die Tötungen wurden aber nur offiziell eingestellt, insbesondere wurden die Tötungen mißgebildeter Neugeborener und Kinder bis zum Kriegsende systematisch weitergeführt.[125]

Die Tötung durch nichtamtliche Personen, insbesondere die Eltern, war jedoch strafbar, ein Rechtfertigungsgrund wurde nicht anerkannt. Interessant ist aber ein 1941 vom Staatssekretär im Reichsjustizministerium Freisler erschienener Aufsatz, in dem es um die Einstellung eines Verfahrens gegen eine Mutter ging, die ihr 4 jähriges mißgebildetes Kind getötet hatte. Das Verfahren wurde eingestellt, weil nach Attest der Ärzte die Mutter unter einer krankhaften Störung der Geistestätigkeit gelitten haben soll. Freisler kritisierte zwar nicht das Ergebnis, die Verfahrenseinstellung an sich, aber deren Begründung. Nach seiner Auffassung war die Tat straflos, weil das gesunde und natürliche Empfinden der Mutter, das Kind von seinem Leid zu erlösen von der „deutschen Gemeinschaftsgesittung" nicht als strafwürdig empfunden würde. Was aber nicht als strafbar empfunden würde, könne auch nicht strafbar sein.[126]

124 Mitscherlich/Mielke, Medizin ohne Menschlichkeit, S. 193; Peters, S. 219 f.; Schmuhl, S. 187 f. spricht auch von allgemein unzureichender Versorgung (Verwahrlosung) und von Tötungen durch Vergasen.

125 Benzenhöfer, S. 116 ff.; Klee, S. 77 ff., 379 ff.; Mitscherlich/Mielke, Medizin ohne Menschlichkeit, S. 184 ff.; Nowak, Euthanasie, S. 77 ff., 85 ff.; Peters, S. 218 ff.; Schmuhl, S. 182 ff..

126 Peters, S. 222 ff.; Freisler, DStR N.F. 1941, S. 65 ff.: „Was von unserer deutschen Gemeinschaftsgesittung nicht als strafunwürdig (gemeint ist strafwürdig, Anm. d. Verf.) empfunden wird, ist auch nicht strafbar".

VI. Diskussionen von 1945 bis ca. 1980

Die unmittelbare Nachkriegszeit war zunächst von der Aufarbeitung der NS-Verbrechen geprägt und damit zusammenhängend auch von der Vorbereitung der sog. Kriegsverbrecherprozesse, insbesondere auch dem sog. Nürnberger Ärzteprozeß.[127] Dementsprechend war die Diskussion auch auf die allgemeine Euthanasie- und Sterbehilfeproblematik gerichtet,[128] welche hier nicht erörtert werden soll.

1. Schwangerschaftsabbruch

a. Verschiedene gesetzliche Regelungen in der unmittelbaren Nachkriegszeit

Grundsätzlich bestand das Verbot eines Schwangerschaftsabbruchs, wobei hinsichtlich der hier maßgeblichen Schwangerschaftsunterbrechung aufgrund einer Schädigung oder wahrscheinlichen Schädigung des Kindes die Gesetzeslage nach 1945 in Deutschland uneinheitlich war. Das Erbgesundheitsgesetz von 1933 war im Jahr 1946 außer Kraft gesetzt worden, wobei jedoch teilweise, wie in den Bundesländern der britischen Besatzungszone, der die medizinische Indikation regelnde § 14 ErbGG weiterhin gültig war. Dies wurde damit begründet, daß § 14 nicht Ausdruck der nationalsozialistischen Gesinnung sei. Außerhalb der britischen Besatzungszone behalf man sich mit der Reichsgerichtsentscheidung von 1927[129], wonach bei Selbstmordgefahr der Mutter infolge einer voraussichtlichen Schädigung des ungeborenen Kindes die Schwangerschaftsunterbrechung nach einer Güter- und Pflichtenabwägung aus medizini-

---

127 Bei den Kriegesverbrecherprozeßen handelte es sich um insgesamt 13 sog. „Nürnberger Prozeße" im Zeitraum von 1946 bis 1949. In diesen Prozeßen waren 199 (wobei diese Zahl umstritten ist) Personen angeklagt, davon wurden 36 zum Tode, 23 zu lebenslanger Haft verurteilt, 38 wurden freigesprochen, die Übrigen erhielten zeitliche Haftstrafen. Den Auftakt dieser „Nürnberger Prozeße" bildete der sog. Ärzteprozeß, bei dem 23 Personen, Ärzte und Mediziner, aufgrund von Menschenversuchen und Euthanasieprogrammen wegen Verschwörung und gemeinsamen Plans, Kriegsverbrechen und Verbrechen gegen die Menschlichkeit zu begehen, wegen Durchführung derartiger Verbrechen und wegen der Mitgliedschaft in verbrecherischen Organisationen angeklagt wurden. Alle Angeklagten wurden zum Tode, zu lebenslangen Haftstrafen oder zeitigen Haftstrafen verurteilt. Sh. Jung, Die Rechtsprobleme der Nürnberger Prozeße, S. 1-6; Mitscherlich/Mielke, Medizin ohne Menschlichkeit; dies., Das Diktat der Menschenverachtung.

128 Benzenhöfer, S. 130 ff.; Koch, Euthanasie, Sterbehilfe - Eine dokumentierte Bibliographie, Vorwort, S. III.; Lohmann, S. 50 ff., 142 ff..

129 RGSt 61, 242.

scher Indikation gerechtfertigt war. Weiterhin bestanden auch regionale Sonderregelungen. Dies führte insgesamt zu einer allgemeinen Rechtsunsicherheit.[130]

b. Auswirkungen und Entwicklungen ab ca. 1960

Die allgemeine Rechtsunsicherheit und das ansonsten prinzipielle Abtreibungsverbot sowie die Tatsache, daß die medizinische Indikation ab den 60ziger/70ziger Jahren in der medizinischen Praxis an Bedeutung verlor, führten in der Folgezeit zu einer hohen Anzahl von illegalen Schwangerschaftsabbrüchen,[131] bei denen die Komplikations- und Morbiditäts-/Mortalitätsrate sehr hoch waren.[132]

Damit rückte wieder die Fragestellung in den Vordergrund, ob bei einer geschädigten oder wahrscheinlich geschädigten Leibesfrucht eine Schwangerschaftsunterbrechung rechtlich zulässig ist. Diese Schwangerschaftsabbrüche wurden unter den Begriffen der eugenischen oder kindlichen oder medizinisch-kindlichen Indikation diskutiert, wobei die Diskussion aufgrund der NS-Vergangenheit und der schwierigen Diagnostik von Schädigungen im Mutterleib geteilt war.

Nach der wohl herrschenden Meinung im juristischen und medizinischen Schrifttum war die eugenische Indikation aufgrund des absoluten Lebensschutzes und der unsicheren Prognosemöglichkeiten unzulässig.[133] Andererseits erhielt die eugenische Indikation insofern eine gewisse Anerkennung, als durch § 11 des DDR-Gesetzes „zum Schutze von Mutter und Kind“ vom 27.9.1950 die Schwangerschaftsunterbrechung zulässig war, „wenn ein Elternteil mit schwerer Erbkrankeit belastet ist“.[134] Zudem war auch in weiteren Ostblockstaaten und in skandinavischen Ländern bei Gefahr einer Erbkrankheit ein Schwangerschaftsabbruch gerechtfertigt.[135] Weiterhin konnte im Zuge des medizinischen Fortschritts, insbesondere auf dem Gebiet der genetischen Beratung, als Teilgebiet der Präventivmedizin, in der vorgeburtlichen Diagnostik und der Erbforschung die Zuverlässigkeit hinsichtlich der Wahrscheinlichkeitsprognose

130 Eser/Koch, Ssa im internationalen Vergleich, Teil 1, S. 73; Gante, S. 24 ff..

131 Die Zahlen differieren zwischen 75.000 und 3.000.000 - sh. Gante, S. 43 u. 227 ff.; Schönke/Schröder-Eser, StGB, 25. Aufl., §§ 218 ff Vorbem. Rz. 2 ff..

132 Gante, S. 34 ff.; Schönke/Schröder-Eser, StGB, 25. Aufl., §§ 218 ff Vorbem. Rz. 2 ff..

133 Gante, S. 100 ff.; Hanack, in Göppinger (Hrsg.), S. 53; Hofmann, S. 62 ff.; Kaiser, NJW 1969, 538 ff..

134 Schrömbgens, S. 140 ff..

135 Schrömbgens, S. 128 ff., 134 ff..

einer Schädigung verbessert werden.[136] Durch die Entwicklungen in der biochemischen Genetik, Zytogenetik und der Syndromologie wurde eine individuelle Diagnosestellung möglich, wobei damals nur auf das Krankheitsbild/den pathologischen Zustand abgestellt wurde, aber nicht die Veranlagung/die Gene diagnostiziert wurden.[137]

Dementsprechend hielten auch die Gegner der eugenischen Indikation diese Indikationsstellung zumindest als überdenkens- und diskussionswürdig, wobei sie teilweise auch als Unterfall der medizinischen Indikation angesehen und eine begrenzte Auflockerung befürwortet wurde.[138]

Ungeachtet der überwiegenden Ablehnung der eugenischen Indikation wurde diese aber unter der zulässigen medizinischen oder psychiatrischen Indikation wohl relativ umfangreich praktiziert.[139]

c. Konkrete Reformbestrebungen

In Anbetracht dieser mißlichen Lage und der hohen Dunkelziffer illegaler Schwangerschaftsabbrüche gab es dann in den 60ziger Jahren und Anfang der 70ziger Jahre umfangreiche Reformbestrebungen, die in zahlreichen Gesetzesentwürfen zum Ausdruck kamen. Im Vergleich zum Gesetzesentwurf von 1962, der noch von der ausnahmslosen Strafbarkeit eines Schwangerschaftsabbruchs ausging, enthielten die Entwürfe von 1970 bis 1975 schon differenzierte Regelungen hinsichtlich strafloser Indikationsvoraussetzungen.[140] Am weitestgehendsten war der Mehrheitsvorschlag des sog. Alternativ-Entwurfs von 1970, der das sog. Fristenmodell enthielt, nach dem Schwangerschaftsabbrüche bis einschließlich des 3. Schwangerschaftsmonats straffrei und Schwangerschaftsabbrüche aufgrund eugenischer Indikation nach gutachterlicher Feststellung ohne Begrenzung durch eine Frist zulässig sein sollten. Aber auch die anderen Gesetzesentwürfe enthielten Regelungen der eugenischen Indikation, wie zB. der Müller-Emmert-Entwurf in § 219 b StGB und der CDU/CSU-Entwurf (aus-

---

136 Gante, S. 59; Kaiser, NJW 1969, 538 ff..

137 Held, HÄB 9/92, 322 f..

138 Eser, in Hofmann (Hrsg.), S. 168 ff.; Hanack, in Göppinger (Hrsg.), S. 53; Kaiser, NJW 1969, 538 ff..

139 Gante, S. 107 u. 250 f.; Koch, Euthanasie, Sterbehilfe – Eine dokumentierte Bibliographie, S. V; Schrömbgens, S. 102 ff. m.w.N., 152 ff..

140 Teilweiser Abdruck der Entwürfe bei Eser, Med.Welt 1971, 721; Eser/Koch, Ssa im internationalen Vergleich, Teil 1, S. 75 ff.; Hofmann, Anhang S. 273 ff.; Schrömbgens, S. 174 ff..

drücklich als Fall der medizinischen Indikation) in § 218 a Abs. 2 StGB. Soweit überhaupt Fristen normiert wurden (Müller-Emmert-E. bis zur 20. Schwangerschaftswoche) lagen diese im Bereich der Lebensfähigkeit eines Föten.
Mit dem 5. Strafrechtsgesetz vom 18.6.1974 wurde dann ein auf dem Alternativ-Entwurf basierendes Fristenmodell verabschiedet, welches am 25.2.1975 vom Bundesverfassungsgericht für verfassungswidrig erklärt wurde.[141] Nach Scheitern der Reformbestrebungen wurde dann ein neuer Entwurf und ein neues Gesetz im Mai 1976 verabschiedet, welches ein Indikationsmodell enthielt, wonach die eugenische Indikation als Fall der medizinischen Indikation zulässig war.[142]

2. Tötung

Kurze Zeit nach Beendigung des 2. Weltkrieges wurden bereits wieder nationalsozialistische Gedanken vertreten. Weiss vertrat in einem 1954 veröffentlichten Aufsatz die Auffassung, daß geschädigte, monströse Neugeborene besser „wieder von hinnen schieden, noch ehe sie zum Bewußtsein ihrer selbst erwacht sind“, wobei Ekel und Abscheu die Tötung rechtfertigen sollten. Noch aufsehenerregender war die Monographie „Grenzsituationen des Lebens“ von W. Catel aus dem Jahr 1962. Hierin rechtfertigte der früher (seit 1939) als Gutachter im Reichsausschuß tätige Arzt die Vernichtung „lebensunwerten Lebens“, indem er eine begrenzte Euthanasie bei extremen Mißbildungen für erforderlich hielt.[143]
Diese Auffassungen wurden aber in allen wissenschaftlichen Kreisen (Rechtswissenschaft, Medizin und Theologie) scharf kritisiert[144] und als unwissenschaftlich und gefährlich abgelehnt.
Aufgrund der fortschreitenden Entwicklung in Technik und Medizin, insbesondere der Entwicklung der Intensivmedizin (z.B. Wiederbelebung bei Herzstillstand und apparative Langzeitbeatmung), konzentrierte sich die allgemeine Eu-

---

141 BVerfGE 39, 1 ff.; auszugsweise NJW 1975, 573 ff., Eser/Koch, Ssa im internationalen Vergleich, Teil 1, S. 82 – im Einzelnen sh. unten C I 1 a..

142 Schönke/Schröder-Eser, StGB, 25. Aufl., §§ 218 ff Vorbem. Rz. 2 ff.; LK-Jähnke, StGB, 10. Aufl., Vor. § 218 Rz. 4 ff.; Gante, 129 ff. Zur Ausgestaltung der gesetzlichen Regelung sh. nachfolgend C I 1 b..

143 Catel, S. 95-124; Lohmann, S. 69 ff..

144 Engisch, JZ 1964, 37 ff.; Koch, Euthanasie, Sterbehilfe - Eine dokumentierte Bibliographie, Vorwort, S. III; Lohmann, S. 73 ff..

thanasiedebatte dann auf neue Fragestellungen. Diskutiert wurde, ob die Ärzte immer alles medizinisch Mögliche tun müßten, um Menschen am Leben zu erhalten oder ob nicht das Unterlassen intensivmedizinischer Behandlungen oder auch lebensnotwendiger Versorgungsmaßnahmen in manchen Fällen zulässig sei. Diese Problematik wurde dann auch hinsichtlich schwerstgeschädigter Neugeborener erörtert und wohl zum Teil auch praktiziert. Hierbei wurde argumentiert, daß dem Kind sein schweres Los erspart werden sollte. Die Gegenauffassung kritisierte diese Argumentationen als gefährlich, weil eben wohl nicht nur dem Kind, sondern auch seinen Eltern und der Gesellschaft die schwere Existenz erspart werden sollte. Zudem könne gerade nicht beurteilt werden, welches Leben einen bzw. welchen Sinn habe.[145]

C. Schwangerschaftsabbrüche kranker/geschädigter Föten

I. Vom Gesetz von 1976 bis zum Gesetz von 1995

1. § 218a StGB von 1976

a. Sog. 1. Schwangerschaftsabbruchsurteil des BVerfG

In seiner Entscheidung vom 25.2.1975[146] hatte das Bundesverfassungsgericht die Fristenlösung für verfassungswidrig erklärt und damit den hohen Stellenwert des ungeborenen Lebens und dessen Schutzes durch das Grundgesetz deutlich gemacht. Danach wird das ungeborene Leben von den Art. 2 Abs. 2 S. 1 GG und Art. 1 Abs. 1 Satz 1 GG als selbständiges Rechtsgut geschützt, woraus sich nicht nur die Pflicht des Staates herleitet, unmittelbare staatliche Eingriffe zu untersagen. Vielmehr muß sich der Staat - auch gegenüber der Mutter - schützend und fördernd vor das ungeborene Leben stellen, weil der Lebensschutz der Leibesfrucht grundsätzlich während der gesamten Dauer der Schwangerschaft Vorrang vor dem Selbstbestimmungsrecht der Schwangeren hat.[147] Demnach muß in der Rechtsordnung die Mißbilligung des Schwangerschaftsabbruchs klar zum Ausdruck kommen, wobei der Gesetzgeber in der Art seiner Maßnahmen frei und insbesondere nicht verpflichtet ist, die gleichen

145 Eser, in Auer/Menzel/Eser, S. 141 ff..

146 BVerfGE 39, 1.

147 BVerfGE 39, 1, 41 ff..

strafrechtlichen Maßnahmen zum Schutz des ungeborenen Lebens wie zum Schutz des geborenen Lebens zu treffen. Entscheidend soll vielmehr sein, ob die Gesamtheit der schützenden Maßnahmen tatsächlichen Schutz für das ungeborene Leben gewährleistet, der der Bedeutung des ungeborenen Lebens gerecht wird. Strafrechtliche Maßnahmen dürfen somit erst als „ultima ratio" eingesetzt werden, wenn ansonsten kein effektiver Lebensschutz erreicht würde.[148] Besonders problematisch ist nach Ansicht des BVerfG der Einsatz des Strafrechts gegenüber der Schwangeren, da diese sich regelmäßig in einer Konfliktlage befindet, in der ihre Interessen den Interessen des ungeborenen Kindes gegenüberstehen. Dabei kann die Fortsetzung der Schwangerschaft für die Frau unzumutbar sein, wenn eine Gefahr für ihr Leben oder die Gefahr einer schwerwiegenden Beeinträchtigung ihres Gesundheitszustandes droht.[149] Auch bei anderen, ähnlich schwer wiegenden Belastungen soll demnach der Gesetzgeber den Abbruch der Schwangerschaft straffrei stellen können, wobei das BVerfG in diesem Zusammenhang die Fälle der eugenischen, der kriminologischen und der sozialen oder Notlagenindikation genannt hat.[150]

b. Gesetzliche Neuregelung von 1976

Diesen Grundsätzen konnte die sog. Fristenlösung nicht genügen, so daß das 15. StrÄG vom 18.5.1976[151] mit einer Indikationsregelung in Kraft trat, wonach gem. § 218a Abs. 1 Nr. 2, Abs. 2 Nr. 1 StGB der Abbruch einer Schwangerschaft nicht strafbar war, wenn

I. 2 „der Abbruch der Schwangerschaft unter Berücksichtigung der gegenwärtigen und zukünftigen Lebensverhältnisse der Schwangeren nach ärztlicher Erkenntnis angezeigt ist, um eine Gefahr für das Leben oder die Gefahr einer schwerwiegenden Beeinträchtigung des körperlichen oder seelischen Gesundheitszustandes der Schwangeren abzuwenden, und die Gefahr nicht auf eine andere für sie zumutbare Weise abgewendet werden kann.

II. Die Voraussetzungen des Absatzes 1 Nr. 2 gelten auch als erfüllt, wenn nach ärztlicher Erkenntnis

---

148 BVerfGE 39, 1, 44 ff..

149 BVerfGE 39, 1, 48 ff..

150 BVerfGE 39, 1, 48 ff..

151 BGBl. 1976 I S. 1213 ff..

1. dringende Gründe für die Annahme sprechen, daß das Kind infolge einer Erbanlage oder schädlicher Einflüsse vor der Geburt an einer nicht behebbaren Schädigung leiden würde, die so schwer wiegt, daß von der Schwangeren die Fortsetzung der Schwangerschaft nicht verlangt werden kann."

Bei der Einführung und Diskussion dieser Indikation wurde immer wieder betont, daß sie nicht auf die Verhinderung erbkranker oder kogenital geschädigter Kinder gerichtet sei und insbesondere nicht darauf beruhe, geschädigten Kindern ein „unerträgliches Leben" zu ersparen. Diese Indikation sollte allein im Hinblick auf die Schwangere zugelassen werden, da ihr in einer derartigen Konfliktsituation (Lebens- oder Gesundheitsgefahr) die Fortsetzung der Schwangerschaft nicht zumutbar sei. Dementsprechend war die Schädigung der Leibesfrucht zwar notwendige, aber für sich allein nicht hinreichende Bedingung für einen straflosen Schwangerschaftsabbruch.[152]

aa. Tatbestand der eugenischen Indikation

(1) Schädigungsrisiko

Voraussetzung einer eugenischen Indikation war zunächst die begründete Annahme einer Schädigung der Gesundheit des Kindes. Als Schädigung wurden sowohl körperliche (Mißbildungen von Gliedmaßen, Verkrüppelungen, Stoffwechselkrankheiten) als auch seelische (Psychosen, Epilepsie) sowie geistige (Schwachsinn, Schizophrenie) Beeinträchtigungen angesehen, welche organisch, als spezifisches Krankheitsbild, diagnostizierbar sein mußten. Erfaßt wurden sowohl erblich bedingte als auch nicht erblich veranlaßte Schädigungen; die Schädigungsursache war letztlich unerheblich.[153]

(2) Nichtbehebbarkeit der Schädigung

Desweiteren durfte die diagnostizierte Schädigung nicht behebbar sein. Hierbei war problematisch, ob hierunter Heilbarkeit in dem Sinne zu verstehen sei, daß im naturwissenschaftlichen Sinne eine vollständige und endgültige Beseitigung des Krankheitsbildes gefordert wird. Wäre das der Fall gewesen, wäre der Anwendungsbereich des § 218a Abs. 2 Nr. 1 StGB wesentlich erweitert und dem-

---

152 BT-Dr. VI/3434 S. 23 f.; Schönke/Schröder-Eser, StGB, 19. Aufl., § 218a Rz. 19 u. 26; Hanack, FS Noll, S. 197 f.; Koch, in Eser/Koch, Ssa im internationalen Vergleich, Teil 1, S. 122 f.; Lackner, NJW 1976, 1233, 1238; Laufs, MedR 1990, 231, 235.

153 Schönke/Schröder-Eser, StGB, 19. Aufl., § 218a Rz. 22 f.; Koch, in Eser/Koch, Ssa im internationalen Vergleich, Teil 1, S. 123 f.; Pluisch, S. 20 ff..

entsprechend der Schutz des ungeborenen Kindes erheblich verringert worden. Somit kam nur eine restriktive Auslegung des Tatbestandsmerkmals der Nichtbehebbarkeit in Betracht.[154] Nichtbehebbarkeit war dementsprechend anzunehmen, wenn keine wirksame Therapie möglich war, insbesondere ein wesentlicher organischer und funktionaler Defekt auch nach optimaler ärztlicher Versorgung zurückbleiben würde.[155]

(3) Schädigungswahrscheinlichkeit

Für die Annahme einer Schädigung mußten dringende Gründe sprechen, wobei umstritten war, ob ein bestimmter Wahrscheinlichkeitsgrad maßgeblich sein konnte, was aufgrund des Gesetzeswortlauts und den Gesetzesberatungen angenommen werden konnte.[156] Diesbezüglich wurden Wahrscheinlichkeitsgrade zwischen 10 % bis 65 % als erforderlich angesehen.[157] Von der Gegenauffassung wurde unter Verweis auf die fehlende Praktikabilität derartiger Wahrscheinlichkeitsgrade allein auf individuelle Faktoren abgestellt, die in einer Gesamtwürdigung zu betrachten seien.[158] Einigkeit bestand insoweit, daß allein eine vage Vermutung nicht ausreichen konnte.[159]

(4) Unzumutbarkeit für die Frau

Auf Seiten der Schwangeren war erforderlich, daß die Annahme der Schädigung so schwer wiegt, daß die Fortsetzung der Schwangerschaft der Schwangeren nicht zugemutet werden kann. Wie und in welchem Umfang die Belastung für die Frau beschaffen sein musste, regelte das Gesetz nicht. Wie bereits erörtert, war die Belastung der Schwangeren der eigentliche Abbruchsgrund. Dem-

---

154 Koch, in Eser/Koch, Ssa im internationalen Vergleich, Teil 1, S. 124; Pluisch, S. 22 ff..

155 Koch, in Eser/Koch, Ssa im internationalen Vergleich, Teil 1, S. 124; Lackner, NJW 1976, 1233, 1238; Laufs, MedR 1990, 231, 235. Damit zusammenhängend bestand die Problematik einer möglichen Behandlungspflicht für die Frau zur Therapie der Erkrankungen/Schädigungen des Föten - sh. nachfolgend C VII 1 g..

156 Sh. BT-Dr. VI/3434 S. 23 f., wonach mit dringenden Gründen ein erheblicher Grad der Wahrscheinlichkeit gemeint ist und daß bei einem Wahrscheinlichkeitsgrad von 25 % davon ausgegangen werden kann, daß dringende Gründe vorliegen.

157 LK-Jähnke, StGB, 10. Auflage, § 218a Rz. 56 m.w.N.; Koch, in Eser/Koch, Ssa im internationalen Vergleich, 1. Teil, S. 125; Laufs, MedR 1990, 231, 235 f.; Schrömbgens, S. 228 ff. m.w.N..

158 Schönke/Schröder-Eser, StGB, 19. Aufl., § 218a Rz. 24; ders., in Eser/Hirsch, S. 158; Lackner, NJW 1976, 1233, 1238.

159 Pluisch, S. 31; SK-Rudolphi, StGB, 5. Aufl., § 218a Rz. 32.

entsprechend wurde überwiegend angenommen (sog. schwangerenorientierte Sicht), daß neben psychischen Nöten und gesundheitlichen Beeinträchtigungen auch zeitliche, kräftemäßige und finanzielle Überforderungen der Frau zu berücksichtigen seien.[160] Nach der sog. schadensorientierten Gegenauffassung war die Schwere der Schädigung zunächst objektiv zu bestimmen; es wurde eine „hinreichend faßbare und objektive Wertungsrichtlinie“ gefordert. Die individuellen Belange der Frau sollten allein auf der Ebene der Zumutbarkeit Berücksichtigung finden.[161]

Die Zumutbarkeit der Austragung der Schwangerschaft war unabhängig vom Verschulden der Schwangeren an der Indikationslage (z.B. Alkoholabusus) zu beurteilen, weil die Verschuldenslage an der Konfliktsituation an sich nichts änderte.[162] Die Zumutbarkeitsfrage sollte jedoch nicht mit der Beurteilung des zukünftigen Lebens des Ungeborenen einhergehen dürfen[163], sondern es sollten allein die Belastungen und gesamten Umstände (z.B. zeitliche, kräftemäßige und finanzielle Überforderung der Mutter oder der Familie durch die Pflege eines unheilbar kranken/geschädigen Kindes) der Schwangeren berücksichtigt werden.[164]

(5) Frist

Die eugenische Indikation war auf die ersten 22 Wochen der Schwangerschaft begrenzt, um einerseits die Geburt eines extrauterin lebensfähigen Kindes zu vermeiden und andererseits die Möglichkeiten der Pränataldiagnostik weitestgehendst ausschöpfen zu können.[165]

160 Schönke/Schröder-Eser, StGB, 19. Aufl., § 218a Rz. 27; Koch, in Eser/Koch, Ssa im internationalen Vergleich, Teil 1, S. 126; Laufs, MedR 1990, 231, 236; SK-Rudolphi, StGB, 5. Aufl., § 218a Rz. 34.

161 LK-Jähnke, StGB, 10. Auflage, § 218a Rz. 53; Pluisch, S. 42 ff.; Schrömbgens, S. 212.

162 LK-Jähnke, StGB, 10. Auflage, § 218a Rz. 29; Koch, in Eser/Koch, Ssa im internationalen Vergleich, 1. Teil, S. 126 f.; Pluisch, S. 64.

163 BT-Dr. VI/3434 S. 23f.; Schönke/Schröder-Eser, StGB, 19. Aufl., § 218a Rz. 19 u. 26; Hanack, FS Noll, S. 197 f.; Koch, in Eser/Koch, Ssa im internationalen Vergleich, Teil 1, S. 122 f.; Lackner, NJW 1976, 1233, 1238; Laufs, MedR 1990, 231, 235.

164 Schönke/Schröder-Eser, StGB, 19. Aufl., § 218 a Rz. 27; Koch, in Eser/Koch, Ssa im internationalen Vergleich, Teil 1, S. 126; Laufs, MedR 1990, 231, 236; SK-Rudolphi, StGB, 5. Aufl., § 218a Rz. 34.

165 Schönke/Schröder-Eser, StGB, 19. Aufl., § 218a Rz. 31; Koch, in Eser/Koch, Ssa im internationalen Vergleich, Teil 1, S. 142 f.; Pluisch S. 66 ff..

bb. Probleme und Schwachstellen der gesetzlichen Regelung

Abgesehen von den bereits im Gesetzgebungsverfahren umstrittenen und in der Literatur diskutierten Schwachstellen und Unbestimmtheiten der gesetzlichen Regelung (Wahrscheinlichkeit der Schädigung, Schwere der Schädigung, Zumutbarkeit) ergaben sich auch in der Folgezeit bei der Anwendung des Gesetzes weitere (vielfältige) Probleme.

(1) Weiterentwicklung der pränatalen Diagnostik

Insbesondere machten die Fortschritte in der Pränataldiagnostik die mangelnde Bestimmtheit der Regelung offenkundig. Zu Beginn der gesetzlichen Regelung konnten mit der Pränataldiagnostik nur sehr wenige genetische Erkrankungen diagnostiziert werden, der Stand der Erkenntnisse und der Technik in der Pränataldiagnostik befand sich noch am Anfang der Entwicklung. Im Laufe der Zeit wurde zunehmend eine größere Anzahl von Schädigungen mit unterschiedlicher Ausprägung bis hin zu leichteren Krankheiten und Anomalien pränatal diagnostizierbar.[166] Mit den Fortschritten in der Medizintechnik einhergehend hatte sich aber auch die gesellschaftliche Einstellung zum Schwangerschaftsabbruch geändert. Durch die neuen Möglichkeiten in der Diagnostik und der damit einhergehenden Vereinfachung der Feststellung von Schädigungen wurde zunehmend allein von der Diagnose auf die Indikation geschlossen. Das Kriterium der Zumutbarkeit wurde von den Interessen der Frau bzw. den Interessen der Familie zurückgedrängt. Es hatte sich insofern eine Anspruchshaltung entwickelt, als nunmehr zumindest teilweise die Auffassung vom „Recht auf ein gesundes Kind" bestand.[167]

(2) Kontrolle der Gesetzesanwendung

Weiterhin mangelte es gerade auch hinsichtlich der Unbestimmtheit des Gesetzes und der dementsprechenden Rechtsunsicherheit an einer effektiven staatlichen, insbesondere gerichtlichen Kontrolle. Weil zur Indikationsfeststellung

---

166 Eberbach, JR 1989, 265 ff.; Fritsche, MedR 1990, 237, 238; Laufs, MedR 1990, 232 ff.; Pluisch, S. 71 f..

167 Nach Eberbach, JR 1989, 265, 266 „nimmt die Fehlertoleranz ab"; Fritsche, MedR 1990, 237, 239; Hanack, FS Noll, 197, 198 f.; nach Hiersche, FS Tröndle, 669, 677 galt es „in zunehmenden Maße, nicht mehr die Mutter vor einem geschädigten Kind sondern umgekehrt, den Feten vor der anspruchsvollen Mutter" zu schützen; Laufs, Schriftenreihe der Juristen-Vereinigung Lebensrecht e.V., Nr. 7 (1990), 9 ff.; v. Loewenich, MedR 1985, 30, 33 spricht von einer Reklamationsmentalität der Eltern; Pluisch, S. 72 ff..

jeder Arzt befugt war, fehlte es somit schon an jeglicher präventiver staatlicher Kontrolle. Auch die repressive gerichtliche Kontrolle war unzureichend. Zwar war durch das 15. StÄG eine Pflicht für die Ärzte begründet worden, nach § 218a StGB durchgeführte Schwangerschaftsabbrüche zu melden. Dennoch ging man bei den so erstellten Statistiken von einem Meldedefizit von 50 % und mehr aus, so daß beispielsweise 1985 bei gemeldeten 83.538 Schwangerschaftsabbrüchen die geschätzten Zahlen zwischen 200.000 und 350.000 differierten.[168] Hierbei ging man auch davon aus, daß die große Mehrheit dieser Schwangerschaftsabbrüche nicht mehr durch § 218a StGB gerechtfertigt war. Insoweit konnte bei Verurteilungszahlen zwischen 10 und 30 pro Jahr von einer effektiven Kontrolle nicht die Rede sein.[169] Dies mochte um so mehr gelten, als auch der Umfang der gerichtlichen Kontrolle umstritten war. So vertrat der BGH[170] die Auffassung, daß die Feststellung der Indikation nach ärztlicher Erkenntnis erfolgen müsse, so daß ein gewisser ärztlicher Beurteilungsspielraum bestehe, der eine gerichtliche Nachprüfung nur insoweit zuläßt, als daß die damalige Situation die Indikationsstellung durch den Arzt als vertretbar erscheinen lassen mußte. Nach der Gegenauffassung[171] bestand ein derartiger Beurteilungsspielraum nicht bzw. schränkte er den Schutz des ungeborenen Lebens unzulässig ein, weil die ärztliche Entscheidung bei der Indikationsstellung auch maßgeblich von der Einschätzung und den Ausführungen der Frau beeinflußt sei.[172] Nach Eser[173] war die ärztliche Indikationsfeststellung bzw. -beurteilung von vornherein nur beschränkt durch die Gerichte überprüfbar. Richterlich nachprüfbar sollte demnach nur sein, ob der indikationsstellende Arzt sorgfältig und unter Beachtung der ärztlichen Standards den Sachverhalt ermittelt und beurteilt hatte, oder ob eine sog. Gefälligkeitsindikation vorlag. Weiterhin sei rich-

---

168 V. Hippel, JZ 1986, 53 ff.; Koch, in Eser/Koch, Ssa im internationalen Vergleich, Teil 1, S. 234 f. mit umfangreichen Statistiken; SK-Rudolphi, StGB, 5. Aufl., Vor § 218 Rz. 30; Spieker, Jura 1987, 87 ff..

169 Koch, in Eser/Koch, Ssa im internationalen Vergleich, Teil 1, S. 248 ff mit umfangreichen Statistiken spricht sogar auf S. 256 von einer Fortsetzung der faktischen Entkriminalisierung des Schwangerschaftsabbruchs; SK-Rudolphi, StGB, 5. Aufl., Vor § 218 Rz. 30.

170 BGH NJW 1985, 2752 aber bezüglich Notlagenindikation.

171 AG Celle MedR 1988, 41 ff., Geiger, Jura 1987, 60, 63 f.; Stürner, Jura 1987, 75, 80; Tröndle, MedR 1986, 31, 34.

172 Geiger, in v. Voss/v. Voss/Hoffacker, 44, 49 f.; Hiersche, in FS Tröndle, 669, 676; Pluisch, S. 80, 86 f..

173 Eser, in FS Baumann, 155 ff.; so auch Deutscher Juristinnenbund, StV 1990, 46 f..

terlich nachprüfbar, ob der Arzt bei der Beurteilung Rechtsbegriffe richtig ausgelegt und allgemeine Bewertungsmaßstäbe beachtet habe. Unter diesen Voraussetzungen mußte dann die Indikationsfeststellung vertretbar sein.

(3) Alleinige Entscheidungskompetenz der Ärzteschaft

Zudem wurde auch die alleinige Entscheidungskompetenz der Ärzteschaft bei der Indikationsstellung kritisiert, weil gerade bei der eugenischen Indikation mit ihren unbestimmten Rechtsbegriffen und umstrittenen Tatbestandsmerkmalen die ärztliche Erkenntnis bzw. die mit medizinischem Wissen begründete Kompetenzzuweisung äußerst fragwürdig erschien.[174]

(4) Befristung

Im weiteren wurde auch die Festlegung der 22-Wochen-Frist stark kritisiert. Die Festlegung einer Frist stehe dem Grundgedanken der eugenischen Indikation entgegen, soweit diese auf die Zumutbarkeit für die Frau abstellt. An der Unzumutbarkeit der Austragung einer Schwangerschaft könne dementsprechend auch der Ablauf einer Frist nichts ändern.[175] Die Fristbestimmung war aber auch dort zweifelhaft, wo eine genaue Diagnostik erst nach Fristablauf möglich war und somit „vorsorgliche" Schwangerschaftsabbrüche gefördert wurden oder die Entscheidung über den Abbruch einer Schwangerschaft infolge einer Fristenregelung unter Zeitdruck erfolgte.[176] Auch wurde die Verbindung zum sog. Behandlungsverzicht[177] gezogen, wonach es nicht sinnvoll sein könne, eine Abtreibung wegen Fristablaufs zu unterlassen und nach der Geburt des Kindes auf dessen Behandlung wegen schwerster Schäden zu verzichten.[178] In der Praxis wurden Wege gesucht, die Frist zu umgehen oder Ausnahmen zu statuieren. So sollte z.B. beim Anenzephalus[179] ein Schwangerschaftsabbruch auch nach der 22. Schwangerschaftswoche möglich sein, weil dieser infolge seiner schwersten

174 Büchner, Schriftenreihe der Juristen-Vereinigung Lebensrecht e.V., Nr. 1 (1985), 1 ff.; Geiger, Jura 1987, 60, 63; Pluisch, S. 82 ff..

175 Hiersche/Jähnke, MDR 1986, 1; Pluisch, S. 89.

176 Hiersche/Jähnke, MDR 1986, 1; Pluisch, S. 90.

177 Ein Behandlungsverzicht bzw. das Entfallen der Behandlungspflicht bei schwerstgeschädigten Neugeborenen soll jedoch nur in ganz engen Grenzen und wenigen Ausnahmefällen zulässig sein, im einzelnen sh. unten D. Neugeboreneneuthanasie.

178 Hanack, FS Noll, 197, 205 ff.; Hiersche/Jähnke, MDR 1986, 1, 5; Pluisch, S. 91 ff..

179 Roche, Lexikon Medizin: Anenzephalie ist das angeborene vollständige oder weitgehende Fehlen der Großhirnhemisphären, der Neurohypophyse, des Zwischenhirns und des Schädeldaches.

Mißbildungen außerhalb des Mutterleibs nicht existieren könne; teilweise wurde dem Anenzephalus die Leibesfruchtqualität oder das Merkmal einer lebenden Frucht von vornherein abgesprochen.[180] Teilsweise wurde erwogen, auch bei anderen ähnlich schweren Missbildungen, die mit dem Leben unvereinbar sind, eine Ausnahme von der Frist zuzulassen.[181] Zudem wurde die Frist oftmals durch den Rückgriff auf die medizinische Indikation umgangen.[182]

(5) Zumutbarkeitskriterium

Weiterer Kritikpunkt der Regelung der eugenischen Indikation war das Kriterium der Zumutbarkeit der Fortsetzung der Schwangerschaft, welches auf die Gefühls- und Lebenslage der Schwangern abstellte. Hier soll sich die Frau in der Praxis gerade auch von Überlegungen leiten lassen haben, die nicht nur die eigene Situation betrafen, sondern gerade auch das spätere, von Behinderungen geprägte Leben und dementsprechend dem Lebenswert des Kindes.[183] Dieser Gedanke sollte aber nach der Intention des Gesetzgebers bei § 218a Abs. 2 Nr. 1 StGB gerade keine Rolle spielen.[184]

(6) Grundsätzliche und widersprüchliche Kritikpunkte

Deutlich wurde die unbefriedigende Konfliktbewältigung durch die gesetzliche Regelung auch dadurch, daß einerseits die weit gefaßten Indikationen das

---

180 Hanack, FS Noll, 197, 204; Hiersche, MedR 1984, 215 f. spricht von einem (hirn-) toten Föten (auf die Kriterien des Hirntodes und die damit verbundene Diskussion bzgl. des Anenzephalus soll hier nicht näher eingegangen werden); Isemer/Lilie, MedR 1988, 66, 70 sprechen dem Anenzephalen weder die Leibesfruchtqualität noch das Merkmal der Lebendigkeit ab, befürworteten aber einen Abbruch der Schwangerschaft nach der 22. Schwangerschaftswoche, weil der Grundgedanke der Frist, lebensfähige Föten zu schützen dann seinen Sinn verliere, wenn -wie beim Anenzephalen- die Schädigungen einer Lebenschance/Lebensfähigkeit entgegenstehen; LK-Jähnke, StGB, 10. Aufl., § 218 Rz. 4.

181 Nach Häußler-Sczepan, S. 186, befürworteten 1/3 der Gynäkologen einen Schwangerschaftsabbruch nach Ablauf der 22-Wochenfrist; Hepp, in Jung/Müller-Dietz, S. 9; Hiersche/Jähnke, MDR 1986, 1 ff.; nach Hiersche, MedR 1984, 215 f. sollen derartige Überlegungen in der Ärzteschaft schon eine gewisse Rollen gespielt haben; Pluisch, S. 95 ff..

182 Hanack, FS Noll, 197, 203 Fn. 22 - Auch der Gesetzgeber konnte in dieser Hinsicht verstanden werden, wenn es in BT-Drucks. 7/1981 S. 16 heißt, „ ... in den gravierendsten Fällen wird ohnehin auch die körperliche oder psychische Gesundheit der Mutter in schwerwiegender Weise tangiert sein ...“.

183 Hanack, MedR 1985, 33, 35; ders., FS Noll, 197, 198 f.; Hepp, in Jung/Müller-Dietz, 1, 6; Pluisch, S. 108 ff..

184 BGBl. 1976 I S. 1213 ff..

grundsätzliche Verbot des Schwangerschaftsabbruchs und damit das Lebensrecht des Ungeborenen relativierten und auf der anderen Seite die Ärzte um das Leben zum Teil schwerst geschädigter Neugeborener bemüht und verpflichtet waren.[185]

Insgesamt führte die Reformdiskussion zu den §§ 218 ff. StGB jedoch zu keiner Neuregelung, insbesondere auch deshalb, weil die Auseinandersetzung vom Grundsatz her mit sehr gegenläufigen Interessen geführt wurde. So ging es der einen Seite um die Selbstbestimmung der Frau, die eine Liberalisierung, teilweise aber auch die komplette Abschaffung der §§ 218 ff. StGB forderte. Die Gegenseite kritisierte demgegenüber die weiten Indikationen, insbesondere die allgemeine Notlagenindikation sowie deren mangelnde Kontrollierbarkeit und nicht zuletzt den fehlenden Erfolg des Beratungs- und Indikationskonzepts. Zudem wurde auch die Finanzierung von Schwangerschaftsabbrüchen durch öffentliche Mittel (Sozialversicherung und staatliche Beihilfen) bemängelt.[186] Weiterhin wurde gefordert, daß der Arzt bei der pränatalen Diagnostik als Vertreter des Kindeswohls auch gegen die Entscheidung der Eltern agieren bzw. argumentieren sollte.[187]

c. Rechtsprechung zu § 218a Abs. 1 Nr. 2, Abs. 2 Nr. 1 StGB a.F.

Auch die wenigen Urteile in Verbindung mit Schwangerschaftsabbrüchen wegen eugenischer/embryopathischer Indikation zeigten die Rechtsunsicherheit bei der Auslegung des § 218a I Nr. 2, II Nr. 1 StGB a.F.. Bei diesen Gerichtsentscheidungen handelte es sich um zivilrechtliche Klagen der Eltern geschädigter Kinder gegen Ärzte auf Schadensersatz in Form des Unterhaltsbedarfs für das Kind wegen fehlerhafter und/oder unterlassener bzw. unvollständiger pränataler Diagnostik. Nach übereinstimmender Auffassung konnte in derartigen Fällen ein Schadensersatzanspruch der Eltern begründet sein, wenn neben weiteren Anforderungen ein Schwangerschaftabbruch wegen eugenischer Indikation zulässig gewesen wäre. Bei der Frage, wann ein Schwangerschaftsabbruch zulässig gewesen wäre, war die Rechtsprechung jedoch uneinheitlich, insbesondere

185 V. Hippel, JZ 1986, 53, 55; LK-Jähnke, StGB, 10. Aufl., Vor § 218 Rz. 28; Laufs, MedR 1990, 231, 234; Tröndle, Jura 1987, 66; v. Voss, Schriftenreihe der Juristen-Vereinigung Lebensrecht e.V., Nr. 2 (1986), 52, 61.

186 Schönke/Schröder-Eser, StGB, 26. Auflage, Vorbem. §§ 218 ff. Rz. 5 m.w.N..

187 Laufs, Schriftenreihe der Juristen-Vereinigung Lebensrecht e.V., Nr. 7 (1990), 9, 49.

war keine einheitliche Struktur, keine Anwendung objektiver Maßstäbe erkennbar.

aa. BGH-Urteil vom 18.1.1983[188]

So entsprach es insbesondere seit dem Urteil des BGH vom 18.1.1983 der ständigen Rechtsprechung, daß bei unterlassenem Schwangerschaftsabbruch infolge fehlerhafter pränataler Diagnostik den Eltern eines geschädigten Kindes ein Schadensersatzanspruch (in Fortführung der Rechtsprechung zum Schadensersatzanspruch bei planwidrig geborenem Kind) zustehen konnte.

Bei dem der Entscheidung des BGH aus dem Jahr 1983 zugrundeliegenden Fall war ein Kind aufgrund einer nicht erkannten Rötelerkrankung der Mutter und der damit zusammenhängenden Problematik der Schädigungsgefahr schwer behindert zur Welt gekommen. Der BGH ging in diesem Fall davon aus, daß ein Schwangerschaftsabbruch zulässig gewesen wäre, so daß den Eltern Schadensersatzansprüche zustehen könnten.

Für die Zulässigkeit des Schwangerschaftsabbruchs hielt es der BGH für ausreichend, daß bei einer Rötelinfektion der Mutter in der Frühphase der Schwangerschaft eine „sehr hohe Wahrscheinlichkeit" besteht, „daß das Kind mit Schädigungen schwerer bis schwerster Art zur Welt kommen wird."[189] Weiterhin hatte der BGH hinsichtlich des Zumutbarkeitskriteriums ausgeführt, daß dieses nicht nur auf die „unmittelbar drohende Gefahr hoher finanzieller und arbeitsmäßiger Belastung sowie insbesondere auch die seelische Belastung durch das Miterleben des Schicksals eines schwerbehinderten Kindes" begrenzt sei, sondern daß daneben auch „das ethische Interesse der Mutter Berücksichtigung finden (müsse), sich ... , nicht nur dem Vorwurf oder auch nur Selbstvorwurf auszusetzen, daß sie dem Kind nicht ein unter Umständen qualvolles und der Eingliederung in die Gesellschaft schwer zugängliches Leben durch eine von der Rechtsordnung in ihre Verantwortung gestellte Entscheidung erspart hat."[190]

bb. OLG Düsseldorf-Urteil vom 6.1.1997[191]

Einer Entscheidung des OLG Düsseldorf vom 6.1.1997 lag die fehlerhafte Bewertung genetischer Befunde zugrunde, in deren Folge 1994 ein schwerst be-

---

188 BGH NJW 1983, 1371 f..

189 BGH a.a.O. S. 1372.

190 BGH a.a.O. S. 1372.

191 OLG Düsseldorf VersR 1998, 194.

hindertes Kind (Inkontinenz, Autismus, Ataxie[192]) geboren war. Die klagende Krankenversicherung konnte in diesem Fall ihre Ansprüche auf Erstattung der Behandlungskosten etc. gegenüber dem Genetikinstitut durchsetzen. Das OLG Düsseldorf hatte die Zulässigkeit des Schwangerschaftsabbruchs aus eugenischer Indikation trotz der „seinerzeit bestehenden unklaren genetischen Situation, dem Fehlen jeglicher Anhaltspunkte für eine akzeptable Wahrscheinlichkeitsprognose" aufgrund des „durchaus ernstzunehmenden Risiko des Vorliegens von genetisch aktivem Material und der daraus erwachsenden Gefahr, ein schwerstgeschädigtes Kind zur Welt zu bringen", bejaht.[193] Das entscheidende Gericht ließ insofern die „Möglichkeit einer massiven Schädigung des Kindes" genügen; weitere Ausführungen, insbesondere zur Frage der Zumutbarkeit der Fortsetzung der Schwangerschaft für die Frau enthalten die Entscheidungsgründe nicht.[194]

cc. LG Köln-Urteil vom 10.12.1997[195]

Das LG Köln hatte am 10.12.1997 über eine Schadensersatz- und Schmerzensgeldklage einer Mutter zu entscheiden, deren Kind infolge pränatal nicht erkannter Mißbildungen schwerstgeschädigt (inkomplette Querschnittslähmung, Sensibilitätsstörungen der Haut beider Beine und des Gesäßes, Lähmung von Harnblase und Enddarm, Hydrozephalus) zur Welt gekommen war. Das LG Köln hielt einen Schwangerschaftsabbruch für zulässig. Nach seiner Auffassung war die zeitlich, kräftemäßig oder wirtschaftlich unzumutbare Überforderung der Schwangeren maßgeblich. Insbesondere stellte das LG aber bei der Frage der Zulässigkeit eines Schwangerschaftsabbruchs darauf ab, daß die Rechtsordnung der Mutter „mit der damaligen eugenischen Indikationsregelung das freie Entscheidungsrecht darüber ein(räume), ob sie die mit dem Austragen und der Pflege eines derart schwer behinderten Kindes einhergehenden Belastungen tragen wollte oder nicht."[196] Diese Entscheidungsmöglichkeit sei der klagenden Mutter aufgrund der fehlerhaften Diagnostik genommen worden, so daß ihr die geltend gemachten Ansprüche zuerkannt wurden.

---

192 Roche, Lexikon Medizin: Störung der Bewegungsabläufe u. der Haltungsinnervation mit Auftreten unzweckmäßiger Bewegungen infolge gestörter funktioneller Abstimmungen der entsprechenden Muskelgruppen.

193 OLG Düsseldorf a.a.O. S. 195.

194 OLG Düsseldorf a.a.O. S. 195.

195 LG Köln MedR 1999, 323.

196 OLG Düsseldorf a.a.O. S. 195.

2. Die Regelungen des Schwangerschaftsabbruchs in der Deutschen Demokratischen Republik

Unmittelbar nach dem 2. Weltkrieg bestand auf dem Gebiet der ehemaligen DDR das Abtreibungsverbot in Form des Reichsstrafgesetzbuches von 1871 fort. In der Folgezeit wurden jedoch innerhalb der sowjetischen Besatzungszone territorial verschiedene gesetzliche Reglungen erlassen, die § 218 RStGB ersetzten und hinsichtlich der Regelung der medizinischen und kriminologischen Indikation weitgehend einheitlich waren. Eine Regelung hinsichtlich eugenischer Indikation enthielt lediglich das mecklenburgische Landesgesetz.[197]

Nach Gründung der DDR im Jahr 1949 entstand als einheitliche Regelung für das gesamte Gebiet der DDR das „Gesetz über den Mutter- und Kinderschutz und die Rechte der Frau" (Gesetz vom 27.9.1950, GBl. DDR I, S. 1037), welches u.a. Regelungen für Schwangerschaftsabbrüche enthielt. Nach § 1 dieses Gesetzes war ein Schwangerschaftsabbruch zulässig bei ernstlicher Lebens- oder Gesundheitsgefährdung der Frau und wenn ein Elternteil mit einer schweren Erbkrankheit belastet war. Letztere Abbruchsindikation war nur bis zur 12. Schwangerschaftswoche möglich. Danach waren nur noch Abbrüche wegen medizinischer Gründe zulässig, was jedoch auch bei ernsthafter Herabsetzung der psychischen und physischen Gesundheit der Schwangeren infolge der Belastungen, die durch Austragen und Pflegen des Kindes entstehen würden, der Fall sein sollte.[198]

1972 trat dann das „Gesetz über die Unterbrechung der Schwangerschaft" (Gesetz vom 9.3.1972, GBl. DDR I, S. 89 – sog. SchwUG) in Kraft, wonach gem. § 1 Abs. 2 SchwUG Schwangerschaftsabbrüche in den ersten 12 Schwangerschaftswochen frei, d.h. ohne Indikationen zulässig waren, sog. Fristenlösung. Für den Zeitraum nach Ablauf der 12. Schwangerschaftswoche enthielt das Gesetz eine Indikationsregelung. Gem. § 2 dieses Gesetzes waren Schwangerschaftsabbrüche nur zulässig, wenn das Leben der Frau gefährdet war oder andere schwerwiegende Umstände vorlagen. Das Erfordernis schwerwiegender Umstände wurde im Rahmen von Durchführungsbestimmungen näher konkreti-

---

197 Grandke/Stolpe, KJ 1992, 213 ff.; Lammich, in Eser/Koch, Ssa im internationalen Vergleich, Teil 1, S. 325 ff..

198 Grandke/Stolpe, KJ 1992, 213 ff.; Lammich, in Eser/Koch, Ssa im internationalen Vergleich, Teil 1, S. 325 ff..

siert. Aus § 5 Abs. 3 der Durchführungsbestimmungen zum „Gesetz über die Unterbrechung der Schwangerschaft" ergab sich, daß schwerwiegende Umstände dann vorlagen, wenn

- bei Fortdauer der Schwangerschaft oder infolge der Geburt schwere bleibende und die Lebenserwartung der Frau beeinträchtigende Gesundheitsschäden erwartet werden müssen;
- während der Schwangerschaft außerordentliche Ereignisse eintreten, von denen nach ärztlichem Ermessen angenommen werden muß, dass sie im Zusammenhang mit der Austragung der Schwangerschaft dauernde erhebliche physische und psychische Belastungen der Frau zur Folge haben werden, die zu einer schweren bleibenden Störung ihres Gesundheitszustandes und zu einer Beeinträchtigung ihrer Lebenserwartung führen.

Die Entscheidung über die Zulässigkeit eines solchen Schwangerschaftsabbruchs wurde von einer Fachärztekommission getroffen.[199]

Verstöße gegen die Vorschriften des SchwUG wurden in den §§ 153-154 DDR-StGB unter Strafe gestellt.[200]

3. Auswirkungen und Reformbestrebungen im Rahmen der Wiedervereinigung Deutschlands

a. Regelung im sog. Einigungsvertrag
Neue Anstöße für die Reformdiskussion gab die Wiedervereinigung Deutschlands. Die Wiedervereinigung erfolgte größtenteils durch eine Rechtsangleichung, wobei bei den Verhandlungen zum Einigungsvertrag 1990 schnell deutlich wurde, daß die Problematik des Schwangerschaftsabbruchs zunächst keiner einheitlichen Lösung zugänglich war. Aufgrund der sich gegenüberstehenden verschiedenen Gesetzesmodelle (Fristenlösung/DDR - Indikationsmodell/BRD) wurde in Art. 31 IV des Einigungsvertrag der Gesetzgeber beauftragt,

199 Grandke/Stolpe, KJ 1992, 213 ff.; Lammich, in Eser/Koch, Ssa im internationalen Vergleich, Teil 1, S. 325 ff..

200 Sh. Regelungen der DDR abgedruckt in Schönke/Schröder-Eser, StGB, 24. Auflage, Vorbem. §§ 218 ff. Rz. 49 ff..

„... spätestens bis zum 31. Dezember 1992 eine Regelung zu treffen, die den Schutz vorgeburtlichen Lebens und die verfassungskonforme Bewältigung von Konfliktsituationen schwangerer Frauen vor allem durch rechtlich gesicherte Ansprüche für Frauen, insbesondere auf Beratung und soziale Hilfen besser gewährleistet, als dies in beiden Teilen Deutschlands derzeit der Fall ist. ...“[201]

So galt das Recht der DDR auf dem Gebiet der DDR fort, so daß im nunmehr vereinigten Deutschland unterschiedliches partielles Bundesrecht galt. Daraus ergab sich im weiteren die Problematik, wie zu verfahren war, wenn der Wohnsitz der Schwangeren und der Ort der Schwangerschaftsunterbrechung auseinanderfielen. Dies wurde überwiegend nach den allgemeinen Regeln des interlokalen Strafrechts gelöst, wonach das Tatortprinzip Anwendung fand und für die Beurteilung der Rechtmäßigkeit des Schwangerschaftsabbruch der Ort des Eingriffs maßgeblich war. Dies war jedoch wegen der offensichtlichen Mißbrauchsmöglichkeiten nicht unumstritten.[202]

b. Konzepte zur Vereinheitlichung

Die sich anschließende Diskussion um eine Neuregelung der §§ 218 ff. StGB war dann auch überwiegend auf die Frage der Grundkonzeption der Regelung - Indikations- oder Fristenregelung - gerichtet, eine umfangreiche Diskussion über die embryopathische Indikation fand nicht statt. Im Jahr 1991 wurden von allen im Bundestag vertretenen Parteien und Gruppierungen Gesetzesentwürfe vorgelegt.[203]

Diese Entwürfe gingen teilweise von einer Verschärfung der bisherigen Indikationsregelung auf dem Gebiet der sog. alten Bundesländer in der Form aus, daß das Ungeborene dem Geborenen gleichgestellt werden und nur eine enge medizinische Indikation möglich sein sollte (sog. Werner-Entwurf[204]). Hiernach soll-

---

201 § 31 Abs. 4 des Einigungsvertrages; zur Übergangsproblematik insgesamt sh. Büchner, Schriftenreihe der Juristen-Vereinigung Lebensrecht e.V., Nr. 8 (1991), 45 ff.; Classen, GA 1991, 209 ff.; Eser, GA 1991, 241 ff.; Koch, in Eser/Koch (Hrsg.), Ssa: Auf dem Weg zu einer Neuregelung, S. 109 ff.; Rüfner, Schriftenreihe der Juristen-Vereinigung Lebensrecht e.V., Nr. 8 (1991), 25 ff..

202 Eser, GA 1991, 241, 254 ff.; Schönke/Schröder-Eser, StGB, 26. Aufl, Vorbem. §§ 218 ff. Rz. 5, Vorbem. §§ 3-7 Rz. 75 ff., 47 ff..

203 Eser/Koch, in Eser/Koch (Hrsg.), Ssa: Auf dem Weg zu einer Neuregelung, S. 163 ff., 173 ff.; Eser, NJW 1992, 2913; Geiger, Schriftenreihe der Juristen-Vereinigung Lebensrecht e.V., Nr. 9 (1992), 29 ff.; Günther, MedR 1992, 65 ff.; Tröndle, FS Spendel, 1992, 611, 615 ff..

204 Entwurf vom 20.9.1991, BT-Dr. 12/1179.

te die Regelung einer embryopathischen Indikation entfallen und derartige Situationen der medizinischen Indikation unterstellt werden.
Auch der Entwurf der CDU/CSU[205] ging zunächst von einem Indikationsmodell aus, setzte sich jedoch für eine erweiterte Zulässigkeit von Schwangerschaftsabbrüchen ein, soweit eine subjektive „psycho-soziale Notlage" vorgesehen war. Diese „psycho-soziale" Notlage sollte auch die Fälle der embryopathischen Indikation erfassen, eine eigenständige Regelung war nicht vorgesehen.

Demgegenüber ging sowohl der Entwurf der SPD[206] als auch der Entwurf der FDP[207] von einem Fristenmodell aus, wobei der FPD-Entwurf eine Beratungspflicht normierte, in der das Vorliegen einer „schweren Not- und Konfliktlage" Ausdruck finden sollte. Zudem war auch eine Regelung der embryopathischen Indikation vorgesehen.
Nach dem SPD-Entwurf sollte zwar keine Beratungspflicht bestehen, jedoch Möglichkeiten für freiwillige Informationen und Beratung geschaffen werden. Die Fälle der embryopathischen Indikation sollten im Rahmen einer medizinischen Indikation Beachtung finden.

Die Legalisierung des Schwangerschaftsabbruchs und die Festschreibung eines dementsprechenden Rechts sollte nach den Entwürfen von Bündnis 90/Die Grünen[208] und der PDS/Linke Liste[209] geregelt werden.

Soweit bei der Vielzahl dieser Gesetzesentwürfe zwischen den Extremen des Indikationsmodells und des Fristenmodells (auch „Indikationsmodell auf Drittbeurteilungsbasis" versus „Fristenmodell auf Selbstbestimmungsbasis"[210]) gerungen wurde, mußte ein Mittelweg gefunden werden, um eine konsensfähige Regelung zu entwerfen. Dieser Mittelweg wurde im sog. „notlagenorientierten Diskursmodell" oder „Notlagenmodell auf Selbsteinschätzungsbasis" ge-

205 Entwurf vom September 1991, BT-Dr. 12/1178.
206 Entwurf vom 21.6. 1991, BT-Dr. 12/841.
207 Entwurf vom 16.5.1991, BT-Dr. 12/551.
208 Entwurf vom 6.6.1991, BT-Dr. 12/696.
209 Entwurf vom 1.7.1991, BT-Dr. 12/898.
210 Eser, ZRP 1991, 293 ff.; Eser/Koch, in Eser/Koch (Hrsg.), Ssa: Auf dem Weg zu einer Neuregelung, S. 163, 167 ff..

sehen,[211] welches auch im Vorschlag der damaligen BT-Präsidentin Rita Süssmuth Ausdruck fand.[212] Nach der vermittelnden Lösung sollte der Schwangerschaftsabbruch bei einer bestimmten Notlage innerhalb einer bestimmten Frist zulässig sein, wobei die Schwangere zu einer Beratung verpflichtet sein, letztlich aber alleinverantwortlich entscheiden sollte.[213]

c. Gesetzesentwürfe

aa. Sog. Gruppenentwurf - SFHG

In dem Sinne eines vermittelnden Lösungsweges war der von Abgeordneten der SPD und der FDP initiierte sog. Gruppenentwurf[214] zu verstehen, dem sich auch Mitglieder weiterer Bundestagsfraktionen angeschlossen hatten. Dieser Entwurf basierte auf dem FDP-Entwurf und normierte folglich eine Fristenregelung mit Beratungspflicht, wobei zusätzlich in der Beratungspflicht der Lebensschutz als primäres Ziel enthalten war. Nach zahlreichen weiteren Verhandlungen und Zugeständnissen bzw. Veränderungen[215] wurde dann das Schwangeren- und Familienhilfegesetz (SFHG)[216] von Bundestag und Bundesrat beschlossen und am 27.7.1992 vom Bundespräsidenten unterzeichnet.

Nach dem SFHG war ein Schwangerschaftsabbruch gem. § 218a Abs. 1 StGB nicht rechtswidrig wenn er innerhalb der ersten 12 Schwangerschaftswochen von einem Arzt ausgeführt wurde und die Schwangere durch eine Bescheinigung nachweisen konnte, daß sie sich mindestens drei Tage vor dem Eingriff hatte beraten lassen. Die Beratung sollte gem. § 219 Abs. 1 StGB dem Lebensschutz dienen. Nach § 218a Abs. 2 StGB war ein Schwangerschaftsabbruch nicht rechtswidrig, der nach ärztlicher Erkenntnis notwendig war, um eine Lebensgefahr oder die Gefahr der schwerwiegenden körperlichen oder seelischen

---

211 Eser, ZRP 1991, 291 ff.; Eser/Koch, in Eser/Koch (Hrsg.), Ssa: Auf dem Weg zu einer Neuregelung, S. 163, 167 ff..

212 Eser, in Eser/Koch (Hrsg.), Ssa. Auf dem Weg zu einer Neuregelung, S. 119, 140; Nachrichten, ZRP 1990, 366 ff..

213 Eser, in Eser/Koch (Hrsg.), Ssa: Auf dem Weg zu einer Neuregelung, S. 119, 140; Eser/Koch, in Eser/Koch (Hrsg.), Ssa: Auf dem Weg zu einer Neuregelung, S. 163, 171; Eser, ZRP 1991, 291 ff..

214 Entwurf vom 14.5.1992, BT-Dr. 12/2605 und 12/2875 S. 90.

215 Insbesondere war jedoch vergeblich die „Streichung der embryopathischen Indikation“ gefordert worden – sh. z.B. Rede von H. Werner (CDU/CSU), Verhdlg. d. dt. BT, 12. Wahlperiode Band 162 (12/99), S. 8255 C, 8257 B und Rede von P. Hintze (CDU/CSU), ebenda, S. 8263 B.

216 BGBl. I S. 1398; zur synoptischen Gegenüberstellung mit dem 5. Strafrechtsreformgesetz von 1974 sh. Eser, Ssa: Auf dem verfassungsgerichtlichen Prüfstand, S. 28 ff..

Beeinträchtigung der Schwangeren abzuwenden, sofern die Gefahr nicht auf andere, für die Schwangere zumutbare Weise abgewendet werden konnte.

Hinsichtlich der embryopathischen lautete die Regelung wie folgt:

§ 218a Straflosigkeit des Schwangerschaftsabbruchs
(1) ...
(2) ...
(3) Die Voraussetzungen des Absatzes 2 gelten auch als erfüllt, wenn nach ärztlicher Erkenntnis dringende Gründe für die Annahme sprechen, daß das Kind infolge einer Erbanlage oder schädlicher Einflüsse vor der Geburt an einer nicht behebbaren Schädigung seines Gesundheitszustandes leiden würde, die so schwer wiegt, daß von der Schwangeren die Fortsetzung der Schwangerschaft nicht verlangt werden kann. Dies gilt nur, wenn die Schwangere dem Arzt durch eine Bescheinigung nach § 219 Abs. 3 nachgewiesen hat, daß sie sich mindestens drei Tage vor dem Eingriff hat beraten lassen, und wenn seit der Empfängnis nicht mehr als zweiundzwanzig Wochen verstrichen sind.

bb. Sog. 2. Schwangerschaftsabbruchsurteil des BVerfG

Das SFHG trat jedoch nicht in Kraft, weil die Vollziehung aufgrund einer Normenkontrollklage des Landes Bayern und 249 Bundestagsabgeordneter zunächst durch Erlaß einer einstweiligen Anordnung des BVerfG[217] ausgesetzt wurde. Das BVerfG erklärte dann (nach Verbindung des Hauptsacheverfahrens mit dem Normenkontrollantrag Bayerns von 1990) im sog. 2 Schwangerschaftsabbruchsurteil vom 28.5.1993[218] die Regelungen des SFHG für nichtig. Hierbei machte das BVerfG noch einmal deutlich, daß ein Schwangerschaftsabbruch während der gesamten Dauer der Schwangerschaft Unrecht und dementsprechend rechtlich verboten ist. Nur in Ausnahmesituationen (neben der medizinischen wurde auch die kriminologische und embryopathische Indikation vom BVerfG genannt) sollte ein Schwangerschaftsabbruch zulässig sein. Maßgebliches Kriterium einer Ausnahmelage ist nach Auffassung des BVerfG das der Unzumutbarkeit. Neu war aber, daß das BVerfG den Übergang vom Indikati-

---

217 BVerfGE 86, 390 und 88,83; Schönke/Schröder-Eser, StGB, 26. Aufl., Vorbem. §§ 218 ff. Rz. 6.

218 BVerfGE 88, 203 = NJW 1993, 1751; zur Kritik der Entscheidung sh. Schönke/Schröder-Eser, StGB, 26. Aufl., Vorbem. §§ 218 ff. Rz. 7 mit zahlreichen Nachweisen.

ons- zum Beratungskonzept als zulässig erachtete (Leitsatz 11). Dabei wurde jedoch beanstandet, daß hierfür der Rechtfertigungsgrund einer allgemeinen Notlagenindikation normiert wurde. Nach Auffassung des BVerfG kommt nur ein Tatbestandsausschluss in Betracht.[219] Für die Neuregelung von Schwangerschaftsabbrüchen machte das BVerfG Vorgaben für den Gesetzgeber dahingehend, daß in einem Beratungskonzept entsprechende Rahmenbedingungen für ein Handeln zugunsten des Ungeborenen geschaffen werden müßen (Leitsatz 12) und der Arzt stärker in die Pflicht zu nehmen ist (Leitsatz 13).

cc. SFHÄndG

Daraufhin wurden wiederum mehrere Gesetzesentwürfe in den Bundestag eingebracht, wovon bereits einige aufgrund dessen, daß sie über den verfassungsrechtlichen Rahmen hinausgingen und andere, die hinter den rechtspolitischen Zielsetzungen des Verfassungsgerichtsurteils zurückblieben, von vornherein ausschieden.[220] Der vom Bundestag verabschiedete Koalitionsentwurf der CDU/CSU/FDP[221] konnte keine Mehrheit finden[222] und verfiel mit Ablauf der 12 Wahlperiode. Die in der 13. Wahlperiode eingebrachten, teilweise wortgleichen Entwürfe mündeten schließlich in dem „Schwangeren-Familienhilfeänderungsgesetz“ (SFHÄndG) vom 1.08.1995[223], welchem ein von der SPD, FDP und mehrheitlichen Teilen der CDU/CSU getragener Entwurf zugrunde lag. Bereits in der Bundestagsdebatte war mehrheitlich deutlich geworden, dass eine embryopathische Indikation nicht mehr ausdrücklich im Gesetz enthalten sein sollte. Dies sollte als Klarstellung und Symbol dafür erfolgen, dass behindertes Leben niemals ein Grund für einen Schwangerschaftsabbruch ist bzw. sein konnte und die bisher im Gesetz enthaltene eugenische Indikation missverständlich war bzw. sein kann.[224]

---

219 BVerfG NJW 1993, 1751, 1756 ff.; Schönke/Schröder-Eser, StGB, 26. Aufl., Vorbem. §§ 218 ff. Rz. 7; Tröndle, MedR 1994, 356.

220 Eser, JZ 1994, 503 ff. zu den Entwürfen im Einzelnen.

221 BT-Dr. 12/7660 und 12/6643.

222 BT-Plenarprot. 12/19 959, 20 004; BT-Dr. 12/ 8276.

223 BGBl. I S. 1050.

224 Sh. z.B. die Reden von M. Eichhorn (CDU/CSU), Verhdlg. d. dt. BT, 13. Wahlperiode Band 179 (13/47), S. 3755 f.; I. Wettig-Danielmeier (SPD), ebenda, S. 3757 f.; H. Laufermann (FDP), ebenda, S. 3759, 3761 f.; Dr. Göhner (CDU/CSU), ebenda, S. 3782.

Zwar waren beispielsweise noch in den Gesetzesentwürfen der FDP[225] und der CDU[226] Regelungen der embryopathischen Indikation enthalten, der SPD-Entwurf[227] sah jedoch von einer Regelung ab, weil die Berücksichtigung der Lebensumstände der Schwangeren hinsichtlich eines geschädigten Kindes den Gesundheitszustand der Schwangeren beeinträchtigen und dementsprechend als Fall der medizinischen Indikation straflos sein könne.

II. Geltendes Recht in Deutschland

1. Gesetzliche Neuregelung des Schwangerschaftsabbruchs und embryopathische Indikation

a. § 218a StGB n.F.
Nunmehr gültig ist das SFHG i.d.F. des SFHÄndG vom 21.08.1995 (BGBl. I, S. 1050) mit folgendem Wortlaut:

§ 218a Straflosigkeit des Schwangerschaftsabbruchs
(1) Der Tatbestand des § 218 ist nicht verwirklicht, wenn
1. die Schwangere den Schwangerschaftsabbruch verlangt und dem Arzt durch eine Bescheinigung nach § 219 Abs. 2 Satz 2 nachgewiesen hat, daß sie sich mindestens drei Tage vor dem Eingriff hat beraten lassen,
2. der Schwangerschaftsabbruch von einem Arzt vorgenommen wird und
3. seit der Empfängnis nicht mehr als zwölf Wochen vergangen sind.
(2) Der mit Einwilligung der Schwangeren von einem Arzt vorgenommene Schwangerschaftsabbruch ist nicht rechtswidrig, wenn der Abbruch der Schwangerschaft unter Berücksichtigung der gegenwärtigen und zukünftigen Lebensverhältnisse der Schwangeren nach ärztlicher Erkenntnis angezeigt ist, um eine Gefahr für das Leben oder die Gefahr einer schwerwiegenden Beeinträchtigung des körperlichen oder seelischen Gesundheitszustandes der Schwangeren abzuwenden, wenn die Gefahr nicht auf eine andere für sie zumutbare Weise abgewendet werden kann.
(3) Die Voraussetzungen des Absatzes 2 gelten bei einem Schwangerschaftsabbruch, der mit Einwilligung der Schwangeren von einem Arzt vorgenommen

---

225 BT-Dr. 13/268; Eser, JZ 1994, 503, 509.
226 BT-Dr. 13/285; Eser, JZ 1994, 503, 509.
227 BT-Dr. 13/27 S. 10.

wird, auch als erfüllt, wenn nach ärztlicher Erkenntnis an der Schwangeren eine rechtswidrige Tat nach den §§ 176 bis 179 des Strafgesetzbuchs begangen worden ist, dringende Gründe für die Annahme sprechen, daß die Schwangerschaft auf der Tat beruht und seit der Empfängnis nicht mehr als zwölf Wochen vergangen sind.
(4) Die Schwangere ist nicht nach § 218 strafbar, wenn der Schwangerschaftsabbruch nach Beratung (§ 219) von einem Arzt vorgenommen worden ist und seit der Empfängnis nicht mehr als zweiundzwanzig Wochen verstrichen sind. Das Gericht kann von Strafe nach § 218 absehen, wenn die Schwangere sich zur Zeit des Eingriffs in besonderer Bedrängnis befunden hat.

In § 218a StGB sind nunmehr zusammengefaßt alle Gründe für einen straflosen Schwangerschaftsabbruch aufgeführt.
Nach § 218a Abs. 1 StGB ist der Schwangerschaftsabbruch nicht tatbestandsmäßig (aber teilweise str.), wenn die Schwangere durch Vorlage einer Bescheinigung eine Beratung nachweist. Die Beratung muß mindestens 3 Tage vor dem Eingriff tatsächlich stattgefunden haben. Der Abbruch muß innerhalb von 12 Wochen nach der Empfängnis erfolgen und - wie sämtliche straflosen Abbrüche des § 218a StGB - von einem Arzt vorgenommen werden. Die auf dem Beratungskonzept beruhenden Schwangerschaftsabbrüche nach § 218a Abs. 1 StGB sind zwar tatbestandslos, aber rechtswidrig.[228]
Schwangerschaftsabbrüche nach § 218a Abs. 2 und 3 StGB sind hingegen gerechtfertigt. § 218a Abs. 2 StGB regelt die sog. medizinisch-soziale (Einzelheiten dazu nachfolgend unter 2.) und § 218a Abs. 3 StGB die kriminologische Indikation. Beide Rechtfertigungsgründe unterliegen nicht der Beratungspflicht des § 218a Abs. 1 StGB i.V.m. § 219 StGB. Die medizinisch-soziale Indikation unterliegt zudem auch keiner Fristenregelung, die kriminologische Indikation ist nur innerhalb von 12 Wochen seit der Empfängnis möglich.[229]
§ 218a Abs. 4 StGB enthält einen persönlichen Strafausschluß (Privilegierung) für die Schwangere bei tatbestandmäßigem rechtswidrigem Schwangerschaftsabbruch, wenn der Schwangerschaftsabbruch von einem Arzt innerhalb von zweiundzwanzig Wochen, nach erfolgter Beratung vorgenommen wird. Soweit

---

[228] Otto, Jura 1996, 135, 139; Schönke/Schröder-Eser, StGB, 26. Aufl., § 218a Rz. 2 ff.; Tröndle/Fischer, StGB, 51. Aufl., § 218a Rz. 3 ff..

[229] Lackner/Kühl-Lackner, StGB, 24. Aufl., § 218a Rz. 7 ff.; Otto, Jura 1996, 135, 141 f.; Schönke/Schröder-Eser, StGB, 26. Aufl., § 218a Rz. 20 ff., 45 ff.; Tröndle/Fischer, StGB, 51. Aufl., § 218a Rz. 20 ff., 29 ff..

diese Voraussetzungen nicht erfüllt sind, kann das Gericht von Strafe absehen, wenn sich die Schwangere zur Zeit des Eingriffs in besonderer Bedrängnis befunden hat.[230]

b. Ersatzloser Wegfall einer embryopathischen Indikation ?

Umstritten war nach Inkrafttreten des SFHÄndG am 1.10.1995 die Frage, ob mit der Neureglung des § 218a StGB und der Festschreibung einer lediglich medizinisch-sozialen und einer kriminologischen Indikation die embryopathische Indikation ersatzlos weggefallen ist.

Ausweislich der Debatten im Bundestag sollte die embryopathische Indikation zur Klarstellung und somit symbolisch gestrichen werden, um deutlich zu machen, daß eine Behinderung keinen Schwangerschaftsabbruch rechtfertigen kann und die bisherige gesetzliche Regelung insofern mißverständlich war.[231] Insbesondere hatten sich auch Behindertenverbände dahingehend geäußert, daß eine derartige gesetzliche Regelung - auch wenn die Indikation auf der Unzumutbarkeit für die Schwangere beruhte - zu Mißverständnissen führen würde, da sich die Rechtfertigung des Schwangerschaftsabbruchs letztlich aus einer geringeren Achtung des Lebensrechts eines geschädigten Kindes ergebe. Dementsprechend sollte ausweislich der amtlichen Begründung die „Streichung" der embryo-pathischen Indikation lediglich klarstellen, daß eine Behinderung nicht zur Minderung des Lebensschutzes führt.[232] Diesbezüglich machte die amtliche Begründung zur gesetzlichen Neuregelung aber auch deutlich, daß seit je her die embryopathische Indikation auf die Unzumutbarkeit für die Schwangere abgestellt hat und daß durch die Formulierung der medizinischen Indikation in § 218a Abs. 2 StGB n.F. die Fallkonstellationen der embryopathischen Indikation aufgefangen werden können.[233]

Der Gesetzgeber wollte somit lediglich auf die ausdrückliche Normierung der embryopathischen Indikation verzichten, nicht jedoch die Rechtfertigung embryopathisch indizierter Schwangerschaftsabbrüche ersatzlos „streichen".

---

230 Lackner/Kühl-Lackner, StGB, 24. Aufl., § 218a Rz. 22 ff.; Otto, Jura 1996, 135, 142 f.; Schönke/Schröder-Eser, StGB, 26. Aufl., § 218a Rz. 66/67 ff.; Tröndle/Fischer, StGB, 51. Aufl., § 218a Rz. 34 ff..

231 Sh. z.B. die Reden von M. Eichhorn (CDU/CSU), Verhdlg. d. dt. BT, 13. Wahlperiode Band 179 (13/47), S. 3755 f.; I. Wettig-Danielmeier (SPD), ebenda, S. 3757 f.; H. Laufermann (FDP), ebenda, S. 3759, 3761 f.; Dr. Göhner (CDU/CSU), ebenda, S. 3782.

232 BT-Dr. 13/1850 S. 25 f..

233 BT-Dr. 13/1850 S. 25 f..

Davon geht zumindest die überwiegende Auffassung im Schrifttum (wenn auch teilweise mit Kritik)[234] und der Kommentarliteratur[235] aus.
Höchstgerichtlich bestätigt wurde diese Gesetzesinterpretation erstmals durch eine Entscheidung des BGH vom 18.06.02 (gefestigt durch eine weitere BGH-Entscheidung vom 15.07.2003) sowie durch weitere untergerichtliche Entscheidungen; im Einzelnen sh. nachfolgend 4. Rechtsprechung zu § 218a Abs. 2 StGB n.F..

Ein Schwangerschaftsabbruch aufgrund embryopathischer Indikation kann also nach herrschender Auffassung gem. § 218a Abs. 2 StGB n.F. gerechtfertigt sein.

2. Tatbestandsvoraussetzungen der medizinisch-sozialen Indikation

Der Zielstellung der Bearbeitung Rechnung tragend, wird im folgenden ausschließlich § 218a Abs. 2 StGB eingehend betrachtet.

Bei der Frage, wann ein Schwangerschaftsabbruch aufgrund embryopathischer Indikation gem. § 218a Abs. 2 StGB gerechtfertigt ist, ist maßgeblich zu beach-

---

234 Nach Beckmann, MedR 1998, 155 entspricht dies aber keinesfalls den Vorstellungen und Forderungen der Kirchen und Behindertenverbände; Gropp, GA 2000, 1; Hennies, ArztR 1998, 127 f. spricht von einem Unterschlupf der embryopathischen in der medizinischen Indikation; Hofstätter, S. 17, 257 ff. m.w.N.; Otto, Jura 1996, 135, 141; nach Schlund, ArztR 1997, 235, 238 „muß insoweit aber erst einmal abgewartet werden, ob die herrschende Meinung in Rechtsprechung und Lehre der Ansicht folgt," daß die medizinische Indikation des § 218a Abs. 2 StGB die embryopathische Indikation mit umfaßt; Schumann/Schmidt-Recla, MedR 1998, 497; Tröndle, NJW 1995, 3009, 3015 spricht von einem Akt gesetzgeberischer Verhüllungskunst, der zudem eine bedenkliche Einstellung gegenüber Behinderten verrate. - a.F. Müller, NJW 2003, 697, 702 f. , wonach durch die Neuregelung „strengere Maßstäbe" angelegt wurden, „weil es ... nicht mehr ausreicht, daß die Fortsetzung der Schwangerschaft „unzumutbar" ist, sondern ernste Lebens- und Gesundheitsgefährdung für die Mutter erforderlich ist." Die Neuregelung ist nach Müller eine „Präzisierung und Objektivierung der Kriterien, die für die Zulässigkeit eines Schwangerschaftsabbruchs maßgeblich sind, und damit Verbesserung des Lebensschutzes für das ungeborene Kind."

235 Lackner/Kühl-Lackner, StGB, 24. Aufl., § 218a Rz. 14; Münchener Kom.-Gropp, StGB, 2003, § 218a Rz. 42; Schönke/Schröder-Eser, StGB, 26. Aufl., § 218a Rz. 26; SK-Rudolphi, StGB, Loseblattsammlung, § 218a Rz. 8 bezeichnet die Regelung aufgrund des Wegfalls der Frist als „Mogelpackung" und verweist darauf, daß gerade nicht alle Fälle der embryopathischen Indikation von § 218a II StGB n.F. erfaßt würden, weil auch ohne die Gefahr einer Gesundheitsbeeinträchtigung das Austragen der Schwangerschaft für die Frau unzumutbar sein könne; Tröndle/Fischer, StGB, 51. Aufl., § 218a Rz. 21.

ten, daß § 218a Abs. 2 StGB insofern eine Art Rechtsgrundverweis darstellt. D.h., es müssen alle materiellen Voraussetzungen dieser Indikation vorliegen, um den Abbruch zu rechtfertigen, insbesondere eine Lebens- oder Gesundheitsgefahr für die Frau.[236]

a. Lebens- oder Gesundheitsgefahr

Der Schwangerschaftsabbruch muß zur Abwendung einer *„Gefahr für das Leben oder der Gefahr einer schwerwiegenden Beeinträchtigung des körperlichen oder seelischen Gesundheitszustandes der Schwangeren"* vorgenommen werden.

Eine Lebensgefährdung kommt sowohl wegen physischer Gebrechen als auch wegen psychischer Leiden mit der Folge einer Suizidneigung in Betracht, wobei nur ernstzunehmende Anzeichen für eine Suizidneigung ausreichen sollen.[237]

Die Gefahr einer Gesundheitsbeeinträchtigung kann durch das Hervorrufen oder Steigern eines pathologischen Zustandes begründet werden.[238] Ausdrücklich normiert sind hierbei neben den körperlichen auch die seelischen Leiden, wobei ein spezifisches Krankheitsbild nicht erforderlich ist. Vielmehr kommt es entscheidend auf eine sog. ganzheitliche Betrachtung an, weil ausdrücklich nicht nur die gegenwärtigen, sondern auch die zukünftigen Lebensverhältnisse der Schwangeren zu berücksichtigen sind. Insofern handelt es sich auch nicht um eine rein medizinische, sondern um eine um soziale Komponenten erweiterte sog. medizinisch-soziale Indikation. Die Gesundheitsgefahr kann sich also auch durchaus aus einem Zusammentreffen von privaten, finanziellen und beruflichen Belastungen sowie künftiger Überforderung durch die Geburt eines geschädigten Kindes ergeben.[239]

---

236 Gropp, GA 2000, 1, 2; Müchener Kom.-Gropp, StGB, 2003, § 218a Rz. 60; Schumann/Schmidt-Recla, MedR 1998, 497, 500.

237 Hofstätter, S. 262; Lackner/Kühl-Lackner, StGB, 24. Aufl., § 218a Rz. 12; Münchener Kom.-Gropp, StGB, 2003, § 218a Rz. 43; Schönke/Schröder-Eser, StGB, 26. Aufl., § 218a Rz. 28; Tröndle/Fischer, StGB, 51. Aufl., § 218a Rz. 25; so schon nach der früheren gesetzlichen Regelung unter dem Gesichtspunkt eines Notstandes RG 61, 242, 258; BGHSt 3, 7, 9 ff.; OLG Frankfurt VersR 87, 416.

238 Lackner/Kühl-Kühl, StGB, 24. Aufl., § 223 Rz. 35; Schönke/Schröder-Eser, StGB, 26. Aufl., § 223 Rz. 5; Tröndle/Fischer, StGB, 51. Aufl., § 223 Rz. 6; OLG Düsseldorf, MedR 1984, 28.

239 Hofstätter, S. 262; Lackner/Kühl-Lackner, StGB, 24. Aufl., § 218a Rz. 12; Müller, NJW 2003, 697, 702 f.; Münchener Kom.-Gropp, StGB, 2003, § 218a Rz. 44; Schönke/Schröder-Eser, StGB, 26. Aufl., § 218a Rz. 29; Tröndle/Fischer, StGB, 51. Aufl., § 218a Rz. 25-27.

Die Gefahr der Gesundheitsbeeinträchtigung muß schwerwiegend sein, so daß sowohl diejenigen Belastungen ausgeschlossen sind, die mit jeder Schwangerschaft verbunden sind, als auch diejenigen, die auf der Umstellung der Lebenseinstellung und des Lebensstandards der Schwangeren beruhen. Das Austragen des Kindes darf der Frau bei Abwägung ihrer Interessen mit dem Lebensinteresse des Kindes nicht zumutbar sein.[240]
Die Gefahr der Lebens- oder Gesundheitsbeeinträchtigung muß nicht gegenwärtig sein, weil nach dem Gesetzeswortlaut auch die künftigen Lebensverhältnisse zu berücksichtigen sind. Aus dem Grundgedanken, daß ein Schwangerschaftsabbruch nur als letztes Mittel, als ultima ratio, durchgeführt werden soll, ergibt sich aber, daß die Gefahr hinreichend konkret sein muß. D.h., daß konkrete Anhaltspunkte für den Eintritt einer zukünftigen Lebensgefährdung oder einer Gesundheitsbeeinträchtigung vorliegen müssen. Dabei ist der geforderte Grad der Wahrscheinlichkeit eines Schadenseintritts beim Föten abhängig von Art und Umfang der Gefährdung der Frau, so daß bei Lebensgefahr bereits eine relativ geringer Wahrscheinlichkeitsgrad für das Vorliegen der Voraussetzungen einer medizinischen Indikation genügen soll. [241]
Interessant sind insofern die Ausführungen des OLG Hamm, welches in seiner Entscheidung vom 5.9.01[242] das Vorliegen einer Lebens- oder Gesundheitsgefahr verneint hatte. In dem zu entscheidenden Fall war ein Kind ohne die linke Hand und ohne die Hälfte des linken Unterarms zur Welt gekommen. Die Mutter des Kindes machte geltend, daß sie bei fehlerfreier Behandlung und dementsprechender Kenntnis der Behinderung, die Schwangerschaft abgebrochen hätte. Sie hatte dies mit der Pflegebedürftigkeit verbundenen Freizeiteinschränkung und materiellen Auswirkungen begründet, was nach Ansicht des OLG für einen zulässigen Schwangerschaftsabbruch nach § 218a StGB nicht ausreichen konnte. Auch in Verbindung mit der Schädigung des Kindes sah das OLG Hamm einen Schwangerschaftsabbruch nicht als zulässig an: „Soweit in der früheren strafrechtlichen Literatur recht weitgehend Missbildungen von

---

240 Hofstätter, S. 262 f.; Lackner/Kühl-Lackner, StGB, 24. Aufl., § 218a Rz. 12; Münchener Kom.-Gropp, StGB, 2003, § 218a Rz. 45; Schlund, ArztR 1997, 235, 237 f.; Schönke/Schröder-Eser, StGB, 26. Aufl., § 218a Rz. 30; Tröndle/Fischer, StGB, 51. Aufl., § 218a Rz. 28.

241 Hofstätter, S. 263 f.; Lackner/Kühl-Lackner, StGB, 24. Aufl., § 218a Rz. 12; Schönke/Schröder-Eser, StGB, 26. Aufl., § 218a Rz. 31; Tröndle/Fischer, StGB, 51. Aufl., § 218a Rz. 24.

242 OLG Hamm NJW 2002, 2649 (Die Entscheidung wurde nicht zur Revision angenommen.).

Gliedmaßen und Verkrüppelungen die embryopathische Indikation begründen sollten, vermag der Senat dem im Hinblick auf die Neufassung des Gesetzes nicht zu folgen."[243] Hinsichtlich des Ziels der pränatalen Diagnostik hat das OLG ausgeführt: „Insbesondere die bestehende pränatale Diagnostik ist denn auch nicht darauf gerichtet, jeden denkbaren kindlichen Schaden auszuschließen, sondern möglichst frühzeitig Schwerstschäden wie zum Beispiel Herzfehler, spina bifida, Mongolismus oder aber schwerste Dysmelien im Sinne der früheren eugenischen Indikation zu erkennen."[244] Das OLG hat also allein die finanzielle und private Überlastung der Mutter ohne feststellbare gesundheitliche Gefährdung nicht als indikationsbegründend angesehen.

b. Nichtabwendbarkeit der Lebens- oder Gesundheitsgefahr

Weiterhin darf die Gefahr für das Leben oder die Gesundheit der Schwangeren *„nicht auf eine andere für die Schwangere zumutbare Weise"* abwendbar sein. Auch die Prüfung, ob die Gefährdung der Schwangeren durch andere Maßnahmen/Hilfen als dem Schwangerschaftsabbruch abgewendet werden kann, ist Ausdruck des ultima-ratio-Prinzips. Hierbei sind sowohl medizinische als auch normative Gesichtspunkte heranzuziehen.

An der Nichtabwendbarkeit kann es aus medizinischer Sicht bereits dann fehlen, wenn die Gefährdung durch medizinische Behandlung, z.B. Verabreichung von Medikamenten an die Schwangere, beseitigt werden kann. Auch die Möglichkeit sozialer, finanzieller Maßnahmen und Hilfen durch personelle und/oder materielle Unterstützung können der Nichtabwendbarkeit entgegenstehen. Liegt das Lebens- oder Gesundheitsrisiko in der Dauer der Schwangerschaft, so kann dieses unter Umständen (bei Lebensfähigkeit des Kindes außerhalb des Mutterleibs) durch die künstliche, frühzeitige Einleitung der Geburt vermieden werden.[245]

Maßgeblich für die Frage der Nichtabwendbarkeit ist jedoch, inwieweit bestehende anderweitige Abwendungsmöglichkeiten der Schwangeren zumutbar sind. Selbst wenn also medizinische, psychiatrische/psychologische oder soziale Möglichkeiten als Alternativen zu einem Schwangerschaftsabbruch zur Konfliktbewältigung in Betracht kommen, ist ein Abbruch dennoch gerechtfertigt,

---

243 OLG Hamm a.a.O. S. 2651.

244 OLG Hamm a.a.O. S. 2650.

245 Lackner/Kühl-Lackner, StGB, 24. Aufl., § 218a Rz. 13; LK-Kröger, StGB, 11. Aufl., § 218a Rz. 42 ff.; Schönke/Schröder-Eser, StGB, 26. Aufl., § 218a Rz. 33; Tröndle/Fischer, StGB, 51. Aufl., § 218a Rz. 28.

wenn diese Maßnahmen der Schwangeren nicht zumutbar sind. Die Beurteilung, wann dies der Fall ist, richtet sich maßgeblich nach dem jeweiligen Einzelfall. Problematisch sind dabei unter anderem die Fälle einer lebens- oder gesundheitsgefährdenden Mehrlingsschwangerschaft hinsichtlich der Möglichkeit eines partiellen Schwangerschaftsabbruchs (sog. Mehrlingsreduktion). Umstritten ist insbesondere auch die Möglichkeit der Einweisung der depressiven und/oder suizidgefährdeten Schwangeren in eine psychiatrische Klinik sowie die grundsätzliche Frage der Zumutbarkeitsgrenze bei Vorliegen psychosomatischer Gefahren bzw. einer eher „psycho-sozialen" Indikation wegen nachgeburtlicher Überlastung/Überforderung der Mutter.[246] Gehrlein[247] sieht aufgrund einer Entscheidung des BGH vom 4.12.2001[248] zu § 218a III StGB a.F. eine Tendenz dahingehend, daß hinsichtlich der Anwendung des § 218a StGB n.F. bei der Gefahr einer seelischen Gesundheitsbeeinträchtigung ein Schwangerschaftsabbruch nur dann zulässig ist, „wenn ein der Schwangeren unzumutbare Opfer ab-verlangender Ausnahmetatbestand vorliegt."
Umstritten ist auch, ob es der Schwangeren zumutbar ist, die Schwangerschaft auszutragen und das Kind zur Adoption freizugeben oder in einem Heim unterzubringen. Einigkeit besteht aber insofern, als der Maßstab der Zumutbarkeitsbeurteilung strenger wird, je weiter die Schwangerschaft fortgeschritten ist.[249]

c. Ärztliche Erkenntnis

Der Schwangerschaftsabbruch muß *„nach ärztlicher Erkenntnis angezeigt"* sein.

Die Beurteilung der Lebens- und Gesundheitsgefahr, auch hinsichtlich Art und Schwere sowie deren Nichtabwendbarkeit unterliegen dem Erfordernis der ärztlichen Erkenntnis. Im Vergleich zur früheren gesetzlichen Regelung im 5. StRG (vom 18.6.1974, BGBl. I., S. 1297) mit dem Begriff der *„Erkenntnisse der medizinischen Wissenschaft"* soll mit der Neuformulierung deutlich gemacht werden, daß nicht nur der Stand der medizinischen Forschung und Wissenschaft

246 Lackner/Kühl-Lackner, StGB, 24. Aufl., § 218a Rz. 13; LK-Kröger, StGB, 11. Aufl., § 218a Rz. 42 ff.; Schönke/Schröder-Eser, StGB, 26. Aufl., § 218a Rz. 33; Tröndle/ Fischer, StGB, 51. Aufl., § 218a Rz. 28.

247 Gehrlein, NJW 2002, 870.

248 BGH NJW 2002, 886 - im Einzelnen zu dieser Entscheidung sh. unten VI 3 b bb. Quantitative Mehrlingsreduktion.

249 Lackner/Kühl-Lackner, StGB, 24. Aufl., § 218a Rz. 13; Münchner Kom.-Gropp, StGB, 2003, § 218a Rz. 47 ff.; Schönke/Schröder-Eser, StGB, 26. Aufl., § 218a Rz. 34 f.; Tröndle/Fischer, StGB, 51. Aufl., § 218a Rz. 28.

maßgeblich ist. Vielmehr sollen sämtliche ärztliche Faktoren für die Entscheidung über eine Rechtfertigung eines Schwangerschaftsabbruchs herangezogen werden.[250] Besitzt der beurteilende Arzt die erforderliche Sachkunde für den konkreten Einzelfall nicht, so hat er einen entsprechend kompetenten Fachmann zu Rate zu ziehen.[251] Dennoch ist dem Arzt - wie bei anderen medizinischen Eingriffen auch - ein gewisser Beurteilungsspielraum zuzugestehen, so daß sich die gerichtliche Überprüfung der ärztlichen Entscheidung auf deren Vertretbarkeit beschränkt, der gerichtlichen Prüfung aber nicht gänzlich entzogen ist.[252]
Im Gegensatz zur früheren gesetzlichen Regelung ermöglicht also § 218a II StGB n.F. neben der objektiven Betrachtung der medizinischen Fakten auch eine konkrete subjektive Bewertung durch den Arzt.

3. Tatbestandsvoraussetzungen des § 218a Abs. 2 StGB und embryopathische Indikation

Soweit die sog. medizinisch-soziale Indikation nach der Intention des Gesetzgebers[253] die Fälle embryopathisch motivierter Schwangerschaftsabbrüche nach „Streichung" der eugenischen Indikation „auffangen" soll, sind also derartige Fälle zunächst grundsätzlich an den Erfordernissen des § 218a Abs. 2 StGB zu messen.
Entscheidend für die Rechtfertigung des Schwangerschaftsabbruchs aufgrund embryopathischer Indikation ist also nicht - wie nach der früheren gesetzlichen Regelung - die Unzumutbarkeit der Fortsetzung der Schwangerschaft wegen einer Schädigung des Föten an sich, sondern die Lebens- oder Gesundheitsgefährdung der Frau durch Austragen des geschädigten Föten/Kindes. Maßgeb-

250 Lackner/Kühl-Lackner, StGB, 24. Aufl., § 218a Rz. 10 mit Kritik; Münchener Kom.-Gropp, StGB, 2003, § 218a Rz. 51; Schönke/Schröder-Eser, StGB, 26. Aufl., § 218a Rz. 36; Tröndle/Fischer, StGB, StGB, 51. Aufl., § 218a Rz. 18 f..

251 So schon nach der früheren Rechtslage sh. BGHSt 3, 11; SK-Rudolphi, StGB, Loseblattsammung, § 218a Rz. 36; Schönke/Schröder-Eser, StGB, 26. Aufl., § 218a Rz. 36; Tröndle/Fischer, 51. Aufl., § 218a Rz. 18.

252 Umstritten vor der Neuregelung sh. BGH NJW 1985, 2752; AG Celle MedR 1988, 41 ff.; Deutscher Juristinnenbund, StV 1990, 46 f.; Eser, in FS Baumann, S. 155 ff.; Geiger, Jura 1987, 60, 63 f.; Stürner, Jura 1987, 75, 80; Pluisch, S. 80, 86 f. – zur derzeitigen gesetzlichen Regelung sh.: Münchener Kom.-Gropp, StGB, 2003, § 218a Rz. 52; Schönke/Schröder-Eser, StGB, 26. Aufl., § 218a Rz. 36; Tröndle/Fischer, StGB, 51. Aufl., § 218a Rz. 19; mit anderer Begründung Lackner/Kühl-Lackner, StGB, 24. Aufl., § 218a Rz. 10.

253 BT-Dr. 13/1850 S. 25 f..

lich für die Beurteilung der Lebens- oder Gesundheitsgefährdung wird somit auch der Blick auf die postnatalen Auswirkungen der Geburt eines geschädigten Kindes, also die zukünftigen Lebensverhältnisse der Mutter bzw. der Familie sein. Art und Schwere der Schädigung des Kindes sind dann bei der Abwägung der Zumutbarkeit des Austragens des Kindes für die Schwangere zu berücksichtigen. Ebenso können aber auch zeitliche, kräftemäßige oder finanzielle Überlastungen/Überforderungen der Mutter bei der Versorgung eines geschädigten Kindes ausreichen, soweit hierdurch die Gesundheit der Schwangeren/Mutter gefährdet wird. Eine abstrakte oder generelle Festlegung eines bestimmten Schweregrades der Schädigung für die Zulässigkeit eines Schwangerschaftsabbruchs nach § 218a II StGB ist nicht erfolgt.[254]
Zu den Problemen bei der Subsumtion der Fälle embryopathischer Indikation unter § 218a Abs. 2 StGB und der Kritik an der gegenwärtigen Rechtslage sogleich.

4. Rechtsprechung zu § 218a Abs. 2 StGB n.F.

Wie schon bei den gerichtlichen Entscheidungen zu § 218a StGB a.F. stammen auch die bisher ergangenen Urteile zu § 218a Abs. 2 StGB n.F. mehrheitlich aus zivilrechtlichen Verfahren wegen Schadensersatz-, Schmerzensgeld- oder Unterhaltsansprüchen.
Auf strafrechlichem Gebiet wurden bisher lediglich der sog. Oldenburger Fall und der sog. Zittauer Fall bekannt.

a. Oldenburger Fall
Im sog. Oldenburger Fall sollte die Schwangerschaft einer Frau in der beginnenden 26. Schwangerschaftswoche durch frühe Geburtseinleitung abgebrochen werden, weil bei dem Föten die Chromosomenaberration Trisomie 21[255] dia-

---

254 Hennies, ArztR 1998, 127, 129; Lackner/Kühl-Lackner, StGB, 24. Aufl., § 218a Rz. 14; Müller, NJW 2003, 697, 702 f.; Münchener Kom.-Gropp, StGB, 2003, § 218a Rz. 61 sieht jedoch die Schwere der Behinderung als Indiz; Schönke/Schröder-Eser, StGB, 26. Aufl., § 218a Rz. 39; BVerfGE 39, 1, 49; 88, 203, 256 f..

255 Roche, Lexikon Medizin: Trisomie 21, auch als Mongolismus oder Down-Syndrom bezeichnet, ist eine Chromosomenaberration, bei der das Chromosom 21 statt zweifach dreifach auftritt mit der Folge geistiger Behinderungen unterschiedlichen Ausmaßes und vielfältiger körperlicher Behinderungen. Eine ursächliche Therapie ist nicht möglich. Bei gezielter Förderung und Anwendung therapeutischer Maßnahmen sind jedoch Erfolge bei den Kindern mit dieser Erkrankung erzielbar.

gnostiziert worden war. Das den Schwangerschaftsabbruch überlebende Kind wurde zunächst ohne medizinische Betreuung und Versorgung „liegengelassen" und erst nach einer gewissen Zeit versorgt. Hierdurch sollen weitere zusätzliche Schädigungen des Kindes eingetreten sein.

Gegen den Arzt wurde ein Ermittlungsverfahren wegen versuchter Tötung durch Unterlassen, unterlassener Hilfeleistung, Körperverletzung sowie unerlaubten Schwangerschaftsabbruchs eingeleitet und später eingestellt.[256] Hinsichtlich der Verurteilungswahrscheinlichkeit wegen § 218a Abs. 2 StGB n.F. folgte die Staatsanwaltschaft den Ausführungen eines medizinischen Gutachters, der „unzweifelhaft ... eine medizinische Indikation zu einem späten Schwangerschaftsabbruch auf der Basis der genetischen Diagnose einer fetalen Erkrankung durch Trisomie 21 entsprechend eines Down-Syndroms" festgestellt hatte. Der Schwangerschaftsabbruch erfolgte nach Ansicht des Gutachters „zur Abwendung einer schwerwiegenden Beeinträchtigung des seelischen Gesundheitszustands der Mutter - einer psychischen Notfallsituation". Eine Verurteilungswahrscheinlichkeit wurde daher abgelehnt, die Ermittlungen wurden eingestellt.[257]

Nach Wiederaufnahme und weiteren Ermittlungen wurde der Fall nunmehr - nach Ansicht der Staatsanwaltschaft - endgültig durch eine (neue) Einstellungsverfügung abgeschlossen. Hinsichtlich des Verdachts der versuchten Tötung wurde auf die frühere Einstellungsverfügung verwiesen. Die Feststellungen und Ausführungen der weiteren Ermittlung beziehen sich überwiegend auf den Verdacht der Körperverletzung und der unterlassenen Hilfeleistung. Die für eine öffentliche Anklageerhebung erforderliche Wahrscheinlichkeit einer strafgerichtlichen Verurteilung wurde wiederum verneint, das Ermittlungsverfahren entsprechend eingestellt.[258]

b. Zittauer Fall

Im sog. Zittauer Fall wurde in einer Klinik in Zittau die Schwangerschaft einer Frau in der 29. Schwangerschaftswoche abgebrochen, weil bei dem Föten Chondrodystrophie (Zwergenwuchs) diagnostiziert worden war. Einige andere Kliniken bzw. Ärzte in Berlin (Abteilung der Pränataldiagnostik und –therapie

256 Beckmann, MedR 1998, 155, 158 f.; Gropp, GA 2000, 1; http://www.tim-lebt.de/ Dokumente/Tim.hueppe.html.

257 Einstellungsverfügung StA Oldenburg vom 3.5.1999, NStZ 1999, 461.

258 Einstellungsverfügung Staatsanwaltschaft Oldenburg ohne Datum, versandt am 14.5.2003, ZfL 3/2003, 99.

der Charite') und Dresden (Frauenklinik der Technischen Universität) hatten den Schwangerschaftsabbruch zuvor abgelehnt bzw. verweigert, weil die diagnostizierte Krankheit mit dem Leben vereinbar sei. Tatsächlich litt das Kind jedoch unter der tödlichen Skelettfehlbildung Hypochondrogenesis[259], welche äußerst selten ist und eine maximale Lebenszeit von 3 Monaten gewährt. Diese Krankheit und insbesondere die lediglich kurzfristige Überlebenschance war von keinem der konsultierten und beteiligten Ärzte diagnostiziert oder auch nur für möglich gehalten worden.

Das Kind kam nach einer Kaiserschnittoperation um 8.37 Uhr lebend zur Welt und verstarb in der Folgezeit bis spätestens 9.30 Uhr. Dem zur Tatzeit als Chefarzt für Gynäkologie und Geburthilfe tätigen, behandelnden Arzt wurden mehrere Handlungen zur beabsichtigten Herbeiführung des Todes des Kindes vorgewurfen, insbesondere das Zuhalten von Mund und Nase des Kindes in und nach der Geburt.

Der Oberarzt wurde vom LG Görlitz durch Urteil vom 07.06.02 wegen versuchter Abtreibung in Tateinheit mit versuchtem Totschlag zu einer Haftstrafe von zwei Jahren auf Bewährung verurteilt, weil nicht mehr feststellbar war, ob das Kind durch Unterbrechung der Luftzufuhr starb oder ob es zu diesem Zeitpunkt aufgrund seiner Krankheit bereits tot war. Hinsichtlich der Möglichkeit einer Rechtfertigung des (versuchten) Schwangerschaftsabbruchs ging das Gericht zunächst von einer „hohen psychischen Belastung" der Frau aus. Das Vorligen einer medizinisch-sozialen Indikation war jedoch nach der gerichtlichen Überzeugung ausgeschlossen, weil sich aus der psychiatrischen Begutachtung durch eine Fachärztin für Neurologie und Psychiatrie keine entsprechenden Anhaltspunkte „auf depressive Zustände oder eine Selbstmordgefahr (ergeben hatten), die eine psychologische oder psychiatrische Behandlung erforderlich machten".[260]

Gegen die Frau wurde ein Ermittlungsverfahren wegen unerlaubten Schwangerschaftsabbruchs eingeleitet, weil eine Gesundheitsgefährdung wohl zunächst

[259] Roche, Lexikon Medizin: Achondrogenesis: pathologisch rezessiv, meist bereits zum Fruchttod führende, (fast) vollständige Hemmung der Knochenbildung als Form einer Dysplasie des Skelettsystems.

[260] LG Görlitz ZfL 3/2003, 87 ff. – zu Einzelheiten hinsichtlich des versuchten Totschlags sh. unten D I 2 d. und 3.

nicht nachweisbar war. Das Ergebnis dieses Ermittlungsverfahrens ist jedoch nicht bekannt.[261]

Der BGH hat die Entscheidung des LG Görlitz mit Urteil vom 20.5.2003 bestätigt und die Revisionen - sowohl des Angeklagten als auch der Staatsanwaltschaft - zurückgewiesen.[262]

c. BGH-Urteil vom 18.06.2002[263]

aa. Sachverhalt

Erstmals höchstgerichtlich entscheidunsrelevant war die Regelung des § 218a StGB n.F. in einem zivilrechtlichen Verfahren auf Unterhalt für ein geschädigtes Kind. In dem dem BGH vorliegenden Fall hatte die beklagte Ärztin erkennbare Auffälligkeiten des Föten nicht erkannt und es unterlassen, die Schwangere zu einem Spezialisten zur Abklärung von Fehlbildungen bzw. Fehlbildungsmöglichkeiten zu überweisen. Das Kind kam mit schweren körperlichen Fehlbildungen (keine ausgebildeten Oberarme, verkürzter rechter Oberschenkel, fehlender linker Oberschenkel, fehlendes Wadenbein beidseitig sowie Knick-Hackstellung beider Füße) zur Welt.

bb. Embryopathische Indikation als medizinische Indikation ?

Wie bereits ausgeführt, bestätigte der BGH in dieser Entscheidung die herrschende strafrechtliche Literatur in der Rechtsauffassung, wonach die embryopathische Indikation vom Regelungsumfang des § 218a Abs. 2 StGB n.F. miterfaßt wird.

In seiner Entscheidung kam der BGH hinsichtlich der Anwendbarkeit des § 218a Abs. 2 StGB n.F. zu dem Ergebnis, daß die Voraussetzungen eines Schwangerschaftsabbruchs nach § 218a Abs. 2 StGB vorgelegen hätten und „die Fallkonstellationen der früheren „embryopathischen Indikation“ nunmehr der Sache nach von der medizinischen Indikation ... des nunmehrigen § 218a II StGB aufgefangen werden.“[264]

---

261 Badische Zeitung vom 8.6.02, S. 12; Der Spiegel, 27/1999, S. 34, 36; Weiß ZfL 1/2003, 14, 15 f.; Wiebe, ZfL 3/2002, 73.

262 BGH ZfL 3/2003, 83 m. Anm. RiLG Wiebe.

263 BGH NJW 2002, 2636.

264 BGH a.a.O. S. 2637.

cc. Rechtliche Behandlung von sog. Spätabbrüchen

Bezüglich der speziellen Problematik der Schwangerschaftsabbrüche im Spätstadium hat der BGH im vorliegenden Fall die Auffassung vertreten, daß der Schwangerschaftsabbruch „auch nicht wegen fortgeschrittenen Entwicklungsstandes des Embryos unzulässig gewesen“ wäre. Nach Auffassung des BGH sei der Rechtsprechung des BVerfG (BVerfGE 39, 1; 88, 203 - sog. 2. Schwangerschaftsabbruchsurteil) „kein Anhaltspunkt dafür zu entnehmen, daß eine derartige Befristung in Fällen der medizinischen Indikation aus verfassungsrechtlichen Gründen geboten wäre.“ Diesbezüglich hat der BGH weiterhin ausgeführt, daß im Einzelfall bei der Güter- und Interessenabwägung „auch die Dauer der Schwangerschaft und die daraus resultierende besondere Situation für Mutter und Kind Berücksichtigung finden“ kann. Zu weiteren Abwägungen sah sich der BGH in dem von ihm zu entscheidenden Fall nicht veranlaßt, da es nach seiner Ansicht in dem Fall „nicht um das Problem einer „Spätabtreibung““ ging, weil hier die Schwangerschaft noch in der 22. Schwangerschaftswoche hätte abgebrochen werden können „- also sogar noch innerhalb der Frist, die nach der früheren Regelung des § 218a III StGB a.F. als Befristung der „embryopathischen Indikation“ vorgesehen war.“ Dementsprechend handelte es sich nach Ansicht des BGH nicht um einen „Abbruch in den letzten Schwangerschaftswochen, in denen der Übergang zwischen Abtreibung und Einleitung einer Frühgeburt fließend sein mag.“ Das spezielle Problem einer Spätabtreibung lag nach der Auffassung des BGH also in dem Fall nicht vor.[265]

dd. Voraussetzungen des § 218a Abs. 2 StGB

Hinsichtlich der Voraussetzungen für eine medizinische Indikation hatte das zweitinstanzliche Gericht (OLG München) deren Vorliegen festgestellt, „da angesichts der schweren Behinderung des Kindes nach ärztlicher Prognose auch bei einer bis dahin psychisch gesunden Frau sowohl eine Suizidgefahr als auch eine schwerwiegende Beeinträchtigung des seelischen Gesundheitszustands der Mutter zu befürchten gewesen wäre.“[266] Dies habe sich nach Auffassung des BGH auch dadurch bestätigt, daß die Mutter seit der Geburt des Kindes an einer depressiven Störungen litt, welche Krankheitswert erreicht hatte. Zumindest hatte während der ersten Wochen nach der Geburt eine latente Suizidneigung bestanden und auch danach eine behandlungsbedürftige depressive Verstim-

---

265 BGH a.a.O. S. 2638.

266 OLG München, in BGH a.a.O. S. 2636 f..

mung vorgelegen, die auch noch fortbestand. Diese Feststellungen des OLG München hat der BGH als zutreffend angesehen.[267]

ee. Ergebnis

Der BGH hat den Eltern einen Anspruch auf Schadensersatz in Form des gesamten Unterhaltsaufwandes und für die Mutter des Kindes Schmerzensgeld zugesprochen.

d. BGH-Urteil vom 15.07.2003[268]

aa. Sachverhalt

Ähnlich wie bei der ersten diesbezüglichen höchstrichterlichen Entscheidung war auch der der Entscheidung vom 15.07.03 zugrunde liegende Fall gelagert. Die Klägerin begehrte Schadensersatz in Form das Unterhaltsaufwandes und Schmerzensgeld für die Geburt eines schwerstgeschädigten Kindes. Die Tochter war mit einer offenen spina bifida[269] im Bereich der unteren Lenden geboren. Diese Erkrankung war trotz durchgeführter Sonographien in der 19. Schwangerschaftswoche nicht erkannt worden, weshalb nach Auffassung der klagenden Mutter ein Schwangerschaftsabbruch unterblieb.

bb. Entscheidung des KG Berlin

Das Landgericht hatte der Klage zunächst teilweise stattgegeben, wogegen der beklagte Arzt Berufung eingelegt hatte.

Das KG Berlin hob die Entscheidung des LG auf und wies (unter Zurückweisung der Anschlußberufung der Klägerin) die Klage vollständig ab. Das KG Berlin vertrat in seiner Entscheidung die Auffassung, daß durch die „Streichung“ der embryopathischen Indikation in § 218a StGB der Schutzzweck des ärztlichen Behandlungsvertrages nicht (mehr) den Unterhaltsaufwand der Eltern für ein behindertes Kind umfasse. Das KG hat diesbezüglich ausgeführt: „Schutzzweck ist demnach auch bei erkennbarer Behinderung des ungeborenen Kindes ausschließlich die Gesundheit der Mutter und nicht ihr Interesse am gesunden Kind, denn die Mutter kann die Schwangerschaft nicht abbrechen, wenn ihre Gesundheit nicht gefährdet ist, und muss auch dann das Kind samt der erheblichen Belastungen akzeptieren, ohne dies dem Arzt anlasten zu kön-

267 BGH a.a.O. S. 2637 f..

268 BGH ZfL 4/2003, 138.

269 Roche, Lexikon Medizin: hintere Wirbelsäulenspaltbildung infolge Fusionsstörung.

nen. Der wirtschaftliche Aspekt ist bei der medizinischen Indikation nicht ansatzweise als Reflex ableitbar."[270] Dementsprechend könne den Eltern nur ein Unterhaltsanspruch in Höhe des Regelbetrags zustehen, ein behinderungsbedingter Mehrbedarf müße gesondert ermittelt werden.
Das KG hatte jedoch bereits den Ersatzanspruch der klagenden Mutter dem Grunde nach abgelehnt, weil die Voraussetzungen eines rechtmäßigen Schwangerschaftsabbruchs von der darlegungspflichtigen Klägerin nicht ausreichend vorgetragen worden wären, insbesondere seien „Ausmaß sowie Behandlung der Depressionen ... nicht näher ausgeführt worden."[271]

cc. Embryopathische Indikation als medizinische Indikation ?
In seiner Entscheidung hat der BGH erneut bestätigt, daß die Fälle der embryopathischen Indikation „nunmehr im Rahmen des § 218a Abs. 2 StGB zu prüfen" sind und auf seine frühere Entscheidung vom 18.06.02 verwiesen.[272]

Die Erwägungen des KG zum Schutzzweck des Behandlungsvertrages bei der medizinischen Indikation stehen nach Ansicht des BGH im Widerspruch zur bisherigen Rechtsprechung des BGH in seinem Urteil vom 18.06.02 (welche das KG „zum Zeitpunkt seiner Entscheidung freilich noch nicht kennen konnte"). Insofern hat der BGH explizit klargestellt, daß bei einer Gefahr schwerwiegender Beeinträchtigungen für die Mutter, gerade auch für die Zeit nach der Geburt, wenn also die Voraussetzungen des § 218a II StGB vorliegen, der vertragliche Schutzzweck „auch auf die Vermeidung dieser Gefahren durch das „Haben" des Kindes gerichtet" ist und sich dementsprechend die „aus der Vertragsverletzung resultierende Ersatzpflicht auch auf den Ausgleich der durch die Unterhaltsbelastung verursachten vermögensrechtlichen Schadenspositionen" erstreckt.[273]

dd. Voraussetzungen des § 218a Abs. 2 StGB
Soweit das KG bereits den Schadensersatzanspruch dem Grunde nach abgelehnt hatte, weil die Voraussetzungen des § 218a II StGB nicht ausreichend dargetan seien, hat der BGH festgestellt, daß das KG „bei seiner Beurteilung die An-

270 KG Berlin MedR 2003, 520, 521.

271 KG Berlin MedR 2003, 520, 521 mit zustimmender Anmerkung Schmidt-Recla; sowie in Spickhoff, NJW 2003, 1701, 1706 Fn. 72.

272 BGH a.a.O. S. 139.

273 BGH a.a.O. S. 139.

forderungen an die Darlegungslast der Klägerin überspannt und in diesem Zusammenhang ... erheblichen Sachvortrag und Beweisangebote der Klägerin übergangen“ hat.
Diesbezüglich sind nach den Ausführungen des BGH auch „die gerade durch den ... Behandlungsfehler verursachten Schwierigkeiten zu berücksichtigen, welche die Darlegung der Voraussetzungen einer nachträglichen, auf den Zeitpunkt des denkbaren Abbruchs der Schwangerschaft bezogenen Prognose bereitet“. Insbesondere sollen derartige Fragen nicht ohne sachverständige Beratung entschieden werden, weil die Prüfung der Voraussetzungen des § 218a Abs. 2 StGB, „bei der die „nach ärztlicher Erkenntnis“ gebotenen Prognose schon im Hinblick auf den Gesetzeswortlaut regelmäßig die Einholung eines Sachver-ständigengutachtens erforderlich macht.“[274]

ee. Ergebnis
Der BGH hat den Fall zur erneuten Verhandlung und Entscheidung an das KG zurückverwiesen. Dabei soll das KG „nach Einholung sachkundigen Rates“ insbesondere der Frage nachgehen, „ob die gesundheitlichen Beeinträchtigungen der Klägerin bei rückwirkender Betrachtung für eine medizinische Indikation ausgereicht hätten“.[275]

e. OLG-Hamm-Urteil vom 05.09.2001[276]
Vor der Entscheidung des BGH war bereits das OLG Hamm mit einem Fall der embryopathischen Indikation nach dem neuen Gesetzesrecht befaßt.

aa. Sachverhalt
In dem der OLG-Entscheidung zugrundeliegenden Fall war ein Kind ohne linke Hand geboren worden, weiterhin fehlte die Hälfte des linken Unterarms. Der klagende Vater des Kindes machte Schadensersatzansprüche (einschließlich abgetretener Ansprüche der Kindsmutter) geltend, weil die Mißbildungen bei den pränalen Untersuchungen nicht diagnostiziert wurden und bei entsprechender Diagnose seine Frau die Schwangerschaft abgebrochen hätte.

---

274 BGH a.a.O. S. 139 f..

275 BGH a.a.O. S. 140.

276 OLG Hamm NJW 2002, 2649 (Die Entscheidung wurde nicht zur Revision angenommen.).

bb. Voraussetzungen eines zulässigen Schwangerschaftsabbruchs

Das OLG hat das Vorliegen der Voraussetzungen des § 218a Abs. 2 StGB verneint. Dabei hat es zunächst mitgeteilt, daß die mütterlichen Belange nach § 218a Abs. 2 StGB n.F. „in den Vordergrund gestellt worden sind". Aus dem Vortrag des klagenden Vaters ergab sich aber für das OLG keinerlei Gesundheitsgefährdung für die Mutter. Inbesondere hinsichtlich einer psychischen Gesundheitsgefahr kam das OLG zu der Auffassung, daß „angesichts des konkreten Behinderungsgrades der Tochter N in Form des Verlusts einer Hand oder eines Teils des Unterarms nicht die vom Gesetz geforderte Gefahr einer schwerwiegenden Gesundheitsbeeinträchtigung des seelischen Gesundheitszustands" (der Mutter) vorlag. Das OLG kam daher zu dem Ergebnis, daß weder eine Gesundheitsgefährdung der Mutter vorgelegen noch die Behinderung den für die Unzumutbarkeit der Fortsetzung der Schwangerschaft erforderlichen Schweregrad erreicht habe, so daß mangels der Möglichkeit eines rechtmäßigen Schwangerschaftsabbruchs ein Schadensersatzanspruch ausschied.[277]

cc. Embryopathische Indikation als medizinische Indikation ?

Die Frage des „Auffangens" einer embryopathischen Indikation im Tatbestand der medizinischen Indikation mußte das OLG somit nicht entscheiden. Das OLG hat dementsprechend diese Frage offen gelassen: „Keine andere Bewertung ergibt sich, würde man die frühere embryopathische Indikation in die medizinische Indikation des § 218a II StGB mit einbeziehen. Wieweit dies nach der aktuellen Fassung der Norm überhaupt noch möglich ist, braucht vorliegend nicht entschieden zu werden."[278]

f. OLG Düsseldorf-Urteil vom 10.01.02[279]

Das OLG Düsseldorf hatte über die Schadensersatzansprüche von Eltern wegen der Geburt eines Kindes mit Down-Syndrom zu entscheiden. Als Besonderheit war in dem Fall beachtlich, daß die Mutter nach der (verspäteten) Mitteilung des pathologischen Befundes die Schwangerschaft nicht abbrechen wollte und auch nach der Geburt des Kindes keinerlei Beeinträchtigungen von Krankheitswert gezeigt hatte. Dementsprechend hat das OLG den Schadensersatzanspruch

277 OLG Hamm a.a.O. S. 2650.

278 OLG Hamm a.a.O. S. 2650.

279 OLG Düsseldorf v. 10.1.02, AZ 8 U 79/01, in juris Nr. KORE566382002 sowie in Müller, NJW 2003, 697, 703 f..

abgelehnt, weil mangels Feststellbarkeit psychischer oder physischer Belastungen/Beeinträchtigungen für die Mutter ein Schwangerschaftsabbruch nicht zulässig gewesen wäre. Das OLG hat diesbezüglich ausgeführt, daß für eine medizinisch-soziale Indikation „die psychische und physische Belastbarkeit der werdenden Mutter in einem Maße überfordert" sein müsse, „welches geeignet ist, daß Lebensrecht der Leibesfrucht in den Hintergrund zu drängen."[280]

III. Probleme und Kritikpunkte der gegenwärtigen gesetzlichen Regelung

Die Probleme und Kritikpunkte hinsichtlich der bestehenden Rechtslage sind vielfältig und teilweise gegensätzlich, insbesondere aber zum Teil auch widersprüchlich gegenüber der Kritik an der früheren gesetzlichen Regelung in Form der sog. eugenischen Indikation.

1. Grundsätzliche Kritik an der „Streichung der eugenischen Indikation" und dem „Auffangtatbestand" der medizinisch-sozialen Indikation in § 218a Abs. 2 StGB

a. Täuschung durch den Gesetzgeber

Nach einem Teil der Literatur ist die Erweiterung der medizinischen Indikation zu einer medizinisch-sozialen Indikation unter Einbeziehung embryopathisch motivierter Schwangerschaftsabbrüche ein „Akt gesetzgeberischer Verhüllungskunst"[281], der eine falsche Motivation des Gesetzgebers vortäusche. Nach dieser Auffassung ist der Verweis auf die Gesundheitsgefährdung der Mutter bei Überforderung durch ein geschädigtes Kind lediglich ein Scheinargument, weil es gleich sei, ob die Schwangerschaft mit einem geschädigten Föten wegen der Unzumutbarkeit der Schädigung oder aufgrund der aus der Schädigung resultierenden Belastungen abgebrochen werde.[282]

280 OLG Düsseldorf v. 10.1.02, AZ 8 U 79/01, in juris Nr. KORE566382002 sowie in Müller, NJW 2003, 697, 703 f..

281 Tröndle, NJW 1995, 3009, 3015 – SK-Rudolphi, StGB, Loseblattsammlung, § 218a Rz. 8 spricht von einer „Mogelpackung".

282 Beckmann, MedR 1998, 155, 158 f.; Otto, Jura 1996, 135, 141 f.; die Arbeitsgemeinschaft Lebensrecht, ZfL 1994, 38 und 1995, 37 verurteilt dementsprechend die „nicht rechtswidrige Tötung Behinderter" vor der Geburt – LK-Kröger, StGB, 11. Aufl., § 218a Rz. 54 bezeichnet die Gesetzesänderung als „symbolische Gesetzgebung".

b. Mangelnde Effektivität des Strafrechts

Auch die grundsätzliche Frage wurde nunmehr wieder erörtert, ob das Strafrecht, insbesondere gegenüber der Schwangeren, ein angemessenes Mittel sein könne, die staatliche Pflicht zum Schutz des Lebens zu erfüllen. Schon in dem von der Entscheidung des BVerfG in seinem sog. 2. Schwangerschaftsabbruchsurteil abweichenden Votum der Verfassungsrichter Mahrenholz und Sommer hatten diese ausgeführt, daß Schwangere „zu allen Zeiten ... Auswege aus der Not ungewollter Schwangerschaften gesucht und gefunden und sich dabei auch durch die Androhung auch schwerster und grausamer Strafen nicht davon abhalten lassen, selbst bei Gefahr für das eigene Leben das ungeborene Leben abzutöten, wenn sie ein Kind nicht wollen."[283] Diese Ansicht scheint sich wohl auch durch die Betrachtung der Statistiken bzgl. der Anzahl von Schwangerschaftsabbrüchen zu bestätigen, soweit die Abtreibungszahlen bei Geltung eines strengeren Strafrechts nicht bzw. nicht wesentlich niedriger als seit der Neuregelung des § 218a StGB im Jahre 1995 sind. Insofern wird vertreten, daß das Strafrecht offensichtlich ungeeignet zum Schutz des Ungeborenen ist.[284]

c. Besonderheit der „Zweiheit in Einheit"

Mit der Frage der Geeignetheit des Strafrechts zum Lebensschutz zusammenhängend soll nach Ansicht der Kritiker auch das Verhältnis der Schwangeren zum Ungeborenen, welches insofern oft als „Zweiheit in Einheit" bezeichnet wird, betrachtet werden.[285] Die Tatsache, daß das Ungeborene zunächst rein biologisch von der Schwangeren/Mutter bzw. ihrem Körper abhängig sei, stehe einem Schutz des Ungeborenen gegenüber der Schwangereren unter Zuhilfenahme des Strafrechts entgegen. Insofern sei das Täter-Opfer-Verhältnis im Fall des Abtreibungsstrafrechts ein gänzlich anderes als im sonstigen Strafrecht. Insbesondere werde von der Schwangeren nicht nur - wie bei sonstigen Tätern - das Unterlassen der strafbaren Handlung gefordert, sondern vielmehr zumindest die Hinnahme der mit der Schwangerschaft und Geburt einhergehenden körper-

---

283 Mahrenholz/Sommer, Abweichende Meinung zu BVerfGE 88, 203, BVerfGE 88, S. 338 f..

284 Deutsch, ZRP 2003, 332, 333 befürwortet eine „Regelung in einem besonderen Gesetz, daß nebenstrafrechtlich abgesichert werden sollte"; Eser/Koch, Schwangerschaftsabbruch im internationalen Vergleich, Teil 3, S. 542 ff., 560 ff. will dem Strafrecht jedoch nicht „jegliche Einflußmöglichkeit absprechen"; Jakobs, JR 2000, 404, 407; Reichenbach, Jura 2000, 622, 624 f.; Bundesregierung, BT-Dr. 14/1045 S. 2.

285 Eser/Koch, Schwangerschaftsabbruch im internationalen Vergleich, Teil 3, S. 570 ff..

lichen und gesundheitlichen Veränderungen sowie ggfls. die Verantwortung und Aufzucht eines (geschädigten) Kindes. Es erscheine daher fragwürdig, ob die mit Hilfe des Strafrechts erzwungene Austragung einer Schwangerschaft und gegebenenfalls die Übernahme der Verantwortung für ein geschädigtes Kind (verfassungsrechtlich) geboten ist.[286]

d. Regelungslücken beim Schutz des Föten

Auch die Lückenhaftigkeit der gesetzlichen Regelungen zum strafrechtlichen Schutz des Föten wird in diesem Zusammenhang kritisiert, weil nach überwiegender Auffassung der Fötus hinsichtlich der Angriffe, die von außen durch Dritte auf ihn einwirken weitgehend, zumindest strafrechtlich, schutzlos gestellt ist. Einwirkungen auf den Fötus vor der Geburt, mit nachgeburtlichen Auswirkungen werden strafrechtlich nicht erfaßt. Insbesondere existieren keine strafrechtlichen Regelungen gegen vorsätzliche oder fahrlässige Handlungen, gerade durch Ärzte oder medizinisches Personal, die eine Verletzung des Föten zur Folge haben.[287]

e. „Dammbruch"-Argument

Weiterhin wird zahlreich moniert, daß insbesondere die Erweiterung der medizinischen Indikation auf seelische Gesundheitsbeeinträchtigungen in Verbindung mit der Beachtlichkeit der zukünftigen Lebensverhältnisse bei der Anwendung des § 218a Abs. 2 StGB n.F. auf embryopathisch motivierte Schwangerschaftsabbrüche zu einem „Dammbruch" führen werde. Danach sei der, der embryopathischen Indikation zugrundeliegende, Gedanke der fehlenden Zumutbarkeit der Belastungen durch ein geschädigtes Kind verallgemeinerungsfähig und könne so auch auf entsprechende Fälle nach der Geburt übertragen werden. Die Anerkennung der embryopathischen Indikation gebe zudem nicht nur ein Recht, sondern sei wie eine Aufforderung zur Tötung geschädigter

286 Ausführlich zur physischen und psychischen Verbindung von Frau und Fötus sh. Heinemann, S. 47 ff.; Otto, Jura 1996, 135, 142, 144 erkennt zwar die natürliche Einheit zwischen Schwangerer und Ungeborenem an, sieht aber eine Klarstellung, „daß der Gesetzgeber in diesen Fällen mit den Mitteln des Strafrechts nicht die Austragung der Schwangerschaft erzwingen will sowie weitere gesetzliche Maßnahmen zur Minderung der Konfliktsituation und ihrer Folgen" als ausreichend an; „der Einräumung eines *Rechts* zur Tötung hätte es dazu nicht bedurft"; Reichenbach, Jura 2000, 222, 225.

287 Otto, Jura 1996, 135, 144; Reichenbach, Jura 2000, 622, 625 – str. sh. Schönke/Schröder-Eser, StGB, 26. Aufl., § 223 Rz. 1a m.w.N..

Kinder zu verstehen und habe auf das Rechtsbewußtsein der Gesellschaft eine dementsprechende (verheerende) Wirkung. Zumindest sei aber die gesetzliche Regelung ein Spiegel der faktischen Einstellung der Gesellschaft gegenüber Behinderten.[288]

Zusätzlich sollen durch die Neuregelung auch die Mißbrauchsmöglichkeiten im Vergleich zur früheren Rechtslage wesentlich erhöht sein. Nach Ablauf der 12-Wochen-Frist könnten nunmehr leichter, aufgrund der Unbestimmtheit der Regelung, medizinisch-soziale Gründe angeführt werden, um (unbefristet und ohne Beratung) einen indizierten und gerechtfertigten Schwangerschaftsabbruch vornehmen zu lassen.[289]

f. Unvereinbarkeit von medizinischer und embryopathischer Indikation

Weitere Ansatzpunkte für die Kritik an der bestehenden Gesetzeslage sind die ambivalenten Zielsetzungen der embryopathischen und einer medizinischen Indikation. Bei der embryopathischen Indikation sei das Ziel des Schwangerschaftsabbruchs der Tod des Föten, wohingegen bei der medizinischen Indikation das Ziel des Handelns die Gesundheit bzw. das Leben der Schwangeren sei. Eingriffsziel und -grund sei also bei Letzterer die Beseitigung der Bedrohung der Schwangeren durch die Schwangerschaft an sich. Der Tod des Föten werde bei einer medizinischen Indikation lediglich - soweit eine andere Maßnahme zum Schutz der Schwangeren nicht möglich ist - als unvermeidbare Begleiterscheinung in Kauf genommen, sei aber gerade nicht gewollt bzw. beabsichtigt. Grundsätzlich werde versucht, das Leben des Föten, z.B. durch Hinauszögern der Geburtseinleitung, zu retten.[290] Aufgrund dieser verschiedenen Zielrichtungen sei die Verbindung der embryopathischen mit der medizinischen Indikation in der Regelung des § 218a Abs. 2 StGB eine Änderung des Charakters

288 Beckmann, MedR 1998, 155, 158; Jakobs, JR 2000, 404, 405; Kapp, Ethik Med 1994, 117, 119 f.; Tröndle, Schriftenreihe der Juristen-Vereinigung Lebensrecht e.V., Nr. 12 (1995), S. 91, 101 f..

289 Lackner/Kühl-Lackner, StGB, 24. Aufl., § 218a Rz. 16; Schlund, ArztR 1997, 235, 238; Tröndle, NJW 1995, 3009, 3015.

290 Beckmann, MedR 1998, 155, 158; Gropp, GA 2000, 1, 7; Hofstätter, S. 151 ff., 299 f.; nach Otto, Jura 1996, 135, 142 ist die fehlende Tötungsabsicht sogar essentieller Bestandteil der medizinischen Indikation, wobei er aber klarstellt, daß es auch bei der kriminologischen und der sozialen Indikation darum ginge, „die Mutter ... von der Last des Kindes zu befreien.“; Schumann/Schmidt-Recla, MedR 1998, 497, 501; Tröndle, NJW 1995, 3009, 3015.

der medizinischen Indikation[291] und auch insofern, zumindest gesetzestechnisch, nicht tragbar.

2. Verstoß gegen den Gleichheitsgrundsatz von Art. 3 Abs. 3 S. 2 GG

Durch das Gesetz zur Änderung des Grundgesetzes vom 27.10.1994 (BGBl. I, 3146) wurde in Art. 3 Abs. 3 GG folgender Satz 2 angefügt: „*Niemand darf wegen seiner Behinderung benachteiligt werden.*" Diese verfassungsrechtliche Fixierung eines speziellen Gleichheitssatzes für Behinderte erfolgte also zeitlich nach dem sog. 2. Schwangerschaftsabbruchsurteil des BVerfG vom 28.5.1993[292], in dem die rechtliche Anerkennung einer embryopathischen Indikation als Rechtfertigungsgrund bejaht worden war. Dementsprechend wird die Auffassung vertreten, daß nunmehr die Anerkennung der embryopathischen Indikation als zulässige Abrruchsindikation durch das BVerfG überholt sei. Die Regelung in Art. 3 Abs. 3 S. 2 GG sei also der Grund für die Streichung der embryopathischen Indikation in § 218a Abs. 2 Nr. 1 StGB a.F.. Die Zulässigkeit embryopathischer Indikationen im Rahmen der medizinischen Indikation des § 218a Abs. 2 StGB n.F. verstoße somit gegen das Gleichheitsgebot des Art. 3 Abs. 3 S. 2 GG[293], da nur ein geschädigter Fötus ohne Beratung und Frist nach § 218a Abs. 2 StGB mit rechtfertigender Wirkung abgetrieben werden dürfe, wohingegen bei einem gesunden Föten ein Schwangerschaftsabbruch nur im Rahmen des Beratungskonzepts innerhalb der ersten 12 Schwangerschaftswochen möglich sei. Dies stelle eine klare Benachteiligung des geschädigten Föten dar. Der Hinweis, daß es bei einem gerechtfertigten Schwangerschaftsabbruch gem. § 218a Abs. 2 StGB n.F. auf die Gefahr einer nicht zumutbaren Lebens- oder Gesundheitsbeeinträchtigung der Schwangeren und nicht auf die Schädigung des Föten ankomme, wird von den Vertretern dieser Auffassung als Scheinargument verworfen. Hiernach sei es gleich, ob der Fötus wegen der

---

291 Beckmann, MedR 1998, 155, 158.

292 BVerfGE 88, 203 ff..

293 Büchner, Schriftenreihe der Juristen-Vereinigung Lebensrecht e.V., Nr. 16 (1999), 9, 15; Bonner Kommentar-Rüfner, GG, Loseblattsammlung, Art. 3 Abs. 2 u. 3 Rz. 880 f.; nach Maunz/Dürig-Scholz, GG, Loseblattsammlung, Art. 3 Abs.3 Rz. 177 soll eine Abwägung der kollidierenden Interessen erfolgen, wonach nur bei evident schwerwiegender Beeinträchtigung der Gesundheit der Schwangeren ein Schwangerschaftsabbruch gerechtfertigt sein soll; v. Mangoldt/Klein/Starck-Starck, Bonner Grundgesetz Bd. 1, 4. Aufl., Art. 3 Abs. 3 Rz. 387; Schramm, in FS Lenckner, S. 539, 541; Starck, JZ 2002, 1065, 1071; Tröndle, NJW 1995, 3009, 3015.

Unzumutbarkeit der Belastung für die Schwangere (infolge der zu erwartenden Schädigung) oder infolge der Unerwünschtheit der Schädigung an sich abgetrieben werde. Weil die Unzumutbarkeit eindeutig an der Schädigung bzw. Behinderung anknüpfe und dies aufgrund des Benachteiligungsverbotes nach Art. 3 Abs. 3 S. 2 GG gerade nicht der Fall sein darf, liege hierin der Verstoß gegen das Grundgesetz. Die Gerichte hätten die Vereinbarkeit des § 218a Abs. 2 StGB bzw. dessen Handhabung in der Praxis mit Art. 3 Abs. 3 S. 2 GG noch nicht überprüft, eine entsprechende Entscheidung bleibe daher abzuwarten.[294]

3. Fehlen einer Beratungspflicht

Zahlreiche Kritik hat der Umstand erfahren, daß für die Fälle der medizinisch-sozialen Indikation und damit auch für die Fälle der embryopathischen Indikation keine Beratungspflicht besteht. Hierbei ist die Kritik sehr vielschichtig, insbesondere hinsichtlich der Art einer eingeforderten Beratung.
Dabei soll jedoch die grundlegende Kritik am Beratungskonzept an sich nicht näher dargestellt werden.

a. Fehlende Beratungspflicht für § 218a Abs. 2 StGB
Weil auch § 218a Abs. 2 StGB Teil des Beratungskonzepts sei, wird vertreten, daß dementsprechend auch für die Fälle der medizinisch-sozialen Indikation eine Pflichtberatung, ebenso wie für die Fälle des § 218a Abs. 1 StGB gesetz-

---

294 Beckmann, Schriftenreihe der Juristen-Vereinigung Lebensrecht e.V., Nr. 16 (1999), 17, 41; ders., MedR 1998, 155, 159 f.; Gropp, GA 2000, 1, 8 f. diskutiert die Frage der Zulässigkeit einer Ungleichbehandlung hinsichtlich der unterschiedlichen Regelungen für Geborene und Ungeborene, wobei nach seiner Auffassung aufgrund des Benachteiligungsverbotes für Behinderte in Art. 3 Abs. 3 S. 2 GG die Behinderung von vornherein nicht als Rechtfertigung herangezogen werden könne; Otto, ZfL 1999, 55, 57 f., 59; Tröndle, Schriftenreihe der Juristen-Vereinigung Lebensrecht e.V., Nr. 12 (1995), 91 , 103 - a.A.: nach LK-Kröger, StGB, 11. Aufl., § 218a Rz. 54 hat Art. 3 Abs. 3 S. 2 GG neben den (entsprechend des sog. 2. Schwangerschaftsabbruchsurteils des BVerfG maßgeblichen) Art. 2 Abs. 2 S. 1 i.V.m. Art. 1 Abs. 1 GG keine entscheidende rechtliche Bedeutung; Nomos-Merkel, StGB, Loseblattsammlung, § 218a Rz. 97 verweist darauf, daß Grund für die sachliche Differenzierung die Gefährdung/ Bedrohung der Schwangeren sei und nicht die Ursache der Gefährdung/Bedrohung, weiterhin sei Art. 3 Abs. 3 S. 2 GG auch nicht auf Ungeborene anwendbar; nach Reichenbach, Jura 2000, 622, 626 f. liegt auch keine mittelbare Benachteilung und damit keine Umgehung des Art. 3 Abs. 3 S. 2 GG vor, weil allein maßgeblich die Interessen der Schwangeren seien; – In den ersten gerichtlichen Entscheidungen zu § 218a Abs. 2 StGB n.F. wurde Art. 3 Abs. 3 S. 2 GG nicht erörtert, sh. BGH ZfL 4/2003, 138; BGH NJW 2002, 2636; OLG Hamm NJW 2002, 2649.

lich normiert, erforderlich sein müßte. Es sei auch kein Grund ersichtlich, warum vom allgemeinen Beratungskonzept gerade bei den Fällen der embryopathischen Indikation abgewichen werden soll.[295] Durch den Wegfall jeglicher Beratungspflicht würden die Möglichkeiten erlaubter Schwangerschaftsabbrüche erweitert und zusätzliche Missbrauchsmöglichkeiten eröffnet.[296]

b. Mangelnde ärztliche Kompetenz

Auch wird vertreten, daß der Arzt im Falle einer Beratung wegen möglicher embryopathischer Indikation nicht der kompetente Beratungspartner sein könne, wenn weder die Diagnostik von Schädigungen noch die Konsequenzen hieraus zu seinem Fachbereich gehören, was in der Regel bei Gynäkologen nicht der Fall sein wird. Weiterhin fehle dem Arzt neben der Kompetenz in sozialen, familiären und finanziellen Fragen auch die Zeit zu derartigen, umfangreichen Gesprächen.[297]

4. Wegfall der 22-Wochenfrist - Kollision mit der Lebensfähigkeit des Föten

Heftigster Kritikpunkt ist aber wohl der Wegfall der 22-Wochenfrist für die Fälle der embryopathischen Indikation mit der Folge, daß derartige Schwangerschaftsabbrüche noch bis unmittelbar vor dem Geburtstermin bzw. Geburtsbeginn rechtlich zulässig (nach dem ausdrücklichen Gesetzeswortlaut nicht rechtswidrig) sind. Soweit aber bereits der Streit um die Befristung in § 218a III StGB a.F. sehr kontrovers geführt wurde, war dies als Folge des Wegfalls jeglicher Befristung durchaus vorhersehbar.

a. Grundsätzliche Kritik an fehlender Befristung

Dementsprechend wird von den Befürwortern einer Befristung in der neuen gesetzlichen Regelung eine faktische Verschlechterung des Lebensschutzes ge-

295 Beckmann, MedR 1998, 155, 159; Heinemann, S. 309; Hofstätter, S. 212; Tröndle, NJW 1995, 3009, 3018.

296 Schlund, ArztR, 1997, 235, 238; Tröndle, NJW 1995, 3009, 3015, 3018; nach Weiß, ZfL 1/2003, 14 f. wird die scheinbare Besserstellung des Kindes durch die Neuregelung ohne zeitliche Befristung ins Gegenteil verkehrt.

297 Beckmann, MedR 1998, 155, 159; Hofstätter, S. 230 ff., 238 ff.; Tröndle, NJW 1995, 3009, 3015; Mitteilung der BÄK, MedR 1999, 31 ff..

schädigter Föten gesehen.[298] Zudem soll ohne Befristung derartiger Schwangerschaftsbbrüche der Eindruck entstehen bzw. bereits entstanden sein, daß allein die Schädigung des Föten für die Zulässigkeit eines Schwangerschaftsabbruchs ausreichend sei. Die Bereitschaft, ein behindertes Kind zu akzeptieren, sinke zunehmend.[299]

Insbesondere wird unter Berufung auf den Gesetzeswortlaut die Ansicht[300] als nicht haltbar bzw. realisierbar angesehen, wonach die Gründe für einen Schwangerschaftsabbruch um so gewichtiger sein müssen, je weiter die Schwangerschaft fortgeschritten ist. Gerade bei Beachtung der gesetzgeberischen Intention, Fälle der embryopathischen Indikation in der medizinischen Indikation „aufzufangen", sei eine derartige Einschränkung der embryopathischen Indikation nicht möglich.[301] Der Wegfall der Befristung sei zwar insofern konsequent, als eine Befristung der medizinischen Indikation zuwiderläuft und die Fälle der embryopathischen Indikation in der medizinischen Indikation aufgefangen werden sollten. Ein Sachgrund für den Wegfall der Befristung sei dies jedoch nicht und bestehe auch nicht.[302]

b. Lebensfähigkeit des Föten

Als größtes Dilemma im Rahmen des Wegfalls einer Abbruchsfrist wird jedoch die Tatsache angesehen, daß der Fötus ca. ab der 20. Schwangerschaftswoche außerhalb des Mutterleibs lebensfähig ist bzw. sein kann. Dies führt bei der herkömmlichen Abbruchsmethode der Geburtseinleitung durch weheninduzierende

298 Nach Helmke, ZRP 1995, 441, 442 folgt die Verschlechterung des Lebensschutzes aus dem Dilemma der Lebensfähigkeit des Föten und dem Wegfall jeglicher Befristung des Abbruchs, weil die Schwangere aus Sicherheitsgründen, um kein lebendes Kind zu „gebären" eine möglichst frühe Entscheidung treffen müsse. Der Entscheidungsdruck führe zu Unsicherheiten bei der Diagnostik, zur Gefährdung des Embryos durch frühere und häufigere Untersuchungen und zu übereilten Entscheidungen. (Dabei wird aber übersehen, daß genau dieser Entscheidungsdruck mit seinen Folgen gerade auch bei Normierung einer Abbruchsfrist besteht, Anm. d. Verf.).

299 Gropp, GA 2000, 1, 2; Hofstätter, S. 155 ff.; nach Jakobs, JR 2000, 404, 405 spiegelt dies treffend „die faktische Einstellung der Gesellschaft gegenüber Behinderungen wieder"; Schönke/Schröder-Eser, StGB, 26. Aufl., § 218a Rz. 38 warnt vor einem „Automatismus zwischen Befund und Schwangerschaftsabbruch"; BÄK, MedR 1999, 31 f..

300 Lackner/Kühl-Lackner, StGB, 24. Aufl., § 218a Rz. 13; Schönke/Schröder-Eser, StGB, 26. Aufl., § 218a Rz. 26, 34, 42 f.; Tröndle/Fischer, StGB, 50. Aufl., § 218a Rz. 26.

301 Beckmann, MedR 1998, 155, 157.

302 Hofstätter, S. 142 f..

Mittel zu der Problematik, daß ein lebendes und lebensfähiges Kind geboren wird bzw. geboren werden kann, welches dann, erforderlichenfalls auch intensiv-medizinisch zu behandeln ist.[303] Diese Behandlung steht aber genau entgegengesetzt zur Zielrichtung eines Schwangerschaftsabbruchs aufgrund embryopathischer Indikation.

Dieses Dilemma einer „Lebendgeburt" bei beabsichtigter Schwangerschaftsunterbrechung und die Zivilrechtsprechung zur Schadensersatzverpflichtung des Arztes wegen mißlungener/unterlassener Schwangerschaftsabbrüche[304], fehlerhafter Beratung[305] oder fehlerhafter/unzureichender pränataler Diagnostik[306], sog. Problematik „Kind als Schaden" bzw. „wrongful live"[307], sollen nach Auffassung der Kritiker gerade dazu führen, daß nach Möglichkeiten gesucht werde, den Föten/das Kind direkt, d.h. noch im Mutterleib, zu töten, sog. Fetozid.[308] Anläßlich der Zivilrechtsprechung hat sich auch das BVerfG mit der Problematik „Kind als Schaden" befaßt. Zunächst kam der 2. Senat des BVerfG im Rahmen seiner Prüfung der Verfassungsmäßigkeit des Schwangeren- und Familienhilfegesetzes vom 27.02.1992 im sog. 2. Schwangerschaftsabbruchsurteil[309] in Leitsatz 14 zu folgendem Ergebnis: „Eine rechtliche Qualifikation des Daseins eines Kindes als Schadensquelle kommt von Verfassungs wegen (Art. 1 I GG) nicht in Betracht." Diese 1993 geäußerte Rechtsauffassung hat der 2. Senat dann nochmal in seiner Entscheidung vom 22.10.1997[310] dahingehend bekräftigt, als daß es diese Auffassung als tragend herausgehoben und bei abweichen-

303 Beckmann, MedR 1998, 155, 158; Gropp, GA 2000, 1, 7; Helmke, ZRP 1995, 441, 442; nach Hennies, ArztR 1998, 127, 129 führt dies auch zu der Frage der ethischen Vertretbarkeit von Spätabbrüchen; Lackner/Kühl-Lackner, StGB, 24. Aufl., § 218a Rz. 16; Schumann/Schmidt-Recla, MedR 1998, 497, 502; Bundesregierung, BT-Dr. 14/1045 S. 15.

304 BGH NJW 2002, 2636; BGH NJW 1997, 1638.

305 BGH NJW 1994, 788.

306 BGH ZfL 4/2003, 138; BGH NJW 2002, 2636; OLG Düsseldorf VersR 1998, 194; OLG Köln MedR 1999, 323.

307 Sh. neuere Literatur Deutsch, NJW 2003, 26; Junker, Pflichtverletzung, Kindesexistenz und Schadensersatz, 2002; Müller, NJW 2003, 697; Picker, Menschenwürde und Menschenleben, 2002; Wagner, NJW 2002, 3379.

308 Beckmann, MedR 1998, 155, 158; Gropp, GA 2000, 1, 7 f.; Hofstätter, S. 143 ff.; Schumann/Schmidt-Recla, MedR 1998, 497 f., 500 ff. - zur Problematik des Fetozids sh. unten C VI. Schwangerschaftsabbrüche im Spätstadium - Fetozid.

309 BVerfG (2. Senat) NJW 1993, 1751.

310 BVerfG (2. Senat) NJW 1998, 523.

der Auffassung des 1. Senats eine Entscheidung des Plenums des BVerfG nach § 16 BVerfGG für erforderlich gehalten hat.

Der 1. Senat hat in seiner (zeitlich späteren) Entscheidung vom 12.11.1997[311] die gegenteilige Auffassung vertreten, wonach die oben genannte Zivilrechtsprechung nicht gegen Art. 1 I GG verstoße, weil nicht das Dasein des Kindes, sondern die Unterhaltsverpflichtung als Schaden angesehen werde, ohne daß der Unterhaltsberechtigte in seiner Würde und Person herabgesetzt sei. Die Anrufung des Plenums des BVerfG wurde vom 1. Senat nicht für erforderlich gehalten, weil die Ausführungen des 2. Senats zur Problematik keine tragende Rechtsauffassung der Entscheidung gewesen wären. Weitere verfassungsgerichtliche Entscheidungen hierzu, insbesondere eine Entscheidung des Plenums des BVerfG sind nicht ergangen.

c. Zunahme von Neugeborenentötungen

Im Zusammenhang mit der Lebensfähigkeit des Föten außerhalb des Mutterleibes bestehen auch Befürchtungen, daß es zunehmend zu Tötungen Neugeborener durch Unterlassen gekommen sei und zunehmend kommen werde, in der Form, daß das Neugeborene nach „mißglücktem" Schwangerschaftsabbruch ohne die medizinisch notwendige Behandlung und Versorgung liegengelassen werde.[312]

Anlaß für derartige Befürchtungen lieferten insbesondere der sog. Oldenburger Fall und der sog. Zittauer Fall.

Bei dem Oldenburger Fall handelte es sich um die „Geburt" eines Jungen mit Trisomie 21[313] im Juli 1997 in der Städtischen Frauenklinik Oldenburg. Die Mutter des Jungen befand sich in der 26. Schwangerschaftswoche und wollte die Schwangerschaft durch Einleitung einer Frühgeburt abbrechen lassen. Der Junge kam jedoch lebend zur Welt und wurde einige Zeit (von ca. 10 Stunden ist die Rede) ohne notwendige medizinische Betreuung und Versorgung liegen-

---

311 BVerfG (1. Senat) NJW 1998, 519.

312 Beckmann, MedR 1998, 155, 158 f.; Gropp, GA 2000, 1, 7 f.; Schönke/Schröder-Eser, StGB, 26. Aufl., § 218a Rz. 43; Weiß, ZfL 1/2003, 14, 16.

313 Roche, Lexikon Medizin: Trisomie 21, auch als Mongolismus oder Down-Syndrom bezeichnet, ist eine Chromosomenaberration, bei der das Chromosom 21 statt zweifach dreifach auftritt mit der Folge geistiger Behinderungen unterschiedlichen Ausmaßes und vielfältiger körperlicher Behinderungen. Eine ursächliche Therapie ist nicht möglich. Bei gezielter Förderung und Anwendung therapeutischer Maßnahmen sind jedoch Erfolge bei den Kinder mit dieser Erkrankung erzielbar.

gelassen. Erst mehrere Stunden nach der „Geburt“ nahmen die Ärzte die Behandlung auf, zu dieser Zeit soll der Junge aber schon (zusätzlich) schwerste Schädigungen erlitten haben.[314] Nachdem der Bundestagsabgeordnete H. Hüppe Strafanzeige wegen unterlassener Hilfeleistung und unerlaubten Schwangerschaftsabbruchs und die Eltern des Kindes Strafanzeige wegen Körperverletzung erstattet hatten, ermittelte die Staatsanwaltschaft Oldenburg gegen den behandelnden Arzt. Das Ermittlungsverfahren wegen unterlassener Hilfeleistung, Körperverletzung sowie versuchter Tötung durch Unterlassen wurde später eingestellt, weil der Arzt nach gutachterlicher Festellung keine ihm obliegende Pflicht verletzt haben soll und nicht nachzuweisen war, daß das Unterlassen intensiv-medizinischer Maßnahmen weitere, als die pränatal diagnostizierten Schäden verursacht hat. Auch die Ermittlungen hinsichtlich eines unerlaubten Schwangerschaftsabbruchs wurden eingestellt, da nach Ansicht der Staatsanwaltschaft Oldenburg aufgrund der psychischen Notfallsituation der Mutter eine medizinische Indikation zum Schwangerschaftsabbruch unzweifelhaft vorgelegen habe.[315] Nach Wiederaufnahme und weiteren Ermittlungen wurde das Verfahren ohne öffentliche Anklage nunmehr endgültig eingestellt.[316] H. Hüppe hatte bereits im Juni 1996 mit weiteren Bundestagsabgeordneten eine sog. Kleine Anfrage an die Bundesregierung gestellt, wann es zulässig sei, ein Kind, welches eine Abtreibung überlebt hatte, unversorgt (zum Sterben) „liegenzulassen“. Auch wurde gefragt, ob die Bundesregierung hier gesetzgeberischen Handlungsbedarf sehe. Diese Anfrage wurde dann 1999 mit nahezu identischem Inhalt nochmals an die Bundesregierung gestellt. In ihrer Antwort bestätigte die Bundesregierung eine Behandlungspflicht des Arztes in derartigen Fällen. Das Kind müsse entsprechend der geltenden medizinischen Standards versorgt werden. Ein Arzt der diese Pflicht verletze, mache sich eines Unterlassungsdeliktes, u.a. wegen vorsätzlicher Tötung strafbar. Dementsprechend

314 Beckmann, MedR 1998, 155, 158 f.; Gropp GA 2000, 1; http://www.tim-lebt.de/Dokumente/Tim.hueppe.html; Holch, http://www.tim-lebt.de/Dokumente/Presse07.05. 99htm.

315 Porz, gyn 2002, 51; http://www.tim-lebt.de/Dokumente/Tim.hueppe.html; Einstellungsverfügung der Staatsanwaltschaft Oldenburg, http://www.tim-lebt.de/Dokumente/Oldenburg.07.5.99.htm; StA Oldenburg NStZ 1999, 461; nach Tröndle, NStZ 99, 462 soll allein das Unterlassen einer gebotenen schmerzmindernden Behandlung über viele Stunden hinweg eine strafbare Körperverletzung durch den ärztlichen Garanten sein, zudem sind nach seiner Ansicht auch die weiteren Ausführungen der Einstellungsverfügung stark kritikwürdig.

316 Einstellungsverfügung StA Oldenburg ohne Datum, versandt am 14.5.2003, ZfL 3/2003, 99.

war für die Bundesregierung auch kein gesetzgeberischer Behandlungsbedarf ersichtlich.[317]

Beim Zittauer Fall begehrten die Eltern eines Föten mit (angeblicher) Chondrodystrophie (Zwergenwuchs)[318] einen Schwangerschaftsabbruch in der 29. Schwangerschaftswoche. Mit diesem Anliegen wurden sie in der Berliner Charite´ und in der Universitätsklinik Dresden abgewiesen, ein Arzt des Kreiskrankenhauses Zittau fand sich jedoch zu dem Abbruch bereit. Auch hier kam das Kind lebend zur Welt, „verstarb" jedoch nach der Geburt. Todesursache kann die Unterbrechung der Atmung des Kindes durch Zuhalten von Mund und Nase durch den zuständigen Oberarzt gewesen sein. Es konnte aber auch nicht ausgeschloßen werden, daß das Kind unabhänig von den Handlungen des Arztes aufgrund der (nicht diagnostizierten) Skelettfehlbildung gestorben war. Der Arzt wurde dementsprechend vom LG Görlitz wegen versuchten Schwangerschaftsabbruchs in Tateinheit mit versuchtem Totschlag zu einer Haftstrafe von zwei Jahren auf Bewährung verurteilt, weil nicht mehr feststellbar war, ob das Kind durch die Unterbrechung der Luftzufuhr gestorben oder zu diesem Zeitpunkt bereits tot gewesen war. Das Urteil des LG Görlitz wurde mittlerweile durch den BGH bestätigt und ist damit rechtskräftig. Gegen die Mutter wurde ein Ermittlungsverfahren wegen unerlaubten Schwangerschaftsabbruchs eingeleitet, da sie eine Gesundheitsgefährdung zunächst nicht nachweisen konnte. Der Ausgang dieses Ermittlungsverfahrens ist nicht bekannt.[319]

d. Zeitpunkt der Lebensfähigkeit als rechtlich beachtliche Zäsur

Weiterhin wird im Zusammenhang mit der Lebensfähigkeit vertreten, daß der Eintritt der Lebensfähigkeit des Föten neben dem Zeitpunkt der Geburt eine entscheidende Zäsur in der Entwicklung von der befruchteten Eizelle zum Menschen darstelle, welche bisher aber rechtlich nicht bzw. nicht ausreichend ge-

---

317 BT-Dr. 13/5364 S. 14; BT-Dr. 14/1045 S. 15; http://www.tim-lebt.de/Dokumente/Tim.hueppe.html.

318 Nach einer Mitteilung des Spiegel, 27/1999, S. 36 soll die Obduktion der Kindesleiche zwar Verkürzungen von Armen und Beinen des Föten ergeben haben, für Zwergenwuchs oder andere genetische Defekte sollen jedoch keine Anzeichen festgestellt worden sein. – Tatsächlich litt das Kind jedoch unter einer tödlichen Skelettfehlbildung mit einer möglichen Lebendauer von maximal 3 Monaten. Sh. BGH ZfL 3/2003, 83; LG Görlitz ZfL 3/2003, 87.

319 BGH ZfL 3/2003, 83 mit Anm. RiLG Wiebe; LG Görlitz ZfL 3/2003, 87; Badische Zeitung v. 8.6.02, S. 12; Spiegel, 27/1999, 34, 36; Weiß, ZfL 1/2003, 14, 15 f.; Wiebe, ZfL 3/2002, 73.

würdigt werde. Mit der Verschmelzung von Ei- und Samenzelle bis zur Nidation der befruchteten Eizelle in der Gebärmutter der Frau wird der Embryo durch das EmbryonenschutzG geschützt. Ab Nidation bis zum Beginn der Eröffnungswehen besteht strafrechtlicher Schutz gem. der §§ 218 ff. StGB. Mit der Geburt tritt dann eine verschärfte Strafbarkeit gem. §§ 211 ff. StGB ein. Für das Stadium ab Lebensfähigkeit des Föten ex utero fehle eine rechtliche Beachtlichkeit, welche z.B. in Form einer sachgerechten Fristsetzung erfolgen könnte.[320]

e. Fehlinterpretationsmöglichkeiten

Auch wird die Befürchtung geäußert, daß aufgrund des Fehlens jeglicher Befristung in der Gesellschaft der Eindruck entstehe, eine Schwangerschaft unproblematisch zu jedem beliebigen Zeitpunkt beenden zu können und daß infolgedessen die Zahl der Abbrüche in der Spätphase der Schwangerschaft drastisch zugenommen hätte bzw. zunehmen werde.[321]

f. Schmerzempfindlichkeit des Föten

Zudem ist nach neueren Erkenntnissen der Fötus ab der 22. Schwangerschaftswoche in der Lage, Schmerzen zu empfinden, was ein weiterer Grund für eine Befristung sein soll. Zumindest stelle sich aber ab diesem Zeitpunkt das Problem, ob anästhetische Maßnahmen notwendig sind.[322] Eine Petition hinsichtlich der Einführung einer Narkosepflicht wurde 1990 vom Bundestag an die Parlamente der einzelnen Bundesländer verwiesen[323], wo jedoch bis heute keine Reglementierungen erfolgten.[324] Nach Gropp[325] soll hier der Fetozid eine wei-

---

320 Eser, Interview in Badischer Zeitung vom 7.3.2000, S. 2; Eser/Koch, Ssa im internationalen Vergleich, Teil 3, S. 578 f.; Gropp, GA 2000, 1, 7 ff. will sogar die Anwendbarkeit der Tötungsdelikte auf den vorgeburtlichen Bereich der Lebensfähigkeit ausdehnen; so auch Hilgendorf, MedR 1994, 429, 432, der aber ab dem Übergang von der embryonalen in die fetale Entwicklung von einem Menschen im rechtlichen Sinne ausgeht; Hofstätter, S. 177; nach Maurach/Schroeder/Maiwald, Strafrecht BT, Teilband 1, 9. Auflage, § 1 Rz. 9 ist die „Abgrenzung nach der Lebensfähigkeit sinnvoller als die nach der Geburt.“.

321 Beckmann, MedR 1998, 155, 157 f.; Hofstätter, S. 155; SK-Rudolphi, StGB, Loseblattsammlung, § 218a Rz. 8a.

322 Beckmann, MedR 1998, 155, 158; Reimann/Reimann, ZfL 1997, 62; Tröndle, NJW 1995, 3009, 3019.

323 BT-Dr. 11/8051 Beschlußempfehlung 6, S. 9; Reimann/Reimann, ZfL 1997, 62 f..

324 Beckmann, MedR 1998, 155, 158; ausführlich zu den entsprechenden Verlautbarungen der Länder sh. Reimann/Reimann, ZfL 1997, S. 62 ff..

tere Möglichkeit sein, „um dem Kind das durch den Schwangerschaftsabbruch möglicherweise verursachte Leiden zu ersparen“. Nach einer Mitteilung der Bundesregierung kann die Schmerzempfindung eines Embryos durch die Gabe von Analgetika und/oder Anästhetika über die Nabelschnur des Föten unterbunden werden.[326] Nach Merkel sollte eine Narkotisierung des Föten gesetzlich vorgeschrieben werden.[327]

g. Fehlende Therapiemöglichkeiten

Hinsichtlich der Argumentation für den Wegfall der Befristung, um die Möglichkeiten der pränatalen Diagnostik umfassend ausschöpfen zu können,[328] wird angeführt, daß Therapien bei geschädigten Föten bisher kaum möglich seien. Die Feststellung einer Schädigung des Föten führe daher in der Regel automatisch zu einem Schwangerschaftsabbruch.

Zudem seien aufgrund der Fortschritte in der pränatalen Diagnostik Befunderhebungen nunmehr schon viel früher, nämlich vor der 20. Schwangerschaftswoche möglich.[329] Der Wegfall der Befristung führe vielmehr nur zu einer Verlängerung der Dauer des Entscheidungskonflikts der Schwangeren und nicht zu einer Aufhebung dieses Konflikts.[330]

h. Gesundheitsgefahren und Risiken bei Spätabbrüchen

Bezüglich der Gesundheit der Schwangeren wird vorgebracht, daß insbesondere Spätabbrüche das Risiko sowohl physischer, insbesondere aber auch psychischer Gesundheitsgefahren erhöhen würden. Zudem ermögliche eine moderate Fristsetzung auch den Schutz der Schwangeren vor Einwirkungen des sozialen Umfelds auf ihre Entscheidungsfindung.[331]

---

325 Gropp, GA 2000, 1, 3 - so auch Erklärung der Bundesärztekammer zum Schwangerschaftsabbruch nach Pränataldiagnostik, MedR 1999, 31 f. und Bundesregierung, BT-Dr. 14/1045 S. 13.

326 BT-Dr. 14/1045 S. 10.

327 Nomos-Merkel, StGB, Loseblattsammlung, § 218a Rz. 112.

328 Reichenbach, Jura 2000, 622, 627; Schönke/Schröder-Eser, StGB, 26. Aufl., § 218a Rz. 43.

329 Hofstätter, S. 140 ff..

330 Hofstätter, S. 153 f..

331 Hofstätter, S. 155 ff..

5. Mangelnde Bestimmtheit

Weiterer Kritikpunkt der gesetzlichen Neuregelung in § 218a Abs. 2 StGB ist deren große Unbestimmtheit. Für die exakte und letztlich bundeseinheitliche Ausfüllung und Auslegung der Tatbestandsbegriffe der Zumutbarkeit, Berücksichtigung der Lebensverhältnisse und der schwerwiegenden Beeinträchtigung des körperlichen oder seelischen Gesundheitszustandes bestehen nach Auffassung der Kritiker keinerlei Anhaltspunkte, Richtlinien o.ä.. Zumindest sei es aber die Aufgabe des Gesetzgebers klarzustellen, wie weit bzw. eng der Anwendungsbereich des § 218a Abs. 2 StGB zu ziehen ist.[332]
Die derzeit bestehenden Unklarheiten ermöglichten so die straffreie Zunahme von Schwangerschaftsabbrüchen zu Lasten des Lebensschutzes Ungeborener.[333]

6. Wegfall einer statistischen Erhebungspflicht

Weil die embryopathische Indikation nun nicht mehr ausdrücklich geregelt ist, erfaßt die Meldepflicht nach den §§ 15 ff. Schwangerschaftskonfliktgesetz, 23 BStatistikG nur die Meldepflicht hinsichtlich der medizinisch-sozialen Indikation des § 218a Abs. 2 StGB allgemein. Eine gesonderte statistische Erfassung der Fälle embryopathischer Indikation erfolgt daher nicht mehr.

Dementsprechend wird kritisiert, daß durch diese fehlende Statistik über die Anzahl embryopathischer Indikationen, die Überprüfungsmöglichkeiten des Gesetzgebers hinsichtlich der Auswirkungen des Beratungskonzepts und der Neuregelung des § 218a StGB erheblich eingeschränkt werde, so daß der Gesetzgeber seiner, vom BVerfG festgestellten, Beobachtungspflicht[334] nicht

---

332 Hennies, ArztR 1998, 127, 129; Schlund, ArztR 1997, 235, 238; Schumann/Schmidt-Recla, MedR 1998, 497, 503.

333 Lackner/Kühl-Lackner, StGB, 24. Aufl., § 218a Rz. 16; nach Münchener Kom.-Gropp, StGB, 2003, § 218a Rz. 60 führt das Abstellen auf die Gesundheitsbeeinträchtigung der Frau dazu, „daß nicht die Schwere der Behinderung, sondern die davon nur mittelbar abhängige Schwere der Gesundheitsgefahr über den Schwangerschaftsabbruch entscheidet. Je größer die Sensibilität gegenüber leichteren Behinderungen, desto eher ist eine medizinisch-soziale Indikation selbst in diesen Fällen gegeben.“; Tröndle, NJW 1995, 3009, 3015 – nach LK-Kröger, StGB, 11. Aufl., § 218a Rz. 50 ist die gesetzliche Regelung im Zeitraum zwischen der 13. bis zur 22. Schwangerschaftswoche eher restriktiver.

334 BVerfGE 88, 203, 309 ff..

nachkomme bzw. überhaupt nicht nachkommen könne. Dementsprechend könne der Gesetzgeber auch nicht seine Nachbesserungspflicht[335] erfüllen.[336]

Mangels spezieller statistischer Erfassung könnten auch keine, für Ursachenforschung und medizinische Qualitätssicherung notwendigen Befunde erhoben werden. Für die medizinische Forschung seien diese Befunderhebungen jedoch existenznotwendig, so daß vom Gesetzgeber gefordert wird, die Voraussetzungen dahingehend zu schaffen, daß Indikationsgrundlage, Schwangerschaftsalter, Abbruchsmethode und postnatale Befunde statistisch erfaßt werden.[337]

Als Antwort auf die sog. Kleine Anfrage von 87 Unionsabgeordneten im Jahre 1999 zur Problematik „Spätabtreibung ungeborener Kinder, die Abtreibung überlebende Kinder, Übergang zur Früheuthanasie, staatliches Schutzkonzept, Beobachtungs- und Nachbesserungspflicht" hat die Bundesregierung zur Frage der statistischen Erfassung von embryopathisch indizierten Schwangerschaftsabbrüchen, insbesondere von sog. Spätabbrüchen mitgeteilt, daß entsprechend der Fassung des Tatbestandes des § 218a Abs. 2 StGB als medizinische Indikation keine gesonderten Daten über Schwangerschaftsabbrüche nach pränataler Diagnostik vorlägen. Die Frage, ob die Bundesregierung eine Verbesserung der statistischen Erfassung zur Erfüllung ihrer Beobachtungspflicht für geeignet halten würde und ob sie entsprechende Schritte eingeleitet habe, wurde von der Bundesregierung verneint. Nach Auskunft der Bundesregierung werden pränataldiagnostische Befunde, die zu Schwangerschaftsabbrüchen führen können, lediglich in den jeweils zuständigen medizinischen Einrichtungen dokumentiert; eine Weitergabe sei aus Gründen des individuellen Datenschutzes und der ärztlichen Schweigepflicht nicht möglich.[338]

---

335 BVerfGE 88, 203, 309 f..

336 Beckmann, MedR 1998, 155, 159; Hofstätter, S. 50 ff.; Otto, ZfL 1999, 55, 57; Mitteilung der BÄK, MedR 1999, 31, 33.

337 Mitteilung der BÄK, MedR 1999, 31, 33; Stellungnahme diverser Fachgesellschaften, Frauenarzt 1998, 650, 651.

338 BT-Dr. 14/1045 S. 4, 6, 11.

7. Divergenz zur Behandlung (schwer) geschädigter Neugeborener

Kritisch wird auch die Tatsache angesehen, daß bei einer Schwangerschaft im Spätstadium, bei der der Fötus geschädigt, aber lebensfähig ist, es allein vom Zufall abhängt, ob die Geburt beginnt und dementsprechend der Fötus nun als Mensch im rechtlichen Sinne ärztlich behandelt werden muß. Bis zu diesem (ungewissen) Zeitpunkt des Geburtsbeginns ist es jedoch möglich, den Föten abzutreiben. Nach Ansicht der Kritiker habe sich aber an der Qualität des „Subjektes“ durch den Geburtsbeginn nichts geändert. Der Fötus der eben noch abgetrieben werden durfte, muß dann behandelt werden. Dementsprechend wird zwischen der Behandlungspflicht geschädigter Neugeborener[339] (insbesondere auch Frühgeborener) und der Abbruchsmöglichkeit geschädigter Ungeborener ein Wertungswiderspruch kritisiert.[340]

8. Zusammenfassung und Anmerkungen

Wie dargestellt ist die Kritik an der bestehenden gesetzlichen Regelung äußerst vielfältig und überwiegend kontrovers, d.h. zumeist ohne einheitliche Tendenzen hinsichtlich einer Regelungsmöglichkeit.

Besonders deutlich wird dies bereits bei der genaueren Betrachtung der grundsätzlichen Kritik zur „Streichung der eugenischen Indikation“ und dem „Auffangtatbestand“ der medizinisch-sozialen Indikation in § 218a Abs. 2 StGB. Soweit dem Gesetzgeber hier zunächst Täuschung bzw. „gesetzgeberische Verhüllungskunst“ vorgeworfen wurde, weil statt des angestrebten Schutzes geschädigter Föten durch Streichung des Rechtfertigungsgrundes der eugenischen Indikation, diese Föten im Rahmen der medizinisch-sozialen Indikation weitgehend schutzlos seien, kann schon auf die amtliche Begründung des Gesetzes

339 Zur Behandlung geschädigter Neugeborener sowie zur sog. Neugeboreneneuthanasie, sh. unten Teil D. Neugeboreneneuthanasie.

340 Nach Gropp, GA 2000, 1, 8 ff. sind die Körperverletzungs- und Tötungsdelikte daher auch auf den geschädigten Föten ab Lebensfähigkeit anzuwenden; nach Hochreuter, KritV 1996, 171, 177 f. ist jedoch der Vergleich zwischen der Behandlung geschädigter Neugeborener und geschädigter Ungeborener mangels klarer Regelungen bzw. fehlender Einigkeit im Schrifttum bzgl. der Behandlung geschädigter Neugeborener juristisch nicht tragbar; Hofstätter, S. 154 f. argumentiert diesbezüglich für eine adäquate Fristsetzung und macht auf das „Risiko“ aufmerksam, daß die „überlebenden“ Kinder oft vitaler und weniger geschädigt seien, als pränatal prognostiziert wurde.

verwiesen werden.[341] Aus der Gesetzesbegründung wird nämlich deutlich, daß bereits mit der früheren gesetzlichen Regelung der Lebensschutz geschädigter Föten nicht allein aufgrund der Schädigung eingeschränkt war bzw. werden sollte. Vielmehr sollte bereits bei der Anwendung des § 218a II StGB a.F. die Unzumutbarkeit der Fortsetzung der Schwangerschaft für die Frau und nicht die Schädigung an sich maßgeblich sein. Da es trotz dieser eindeutigen Intention des früheren Gesetzgebers diesbezüglich immer wieder zu Mißverständnissen gekommen war, wurde allein zur Verdeutlichung der Maßgeblichkeit der mütterlichen Konstitution für die Zulässigkeit eines Schwangerschaftsabbruchs die schriftliche Formulierung einer eugenischen Indikation im Gesetzestext gestrichen. Soweit hierin Scheinheiligkeit oder Verschleierung der tatsächlichen Indikationsgründe von den Kritikern vermutet wird, erscheint es durchaus überlegenswert, Formulierungen dergestalt wieder in den Gesetzestext des § 218a Abs. 2 StGB n.F. aufzunehmen, wonach auch die Schädigung des Föten zu einer Gefahr für das Leben oder zur Gefahr einer schwerwiegenden Beeinträchtigung des körperlichen oder seelischen Gesundheitszustandes der Schwangeren führen kann. Insofern wäre nämlich eine bessere Transparenz der Indikation im Rahmen der gesetzgeberischen Intention möglich.
Hinsichtlich der Zweifel an der Effektivität des Strafrechts bezüglich der Strafandrohung für Schwangerschaftsabbrüche allgemein, scheinen die statistischen Erhebungen und Befunde gegen eine Effektivität zu sprechen. Andererseits kann allein die Nichtbeachtung strafrechtlicher Normen nicht zur Streichung der Taten aus dem Strafrechtskatalog führen. Soweit nämlich das Bundesverfassungsgericht in seinen sog. Schwangerschaftsabbruchsurteilen[342] herausgearbeitet hat, daß das menschliche Leben auch bereits im Stadium vor der Geburt (strafrechtlich) geschützt werden muß, stellt sich die allgemeine Frage der Effektivität des Strafrechts hier nicht bzw. darf hier nicht als Argument für den Verzicht auf strafrechtliche Regelungen gestellt werden. Problematisch ist vorliegend m.E. vielmehr, ob bei Anerkennung des sog. Beratungsmodells durch das Bundesverfassungsgericht, d.h. die Zulässigkeit von Schwangerschaftsabbrüchen innerhalb der ersten zwölf Schwangerschaftswochen - letztlich ohne Angabe bzw. Kontrolle von Gründen - die grundsätzlich bestehende Strafbarkeit für Schwangerschaftsabbrüche nach Ablauf der 12-Wochen-Frist trotz Vorliegens bestimmter Gründe, insbesondere der Konstitution des Föten, angemes-

---

341 BT-Dr. 13/1850 S. 25 f..

342 BVerfGE 39, 1 und 88, 203.

sen erscheint. Da die Beantwortung dieser Frage jedoch gerade auch vom Standpunkt ethischer, moralischer oder religiöser Auffassungen abhängig ist, ist eine Beantwortung dahingehend, Schwangerschaftsabbrüche aufgrund embryopathischer Indikation grundsätzlich zuzulassen, nicht möglich. Eine gesetzliche/strafrechtliche Regelung zum Schwangerschaftsabbruch gerade auch in Verbindung mit einer embryopathischen Indikation ist daher erforderlich. Dem kann auch nicht die Besonderheit der sog. Zweiheit in Einheit entgegenstehen, weil gerade in An-betracht der körperlichen Verbundenheit von Frau und Fötus und der damit einhergehenden eigenen, gegebenenfalls den Kindesinteressen entgegenstehenden Interessen der Frau, die Interessen/das Leben des Föten zunächst grundsätzlich gesetzlich/strafrechtlich geschützt werden müßen/muß. Soweit Regelungslücken zu Lasten des Schutzes des Föten hervorgehoben werden, können diese nicht als Argument zur Aufhebung bestehender Regelungen führen, sondern müssen vielmehr Argument dafür sein, weitere Regelungen zum Schutz des Föten zu normieren.
Das weitreichende „Dammbruch-Argument" kann hier ebenfalls nicht weiterhelfen, weil - wie bereits ausgeführt - mit der Gesetzesänderung gerade keine Herabsetzung des Lebensschutzes geschädigter Föten beabsichtigt bzw. verbunden war. Der mit dem „Dammbruch-Argument" verbundene Verweis auf eine erhöhte Mißbrauchsgefahr aufgrund der Unbestimmtheit der gesetzlichen Regelung sollte jedoch ernst genommen werden und eine entsprechende Klarstellung der gesetzlichen Regelung bzw. der gesetzgeberischen Intention erfolgen. Dies hätte sicherlich auch positive Auswirkungen auf das befürchtete „behindertenfeindliche" Rechtsbewußtsein der Gesellschaft.
Eine gesetzliche Neuregelung oder Klarstellung könnte zusätzlich die kritisierte dogmatische Unvereinbarkeit von medizinischer und embryopathischer Indikation beseitigen. Zudem kann m.E. allein mit dem Bruch der Gesetzesdogmatik oder -technik die Ablehnung einer für notwendig erachteten Rechtsnorm sachlich nicht begründet werden.

Hinsichtlich des Vorwurfs, daß die Zulässigkeit einer embryopathischen Indikation gegen den verfassungsrechtlichen Gleichbehandlungsgrundsatz von Art. 3 Abs. 3 S. 2 GG verstoße, ist wiederum auf die Gesetzesintention zu verweisen. Maßgeblich für den Schwangerschaftsabbruch ist nämlich gerade nicht die Schädigung des Föten, sondern deren Folgen und Auswirkungen auf die (gesundheitliche) Konstitution der Frau. Insofern sind Schwangerschaftsabbrüche auch ohne Schädigung des Föten bei Lebens- oder Gesundheitsgefährdung der

Frau zulässig, so daß ein Verstoß gegen den Benachteiligungsgrundsatz des Art. 3 Abs. 3 S. 2 GG m.E. nicht vorliegt.

Zuzustimmen ist hingegen der zahlreichen Kritik an der fehlenden Beratung bei Schwangerschaftsabbrüchen wegen embryopathischer bzw. medizinisch-sozialer Indikation. Insofern ist m.E. auch nicht verständlich, daß die Beratungspflicht im Rahmen des sog. Beratungskonzepts nicht für § 218a Abs. 2 StGB festgeschrieben wurde. Die Zweifel an der ärztlichen Kompetenz des Gynäkologen bzw. die Forderung nach Einbeziehung von Ärzten anderer Fachrichtungen, insbesondere Neonatologen, erscheinen ebenfalls berechtigt.

Äußerst problematisch ist die - teilweise auch gegensätzliche - Kritik zum Wegfall der 22-Wochen-Frist.
Insofern ist zunächst der Auffassung zuzustimmen, wonach die Normierung einer Frist mit der medizinischen Indikation nicht vereinbar ist, weil die Gefährdung oder Beeinträchtigung der Gesundheitskonstitution der Frau unabhängig von einem zeitlichen Ablauf ist. Andererseits dürfen jedoch insbesondere in Anbetracht aktueller Fälle (Oldenburger und Zittauer Fall) sicherlich nicht die Folgen sog. Spätabbrüche übersehen werden bzw. ungeregelt bleiben. Soweit ersichtlich, hatte sich der Gesetzgeber bei der Neuregelung des § 218a Abs. 2 StGB n.F. mit dieser Problematik nicht auseinandergesetzt. Diesbezüglich muß gerade auch der stetige Fortschritt in der medizinischen Wissenschaft miteinbezogen werden, wonach Föten aufgrund der Medizintechnik und des –fortschritts immer früher außerhalb des Mutterleibs lebensfähig sind. Die Befürchtungen der Zunahme von sog. Lebendgeburten nach Spätaborten mit der Gefahr des Sterbenlassens durch Nichtbehandlung dieser Neugeborenen müssen dabei ebenfalls Beachtung finden.
Umstritten ist diesbezüglich, ob der Zeitpunkt der Lebensfähigkeit ex utero auch rechtlich beachtlich, beispielsweise in Form der Befristung ab diesem Zeitpunkt, sein sollte. Dies ist in Anbetracht der Unbestimmtheit bzw. Unbestimmbarkeit des Zeitpunkts, der stetigen Veränderung durch den medizinischen Fortschritt sowie der Unterschiedlichkeit des konkreten Zeitpunkts bei dem jeweiligen Föten und seiner Entwicklung abzulehnen. Zudem kann auch die Geburt als rechtlich maßgebliche Zäsur aufgrund der hierdurch bedingten Trennung der sog. Zweiheit in Einheit als ausreichend angesehen werden. Eine rechtliche Zäsur durch die Vorverlegung der Zäsur zur Differenzierung zwischen der Tötung eines Menschen oder einer Leibesfrucht erscheint m.E. inso-

fern nicht sachgerecht. Die Normierung weiterer (strengerer) Anforderungen für die Zulässigkeit eines Schwangerschaftsabbruchs ab Lebensfähigkeit des Föten in Verbindung mit einer starren Zeitgrenze (20. Schwangerschaftswoche) erscheint hingegen sinnvoll.
Die Befürwortung einer Befristung aufgrund der Schmerzempfindlichkeit des Föten ab einem gewissen Zeitpunkt erscheint ebenfalls nicht sachgerecht, da auch dieser Zeitpunkt ähnlich dem der Lebensfähigkeit nicht problemlos und eindeutig bestimmbar ist. Vielmehr erscheint es hier möglich durch medikamentöse Maßnahmen ein Schmerz- oder Leidempfinden des Föten zu verhindern.
Insgesamt ist die Kritik am Wegfall einer Befristung nicht nur zahlreich, sondern auch vielfältig und vielschichtig. Insofern ist wohl die Befristungsproblematik neben der Frage der Zulässigkeit der embryopathischen Indikation bzw. deren Voraussetzungen das Hauptproblem der bestehenden und einer möglichen neuen gesetzlichen Regelung.

Hinsichtlich der Kritik an der allgemeinen Unbestimmtheit des § 218a Abs. 2 StGB ist den Kritikern insoweit zuzugestehen, daß eine Konkretisierung des Anwendungsbereichs der medizinisch-sozialen Indikation bei embryopathischer Indikation durchaus wünschenswert ist.

Ebenso ist der Kritik am Wegfall einer statistischen Erhebungspflicht zuzustimmen, weil eine derartige, von den anderen Fällen medizinischer Indikation getrennte statistische Erfassung der Fälle embryopathischer Indikation zur Wahrnehmung der gesetzgeberischen Beobachtungspflicht hinsichtlich der Auswirkungen der gesetzlichen Regelung in § 218a StGB erforderlich ist. Weiterhin erscheint eine solche statistische Erhebung auch zur Sicherung des medizinischen Fortschritts bzw. der medizinischen Forschung im Bereich der pränatalen Diagnostik und insbesondere der pränatalen Therapien notwendig.

Zusammenfassend ist somit zu konstatieren, daß die Kritiken an der bestehenden gesetzlichen Regelung berechtigt sind und für die Diskussion einer gesetzlichen Neuregelung in die richtige Richtung weisen bzw. wichtige Problempunkte ansprechen.

IV. Pränatale Diagnostik (PD)

Aufgrund der pränatalen Diagnostik bzw. der Fortschritte auf diesem wissenschaftlichen Sektor hat sich die Problematik der Schwangerschaftsabbrüche wegen embryopathischer Indikation, insbesondere im Spätstadium der Schwangerschaft, zunehmend entwickelt bzw. verschärft. Dementsprechend soll hier eine kurze Betrachtung der pränatalen Diagnostik zum besseren Verständnis der Problematik erfolgen.

1. Allgemeines

a. Definition und Zielsetzung

Als pränatale Diagnostik bezeichnet man sämtliche Maßnahmen, die darauf abzielen, Erkrankungen des Föten vor dessen Geburt zu erkennen. Allgemeine pränataldiagnostische Maßnahmen, wie z.B. Ultraschalluntersuchungen, sind in der heutigen Zeit im Rahmen der Schwangerenvorsorge zu Routinemaßnahmen geworden. Spezielle Pränataldiagnostik wird aufgrund bestimmter Indikationen, z.B. elterliche Konstellation bei der Suche nach bestimmten Erkrankungen angewandt. Einige fetale Erkrankungen können durch pränatale Diagnostik ausgeschlossen oder nachgewiesen werden.[343] Ziel der pränatalen Diagnostik ist es, Störungen der fetalen Entwicklung frühzeitig zu erkennen, diese zu behandeln und hierdurch die perinatale Morbidität und Mortalität zu mindern. Eugenische oder selektive Zielsetzungen werden mit der pränatalen Diagnostik nicht verfolgt.

b. Erfolgsmöglichkeiten der pränatalen Diagnostik

Bei der Beurteilung der pränatalen Diagnostik ist jedoch zu bedenken, daß derzeit ca. 4000 Erbkrankheiten bekannt sind, die in einem eindeutig zu bestimmenden Gen ihre Ursachen haben, von denen aber lediglich 16, also gerade einmal 0,4 % pränatal feststellbar sind. Die Erbkrankheiten, die auf ein Gen zurückzuführen sind, machen jedoch nur 1 % der genetischen Auffälligkeiten aus, so daß die überwiegende Anzahl genetischer Erkrankungen pränatal nicht feststellbar ist. Zudem bedeuten auch nicht alle genetischen Auffälligkeiten zugleich eine Erkrankung im pathologischen Sinn. Auch kann nicht der Schweregrad der zu erwartenden Behinderung/Erkrankung vorhergesagt werden.

---

[343] Keller/Günther/Kaiser, ESchG, A V Rz. 27 ff..

Weiterhin ist zu beachten, daß bei jeder Schwangerschaft ein Risiko genetischer und nicht genetisch bedingter Erkrankungen von 3 % besteht. Jedoch sind nur 2-4 % dieser Erkrankungen pränatal feststellbar, 94-98 % der Schädigungen/ Erkrankungen entstehen erst während der Schwangerschaft und Geburt durch Unfälle, Umwelteinflüsse und Geburtsfehler.
Die PD kann somit gerade keine Garantie für die Geburt eines gesunden Kindes geben.[344]

c. Anzahl von Schwangerschaftsabbrüchen nach pränataler Diagnostik
Ausweislich der früheren Statistiken zu § 218a Abs. 2 StGB a.F. erfolgen lediglich 1,3-4,3 % der Schwangerschaftsabbrüche aufgrund embryopathischer Indikation. Nach einer Mitteilung des Statistischen Bundesamtes stützten sich im 3. Quartal des Jahres 1999 nur 2,8 % aller Abtreibungen überhaupt auf eine Indikation. Der Großteil der Abtreibungen erfolgte also im Rahmen der Beratungsregelung gem. § 218a Abs. 1 StGB.[345] Im Jahre 2000 wurden lt. Statistischem Bundesamt 154 Schwangerschaftsabbrüche nach der 23. Woche vorgenommen, 1994 waren es noch 26 Schwangerschaftsabbrüche, 1997 waren es bereits 190. Teilweise wird von einer Zahl von 800 Spätabbrüchen (nach der 20. Schwangerschaftswoche) im Jahr ausgegangen.[346] Die embryopathische Indika-

344 Beermann, S. 62; Carstensen, HÄB 1992, 321 f.; Keller/Günther/Kaiser, ESchG, A V Rz. 28; Schroeder-Kurth, in Schroeder-Kurth/Wehowsky, S. 34, 37; Schulz, S. 121 f. – So auch OLG Hamm, NJW 2002, 2649 f.: „Insbesondere die bestehende pränatale Diagnostik ist denn auch nicht darauf gerichtet, jeden denkbaren kindlichen Schaden auszuschließen, sondern möglichst Schwerstschädigungen wie zum Beispiel Herzfehler, spina bifida*, Mongolismus* oder aber schwerste Dysmelien* im Sinne der früheren eugenischen Indikation zu erkennen."

* Roche, Lexikon Medizin: Spina bifida ist eine Wirbelsäulenspaltbildung infolge von Fusionsstörungen, bei schwerer Form mit Fehlbildung des Rückenmarks.

Dysmelien sind Gliedmaßenfehlbildungen.

Mongolismus, auch als Trisomie 21 oder Down-Syndrom bezeichnet, ist eine Chromosomenaberration (statt zweifach ist das Chromosom 21 dreifach vorhanden), in deren Folge geistige Behinderungen verschiedenen Ausmaßes und vielfältige körperliche Behinderungen auftreten. (Anm. d. Verf.).

345 Carstensen, HÄB 1992, 321; Eser/Koch, Ssa im internationalen Vergleich, Teil 3, S. 482, 488; Hochreuter, KritV 1996, 171, 172; Spieker, Jura 1987, 57; Forum, MedR 2002, 25; Mitteilung, Frauenarzt 2000, 522.

346 Mitteilungen des Statistischen Bundesamtes, ZfL 2000, Heft 2, S. IV; ZfL 2000, S. 36; http://www.tim-lebt.de/zahlen/rechts.html vom 9.7.1999; Holch, http://www.tim-lebt.de/Dokumente/Presse07.05.99htm; idea-Pressedienst 98/98 v. 24.08, idea Dokumentation 15/98, S. 7.

tion dürfte dennoch im Vergleich zur Gesamtzahl der Schwangerschaftsabbrüche von relativ geringer Bedeutung sein.

2. Entwicklung

Spätestens mit der Einführung zuverlässiger biochemischer und biophysikalischer Überwachungsmethoden in der Zeit nach dem Zweien Weltkrieg begann die hier interessierende Entwicklung der pränatalen Diagnostik. 1958 wurde die Ultraschalldiagnostik bekannt, die seit 1979 in Deutschland zu den Standardmaßnahmen in der Schwangerschaftsbetreuung gehört.
Maßgeblich waren zudem Fortschritte in der Zytogenetik und der Molekulargenetik. 1953 erkannten die englischen Wissenschaftler Watson und Crick die Doppelhelix-Struktur der DNA, 1961 folgte die Entzifferung des genetischen Codes, woran sich 1968 die Analyse der Basensequenz eines Gens anschloß. Zu den größten Erkenntnissen gelangte man jedoch in den siebziger Jahren mit der Entwicklung einer Seqenzierungsmethode.[347]
In den letzten Jahrzehnten wurden dann verschiedene Verfahren zur Gewinnung fötalen Gewebes entwickelt und Screening-Verfahren zur vorgeburtlichen Untersuchung des Föten etabliert. Einhergehend mit den Fortschritten in der medizinischen Forschung entwickelte sich auch die Medizintechnik weiter. Insbesondere hochauflösende Ultraschallgeräte stehen nunmehr zur Verfügung. Hochspezialisierte und interdisziplinär arbeitende Pränatalzentren wurden errichtet, die Einrichtung weiterer solcher Zentren ist geplant.[348] Nach Auffassung der Enquete-Kommission „Recht und Ethik der modernen Medizin“[349] hat sich die pränatale Diagnostik, die zunächst nur unter engen Voraussetzungen zulässig war, zu einem Routineangebot zur Abklärung genetischer Risiken entwickelt.

3. Methoden und Risiken

Untersuchungen des Föten auf Gendefekte oder sonstige Schädigungen können durch Betrachtung des Körpers und der Organe und Organstrukturen des Föten mittels Ultraschalldiagnostik und Blutanalyse bei der Mutter (z.B. Antikörper-

---

[347] Heinemann, S. 23 f.; Murken, S. 20; Winter/Fenger/Schreiber, Rz. 17.

[348] Heinemann, S. 24 f.; Schroeder-Kurth, in Schroeder-Kurth/Wehowsky, S. 29 ff..

[349] Schlussbericht, BT-Dr. 14/9020 S. 67 ff..

bestimmung), sog. nichtinvasive Diagnostik, erfolgen. Möglich sind aber zunehmend auch Untersuchungen des Fruchtwassers, von Amnion- und Chorionzellen, fötalen Blutzellen und fötalem Serum, sog. invasive Diagnostik. Durch die invasive Diagnostik können beispielsweise chromosomale Abweichungen (Trisomien), Stoffwechselkrankheiten, Neuralrohrdefekte, mono- und molekulargenetische Defekte, Infektionen oder erbliche Hautkrankheiten vorgeburtlich erkannt werden.[350]
Nachfolgend sollen einige der wichtigsten bzw. häufig angewandten Untersuchungsmethoden sowie ihre Risiken aufgezeigt werden.

a. Ultraschalluntersuchung

Die Ultraschalluntersuchung ist die Basisuntersuchung in der Schwangerschaft, die aufgrund dessen, daß sie für Schwangere und Fötus risikolos ist und sofort das Untersuchungsergebnis liefert, gegenüber den anderen pränataldiagnostischen Methoden entscheidende Vorteile aufweist. Sie wird heute als Routinemaßnahme in der Schwangerenvorsorge mehrfach und in der Regel in jeder gynäkologischen Arztpraxis durchgeführt.
Die Ultraschalluntersuchung erfolgt entweder über die Bauchdecke oder vaginal durch Einführen des Schallkopfes des Ultraschallgeräts durch die Scheide bis dicht an die Gebärmutter. Durch die Ultraschalldiagnostik wird der Fötus für Arzt und Schwangere körperlich sichtbar und kann dementsprechend im Frühstadium der Schwangerschaft hinsichtlich seiner Größenentwicklung kontrolliert werden. Teilweise sind zu diesem Zeitpunkt auch schon fetale Mißbildungen, insbesondere hinsichtlich der Organentwicklung des Föten sichtbar. Im Laufe der Schwangerschaft dient die Ultraschalluntersuchung der stetigen Entwicklungskontrolle des Föten und gegen Ende der Schwangerschaft der Erfassung vielfacher fetaler Mißbildungen, z.B. Gesichtsanomalien, Herzfehler, Fehlentwicklungen im Bereich von Gehirn, Rückenmark, des Skeletts, der Extremitäten etc. mittels spezieller Ultraschalltechnik.
Nach den im Mutterpaß wiedergegebenen Mutterschaftsrichtlinien sind im Laufe der Schwangerschaft drei Ultraschalluntersuchungen - 9.-12. Schwangerschaftswoche, 19.-22. Schwangerschaftswoche, 29.-32. Schwangerschaftswoche - vorgesehen. Nachteile der Ultraschalldiagnostik sind lediglich die diagnostischen und prognostischen Unsicherheiten des Verfahrens aufgrund mangelhafter Geräte und/oder fehlender bzw. unzureichender Sorgfalt oder Kennt-

---

350 Heinemann, S. 25 f..

nisse/Erfahrungen des behandelnden Arztes. Die Ultraschalldiagnostik dient zudem häufig als Einstieg in weitere Diagnoseverfahren und als Hilfs- bzw. Beobachtungsmittel weiterer pränataldiagnostischer Untersuchungen.[351]

b. Alphafetoprotein-Test

Auch die Untersuchung des Blutes der Schwangeren auf „alpha-I-Fetoprotein" (AFP) ist eine für Fötus und Schwangere risikolose Untersuchungsmaßnahme, die aber lediglich eine Vorstufe zu weiteren diagnostischen Maßnahmen bei Abweichungen vom Normalbefund darstellt. Der AFP-Test hat jedoch eine relativ hohe Fehlerrate. Er ist dennoch eines der am häufigsten durchgeführten pränatalen Diagnoseverfahren. Dabei wird das Blut der Schwangeren hinsichtlich des natürlichen Eiweißes AFP analysiert. Bei einem niedrigeren AFP-Wert (im Vergleich mit einem Normalbefund) besteht der Verdacht auf Chromosomenstörungen des Föten oder diabetische Stoffwechsellagen der Schwangeren, bei höheren AFP-Werten sind Neuralrohrdefekte zu befürchten. Der AFP-Test kann ab der 15. Schwangerschaftswoche durchgeführt werden.[352]

c. Amniozentese

Bei der Amniozentese wird durch Punktion der Fruchtwasserhöhle durch die Baudecke oder den Gebärmutterhals der Frau Fruchtwasser entnommen. Dabei wird heute der gesamte Eingriff mittels Ultraschallkontrolle beobachtet. Erfolgt die Amniozentese durch den Gebärmutterhals, können durch die Ultraschallkontrolle Darm- oder Blasenverletzungen vermieden werden.[353] Die Fruchtwasserentnahme kann ab der 15. Schwangerschaftswoche vorgenommen werden, wird jedoch in der Regel später durchgeführt.[354]

Das Risiko eines Aborts bei Durchführung einer Amniozentese wird mit einer Erhöhung bis zu 1,2 % als relativ gering gegenüber dem allgemeinen Abortrisiko eingeschätzt, weil in dem Stadium der Durchführung der Fruchtwasserpunktion die Frühabortphase beendet und ausreichend Fruchtwasser vorhanden ist. Ernste mütterliche Komplikationen sind selten, leichte Komplikationen wie

---

351 Becker u.a., S. 125 ff.; Beermann, S. 65 ff.; Carstensen, HÄB 1992, 321; Hofstätter, S. 56 f.; Maier, S. 127 f.; Murken, S. 20 ff..

352 Becker u.a., S. 33 ff.; Beermann, S. 63 ff.; Hofstätter, S. 57; Murken, S. 133 ff..

353 Die Amniozentese durch den Gebärmutterhals wird heute eher selten angewendet, um das Verletzungsrisiko von Blase und Darm nochmals zu verringern.

354 Becker u.a., S. 91 f.; Beermann, S. 73; Heinemann, S. 26 f., 39; Hofstätter, S. 58; Murken, S. 52 ff., 273 f..

Schmierblutungen und Flüssigkeitsabgang sollen bis zu 3 % häufiger vorkommen. Teilweise schwerwiegende Punktionsverletzungen der Kinder wurden in den siebziger Jahren beklagt. Der Zusammenhang von orthopädischen Schäden und Amniozentese konnte bisher nicht bestätigt werden.[355]
Durch die Amniozentese sollte zunächst die Schwangerschaft auf Rhesus-Inkompatibilität überprüft werden, später konnte dann das Geschlecht des Föten durch Nachweis des X-Chromatins festgestellt werden. Ab den sechziger Jahren wurde dann die Diagnostik des sog. Down-Syndroms („Mongolismus") und der Stoffwechselkrankheit Galaktosämie/Galaktosediabetes möglich.
Mittlerweile wird die Amniozentese als Routinemaßnahme bezeichnet und überwiegend zur Abklärung von Chromosomenaberrationen und in Verbindung mit biochemischen Analysen zur Feststellung von Stoffwechselerkrankungen verwendet.[356]

Als Vortest zur Amniozentese wird häufig der sog. Tripletest durchgeführt, bei dem im Blut der Schwangeren die chemischen Eiweiße alpha-Fetoprotein, humanes Chorion-Gonadotropin und Östriol untersucht werden. Durch verschiedenes Konzentrationsverhalten dieser Stoffe im Blut der Schwangeren abhängig vom Schwangerschaftsalter und mittels Vergleich dieser Parameter und dem Alter der Schwangeren wird ermittelt, ob das Risiko, ein Kind mit genetisch bedingter Erkrankung (insbesondere Trisomie 21) zu gebären, dem Alter und somit dem sog. Altersrisiko der Schwangeren entspricht. Übersteigt das durch den Tripletest ermittelte Risiko das sog. Altersrisiko wird zur weiteren Abklärung des Befundes die Amniozentese empfohlen.
Der Tripletest ist zwischen der 16. und 18. Schwangerschaftswoche möglich. Er hat aber eine relativ hohe Fehlerquote und ermittelt keine genauen Befunde, sondern lediglich Wahrscheinlichkeiten. Daher wird in der Regel nach einem Tripletest die Amniozentese auf Verlangen der Schwangeren durchgeführt.[357]

d. Chorionzottenaspiration/Chorionzottenbiopsie (CVS)
Die Entnahme von Trophoblastzellen aus kindlichen Anteilen der Plazenta wird Chorionzottenaspiration genannt. Durch die CVS ist die Diagnose von ge-

[355] Becker u.a., S. 89 f.; Beermann, S. 75 f.; Heinemann, S. 39 f.; Murken, S. 55 f.; BÄK, DÄBl 1998, C-2284, 2287.

[356] Becker u.a., S. 92; Beermann, S. 72; Heinemann, S. 26 f.; Hofstätter, S. 58.

[357] Beermann, S. 65; Hofstätter, S. 57; Enquete-Kommission „Recht und Ethik der modernen Medizin", BT-Dr. 14/9020 S. 78.

schlechtsspezifischen Erbkrankheiten, Einzelgenerkrankungen, Stoffwechselkrankheiten und Chromosomenstörungen möglich. Sie wird derzeit wie die Amniozentese als Routinemaßnahme angesehen.[358]

Zur Gewebeentnahme gibt es mehrere Möglichkeiten. Das Gewebe kann durch die Bauchdecke oder durch den Gebärmutterhals entnommen werden, mit einer starren Biopsiezange, einer Aspirationsnadel, einer Kanüle oder mittels unterschiedlicher Polyäthylenkatheter. Der Eingriff kann wiederum mittels Ultraschallsichtkontrolle oder unter Verwendung eines Spezialendoskopes intrauterin, sog. Fötoskopie, beobachtet werden. Die CVS erfolgt in der Regel zwischen der 8. und der 12. Schwangerschaftswoche und wird daher hinsichtlich der Früherkennungsmöglichkeit als „Methode der Zukunft" bezeichnet.[359]

Zu Beginn ihrer Anwendung wurde die CVS als problematische Diagnosemaßnahme eingestuft, weil aufgrund des Frühstadiums der Schwangerschaft bei Durchführung der CVS die Abortrate hoch war. Dies änderte sich jedoch nach Einführung der Ultraschallsichtkontrolle. Dennoch ist das Abortrisiko nach CVS gegenüber dem allgemeinen Abortrisiko erhöht, teilweise ist von bis zu 8% die Rede. Bei der CVS besteht zudem der Verdacht eines erhöhten Extremitätenfehlbildungsrisikos und die Gefahr schwerer Anomalien des Kindes. Es wurden schwere Fehlbildungen wie das Fehlen einer oder mehrerer Extremitäten bis hin zur zusätzlichen Unterentwicklung der angrenzenden Körperteile wie Schulter und Becken festgestellt sowie die Unterentwicklung des Kiefers oder der Zunge. Ein gesicherter Nachweis des Ursachenzusammenhangs zwischen Fehl-bildungen und der CVS konnte bisher jedoch nicht geführt werden. Weiterhin ist auch auf die Fehlerhaftigkeit der CVS hinzuweisen; festgestellte Chromosomenstörungen müssen nämlich nicht den Föten betreffen. Eine weitere medizinische Abklärung der Befunde einer CVS oder eine Wiederholung der CVS wird daher in der Regel für erforderlich gehalten.[360]

e. Frühamniozentese und späte CVS

Weiterhin wird versucht, den Anwendungsbereich der Amniozentese in ein früheres Schwangerschaftsstadium vorzuverlegen bzw. die CVS auch in der späteren Schwangerschaft durchzuführen. Dies ist jedoch hinsichtlich der Früh-

---

358 Beermann, S. 77 f.; Heinemann, S. 27.

359 Beermann, S. 76 f.; Heinemann, S. 40; Hofstätter, S. 59; Murken, S. 58 f., 274 f..

360 Becker u.a., S. 95 ff.; Beermann, S. 78 ff.; Heinemann, S. 27, 40 f.; Hofstätter, S. 59; Jung, Verweigertes Leben Verweigerter Tod, S. 24 f..

amniozentese mit Schwierigkeiten verbunden, so daß eine Diagnostik bis zur 12. Schwangerschaftswoche nur durch CVS möglich ist. Hingegen hat die Verschiebung der CVS in ein späteres Schwangerschaftsalter positive Ergebnisse gebracht. Insbesondere sind die zyto- und molekulargenetischen Untersuchungen schnell und zuverlässig möglich und im Vergleich zu anderen Diagnoseverfahren risikoärmer.[361]

f. Fötoskopie

Die Fötoskopie ist eine andere Art der Gewebegewinnung mittels einer direkten (intrauterinen) endoskopischen Betrachtung während der Entnahme von Blut-, Leber- und Hautproben des Föten, wenn sich eine ausreichende Fruchtwassermenge gebildet hat. Die Fötoskopie erfolgt zwischen der 17. und 20. Schwangerschaftswoche.[362]

Neben Abort- und Frühgeburtengefahr bestehen die Risiken der Fötoskopie darin, daß Plazenta und Uteruswand verletzt werden können. Zudem soll ein merklich erhöhtes Infektionsrisiko vorliegen. Verletzungen der Kinder sind nicht bekannt.[363]

Zunächst wurde die Fötoskopie vaginal unter Verwendung eines Spezialendoskopes durchgeführt. Nunmehr erfolgt die Fötoskopie über die Bauchdecke und wird teilweise zur Therapie beispielsweise für Bluttransfusionen bei Rhesus-Inkompatibilität und zur fötalen Gefäßtrennung durch Laser bei Zwillingsschwangerschaften verwendet. Weiterhin können erbliche Haut- und Blutkrankheiten und äußere Fehlbildungen erkannt werden.[364]

Die Fötoskopie konnte sich jedoch nicht zur einer Standardmaßnahme entwickeln, da die gewonnenen Erkenntnisse in keinem angemessenen Verhältnis zum Risiko des Eingriffs stehen.[365]

Soweit es mittlerweile möglich ist, durch Endoskopie Aufnahmen des Föten in den ersten drei Schwangerschaftsmonaten zu machen, wird dies Embryoskopie genannt. Hierbei können schon im Frühstadium der Schwangerschaft Fehlbildungen des Embryos erkannt werden. Über die Risiken existieren noch keine

---

361 Becker u.a., S. 92 f.; Heinemann, S. 27 f..

362 Becker u.a., S. 105; Beermann, S. 82; Heinemann, S. 28, 41.

363 Becker u.a., S. 105; Heinemann, S. 41; Murken, S. 71 ff.; nach der BÄK, DÄBl. 1998, C- 2284, 2287 beträgt das Abortrisiko bis zu 3 %.

364 Becker u.a., S. 105 f.; Heinemann, S. 28; Hofstätter, S. 60.

365 Heinemann, S. 28; Keller/Günther/Kaiser, ESchG, A V Rz. 36.

genauen Angaben, weil dieses Verfahren noch nicht lange genug angewendet wird, um aussagekräftige Ergebnisse konstatieren zu können.[366]

g. Cordozentese und Plazentazentese

Bei der Cordozentese handelt es sich um eine direkte, ultraschallgeführte Entnahme fötalen Blutes. Hierbei wird durch die Bauchdecke der Schwangeren die Nabelschnur des Föten punktiert und dies durch Ultraschall kontrolliert. Der Eingriff wird während der letzten zwei Schwangerschaftsdrittel durchgeführt und kann mehrfach wiederholt werden.

Hinsichtlich des Abortrisikos differieren die Aussagen. Teilweise[367] wird das Risiko mit bis zu 7 % angegeben, nach anderer Auffassung[368] soll es mit 1 % nicht wesentlich erhöht sein. Jedoch besteht die Gefahr, daß bei der kleinsten Vermischung fötalen mit mütterlichem Blut falsche Ergebnisse ermittelt werden, so daß wie bei der CVS die Gefahr „unnötiger" Schwangerschaftsabbrüche aufgrund fehlerhafter Diagnostik besteht.[369]

Die Anfang der sechziger Jahre entwickelte Blutentnahme unter der Geburt konnte für die Pränataldiagnostik nicht verwendet werden. So wurde dann zunächst versucht durch „blinde" Punktion der Nabelschnur sog. Mischblut von Fötus und Mutter zu gewinnen, was jedoch aufgrund des Mischbluts nicht zu aussagekräftigen Befundergebnissen führte. Zudem war das Abortrisiko sehr hoch.

Nachdem in den achtziger Jahren die Cordozentese entwickelt worden war, stellte sich diese im Verhältnis zu den Risiken als die effektivste der invasiven Diagnostikmethoden dar. Mit der Cordozentese können sowohl seltene Erbkrankheiten als auch intrauterin erworbene Infektionskrankheiten, Muskel-, Blut- oder Stoffwechselkrankheiten diagnostiziert werden.[370]

Bei der Plazentazentese wird zunächst durch die Bauchdecke der Schwangeren fötales Gewebe aus dem Mutterkuchen entnommen. Danach werden die so gewonnenen lebens- und teilungsfähigen Zellen hinsichtlich des Chromosomen-

---

366 Beermann, S. 82.

367 Beermann, S. 81; Murken, S. 62 f.; nach Auffassung der BÄK, DÄBl. 1998, C-2284, 2287 differiert das Risiko je nach Indikation.

368 Heinemann, S. 41 f.; Hofstätter, S. 59 f. spricht von 2 %.

369 Beermann, S. 80 f.; Heinemann, S. 41 f..

370 Becker u.a., S. 106 f.; Heinemann, S. 28 f.; Hofstätter, S. 59 f..

satzes untersucht. Diese diagnostische Maßnahme ist ab der 13. Schwangerschaftswoche möglich und birgt eine Fehlgeburtenrisiko von bis zu 4%.[371]

h. Fötale Zellen aus mütterlichem Blut

Als weiteres Diagnoseverfahren wird versucht, fötale Zellen aus dem mütterlichen Blut zu trennen, um kindliche Trisomien feststellen zu können. Durch eine derartige nichtinvasive Diagnostik im Hinblick auf den Fötus soll das, wenn auch relativ geringe, Abortrisiko bei Amniozentese und Chorionzottenbiopsie vermieden werden.

Dieses Verfahren befindet sich aber erst am Beginn seiner Anwendung, im Stadium wissenschaftlicher Erprobung, da das Verhältnis fötaler zu maternalen Zellen 1 zu einer Million ist und dementsprechend die Isolierung der fötalen Zellen im mütterlichen Blut große Schwierigkeiten bereitet. Daher muß bis zur Anwendung eines derartigen Verfahrens als Standardmaßnahme dieses noch weiterentwickelt und getestet werden.[372]

Als zusätzliches Problem der nichtinvasiven Chromosomenanalyse wird der Untersuchungszeitpunkt angesehen, wonach die Chromosomenanalyse bereits in der 6. bis 8. Schwangerschaftswoche möglich wäre. Damit könnte diese Untersuchung Schwangerschaftsabbrüche nach § 218a Abs. 1 StGB ermöglichen, welche neben dem Nachweis einer sozialen Konfliktberatung lediglich die ärztliche Durchführung des Abbruchs bis zur 12. Schwangerschaftswoche erfordern, nicht jedoch - wie § 218a Abs. 2 StGB n.F. - eine Gefahr für das Leben oder die Gesundheit der Schwangeren voraussetzen. Vor Mißbrauchsmöglichkeiten, insbesondere der Gefahr der Einführung dieses Diagnoseverfahrens als Routinemaßnahme am Beginn jeder Schwangerschaft in Verbindung mit veränderten gesellschaftlichen Auffassungen zu geschädigten Neugeborenen wird gewarnt. In die entgegengesetzte Richtung gehen Forderungen, wonach diese Maßnahmen jeder Schwangeren ohne Indikationsstellung zugänglich gemacht werden sollen, weil so gerade Schwangerschaftsabbrüche nach der 12. Schwangerschaftswoche verhindert werden könnten.[373]

---

371 Becker u.a., S. 103 f.; Hofstätter, S. 59; Murken, S. 60 f..

372 Becker u.a., S. 110 ff.; Heinemann, S. 29.

373 Becker u.a., S. 110 ff., 119; Hofstätter, S. 58.

i. Genetische Diagnostik

Das gesamte, nach obigen Verfahren gewonnene Material kann auch durch eine genetische Diagnostik analysiert werden. Hierdurch sollen genetisch bedingte Erkrankungen neben der Chromosomendiagnostik und proteinchemischen Analysen, insbesondere durch molekulargenetische Analyse der DNA, diagnostiziert werden. Die molekulargenetische Diagnose soll sowohl die gesamte mensch-liche Erbsubstanz erfassen, sog. Genomanalyse als auch Defekte an einzelnen Genen, sog. Genanalyse, nachweisen. Dabei ist jedoch nur die Genanalyse für die primäre medizinische Diagnostik relevant, weil nur bei dieser Fehlbildungen oder Krankheiten erkennbar werden. Fortschritte bei der Genanalyse bedingen aber wiederum sekundär Weiterentwicklungen bei der Genomanalyse.

Bisher können durch Genanalyse nur solche Defekte diagnostiziert werden, die auf der Veränderung eines Gens beruhen, sog. monogenetsiche Defekte. Die Besonderheit der Genanalyse besteht aber darin, daß nicht nur konkrete Krankheiten nachgewiesen werden können, sondern zudem der Nachweis lediglich genetisch bestehender Dispositionen/Anlagen einer Krankheit, welche überhaupt nicht oder erst nach einiger Zeit „nach außen treten" (z.B. Chorea Huntington)[374], möglich wird. Es wäre also der Nachweis einer Belastung mit einer Krankheitsträgerschaft möglich, unabhängig davon, ob bzw. wann die Krankheit ausbricht.[375]

4. Therapien nach pathologischem Befund

Problematisch ist, daß bisher den Fortschritten und Entwicklungen in der pränatalen Diagnostik keine entsprechenden Erfolge hinsichtlich pränataler Therapien gegenüberstehen bzw. nicht in einem angemessenen Verhältnis.[376]

---

374 Roche, Lexikon Medizin: Chorea Huntington, auch „Veitstanz" genannt, eine dominant-erbliche, hirnatropische Bewegungsstörung mit chronisch fortschreitendem Verlauf, welche häufig mit weiteren Störungen (Empfindungsstörungem, Schmerzen, psychische Veränderung bis zur späteren hochgradigen Demenz) verbunden ist und zwischen dem 25. und dem 55. Lebensjahr in Erscheinung tritt.

375 Becker u.a., S. 26 f.; Heinemann, S. 29 ff.; Murken, S. 160 ff..

376 Beermann, S. 62; Heinemann, S. 32; Hofstätter, S. 61 f.; Kern, MedR 2001, 9, 10; Maier, S. 131, 147.

a. Pränatale Therapiemöglichkeiten

Ziel einer pränatalen Therapie ist die Behandlung des Föten in utero. Hierbei sollen Schädigungen und Krankheiten behoben bzw. zumindest abgeschwächt oder deren Auswirkungen gemildert werden.[377]

aa. Medikamentöse Behandlung

Ist eine mütterliche Krankheit die Ursache für die Erkrankung des Föten, so ist allein die Mutter zu behandeln, soweit dies ausreichend ist. Der Fötus selbst kann insoweit zum Teil relativ problemlos durch medikamentöse oder diätische Maßnahmen der Mutter behandelt werden. Hierbei ist zunächst zwischen präventiver Behandlung (Vitamingabe für den allgemeinen Gesundheitszustand, Zuführung von Folsäure zur Verhinderung von Neuralrohrdefekten) und der Behandlung von pränataldiagnostischen Befunden zu unterscheiden. Lediglich Letzteres ist bei der vorliegenden Bearbeitung maßgeblich. Diesbezüglich wird momentan an der Behandlung von Stoffwechselerkrankungen gearbeitet. Weiterhin wurde versucht, Herzrhythmusstörungen des Föten durch Verabreichung von Digitalis an die Schwangere sowie die Vermännlichung von Föten mit adreno-genitalem Syndrom (Intersexualität) durch Medikamentengabe zu behandeln.[378]

bb. Operative Behandlung

Problematischer ist die instrumentelle Behandlung des Föten. Als erfolgreiche Behandlung hat sich mittlerweile die intrauterine - ohne Öffnung der Bauchdecke der Schwangeren - Transfusion von roten Blutkörperchen mit Rhesusantigen bei Rhesus-Inkompatibilität etabliert.

Erfolgreich sind auch die Behandlungen hinsichtlich von Flüssigkeitsansammlungen im Thorax (Punktion), in der Lunge und im Kopf (Legen eines Shunts zur Ableitung der Flüssigkeit ins Fruchtwasser) des Föten. Auch Harnwegserkrankungen können relativ erfolgreich behandelt werden. Eine genaue Erfolgsstatistik existiert jedoch nicht.

Sonstige operative Behandlungsmethoden, insbesondere ex utero bei Verbindung des Föten mit der Mutter durch die Nabelschnur während der Operation, bei der der Fötus nach der OP wieder in den Uterus eingebracht wird, befinden

---

377 Heinemann, S. 32 ff..

378 Becker u.a., S. 108; Heinemann, S. 34 f.; Murken, S. 148 f., 216 ff., 222 ff.; BÄK, DÄBl. 1998, C-2284, 2287.

sich noch am Beginn der Entwicklung und müssen teilweise nach bereits erfolgreichen Tierversuchen erst am Menschen „getestet“ werden.
Bei den offenen Operationen bestehen sowohl für den Föten als auch für die Schwangere diverse Risiken. Hauptprobleme sind die Gefahren vorzeitiger Wehen und der Anästhesie. Auch waren bisher häufig bei den durchgeführten Operationen Bluttransfusionen notwendig. Weiterhin traten oberflächliche Wundinfektionen, Entzündungen des Dickdarms der Frau und Uterusrupturen auf. Daher wurden derartige Operationen nach ersten Versuchen schnell wieder aufgegeben. Erst seit den neunziger Jahren, nach Fortschritten in der Entwicklung chirurgischer Methoden und der Anästhesie-Technik, werden derartige Operationen am „Fetal Treatment Center“ der University of California erfolgreich durchgeführt. Ab der 32. Schwangerschaftswoche soll die Vorverlegung des Geburtstermins unter medizinischer Einleitung der Geburt den Vorrang vor invasiven Therapien genießen.[379]

Ein Grund für die eher geringen Erfolge pränataler Therapien ist, daß bei dem Befund eines geschädigten Föten überwiegend multiple Fehlbildungen vorliegen oder die Schädigung auf einer grundlegenden Störung basiert, die nicht durch chirurgische Eingriffe behandelt oder gar abschließend geheilt werden können.[380]

cc. Zukünftige Behandlungsmöglichkeiten

Für die zukünftige Entwicklung pränataler Therapien werden genetische Therapien als erfolgsträchtig angesehen, wobei aufgrund der Regelungen in den §§ 5 i.V.m. 8 III ESchG nur solche Maßnahmen möglich sind, die nicht in das Erbgut von Keimbahnzellen eingreifen und nur gezielt bestimmte somatische Zellgruppen erfassen. Nach einer Mitteilung der Bundesregierung besteht bei der Kombination von Gentechnik und Kerntransfer gesetzgeberischer Handlungsbedarf. § 5 ESchG soll dahingehend geändert werden, daß ein Verbot künstlicher Veränderungen von menschlichen Keimbahnzellen festgeschrieben werden soll. Alternative Möglichkeiten sollen einerseits die Ergänzung des Embryonenschutzgesetzes um einen Tatbestand sein, der die Entstehung eines menschlichen Embryos ohne Befruchtung einer menschlichen Eizelle durch ei-

379 Becker u.a., S. 108 ff.; Heinemann, S. 35 f., 42, 44 f.; Maier, S. 146 ff.; Murken, S. 225 ff.; BÄK, DÄBl. 1998, C-2284, 2287.

380 Becker u.a., S. 41; Heinemann, S. 35 f..

ne Samenzelle verbietet. Zum anderen komme ein generelles Verbot, menschliche Zellkerne in menschliche, entkernte Eizellen einzubringen, in Betracht. Auch eine genaue Begriffsbestimmung der Keimbahnzelle in § 8 Abs. 3 ESchG dergestalt, daß klargestellt wird, daß die genetische Manipulation des Zellkerns bzw. das Auswechseln des Zellkerns und das Entkernen der Eizelle künstliche Veränderungen der Keimbahnzelle und dementsprechend strafbar sind, ist denkbar.[381]

b. Postnatale Therapiemöglichkeiten

Postnatal bestehen zwar insofern bessere Behandlungschancen, als die Behandlung ohne Risiken für die Mutter und ohne die Gefahr des Aborts des Kindes möglich ist. Die Behandlung kann aber die Leiden des Kindes oft nur mindern, eine endgültige Heilung ist in den meisten der hier maßgeblichen Fälle nicht möglich.

Zudem führt die Prognose bzw. das Untersuchungsergebnis eines behinderten Föten in der Praxis häufig zum Abbruch der Schwangerschaft,[382] so daß die breiteren Möglichkeiten postnataler Therapien in der Praxis nicht genutzt werden bzw. von vornherein nicht genutzt werden können.

5. Auswirkungen

Die Auswirkungen hinsichtlich der Möglichkeiten pränataler Diagnostik, insbesondere ihrer Entwicklung in den letzten Jahren, sind sehr vielfältig.

So wird zum einen die pränatale Diagnostik genutzt, um der Mehrzahl der Schwangeren die Sorge einer Schädigung des Embryos zu nehmen. Bei ca. 95% der untersuchten Schwangerschaften kann ein negativer Befund, d.h. keine Auffälligkeiten, diagnostiziert und so der Schwangeren hinsichtlich diagnostizierbarer Erkrankungen eine sorgenfreie Schwangerschaft ermöglicht werden.[383]

---

381 Heinemann, S. 32, 36; Köbl, S. 171 f.; Spaemann, in Die Zeit vom 18.1.01, S. 37; BT-Dr. 13/11263 S. 16 ff..

382 Gropp, GA 2000, 1 f.; Schönke/Schröder-Eser, StGB, 26. Aufl., § 218a Rz. 38; BÄK, MedR 1999, 31 f.; nach Hofstätter, S. 278 soll beispielsweise bei der Diagnose des Down-Syndroms (Trisomie 21) die Abbruchsquote bei 98 % liegen.

383 Carstensen, HÄB 1992, 321 f.; Hofstätter, S. 60; Keller/Günther/Kaiser, ESchG, A V Rz. 38; Laufs, Fortpflanzungsmedizin und Arztrecht, S. 98; Wisser, in Schmid-Tannwald/Overdick-Gulden, S. 31, 34.

Hinsichtlich der Fälle mit pathologischem Befund können (bzw. könnten) diese teilweise pränatal behandelt werden. Teilweise können (bzw. könnten) auch die Lebensaussichten des geschädigten Kindes durch vorbereitende Maßnahmen, z.B. Planung des Geburtsortes, der Geburtsart und sofortiger medizinischer Maßnahmen, oder allein durch die Auseinandersetzung mit der Tatsache der Geburt eines geschädigten Kindes und dessen Folgen für das weitere Familienleben, verbessert werden.[384]

Andererseits wird aufgrund der Divergenz zwischen pränataler Diagnostik und der Möglichkeit pränataler Therapien mit abschließendem Heilungserfolg die pränatale Diagnostik zum Teil zur Ausschlußmethode der Geburt geschädigter Kinder. In der Praxis werden die Schwangerschaften mit Krankheitsbefund überwiegend abgebrochen. Dementsprechend nehmen einhergehend mit den Verbesserungen in der pränatalen Diagnostik die Bedenken zu, daß in der Gesellschaft eugenische Tendenzen stärker würden und die Akzeptanz von Behinderungen abnehmen könne.[385] Dabei wird auch vor der Gefahr gewarnt, daß hierdurch die Schwangere unter Druck gerate, die Möglichkeiten der pränatalen Diagnostik und bei Krankheitsbefund auch die Möglichkeit des Schwangerschaftsabbruchs wahrnehmen zu müßen. Insofern soll schon jetzt die Auffassung bestehen, daß es unverantwortlich sei, die Schwangerschaft bei einem Krankheitsbefund nicht abzubrechen, weil ein geschädigtes Kind heute nicht mehr geboren werden müße. Dies wird insbesondere auch im Hinblick auf die hohen, insbesondere finanziellen, Aufwendungen für geschädigte Menschen, die oft von der Gemeinschaft getragen würden, vertreten.[386]

---

384 Carstensen, HÄB 1992, 321 f.; Hofstätter, S. 61; Laufs, Fortpflanzungsmedizin und Arztrecht, S. 90 f.; Wisser, in Schmid-Tannwald/Overdick-Gulden, S. 31, 34.

385 Becker u.a., S. 41; Carstensen, HÄB 1992, 321 f.; Held, HÄB 1992, 322; Laufs, Fortpflanzungsmedizin und Arztrecht, S. 94 f., 98 f.; Schroeder-Kurth, in Schroeder-Kurth/Wehowsky, 29, 38 f..

386 Bently Glass, Präsident der „Amerikanischen Vereinigung zur Wissenschaft", zitiert nach Schulz, S. 117 f., sagte schon 1971: „Keine Eltern werden in Zukunft das Recht haben, die Gesellschaft mit verunstalteten oder schwachsinnigen Kindern zu belasten."; Kahlke, HÄB 1992, 321; Laufs, Schriftenreihe der Juristen-Vereinigung Lebensrecht e.V., Nr. 7 (1990), S. 47, 48 f.; Schroeder-Kurth, in Schroeder-Kurth/Wehowsky, S. 29, 40 ff.; nach Mallmann, Direktor der Frauenklinik Köln, zitiert nach Render, Die Welt v. 18.4.2000, http://www.tim-lebt.de/Dokumente/Tim-18.04.welt.htm, sei die pränatale Diagnostik im Gesundheitswesen gesundheitsökonomisch notwendig, weil ohne pränatale Diagnostik das Gesundheitswesen zusammenbrechen würde.

Diese Auffassungen und die Abtreibungspraxis führen dann dazu, daß für die medizinische Forschung hinsichtlich pränataler Therapien kaum Weiterentwicklungsmöglichkeiten bestehen. Zudem wird der Eindruck verstärkt, daß nur das Leben der gesunden Menschen lebenswert sei. Dies stellt jedoch eine Diskriminierung behinderter Menschen dar.[387]

Zudem führen die Möglichkeiten der pränatalen Diagnostik auch zur sog. Schwangerschaft auf Probe. Hierbei wird die pränatale Diagnostik bei Schwangerschaften eingesetzt, die bei einer bestimmten Schädigungswahrscheinlichkeit bewußt mit der Intention eingegangen werden, bei pathologischem Befund die Schwangerschaft zu beenden und so lange weitere Schwangerschaften anzustreben, bis die pränatale Diagnostik den Befund eines (soweit diagnostizierbar) genetisch gesunden Kindes ergibt.[388]

6. Stellungnahme des Nationalen Ethikrates

Im Januar 2003 hat der Nationale Ethikrat seine Stellungnahme zur „Genetischen Diagnostik vor und während der Schwangerschaft" veröffentlicht. Hierin hat er überwiegend zur Problematik der Präimplantationsdiagnostik Stellung genommen, jedoch auch Empfehlungen zur „künftigen Handhabung" der pränatalen Diagnostik gegeben. Hinsichtlich der Zulässigkeit der Präimplantationsdiagnostik war das Nationale Ethikrat geteilter Auffassung, so daß die Stellungnahme sowohl ein Votum gegen deren Zulässigkeit als auch ein Votum dafür enthält. Auf eine Abstimmung für die Abgabe einer einheitlichen Stellungnahme hatte der Nationale Ethikrat bewußt verzichtet und übereinstimmend den Gesetzgeber aufgefordert, sämtliche mit der Reproduktionsmedizin zusammenhängenden Fragen in einem speziellen Fortpflanzungsmedizingesetz zu regeln. Die beiden Voten des Nationalen Ethikrats sollen dabei Argumente und mögliche Lösungewege für eine Entscheidungsfindung des Gesetzgebers vorbereiten bzw. Hilfestellung sein.[389]

---

387 Baumann-Hölzle/Kind, in Kettner, S. 131, 146 f.; Hofstätter, S. 61 ff.; Keller/Günther/Kaiser, ESchG, A V Rz. 39; Laufs, S. 98 f..

388 Laufs, S. 92; Murken, S. 300; Schulz, S. 115; nach Auffassung der Enquete-Kommission „Recht und Ethik der modernen Medizin", Schlußbericht BT-Dr. 14/9020 S. 102 ist die „Schwangerschaft auf Probe" zwar faktisch möglich, werde aber rechtlich mißbilligt.

389 Stellungnahme des Nationalen Ethikrates, S. 5, http://www.ethikrat.org.stellungnahmen/diagnostik/Stellungnahme_Genetische_Diagnostik.pdf; Badische Zeitung v. 24.1.2003, S. 4.

Beide Voten enthalten dann auch jeweils Ausführungen zur Pränataldiagnostik, die jedoch inhaltlich übereinstimmen und daher zusammengefaßt wiedergegeben werden können.

Das Gremium ist demnach der Auffassung, daß invasive pränataldiagnostische Maßnahmen nur dann durchgeführt werden sollten, wenn dies aufgrund der Befunde nicht-invasiver Diagnostik medizinisch indiziert ist und die betroffene Frau dies ausdrücklich verlangt. Es wird sowohl vor als auch nach Durchführung der pränatalen Diagnostik eine umfaßende sachverständige Beratung dergestalt gefordert, daß auch humangenetische und psychosoziale Aspekte Berücksichtigung finden. Zudem soll zwischen Beratung und Entscheidung eine angemessene Bedenkzeit liegen.
Hinsichtlich der sog. Spätabbrüche wird für die Fälle der extrauterinen Lebensfähigkeit des Föten eine Neuregelung befürwortet. In diesen Fällen soll ein Schwangerschaftsabbruch nur dann zulässig sein, wenn eine unmittelbare Lebensgefahr für die Frau besteht oder wenn der Fötus an einer nicht behandelbaren Erkrankung oder Entwicklungsstörung leidet, bei deren Vorliegen nach der Geburt des Kindes nach anerkannten medizinischen Grundsätzen keine lebenserhaltenden Maßnahmen durchgeführt würden. Gefordert wird auch die statistische Erfassung und Dokumentation der Spätabbrüche. Insgesamt sollen auch die Rahmenbedingungen für Familien mit behinderten/kranken Kindern verbessert und diese stärker finanziell aus öffentlichen Mitteln unterstützt werden.[390]

7. Zusammenfassung und Anmerkungen

Insgesamt ist festzustellen, daß die Entwicklung pränatal diagnostischer Untersuchungsmaßnahmen derart vorangeschritten ist, daß diese heute teilweise als Standardmaßnahmen betrachtet und angewendet werden. Mit dieser Entwicklung konnten die Fortschritte bei den Erkenntnissen für entsprechende Therapien nicht mithalten, so daß die Urteile über die Pränataldiagnostik geteilt sind.

Einigkeit besteht jedoch hinsichtlich der Feststellung, daß es auch bei Anwendung sämtlicher pränataldiagnostischer Möglichkeiten keine Garantie für die

390 Stellungnahme des Nationalen Ethikrates, S. 56 f., 59 f., http://www.ethikrat.org.stellungnahmen/diagnostik/Stellungnahme_Genetische_Diagnostik.pdf.

Geburt eines gesunden Kindes gibt bzw. geben kann und die Möglichkeiten der Pränataldiagnostik insoweit begrenzt sind.
Um zu verhindern, daß sämtliche pränataldiagnostische Möglichkeiten im Rahmen jeder Schwangerschaft als sog. Standardmaßnahmen wahrgenommen werden, wird daher überwiegend eine gesetzliche Regelung zur Anwendung und Ausgestaltung der Pränatalmedizin befürwortet.

Zusammenfassend bleibt zu konstatieren, daß sämtliche Versuche, die pränatale Diagnostik auf bestimmte Indikationen zu begrenzen oder an der Schwere bestimmter Krankheiten zu orientieren und die pränatale Diagnostik mit vor- und nachsorgender Beratung qualitativ abzusichern, gescheitert sind. Durch die technische Weiterentwicklung wurden neue Verfahren bei immer neuen Indikationen in der Praxis sehr schnell angewendet, so daß hohe Qualitätsstandards den Entwicklungen in der medizinischen Praxis nicht standhalten konnten.[391]

V. Präimplantationsdiagnostik (PID)

1. Allgemeines

Nunmehr hat bereits eine neue wissenschaftliche Methode die Diskussionen über Möglichkeiten und Grenzen pränataler Diagnostik teilweise überholt. Die Präimplantationsdiagnostik (PID; englisch: PGD - preimplantation genetic diagnosis)[392] ist auch (noch) umstrittener als die Maßnahmen der pränatalen Diagnostik.
In Deutschland erlangte die PID öffentliche Aufmerksamkeit durch den sog. Lübecker Fall. Einem Elternpaar war bereits ein Kind infolge der Mukoviszi-

391 Enquete-Kommission „Recht und Ethik der modernen Medizin", Schlußbericht, BT-Dr. 14/9020 S. 82 f.; beachtlich aber insofern die Ausführungen des OLG Hamm NJW 2002, 2649 f., wonach die pränatale Diagnostik nicht darauf gerichtet sei, „jeden denkbaren kindlichen Schaden auszuschließen, sondern möglichst frühzeitig Schwerstschäden ... im Sinne der früheren eugenischen Indikation zu erkennen.".

392 Die Ausführungen zur PID erstrecken sich nur auf Grundsätzliches, weil diese nicht zu einer Konfliktsituation in Verbindung mit einem Schwangerschaftsabbruch führt. Die PID ist aber insofern interessant, als insbesondere die ethischen und gesellschaftlichen Probleme der PD in Verbindung mit einem Schwangersschaftsabbruch nach § 218a Abs. 2 StGB für die Fälle künstlicher Befruchtung lediglich nach vorne verlagert werden und zudem die Möglichkeit bestehen könnte, Schwangerschaftsabbrüche aufgrund embryopathischer Indikation zu vermeiden.

doseerkrankung[393] verstorben, danach waren zwei Schwangerschaften aufgrund Mukoviszidosebefundes nach Pränataldiagnostik abgebrochen worden. Als Ergebnis einer genetischen Untersuchung stand fest, daß beide Elternteile Träger der für die Erkrankung verantwortlichen Genmutation waren und bei jeder Schwangerschaft dieser Eltern ein Risiko von 25 % bestand, ein Kind mit den mutierten Genen und der entsprechenden Krankheitsdisposition zu zeugen. Die von den Eltern begehrte künstliche Befruchtung mit Präimplantationsdiagnostik vor Einpflanzung einer befruchteten Einzelle an der Universitätsklinik Lübeck wurde von der zuständigen Ethikkommission abgelehnt. Nach künstlicher Befruchtung und unter Anwendung der PID in Belgien haben die Eltern nunmehr ein gesundes Kind.[394]

Die PID ist also ein pränatales Untersuchungsverfahren vor der Herbeiführung einer Schwangerschaft, aber nach künstlicher Befruchtung, sog. In-Vitro-Fertilisation (IVF). Hierbei wird nach der künstlichen Befruchtung „im Reagenzglas" vor „Einpflanzung" des Embryos in die Gebärmutter der Frau der Embryo auf genetische Defekte untersucht. Sollten sich bei der genetischen Analyse Anzeichen für Krankheiten oder Anomalien ergeben, so wird nicht dieser, sondern stattdessen ein gesunder Embryo eingepflanzt.[395]

2. Argumente für die Zulässigkeit der PID

Legitimiert werden soll ein derartiges diagnostisches Vorgehen damit, daß zu dem Zeitpunkt der Durchführung der PID (noch) keine Schwangerschaft besteht, es also an der bei der Diskussion um einen Schwangerschaftsabbruch als Argument für dessen Zulässigkeit herangezogenen „Zweiheit in Einheit" (noch) mangelt. Ein Schwangerschaftskonflikt könne so vermieden werden. Zudem empfinde der Embryo in diesem frühen Lebensstadium noch keine Schmerzen und der Frau blieben die Nachteile eines Schwangerschaftsabbruchs erspart. Weiterhin könnten durch die PID die Chancen auf gesunde Kinder vergrößert

393 Roche, Lexikon der Medizin: zystische Fibrose, bei der die Ausscheidung von Drüsenabsonderungen gestört ist und fortschreitend zu zystisch fibrotischen Veränderungen, insbesondere der Bauchspeicheldrüse und der Bronchien führt. Dadurch wird die Atmungsfunktion unzureichend, bis zum Ersticken.

394 Faßbender, NJW 2001, 2745, 2746 f.; Renzikowski, NJW 2001, 2754.

395 Beermann, S. 82 f.; Faßbender, NJW 2001, 2745, 2746; Schroth, JZ 2002, 170; Stellungnahme des Deutschen Ärztinnenbundes zur PID/PGD, http://www.aerztinnenbund. de/Hompage/Thema/GesPol/PIDStell.html .

werden, was insbesondere Geld spare.[396] Von rechtlicher Seite wird vorgebracht, daß es wertungswidersprüchlich sei, wenn die PID und damit das „Verwerfen“ geschädigter Embryos ohne Ausnahmen verboten, ein gerechtfertigter Schwangerschaftsabbruch nach § 218a Abs. 2 StGB bei Feststellung von Schädigungen eines Föten durch pränatale Diagnostik aber möglich sei. Insofern soll ein sog. antizipierter Schwangerschaftskonflikt vorliegen, in welchem keine Frau gezwungen werden könne, sich einen geschädigten Embryo implantieren zu lassen. Es handle sich insofern um eine, mit der „Schwangerschaft auf Probe“ vergleichbare „Zeugung auf Probe“, die Schwangerschaften auf Probe, Schwangerschaftsabbrüche und insbesondere Spätabbrüche verhindere.[397] Die Wahrnehmung der Möglichkeiten der PID soll demnach eine Entscheidung im Rahmen des Rechts auf Selbstbestimmung über die eigene Fortpflanzung sein, die die potentiellen Eltern entsprechend ihrer eigenen Wertvorstellungen treffen können. Die PID sei insofern ein Angebot der modernen Medizin an Paare mit erhöhtem Vererbungsrisiko. Diese sollen die gleichen Rechte auf die Inanspruchnahme medizinischer Hilfe haben wie Paare mit Fruchtbarkeitsstörungen, denen die Möglichkeiten der In-Vitro-Fertilisation (IVF) zugute kommen. Zudem bestehe auch ein Recht des „gezeugten Kindes“ auf körperliche Unversehrtheit.[398]

3. Argumente gegen die Zulässigkeit der PID

Gegen die Zulässigkeit der PID wenden sich Auffassungen, wonach Paare mit erhöhtem Vererbungsrisiko kein Recht auf ein eigenes, genetisch gesundes Kind hätten. Insbesondere garantiere auch die PID kein gesundes Kind, weil 80 - 90% aller als schwerwiegend eingestuften Behinderungen bzw. Erkrankungen nicht genetisch bedingt seien und dementsprechend auch nicht durch PID diagnostiziert werden könnten. Das Selbstbestimmungsrecht über die eigene Fortpflanzung ermögliche zwar die grundsätzliche Entscheidung, sich fortpflanzen zu

---

396 Beermann, S. 82 f.; Schroeder-Kurth, in Schroeder-Kurth/Wehowsky, S. 29, 43 ff.; Enquete-Kommission „Recht und Ethik der modernen Medizin“, BT-Dr. 14/9020 S. 95 f..

397 Faßbender, NJW 2001, 2745 ff.; Hufen, MedR 2001, 440, 451; Sendler, NJW 2001, 2148, 2150; Winter/Fenger/Schneider, Rz. 349; Enquete-Kommission „Recht und Ethik der modernen Medizin“, BT-Dr. 14/9020 S. 98, 102; FDP-Fraktion, BT-Dr. 14/7415 S. 4.

398 Enquete-Kommission „Recht und Ethik der modernen Medizin“, BT-Dr. 14/9020 S. 95 ff..

wollen und dies gegebenenfalls, bei Fruchtbarkeitsstörungen, mittels künstlicher Befruchtung erreichen zu können. Ein Anspruch gegenüber dem Gesetzgeber, alle medizinischen Möglichkeiten zur Erlangung genetisch gesunder Nachkommen zuzulassen, ergebe sich daraus aber nicht. Auch sei zweifelhaft, ob die PID weniger belastend für die Frau ist als die PD, da die IVF aufgrund relativ niedriger Erfolgsrate gegebenenfalls mehrfach wiederholt werden muß. Zusätzlich bestehe ein Risiko, daß das Kind erst durch die PID oder die IVF, z.B. durch Mehrlingsschwangerschaft, geschädigt oder gefährdet werde. Zudem gebe es Untersuchungen, wonach bei Frauen nach pränataler Diagnostik und In-Vitro-Fertilisation vermehrt Ovarialkarzinome aufgetreten seien.[399]
Kritiker sehen zudem in der Anwendung der PID einen weiteren Verstoß gegen die Menschenwürde, weil nicht erst mit Nidation, sondern bereits ab Befruchtung der Eizelle menschliches Leben bestehe, das es nach dem Grundgesetz zu schützen gelte. Zudem bestehe die Gefahr der Selektion bestimmter genetischer Merkmalsträger. Erstmals werde nämlich eine gezielte Auswahl zwischen mehreren, speziell für die Auswahl „produzierter" Embryonen betrieben.[400]
Nach anderer Auffassung sei bei der PID nicht die Menschenwürde in ihrem Kern, sondern vielmehr das Grundrecht auf Leben betroffen. Bei Durchführung der PID bestehe für den einzelnen Embryo die Gefahr, bei Feststellung eines Defektes „verworfen" und nicht in den Körper der Frau eingepflanzt zu werden. Auch führe die fehlende Vergleichbarkeit der Konfliktsituationen während einer bestehenden Schwangerschaft nach PD und vor Beginn einer Schwangerschaft nach PID gerade dazu, daß ein Eingriff in das Lebensrecht des Embryos durch die PID nie - auch nicht ausnahmsweise, wie in den Fällen des § 218a Abs. 2 StGB - gerechtfertigt sein kann. Da nur bei einem Schwangerschaftskonflikt das Recht der Frau auf körperliche Integrität und Selbstbestimmung betroffen sei und mit Rechten und Interessen des Embryos kollidiere, bei der PID dies aber gerade nicht der Fall sei, liege überhaupt kein Wertungswiderspruch vor. Dies-

---

399 Enquete-Kommission „Recht und Ehtik der modernen Medizin", BT-Dr. 14/9020 S. 97 ff., 106, 111 ff.; Stellungnahme der „Ärzte für das Leben e.V.", in Schmid-Tannwald/Overdick-Gulden, S. 297 ff.; Stellungnahme des Deutschen Ärztinnenbundes zur PID/PGD, http://www.aerztinnenbund.de/Homepage/Themen/GesPol/PID Stell.html.

400 Benda, NJW 2001, 2147 f.; Herzog, ZRP 2001, 393, 396; Enquete-Kommission „Recht und Ethik der modernen Medizin", BT-Dr. 14/9020 S. 100 f., 103, 111; Deutscher Ärztinnenbund, Stellungnahme zur PID/PGD, http://www.aerztinnenbund.de/Homepage/Themen/GesPol/PIDStell.html; Stellungnahme der „Ärzte für das Leben e.V.", in Schmid-Tannwald/Overdick-Gulden, S. 297 ff..

bezüglich sei auch zu beachten, daß bei der PID nicht - wie im Fall der PD - auf einen bestehenden Konflikt reagiert, sondern der Konflikt durch die PID erst herbeigeführt werde. Die gezielte künstliche Befruchtung mit anschließender genetischer Untersuchung erfolge sehr rational und sei daher nicht mit einer Schwangerschaftskonfliktsituation vergleichbar.[401] Auch sei die Verhinderung der Existenz von Menschen mit Behinderungen mit dem ärztlichen Heilauftrag nicht vereinbar, insbesondere müßten diesbezüglich auch Lehren aus den historischen Erfahrungen gezogen werden.[402]
Weiterer erheblicher Nachteil sei die hohe Rate an Fehldiagnosen der PID, so daß zusätzlich eine Überprüfung durch pränatale Diagnostik während der Schwangerschaft erforderlich würde. Diesbezüglich wird davon ausgegangen, daß bei jedem 10. bis 25. Embryo ein falsche Diagnose vorliegt.[403]

4. Rechtliche Zulässigkeit der PID in Deutschland

Die Zulässigkeit der PID in Deutschland ist umstritten.[404] Nach dem geltenden Embryonenschutzrecht[405] ist die PID nicht ausdrücklich verboten. Die Unzulässigkeit der PID ergibt sich aber wohl nach der überwiegenden Auffassung durch die Auslegung der Tatbestandsvoraussetzungen des ESchG.[406]

---

401 Beckmann, MedR 2001, 169, 174 f.; Duttge, GA 2002, 241, 250 f., 253 ff.; Kollek, Schriftenreihe der Juristen-Vereinigung Lebensrecht e.V., Nr. 17 (2000), 39, 44 f.; Röger, Schriftenreihe der Juristen-Vereinigung Lebensrecht e.V., Nr. 17 (2000), 55, 69 ff.; Enquete-Kommission „Recht und Ethik der modernen Medizin", BT-Dr. 14/9020 S. 98, 102 f., 107, 111.

402 Enquete-Kommission „Recht und Ethik der modernen Medizin", BT-Dr. 14/9020 S. 99, 107; Stellungnahme der „Ärzte für das Leben e.V.", in: Schmid-Tannwald/ Overdick-Gulden, S. 297 ff..

403 Enquete-Kommission „Recht und Ethik der modernen Medizin", BT.-Dr. 14/9020 S. 84 ff..

404 BÄK, DÄBl 1998, C-2284, 2287 wonach in anderen Ländern wie Großbritannien, Belgien und den Niederlanden die PID ethisch und juristisch akzeptiert und dementsprechend praktiziert wird; auch viele europäische Staaten mit Ausnahme von Österreich und der Schweiz haben die PID zugelassen, sh. Laufs, Schriftenreihe der Juristen-Vereinigung Lebensrecht e.V., Nr. 17 (2000), 81.

405 Embryonenschutzgesetz vom 13.12.1990, BGBl. I S. 2746, in Kraft seit 1.1.1991.

406 Nach Laufs, Schriftenreihe der Juristen-Vereinigung Lebensrecht e.V., Nr. 17 (2000), 81, 83 f. und Röger, ebenda, 55, 61 ff. ist die PID wegen Verstoßes gegen die Menschenwürde und das Diskriminierungsverbot in Art. 3 Abs. 3 S. 2 GG bereits verfassungsrechtlich unzulässig - a.A. Hufen, MedR 2001, 440, 442 ff., wonach dem geltenden ESchG bei verfassungskonformer Auslegung kein völliges Verbot der PID zu entnehmen sei und insbesondere „im Hinblick auf die Grundrechte der Eltern und

a. § 1 ESchG

Nach § 1 Abs. 1 Nr. 2 ESchG wird bestraft, wer

„es unternimmt, eine Eizelle zu einem anderen Zweck künstlich zu befruchten, als eine Schwangerschaft der Frau herbeizuführen, von der die Eizelle stammt."

Weil auch die Befruchtung einer Eizelle unter Anwendung der PID letztlich zu einer Schwangerschaft führen soll und die Verwerfung bei festgestelltem Defekt lediglich nicht gewollte Nebenfolge bzw. höchst unerwünscht sei, wird teilweise angenommen, daß eine Strafbarkeit gem. § 1 Abs. 1 Nr. 2 ESchG nicht in Betracht kommt.[407]

Dagegen wird eingewandt, daß es gerade Sinn und Zweck der PID sei, daß eine genetisch defekte, befruchtete Eizelle nicht zu einer Schwangerschaft führen soll. Gem. § 8 Abs. 1 ESchG ist auch jede befruchtete Eizelle/jeder Embryo einzeln zu betrachten, so daß das „Verwerfen" eines Embryos wegen genetischen Defekts nicht lediglich unerwünschte Nebenfolge bei einer beabsichtigten Schwangerschaftsherbeiführung sei. Vielmehr sei die Absicht der Schwangerschaftsherbeiführung bei der Möglichkeit genetischer Defekte und dem Willen in diesem Fall den Embryo zu verwerfen, zu verneinen. Die PID soll nach dieser Ansicht gegen § 1 Abs. 1 Nr. 2 ESchG verstoßen.[408]

b. § 2 ESchG

In § 2 ESchG wird die mißbräuchliche Verwendung menschlicher Embryonen bestraft:

(1) Wer einen extrakorporal erzeugten oder einer Frau vor Abschluß seiner Einnistung in der Gebärmutter entnommenen menschlichen Embryo veräußert oder zu einem nicht seiner Erhaltung dienenden Zweck abgibt, erwirbt oder verwendet, wird mit Freiheitsstrafe bis zu drei Jahren oder mit Geldstrafe bestraft.

Ärzte auch nicht verfassungsgemäß" wäre. Er befürwortet ein Verbot mißbräuchlicher PID durch ein Gesetz mit strenger (gravierender medizinischer) Indikation und Regelung von Verfahrensvorschriften.

407 Duttge, GA 2002, 241, 247 f.; Giwer, S. 38 f.; Ratzel/Heinemann, MedR 1997, 540, 542; Schneider, MedR 2000, 360, 362.

408 Beckmann, ZfL 1999, 65, 67; Renzikowski, NJW 2001, 2753, 2755 f.; Enquete-Kommission „Recht und Ethik der modernen Medizin", BT-Dr. 14/9020 S. 104.

(2) Ebenso wird bestraft, wer zu einem anderen Zweck als der Herbeiführung einer Schwangerschaft bewirkt, daß sich ein menschlicher Embryo extrakorporal weiterentwickelt.

Gem. § 8 ESchG ist zunächst die totipotente Zelle[409], die sich teilen und zu einem Individuum differenzieren kann und zu Zwecken der PID vom Embryo gelöst wird, ein Schutzgut des § 2 ESchG. Der Verbrauch dieser Zelle bei der Diagnostik wird somit von § 2 Abs. 1 ESchG erfaßt. Insbesondere wird auch der geschädigte Embryo vom Schutzbereich des § 2 Abs. 1 ESchG erfaßt.[410] Fraglich ist, ob auch die Entnahme einer pluripotenten Zelle zur Durchführung der PID eine Verwendung darstellt, die nicht der Erhaltung des Embryos dient. Soweit derzeit Therapien am genetisch defekten Embryo nach dem Stand der medizinischen Forschung nicht möglich sind, soll die Zellentnahme in den Fällen eines Defektbefundes nicht der Erhaltung des Embryos dienen. Teilweise wird angenommen, daß die PID unter Verwendung nicht totipotenter Zellen derzeit jedoch noch nicht möglich bzw. noch im Versuchsstadium befindlich ist. Zudem soll diesbezüglich ein hohes Verletzungsrisiko des Embryos bestehen und die Nidationswahrscheinlichkeit stark vermindert sein, so daß die Erörterung dieser Problematik als nicht relevant angesehen wird.[411] Nach anderer Auffassung wird die PID mittels pluripotenter Zellen vom ESchG nicht erfaßt. Zwar habe der Gesetzgeber bei der Vorbereitung des ESchG die Problematik der PID erkannt[412] und dementsprechend in § 8 ESChG ausdrücklich geregelt, daß eine totipotente Zelle unter den Begriff des Embryos fällt und somit durch

---

409 Totipotente Zellen sind embryonale Keimzellen in einem sehr frühen Embryonalstadium (4- bis 8-Zellstadium, nach dem 8-Zellstadium Pluripotenz) mit der Fähigkeit zur vollständigen Differenzierung zu einem selbständigen, lebensfähigen Organismus nach Lösung aus dem Zellverbund. Sh. Keller/Günther/Kaiser, ESchG, § 8 Rz. 12, Einf. A II Rz. 34.

410 Beckmann, ZfL 1999, 65, 67; Giwer, S. 35; Keller/Günther/Kaiser, ESchG, § 2 Rz. 13, 15, 19; Ratzel/Heinemann, MedR 1997, 540, 541; Schneider, MedR 2000, 360 f.; Schroth, JZ 2002, 170, 172.

411 Renzikowski, NJW 2001, 2753, 2756 f.; nach Keller/Günther/Kaiser, ESchG, § 2 Rz. 56 soll zwar nicht § 2 Abs.1 ESchG, dafür aber § 2 Abs. 2 ESchG verwirklicht sein, wenn die Nidation des Embryos nicht gewährleistet ist.

412 In BT-Dr. 11/5460, zu § 6 - Klonen, S. 12 heißt es: „Es besteht kein Anlaß, Ausnahmen vom strafrechtlichen Verbot - etwa für eine Präimplantationsdiagnostik - in Erwägung zu ziehen.“.

das ESchG geschützt wird. Hinsichtlich pluripotenter Zelle bestehe aber eine Regelungslücke. Eine Strafbarkeit scheide demnach aus.[413]

Auch eine Strafbarkeit nach § 2 Abs. 2 ESchG kommt in Betracht, wenn nach Entnahme der Zelle bis zur Diagnose diese weiter kultiviert wird. Die bei der Diagnostik verbrauchte Zelle führt auch nicht zu einer Schwangerschaft, so daß § 2 Abs. 2 ESchG verwirklicht ist, was wohl als mitbestrafte Vortat anzusehen sein wird.[414]

c. § 6 ESchG

In § 6 ESchG wird das Klonen unter Strafe gestellt:

(1) Wer künstlich bewirkt, daß ein menschlicher Embryo mit der gleichen Erbinformation wie ein anderer Embryo, ein Foetus, ein Mensch oder ein Verstorbener entsteht, wird mit Freiheitsstrafe bis zu fünf Jahren oder mit Geldstrafe bestraft.

Weil § 8 ESchG auch die vom Embryo abgespaltene totipotente Zelle wegen ihrer Teilungsfähigkeit als Embryo bezeichnet, wird überwiegend angenommen, daß die Abtrennung der Zelle vom Embryo zur Durchführung der PID ein Klonen darstellt und damit strafbar ist.[415] Teilweise wird dies bezweifelt, weil die PID hier nicht die Weiterentwicklung zu einem menschlichen Leben bezwecke, was jedoch der Forschungszweck des Klonens sei.[416]

d. Zulässigkeit der Verwerfung des Embryos allgemein

Umstritten ist auch die Frage, inwieweit das Verwerfen eines Embryos mit festgestelltem genetischem Defekt strafbar ist. Hierbei wird das Absterbenlassen des Embryos als nicht strafbar angesehen, weil der Verlust von Embryonen vom Gesetzgeber bei Entstehung des Embryonenschutzgesetzes bereits vorhergesehen wurde und er dies mangels entsprechender Normierung in den Tatbestän-

---

413 Duttge, GA 2002, 241, 245 ff.; Ratzel/Heinemann, MedR 1997, 540 f.; Schroth, JZ 2002, 170, 173 ff..

414 Giwer, S. 35 f.; Keller/Günther/Kaiser, ESchG, § 2 Rz. 63, 56.

415 Duttge, GA 2002, 241, 244 f.; Schroth, JZ 2002, 170, 172; Enquete-Kommission, BT.-Dr. 14/9020 S. 101.

416 Giwer, S. 34 f.; Keller/Günther/Kaiser, ESchG, § 2 Rz. 54, § 6 Rz. 4.

den des ESchG eingeplant hat.[417] In dem Absterbenlassen soll auch schon begrifflich kein Verwenden i.S.d. § 2 Abs. 1 ESchG liegen.[418]

5. Diskussionen

a. Forderungen nach einer gesetzlichen Regelung

Insbesondere hinsichtlich der Forschungsfreiheit und dem Forschungsstandort Deutschland wurde und wird zunehmend die Änderung des ESchG bzw. die gesetzliche Fixierung der Zulässigkeit und Durchführung der PID vor allem im Hinblick auf deren Zulässigkeit in anderen Ländern, vornehmlich in Großbritannien, gefordert. Auch wird die Konzeption eines Fortpflanzungsmedizin-Gesetzes diskutiert.[419]

Die Gegner der PID fordern gerade zur Klarstellung die gesetzliche Fixierung eines Verbots der PID. Nach Ansicht der Kritiker der PID können auch die Grundrechte der Berufs- und Forschungsfreiheit die Zulässigkeit der PID nicht begründen, weil sogar die Rechte der Frau - mangels Vergleichbarkeit mit der Schwangerschaftskonfliktsituation - gegenüber dem Lebensrecht des Embryos zurückstehen müßten. Dies müße selbstverständlich gerade für etwaige wirtschaftliche Interessen gelten. Zudem seien auch die von den Befürwortern der PID vorausgesagten Heilungschancen für Erkrankungen in nächster Zukunft nicht realisierbar.[420]

b. Statistisches Material zur PID

Die Bundesärztekammer (BÄK) hatte zunächst in einem Diskussionsentwurf für eine Richtlinie zur PID ein Verbot der PID durch das ESchG angenommen, aber in engen Grenzen die Zulässigkeit der PID für Einzelfälle befürwortet. Diesbe-

---

417 BT-Dr. 11/1856 S. 4.

418 Giwer, S. 39 f.; Schneider, MedR 2000, 360, 363 f.; a.A. Beckmann, ZfL 1999, 65, 67.

419 Beckmann, ZfL 1999, 65, 67 f.; Merkel, Badische Zeitung vom 9.5.01, S. 4; Spickhoff, NJW 2001, 1757, 1766; Wehowsky, in Schroeder-Kurth/Wehowsky, S. 47, 96 ff.; Berufsverbände deutscher Gynäkologen und Fortpflanzungsexperten, Spiegel 26/2001, S. 208; Antrag der FDP-Fraktion, BT.-Dr. 14/4098; Stellungnahme des Nationalen Ethikrates zur Präimplantationsdiagnostik (PID), Januar 2003, S. 42.

420 Duttge, GA 2002, 241, 257 f.; Kollek, Schriftenreihe der Juristen-Vereinigung Lebensrecht e.V., Nr. 17 (2000), 39, 44 f.; Deutscher Ärztinnenbund, Stellungnahme zur PID/PGD, http://www.aerztinnenbund.de/Homepage/Themen/GesPol/PID Stell.html.

züglich sollten spezielle Zulassungsbedingungen, konkrete Durchführungsbestimmungen sowie das (alleinige) Zulässigkeitsmonopol für Spezialzentren geregelt werden.[421]

Der deutsche Ärztetag und die Bundesärztekammer haben sich nunmehr in einem gemeinsamen Beschluß gegen die Anwendung der PID ausgesprochen, weil die PID nicht als gesellschaftlich akzeptiert angesehen werden könne. Die Auswertung der Unterlagen von 26 PID-Zentren in Europa, den USA und Australien im Zeitraum 1993-2000 habe nämlich ergeben, daß lediglich 123 Kinder bei 886 Elternpaaren, die sich der IVF mit anschließender PID unterzogen hatten, geboren wurden (was einer Erfolgsrate von 14 % entspricht). Weiterhin wurden im Beobachtungszeitraum 132 Schwangerschaften abgebrochen, weil durch pränatale Diagnostik Schäden diagnostiziert worden waren, die bei der PID nicht erkannt wurden. Die übrigen Embryonen wurden von vornherein verworfen. Die Einwände der Kritiker der PID, der mit der PID einhergehende Wertewandel und Paradigmenwechsel würde schwerwiegende gesellschaftliche Auswirkungen haben, seien daher berechtigt. Dementsprechend sollte die PID nach Auffassung der BÄK durch neue gesetzliche Regelungen verboten werden.[422]

Ebenso hat sich die Mehrheit der vom Deutschen Bundestag eingesetzten Enquete-Kommission „Recht und Ethik der modernen Medizin“ für ein Verbot der PID ausgesprochen.

Nach deren Untersuchungen über einen Zeitraum von 1994-2001 in 25 PID-Zentren kam es bei 1561 Paaren/Patientinnen zu 309 Schwangerschaften und letztlich zu 215 Geburten mit 279 Kindern. Von 180 der 279 Kinder wurden Gesundheitsdaten erhoben, wonach es bei 76 Kindern zu neonatalen Komplikationen mit 3 Todesfällen kam, 12 Kinder wurden trotz PID und PD mit Fehlbildungen geboren. Insgesamt wurden für jedes geborene Kind durchschnittlich

421 BÄK, Diskussionsentwurf zu einer Richtlinie zur PID, ZfL 2000, 25 ff..

422 Mitteilung, Badische Zeitung vom 3.6.02, S. 2.; Tätigkeitsbericht der BÄK, DÄBl. 99, Heft 24 v. 14.6.2002, S. A-1653; so auch Stellungnahme des Deutschen Ärztinnenbundes zur PID/PGD, http://www.aerztinnenbund.de/Homepage/Themen/GesPol/PID Stell.html.

60 Eizellen befruchtet, 48 Embryonen biopsiert und 12,6 Embryonen übertragen.[423]
Die Minderheit der Enquete-Kommission hält es demgegenüber für vertretbar, in Ausnahmefällen die PID zuzulassen.
In ihrem Schlußbericht gibt die Enquete-Kommission dem Bundestag die Empfehlung, ein entsprechendes Verbot gesetzlich zu konkretisieren, gegebenenfalls auch durch ein neu zu erlassendes Fortpflanzungsmedizingesetz. Nach Auffassung der Kommission enthalte aber das ESchG ein umfassendes Schutzkonzept für Embryonen, wogegen die PID verstoße.[424]

c. Übereinstimmende Auffassungen zur Notwendigkeit der Begrenzung der Zulassung zur PID

Einigkeit besteht aber insoweit darin, daß die PID – wollte/sollte man sie gesetzlich zulassen - zur Verhinderung der Entwicklung einer nicht gewollten Eigendynamik begrenzt werden müßte. Hierfür käme ein vom Gesetzgeber oder der Ärzteschaft zu entwickelnder Indikationskatalog in Betracht, was aber aufgrund der gleichzeitig darinliegenden Stigmatisierung von Menschen, die mit der jeweiligen Behinderung leben, problematisch sein soll. Die Regulierung durch eine Generalklausel soll aufgrund der dann möglichen weiten Beurteilungs- und Auslegungsmöglichkeiten schwierig sein. Dem Einsatz eines interdisziplinär besetzten Gremiums soll die Bevormundung der potentiellen Eltern entgegenstehen.
Auch sollen aus der Entwicklung der pränatalen Diagnostik Lehren für die Präimplantationsdiagnostik insoweit gezogen werden, als bei der Diskussion um die Zulässigkeit der PID alle in Betracht kommenden Anwendungsmöglichkeiten, Fehler und Mißbrauchsmöglichkeiten etc. miteinzubeziehen sind, insbesondere auch die Möglichkeit von Screeningprogrammen, um das mögliche Ausmaß der Zulässigkeit der PID zu erfassen. Hierbei soll die Betrachtung auch nicht auf die sog. Hochrisikopaare beschränkt werden, da eine Begrenzung auf

---

423 Schlußbericht, BT-Dr. 14/9020 S. 84 ff. - Ein Gesetzesentwurf der FDP-Fraktion, BT-Dr. 14/7415, enthält aufgrund einer Beobachtung von 29 PID-Zentren bis 1999 die Daten, daß bei 1317 Patientinnen 499 Schwangerschaften mit 424 genetische gesunden Geburten zu verzeichnen waren.

424 Schlußbericht, BT-Dr. 14/9020 S. 110 ff.; Pressemitteilungen vom 26.2.02 und vom 29.5.02, http://www.bundestag.de/cgi-bin/druck.pl?N=default.

diese - wie bei der PD versucht - in der Praxis wohl nicht realisierbar sein wird.[425]

d. Neuere Gesetzesinitiativen

Die FDP-Fraktion hatte zunächst einen Antrag zur rechtlichen Absicherung der Präimplantationsdiagnostik gestellt, worin der Gesetzgeber aufgefordert wurde, die PID im Rahmen eines Fortpflanzungsmedizingesetzes zu regeln und insbesondere die PID für genetisch schwer vorbelastete Elternpaare zu ermöglichen. Gleichzeitig wurde aber die strenge Eingrenzung der Nutzungsmöglichkeiten der PID gefordert.[426] Weiterhin hatte die FDP-Fraktion einen Gesetzesentwurf zur Regelung der PID in den Bundestag eingebracht. Hiernach sollte das ESchG durch Einfügung eines § 3a geändert werden. Danach sollen bei einer Wahrscheinlichkeit für eine schwerwiegende Erbkrankheit des Embryos eine künstliche Befruchtung, die daran anschließende genetische Untersuchung und das Verlangen bzw. die Entscheidung der Frau, daß bei Krankheitsbefund der Embryo nicht implantiert wird, als rechtlich zulässig normiert werden. Die Einzelheiten sollten durch eine Richtlinie der Bundesärztekammer geregelt werden.[427]

Der Bundestagsausschuß für Gesundheit hat diese Anträge nunmehr mehrheitlich zurückgewiesen, weil die Anträge zu große Spielräume ließen, die Zulässigkeit der PID nicht Krankheiten, sondern die Existenz von Menschen verhindere und nicht mit der Solidarität für behinderte Menschen vereinbar sei.[428]

e. Stellungnahme des Nationalen Ethikrates

Wie bereits ausgeführt, hat auch der Nationale Ethikrat zur Problematik der „Genetischen Diagnostik vor und während der Schwangerschaft“ Stellung genommen. Ein Konsens hinsichtlich der Beurteilung der Präimplantationsdiagnostik wurde nicht gefunden, so daß das Gremium zwei gleichwertig nebeneinander stehende Voten abgegeben hat. Der Gesetzgeber wurde damit

---

425 Enquete-Kommission „Recht und Ethik der modernen Medizin“, BT-Dr. 14/9020 S. 83, 98 f..

426 BT-Dr. 14/4098.

427 BT-Dr. 14/7415.

428 Mitteilung des Bundestags vom 24.4.02, http://www.bundestag.de/cgi-bin/druck.pl?N=default.

aufgefordert, eine Entscheidung zu treffen, insbesondere ein spezielles Fortpflanzungsmedizingesetz zu erlassen.[429]

aa. „Votum für die Beibehaltung und Präzisierung des im ESchG enthaltenen Verbots der assistierten Reproduktion (extrakorporalen Befruchtung) zu diagnostischen Zwecken und damit des Verbots der PID"[430]
Ausgangspunkt des die PID ablehnenden Votums ist die ethische Auffassung, daß das menschliche Leben nicht in unterschiedlich geschützte bzw. schutzwürdige Entwicklungsstadien unterteilt werden kann. Da das menschliche Leben verfassungsrechtlich und ethisch geschützt sei, müße dies für den menschlichen Embryo ab Kernverschmelzung gelten.
Dementsprechend soll die Präimplantationsdiagnostik gegen die Prinzipien des Würde- und Lebensschutzes verstoßen, weil durch die künstliche Erzeugung eines Embryos unter dem Vorbehalt diesen nur im Fall einer bestimmten Gesundheitskonstitution der Frau zu implantieren oder anderenfalls zu verwerfen, „im Wege der Auslese ein bestimmtes menschliches Leben als nicht lebenswert qualifiziert und sodann getötet wird."[431] Zudem soll die PID auch gegen den speziellen Gleichbehandlungsgrundsatz des Art. 3 Abs. 3 Satz 2 GG verstoßen. Das aus den Art. 2 und 6 GG abgeleitete Recht auf Fortpflanzungsfreiheit soll demnach eingeschränkt sein und gerade kein Recht auf den Einsatz sämtlicher technisch verfügbarer Mittel und Möglichkeiten beinhalten.

Im Hinblick auf die zulässige pränatale Diagnostik wurde festgestellt, daß „sich die Situation beim Schwangerschaftsabbruch nach PND grundlegend von der Situation bei der Verwerfung nach PID" unterscheidet, weil beim Schwangerschaftsabbruch „ein Spannungsverhältnis zwischen zwei geschützten Leben, die in besonderer Weise körperlich miteinander verbunden sind"[432] besteht. Dieser Interessenwiderstreit könne nur in Ausnahmefällen zu Lasten des Embryos entschieden werden und nicht alleine aufgrund von dessen Schädigung. Bei der

429 Stellungnahme des Nationalen Ethikrates, S. 5, http://www.ethikrat.org.stellungnahmen/diagnostik/Stellungnahme_Genetische_Diagnostik.pdf; Badische Zeitung v. 24.1.03, S. 4.

430 Stellungnahme des Nationalen Ethikrates, S. 42 ff., http://www.ethikrat.org.stellungnahmen/diagnostik/Stellungnahme_Genetische_Diagnostik.pdf.

431 Stellungnahme des Nationalen Ethikrates, a.a.O., S. 46.

432 Stellungnahme des Nationalen Ethikrates, a.a.O., S. 48.

PID fehle es jedoch an der körperlichen Einheit von Frau und Kind, so daß eine dem Schwangerschaftskonflikt entsprechende Situation gerade nicht vorliege. Weiterhin kommt das ablehnende Votum zu dem Ergebnis, daß die „Zeugung auf Probe“ auch nicht das „kleinere Übel“ gegenüber der „Schwangerschaft auf Probe“ und daher zu befürworten sei, weil letztere im geltenden Recht unbekannt bzw. unzulässig sein soll. Insbesondere verwirft das ablehnende Votum auch die Argumentation für die Zulässigkeit der PID, wonach die Durchführung der PID spätere pränatale Diagnoseverfahren und mithin Schwangerschaftsabbrüche überflüßig mache. Demnach habe nämlich eine Erhebung in den die PID praktizierenden Ländern ergeben, daß in 42 Prozent der Fälle zur Überprüfung der präimplantiven Diagnose pränataldiagnostische Maßnahmen durchgeführt wurden, die in Einzelfällen auch zu Schwangerschaftsabbrüchen geführt hätten. Insgesamt seien Pränataldiagnostik und Präimplantationsdiagnostik gerade nicht vergleichbar.
Zudem soll auch der begründete Verdacht bestehen, daß eine Zulassung der PID die Akzeptanz von Behinderten negativ beeinflußt und deren Diskriminierung Vorschub leistet.

bb.“Votum für eine verantwortungsvolle, eng begrenzte Zulassung der PID“[433]
Ausgangspunkt des die Zulassung der PID befürwortenden Votums ist der Vergleich mit der Rechtfertigung der medizinischen Indikation beim Schwangerschaftsabbruch. Nach dieser Auffassung liegt in beiden Situationen eine bewußte Entscheidung für die Diagnostik vor, es soll jeweils ein Konflikt zwischen den künftigen Belangen der Frau und dem Leben des Kindes bestehen und in beiden Fällen soll das Kriterium der Unzumutbarkeit zukünftiger subjektiver Belastungen maßgeblich sein.
Von den Befürwortern der PID wird jedoch vorausgesetzt, daß nur bei einem hohen genetischen Risiko von schweren und nicht wirksam therapierbaren Erkrankungen/Behinderungen die PID zulässig sein soll, nicht jedoch bei lediglich bestehender Trägerschaft rezessiv vererbbarer Krankheiten. Weiterhin soll eine Auswahl bzgl. nicht krankheitsrelevanter Merkmale (Geschlecht) oder die positive Auswahl bestimmter Merkmale, die als Behinderung gelten (z.B. taubstumme Eltern wollen taubstummes Kind) keinesfalls zulässig sein.

---

433 Stellungnahme des Nationalen Ethikrates, S. 59 ff., http://www.ethikrat.org.stellungnahmen/diagnostik/Stellungnahme_Genetische_Diagnostik.pdf.

Streitig war unter den Befürwortern der PID, ob die Ausnahmefälle der Zulässigkeit der PID vom Gesetzgeber konkret anhand bestimmter Krankheitsbilder katalogisiert werden sollten. Dies wurde jedoch überwiegend abgelehnt, weil hierdurch mit den entsprechenden Behinderungen lebende Personen diskriminiert würden und aufgrund der Vielzahl der Erkrankungen ein vollständiger Katalog nicht möglich sei und zudem ständig aktualisiert werden müßte. Auch wird befürchtet, daß als Folge eines derartigen Katalogs ein Automatismus zwischen Diagnose einer Katalogerkrankung/-behinderung und Verwerfung entsteht. Dementsprechend wird gefordert, daß eine spezifische Einzelfallentscheidung getroffen werden müße.

Das die PID befürwortende Votum will somit keine unbeschränkte Freigabe der PID, sondern deren Zulassung für bestimmte Ausnahmefälle. Diese Fälle werden von dem Votum auch beispielhaft genannt, insbesondere der Fall, bei dem die Eltern ein hohes Risiko tragen, ein Kind mit schweren und nicht wirksam therapierbaren genetisch bedingten Erkrankungen oder Behinderungen zu bekommen und durch dessen Austragen sie in einen existentiellen Konflikt geraten würden.
Vor der PID soll eine Beratung erfolgen, die neben medizinischen auch ethische und psychosoziale Aspekte mitumfaßt. Die Durchführung der PID soll nach dieser Auffassung nur in wenigen, widerruflich lizensierten PID-Zentren zugelassen werden. Die genauen Anforderung für die Zulässigkeit und die Durchführung der PID sollen durch ein Fortpflanzungsmedizingesetz geregelt werden. Weiterhin soll die fortschreitende Praxis bzgl. Änderungen und der Erforderlichkeit weiterer gesetzlicher Regelungen beobachtet, dokumentiert und kontrolliert werden, um Neu- und Änderungsregelungen treffen zu können.

6. Zusammenfassung und Anmerkungen

Auch hinsichtlich der Möglichkeiten der Präimplantationsdiagnostik ist zunächst - wie bei der Pränataldiagnostik - festzuhalten, daß auch diese pränatale Untersuchungsmethode keine Garantie für die Geburt eines gesunden Kindes bietet bzw. bieten kann. Insbesondere können Schwangerschaftsabbrüche aufgrund embryopathischer Indikation durch die Möglichkeiten der Präimplantationsdiagnostik nicht vermieden bzw. verhindert werden.
Die Zulässigkeit der Präimplantationsdiagnostik ist in Deutschland äußerst umstritten, Einigkeit besteht jedoch hinsichtlich der Forderung nach einer gesetz-

lichen Regelung. Ausgangs- und damit Streitpunkt der Diskussionen über die Zulässigkeit der PID im Hinblick auf die begrenzte Zulässigkeit von Schwangerschaftsabbrüchen ist die Entscheidung über Umfang und Grenzen des menschlichen Lebensschutzes für Ungeborene. Grundsätzlich besteht eine Pflicht des Staates, menschliches Leben zu schützen. Dieser Schutz kann im Einzelfall beschränkt sein, wenn - wie im Fall eines Schwangerschaftskonflikts aufgrund der naturgegebenen Verbundenheit („Zweiheit in Einheit") von Frau und Fötus - andere beachtliche Interessen, die Interessen der betroffenen Frau, mit den Lebensinteressen des Ungeborenen kollidieren. In diesen Fällen hat der Gesetzgeber entschieden, daß in bestimmten, gesetzlich normierten (Ausnahme)Fällen die Interessen der betroffenen Frau überwiegen können und den Lebensschutz des Ungeborenen zurücktreten lassen.
Für die Frage der Zulässigkeit der PID ist also entscheidend, ob die Interessen der Frau ohne die natürliche/körperliche Verbundenheit in Form der Schwangerschaft, die zweifelsohne ebenfalls mit den Interessen des Ungeborenen (hier der befruchteten Eizelle als menschliches Leben vor Implantation und Einnistung) kollidieren können, im Einzelfall überwiegen bzw., ob ein Zurücktreten des Lebensschutzes in diesen Fällen gewollt sein soll. Dies ist m.E. die grundlegende Frage, die der Gesetzgeber zu entscheiden hat. Erst wenn man diese Frage positiv in Richtung Zulassung der PID beantwortet, wird die Diskussion relevant, welche Grenzen der PID gesetzt werden sollten. Hierbei ist es sicherlich erforderlich, den Anwendungsbereich der PID von vornherein einzuschränken, um möglichen Mißbräuchen oder „Allmachtsphantasien" vorzubeugen und entgegenzuwirken.

VI. Schwangerschaftsabbrüche im Spätstadium - Fetozid

1. Schwangerschaftsabbrüche im Spätstadium

a. Definition

Als Schwangerschaftsabbrüche im Spätstadium werden solche Abbrüche bezeichnet, die nach der 22. Schwangerschaftswoche bzw. ab Lebensfähigkeit des Föten ex utero durchgeführt werden.[434]

---

[434] Nomos-Merkel, StGB, Loseblattsammlung, § 218a Rz. 107.

b. Zulässigkeit später Schwangerschaftsabbrüche

Ausweislich der gesetzlichen Regelung in § 218a Abs. 2 StGB sind Schwangerschaftsabbrüche aufgrund medizinisch-sozialer Indikation nicht an eine Frist gebunden. Die zuvor in der gesetzlichen Regelung von 1976 enthaltene (teilweise stark kritisierte) 22-Wochenfrist wurde nicht übernommen. Dementsprechend sind Schwangerschaftsabbrüche bis unmittelbar vor den natürlichen Geburtsbeginn möglich.[435]

c. Diskussion zur Handhabung später Schwangerschaftsabbrüche

Die Frage der tatsächlichen Handhabung später Schwangerschaftsabbrüche ist jedoch umstritten.

aa. Durchführung nur in Ausnahmefällen

Insbesondere wird trotz des Gesetzeswortlauts vertreten, daß Schwangerschaftsabbrüche im Spätstadium nur in Ausnahmefällen und insbesondere unter erschwerten Voraussetzungen zulässig sein sollen. Diesbezüglich wird gefordert, daß nur bei ernster Lebensgefahr für die Mutter oder wenn das Kind die Geburt nicht überleben würde (mangelnde postnatale Lebensfähigkeit), ein Schwangerschaftsabbruch im Spätstadium zulässig sein kann. Teilweise wird zur Begründung dieser Auffassung die Gesetzesformulierung herangezogen, wonach ein Schwangerschaftsabbruch nach § 218a Abs. 2 StGB nur gerechtfertigt ist, wenn die Lebens- oder Gesundheitsgefahr *„nicht auf eine andere ... zumutbare Weise abgewendet werden kann“.*[436]

Diesbezüglich wird auch eine Regelung zur Vorgehensweise bei Spätabbrüchen dahingehend befürwortet, daß zwei unabhängige, einschlägig ausgebildete Fachärzte die Voraussetzungen für die Zulässigkeit eines Spätaborts im Einzelfall prüfen sollten. Auch der Einsatz einer fallbezogenen interdisziplinär besetzten Kommission wird diskutiert.[437]

---

435 DGGG-Positionspapier, www.dggg.de, S. 38; Nomos-Merkel, StGB, Loseblattsammlung, § 218a Rz. 106; Schönke/Schröder-Eser, StGB, 26. Aufl., § 218a Rz. 42; Weiß, ZfL 1/2003, 14.

436 BÄK-Richtlinien, MedR 1999, 31 f.; DGGG-Positionspapier, www.dggg.de, S. 37 ff.; Eser/Koch, Schwangerschaftsabbruch und Recht, S. 321 ff.; Lackner/Kühl-Lackner, StGB, 24. Aufl., § 218a Rz. 13, 17; Schönke/Schröder-Eser, StGB, 26. Aufl., § 218a Rz. 42 f..

437 DGGG-Positionspapier, www.dggg.de, S. 37 ff.; Eser/Koch, Schwangerschaftsabbruch und Recht, S. 321 ff..

bb. Gegenauffassungen

Nach Merkel sind diese Auffassungen, wonach mit steigender Schwangerschaftsdauer auch die Anforderungen an die Zulässigkeit eines Schwangerschaftsabbruchs steigen zwar „in der Sache richtig“, aber weder im Gesetzestext verankert noch mangels Betroffenheit unterschiedlich gewichtiger Grundrechte rechtlich legitim. Nach seiner Auffassung wurde der Begriff der postnatalen Lebensfähigkeit bisher auch kaum erörtert und sei in der Praxis unklar. Zudem sei bei fehlender postnataler Lebensfähigkeit die Begründung einer nachgeburtlichen Bedrohung der Schwangeren zur Rechtfertigung eines Abbruchs zweifelhaft, weil diese eigentlich echte embryopathische Indikation von § 218a Abs. 2 StGB nicht erfaßt werde. Merkel befürwortet dennoch, Schwangerschaftsabbrüche im Spätstadium gesetzlich zu regeln, insbesondere ihre Zulässigkeit gesetzlich zu fixieren.[438]

Auch Kröger hält eine Befristung und damit die gesetzliche Fixierung eines Verbotes von Spätabbrüchen aufgrund der Gefahr von Panikabbrüchen und der Möglichkeiten des medizinischen Fortschritts für nicht sinnvoll. Er verweist jedoch wie die Befürworter einer eingeschränkten Zulässigkeit von Spätabbrüchen darauf, daß hinsichtlich der Rechtfertigung von Spätabbrüchen häufig die Zumutbarkeit anderweitiger Abwendungsmöglichkeiten zu bejahen sein wird und zudem eine Frau aufgrund der mit einem Spätabbruch verbundenen Belastungen diesen nicht ohne zwingenden Grund auf sich nehmen werde. Eine erhöhte Gefahr vermehrter Schwangerschaftsabbrüche im Spätstadium sieht er daher nicht.[439]

Auch nach Reichenbach ist die Zulässigkeit von medizinisch-sozial indizierten Schwangerschaftsabbrüchen, inbesondere in Verbindung mit einem geschädigten Föten, ohne zeitliche Begrenzung die „zweifellos angemessenere Lösung“, da dadurch vor allem eine umfassendere Diagnostik und Befundsicherung möglich werde und zudem der Frau eine längere Bedenkzeit verbliebe.[440]

Allein Gropp vertritt eine Auffassung, wonach Schwangerschaftsabbrüche im Spätstadium nicht nur unzulässig, sondern vielmehr auch als Tötungsdelikte strafbar sind bzw. sein sollten. Er sieht dabei in der Geburt gerade kein sachliches Kriterium zur Ungleichbehandlung von (lebensfähigem) Fötus und

---

438 Nomos-Merkel, StGB, Loseblattsammlung, § 218a Rz. 107, 120 ff..

439 LK-Kröger, StGB, 11. Aufl., § 218a Rz. 52 f..

440 Reichenbach, Jura 2000, 622, 627 f..

Mensch, sondern befürwortet ab Lebensfähigkeit des Föten dessen Gleichbehandlung mit einem Menschen in Form der Anwendung der gleichen gesetzlichen Regelungen. Mangels klarer Bestimmungsmöglichkeiten der Lebensfähigkeit hält er eine abstrakte Frist (20. Woche nach Empfängnis) für angemessen. Er will dies jedoch nach eigenem Bekunden lediglich als „vorsichtigen Denkanstoß und allenfalls als Eröffnung einer Diskussion über die zukünftigen Perspektiven und Ziele des Lebens- und Leibesschutzes durch Strafrecht" verstanden wissen.[441]

cc. Rechtsprechung

Auch der BGH hat sich bereits mit der Problematik der Spätabbrüche befaßt. In seiner Entscheidung vom 18.06.02[442] lag zwar nach Auffassung des BGH kein entsprechender Fall einer Spätabtreibung zugrunde, weil dort ein Schwangerschaftsabbruch noch in der 22. Schwangerschaftswoche möglich gewesen wäre und damit noch innerhalb der Frist der alten gesetzlichen Regelung. Der BGH hat aber dennoch den Fall zum Anlaß genommen, auch zu der speziellen Problematik von Spätabbrüchen in Verbindung mit geschädigten Föten Stellung zu nehmen. Dabei kam der BGH zu der Feststellung, daß nach der Rechtsprechung des BVerfG keine Anhaltspunkte dafür vorliegen, daß eine Befristung in derartigen Fällen der medizinischen Indikation verfassungsrechtlich geboten ist. Vielmehr setze eine Einzelfallentscheidung nach § 218a Abs. 2 StGB eine umfassende Güter- und Interessenabwägung voraus, wobei aber die „Dauer der Schwangerschaft und die daraus resultierende besondere Situation für Mutter und Kind Berücksichtigung finden" sollte. Dementsprechend soll ein Schwangerschaftsabbruch sowohl „aus gesundheitlichem Interesse der Frau als auch im Hinblick auf die Schutzwürdigkeit des sich weiter entwickelnden Kindes so früh wie möglich vorgenommen werden".[443]

2. Methoden des Schwangerschaftsabbruchs in der medizinischen Praxis

In Deutschland werden hinsichtlich des Abbruchs einer Schwangerschaft im Spätstadium drei Methoden diskutiert.

---

441 Gropp, GA 2000, 1, 7 ff., 17 f..

442 BGH NJW 2002, 2636.

443 BGH NJW 2002, 2636, 2638.

a. Prostaglandinmethode

Das wohl überwiegend angewandte Verfahren ist die sog. Prostaglandinmethode, bei der der Frau ein wehenauslösendes Mittel zugeführt wird, um so eine (Früh- oder Fehl-)Geburt herbeizuführen. Hierbei wird davon ausgegangen, daß das Kind in der Geburt aufgrund seiner Unreife verstirbt.[444]

b. Kaiserschnitt

Ein Kaiserschnitt als Abbruchsmethode wird nur dann angewandt, wenn bei der eingeleiteten (Früh- oder Fehl-)Geburt Probleme auftreten, was jedoch nur sehr selten der Fall ist.[445]

c. Sog. Kaliumchloridmethode

Aufgrund der Tatsache, daß bei Geburtseinleitung als Abbruchsmethode ab der 20. Schwangerschaftswoche die Möglichkeit besteht, daß der Fötus lebensfähig ist, lebend „geboren wird" und dementsprechend der die Schwangerschaft abbrechende Arzt Schadensersatzansprüchen ausgesetzt sein kann, wurde nach Möglichkeiten gesucht, „Lebendgeburten" nach Schwangerschaftsabbrüchen zu verhindern. Dementsprechend rückte die sog. Kaliumchloridmethode in den Mittelpunkt der Diskussion um Methoden für Schwangerschaftsabbrüche im Spätstadium. Dabei punktiert der Arzt mit einer langen Nadel die Bauchdecke der Frau, um unter Kontrolle mittels Ultraschall Kaliumchlorid ins Herz des Föten zu spritzen, wodurch die Reizleitung am Herzen des Föten unterbunden wird. Das Herz hört auf zu schlagen, der Fötus verstirbt noch im Körper der Frau und wird danach tot „geboren".[446]

444 Kaminski, idea Dokumentation 15/98, S. 11 f.; http://www.tim-lebt.de/methoden/rechts.html..

445 Kaminski, idea Dokumentation 15/98, S. 11 f.; http://www.tim-lebt.de/methoden/rechts.html..

446 Kaminski, idea Dokumentation 15/98, S. 11 f.; LK-Kröger, StGB; 11. Aufl., Vor §§ 218 ff Rz. 47; http://www.tim-lebt.de/methoden/rechts.html.; - nach Nomos-Merkel, StGB, Loseblattsammlung, § 218a Rz. 111 wird der Fetozid heute mittels Injektion durch die Nabelschnurvene durchgeführt, wodurch der Fötus zunächst betäubt und dann durch die Injektion von Kaliumchlorid, ebenfalls durch die Nabelschnur, eingeschläfert wird.

3. Fetozid

a. Begriffsbestimmung

Unter Fetozid versteht man dementsprechend das intrauterine Abtöten der Leibesfrucht. Der Fötus wird noch im Mutterleib getötet und kommt so in jedem Fall als Totgeburt zur Welt. Im Gegensatz zu den anderen Abbruchsmethoden wird der Fötus also direkt und gezielt vor den eigentlichen, die Schwangerschaft beendenden Maßnahmen getötet und stirbt somit nicht infolge dieser Maßnahmen.

Neben Kaliumchlorid werden auch andere Salzlösungen intrakardial injiziert. Weiterhin werden ultraschall- oder fetoskopisch durchgeführte Herzpunktionen, induzierte Luftembolisationen sowie Tötungen durch Exsanguination (Ausblutung) als mögliche Methoden diskutiert.[447]

b. (Früherer) Anwendungsbereich des Fetozids

In der Praxis angewandt wurde der Fetozid zunächst ca. ab den 80 ziger Jahren bei Zwillings- oder Mehrlingsschwangerschaften, welche zu dieser Zeit aufgrund der Entwicklung und infolge erreichter Fortschritte in der Fortpflanzungsmedizin, insbesondere durch starke hormonelle Stimulation im Rahmen von Sterilitätstherapien, zunehmend an Bedeutung gewonnen hatten.

aa. Selektiver Fetozid

Beim sog. selektiven Fetozid wurde zunächst bei Zwillings- oder Mehrlingsschwangerschaften die Schwangerschaft partiell bzgl. eines Föten abgebrochen, bei dem eine Schädigung/Krankheit festgestellt worden war. Der geschädigte/kranke Fötus wurde mittels Fetozid im Mutterleib getötet und dort belassen. Die nicht resorbierten „Überreste“ des Föten wurden dann mit der Geburt des gesunden Föten ausgestoßen. Problematisch war hierbei, daß aufgrund der Widerstandsfähigkeit des fetalen Herzens die Injektionen teilweise mehrfach wiederholt werden mußten, was neben den Belastungen für die Frau auch zu psychischen Belastungen des Arztes führte. Dieser mußte „unter Ultraschallkontrolle dem ausweichenden Kind mit der Punktionsnadel folgen, bis nach eventuell mehrfacher Punktion der Herzstillstand eintritt“.[448] Auch die Belas-

---

447 Eberbach, JR 1989, 265, 270; Hülsmann, S. 61 f.; LK-Kröger, StGB, 11. Aufl., § 218a Rz. 55.

448 Hülsmann, S. 62 f..

tung für die Frau, die den abgetöteten Föten unter Umständen mehrere Monate in ihrem Körper tragen mußte, wurde kritisiert. Zudem traten teilweise Komplikationen auf, die zu einem Risiko für den gesunden Föten führten. Insbesondere wurde die Injektion von Gift oder Luft wegen der Übertragungsmöglichkeiten auf den anderen Föten mittels fetofetaler Gefäßverbindungen und die Verwechslungsgefahr mangels eindeutiger Lokalisation des geschädigten Föten als für den gesunden Föten besonders risikobehaftet eingeschätzt.[449]

Die rechtliche Diskussion hinsichtlich der Zulässigkeit des selektiven Fetozids war geteilt. Einerseits wurde vertreten, daß bei Vorliegen der Kriterien der (damaligen) eugenischen Indikation auf Seiten der Frau (unzumutbare Überforderung) der selektive Abbruch von § 218a Abs. 2 Nr. 1 StGB a.F. (medizinische Indikation) erfaßt werde und dementsprechend gerechtfertigt sei. Problematisch sei dies nur, wenn gleichzeitig der gesunde Fötus gefährdet werde. Nach im Ergebnis gegenteiliger Auffassung soll jedoch der Normbereich der eugenischen Indikation a.F. nicht die Problematik der Mehrlingsreduktion erfaßt haben und konnte dementsprechend nicht zur Rechtfertigung herangezogen werden.[450]

Bestätigt wurden diese Auffassungen durch eine Entscheidung des BGH vom 4.12.2001[451], in der der Unterhaltsanspruch von Zwillingseltern für ein geschädigtes Kind abgewiesen wurde. Die Zwillinge wurden am 6.3.1995 geboren, so daß der BGH bei seiner Entscheidung auf § 218a II, III StGB i.d.F. des SFHG v. 27.7.1992[452] abgestellt hat. Ein Zwillingsmädchen kam mit „schweren Fehlbildungen der Extremitäten zur Welt; ihr rechtes Bein ist nicht angelegt, das linke Bein ist verkümmert, der rechte Arm ist steif. Das andere Kind war gesund.“[453] Für ihr geschädigtes Kind haben die Eltern erfolglos Schadensersatz in Form des vollen Unterhaltsbedarfs geltend gemacht.
Der BGH hat hier die Zulässigkeit eines Schwangerschaftsabbruchs nach der seinerzeit geltenden Rechtslage verneint. Die Zulässigkeit nach § 218a Abs. 2 StGB a.F. (medizinische Indikation) wurde abgelehnt, weil die geltend gemachten Gesundheitsgefahren („behandlungsbedürftige depressive Beeinträchti-

---

449 Hirsch, MedR 1988, 292, 293; Hülsmann, S. 61 ff..

450 Eberbach, JR 1989, 265, 271 f.; Hülsmann, S. 203 ff.; Schönke/Schröder-Eser, StGB, 24. Aufl., § 218a Rz. 27a.

451 BGH NJW 2002, 886.

452 Sh. oben C I 3c aa. – sog. Gruppenentwurf SFHG.

453 BGH a.a.O. S. 886.

gungen") nach Auffassung des Gerichts nicht das erforderliche Ausmaß bzw. die erforderliche Bedeutung erreicht hatten, daß sie als ausreichende schwerwiegende seelische Gesundheitsgefährdung hätten gewertet werden können. Der BGH hat insofern „einen die Opfergrenze für die Schwangere überschreitenden Ausnahmzustand" als Maßstab angelegt, der nicht dargetan war.[454]
Weiterhin hat der BGH in der Entscheidung auch die Zulässigkeit eines Schwangerschaftsabbruchs nach § 218a Abs. 3 StGB a.F. (embryopathische/eugenische Indikation) abgelehnt. Die Möglichkeit eines selektiven Fetozids wurde vom BGH aufgrund „der erheblichen Gefahren, die dem zweiten Kind drohten, wenn der Versuch unternommen worden wäre, ausschließlich die vorgeschädigte Leibesfrucht abzutöten" von vornherein abgelehnt. Insofern hat der BGH auch festgestellt, daß die Problematik eines selektiven Fetozids „nicht der typischen Konfliktlage, die durch § 218a Abs. 3 StGB a.F. geregelt werden sollte" entspreche.[455] Die Frage, ob § 218a Abs. 3 StGB a.F. dennoch auf die Konfliktlage bei Zwillingsschwangerschaften anwendbar ist, hat der BGH offen gelassen, jedoch angedeutet, daß die Rechtfertigung eines Abbruchs der gesamten Zwillingsschwangerschaft „aus dem Gedanken des § 218a Abs. 3 StGB a.F. nur im Rahmen einer Güterabwägung" möglich sein könne. Eine Rechtfertigung käme nach Auffassung des BGH bei solchen Fällen aber nur dann in Betracht, „wenn die zu gewärtigende Belastung der Schwangeren als ganz besonders schwerwiegend einzuschätzen ist. Insofern müßten an die Bejahung einer die Entscheidung zum Schwangerschaftsabbruch tragenden Konfliktlage deutlich höhere Anforderungen als dort gestellt werden, wo es um eine typische Fallgestaltung des § 218a III StGB a.F. geht."[456] Der BGH hat insofern gefordert, daß aufgrund von Ausmaß und Schwere der Schädigung des einen Kindes eine besondere Konfliktlage bzw. Lebenssituation für die Frau besteht. Beachtlich sollten dabei sowohl die physische und psychische Ausgangslage der Frau als auch der zusätzliche positive Aspekt eines weiteren (gesunden) Kindes sein.[457]
In dem der Entscheidung zugrunde liegenden Fall hat der BGH ein überwiegendes Interesse der Frau nicht gesehen, weil insbesondere das (körperlich) geschädigte Zwillingsmädchen geistig vollkommen gesund war. Die Teilhabe des Kindes am Leben, in der Familie bzw. der Gemeinschaft war unter Zuhilfe-

454 BGH a.a.O. S. 887.
455 BGH a.a.O. S. 887 f..
456 BGH a.a.O. S. 888.
457 BGH a.a.O. S. 888.

nahme eines Rollstuhls möglich, so daß der BGH die Güterabwägung zugunsten des Lebensrechts beider Kinder vorgenommen hat.[458]

Nach der neuen gesetzlichen Regelung soll ein selektiver Fetozid gem. § 218a Abs. 2 StGB gerechtfertigt sein, wenn die Schädigung eines Föten eine unzumutbare Belastung für die Schwangere bedeutet. Die Anwendbarkeit des § 218a Abs. 2 StGB soll jedoch wegen der alleinigen Bedeutung der mütterlichen Interessen ausscheiden, wenn der Zustand eines Föten (lediglich) eine Gefahr für die/den anderen Föten darstellt. In diesem Fall sei ein Schwangerschaftsabbruch aber nach den Grundsätzen des Defensivnotstandes zulässig.[459]

bb. Quantitative Mehrlingsreduktion

Im weiteren wurden dann die Idee und die Methoden des selektiven Fetozids bei Zwillingsschwangerschaften auf (höhergradige) Mehrlingsschwangerschaften übertragen. Im Gegensatz zur selektiven Abtreibung eines Zwillings oder Mehrlings wurde hierbei die Schwangerschaft einzelner Föten ohne diagnostizierte Schädigung/Erkrankung abgebrochen, um die Überlebenschancen der verbleibenden Föten zu erhöhen und die Gefahren für die Frau zu verringern (sog. quantitative Mehrlingsreduktion).

Es ging somit lediglich um eine quantitative Verringerung der Anzahl der Kinder. Die Auswahl erfolgte nach dem Kriterium der günstigsten Lage der Frucht im Mutterleib, um einen möglichst komplikationslosen Schwangerschaftsabbruch zu ermöglichen. Die Risiken und Gefahren dieser Mehrlingsreduktion waren aufgrund gleicher oder vergleichbarer Abbruchsmethoden mit denen der selektiven Abtreibung eines Zwillings/Mehrlings vergleichbar.[460] In der diesbezüglichen Diskussion von Medizinern bestand Einigkeit dahingehend, daß die Mehrlingsreduktion nur als ultima ratio und unter Ausschöpfung aller präventiven Möglichkeiten zur Verhinderung hochgradiger Mehrlingsschwangerschaften zulässig sein dürfe. In der juristischen Debatte bestand dagegen zumindest ein Konsens dahingehend, daß allein die Anzahl von Mehrlingen keine

---

458 Gehrlein, NJW 2002, 870 f. sieht in dieser Entscheidung eine Tendenz des BGH hinsichtlich der künftigen Rechtsprechung zu § 218a StGB n.F., bei seelischen Beeinträchtigungen oder Gesundheitsgefahren für die Schwangere nur in Ausnahmefällen („unzumutbare Opfer abverlangender Ausnahmetatbestand") einen Schwangerschaftsabbruch zuzulassen.

459 Nomos-Merkel, StGB, Loseblattsammlung, § 218a Rz. 118 f..

460 Eberbach, JR 1989, 265, 270; Hülsmann, S. 63 ff..

eugenische Indikation begründen könne. Nur im Einzelfall, wenn aufgrund einer hohen Anzahl von Mehrlingen davon ausgegangen werden mußte, daß ohne Reduktion allenfalls schwerstgeschädigte Kinder geboren würden bzw. die gesamte Schwangerschaft abgebrochen würde, sollte ein Schwangerschaftsabbruch aufgrund eugenischer Indikation (wenn auch die übrigen Voraussetzungen vorlagen) nicht von vornherein abgelehnt werden dürfen. Insofern lägen in diesem Fall nämlich „dringende Gründe für die Annahme einer Schädigung" vor. In Betracht kam auch eine Rechtfertigung aufgrund medizinischer Indikation gem. § 218a Abs. 1 Nr. 2 StGB a.F., wenn eine Lebens- oder Gesundheitsgefahr für die Frau durch die Mehrlingsgravidität drohte. Aber auch hier wurde die Auffassung vertreten, daß die Regelungen der §§ 218 ff. StGB vom Gesetzgeber nicht für derartige Problematiken angelegt waren.[461]

Die Problematik der quantitativen Mehrlingsreduktion dürfte sich mittlerweile zumindest teilweise insoweit erledigt haben, als aufgrund der Regelung in § 1 Abs. 1 Nr. 3 ESchG bei einer künstlichen Befruchtung lediglich 3 befruchtete Eizellen innerhalb eines Zyklus auf eine Frau übertragen werden dürfen und infolge der Modifizierung hormonaler Stimulationstherapien Mehrlingsschwangerschaften auch bei natürlicher Befruchtung verringert werden. Zudem können aufgrund der fortschreitenden Entwicklung in der Medizin nunmehr Mehrlingsschwangerschaften ohne gravierende Gefährdungen für Mutter und Kinder ausgetragen werden. Insofern stellt sich die Problematik der Mehrlingsschwangerschaft bzw. erhöhter Gefahren bei Mehrlingsschwangerschaften in Verbindung mit der sog. quantitativen Mehrlingsreduktion wohl nicht mehr.

Nach Merkel ist jedoch die Problematik der quantitativen Mehrlingsreduktion bis heute relevant, sie soll „in den vergangenen drei Jahrzehnten weltweit dramatisch zugenommen" haben.

---

461 Eberbach, JR 1989, 265, 272 f.; Hirsch, MedR 1988, 292, 293 f.; Hülsmann, S. 194 ff.; Schönke/Schröder-Eser, StGB, 24. Aufl., § 218a Rz. 27b - Münchener Kom.-Gropp, StGB, 2003, § 218a Rz. 62 vertritt nunmehr die Auffassung, daß die gesetzliche Neuregelung die Problematik der Mehrlingsreduktion und des selektiven Fetozids entschärfe, soweit die Gesundheitsgefährdung der Frau und nicht die Gefährdung des anderen Zwillings/Mehrlings maßgeblich sei. Weil insofern bei einer Gesundheitsgefährdung der Frau auch die gesamte Schwangerschaft (einschließlich des gesunden Föten) abgebrochen werden könne, sei ein partieller Schwangerschaftsabbruch als „quantitatives Minus" erst recht gerechtfertigt.

Da bei Mehrlingen im fortgeschrittenen Schwangerschaftsstadium das Risiko erheblicher Gesundheitsgefahren bis zur Lebensgefährdung der Schwangeren bestehe, liege daher eine echte medizinische Indikation vor. Diese berechtige zur Selektion, nicht jedoch zu einem Totalabbruch. Fraglich sei dabei, wie viele Mehrlinge abgetötet werden dürften (weltweit: Reduktion auf Zwillinge) und nach welchen Kriterien (freie Auswahl nach klinischen und operationspraktischen) Aspekten.[462]

Es bleibt aber festzuhalten, daß die Diskussionen zur selektiven Abtreibung von Zwillingen/Mehrlingen oder zur quantitativen Mehrlingsreduktion mittels Fetozid nicht auf die Einzelschwangerschaft übertragen wurden; dies wohl insbesondere auch deshalb, weil zur damaligen Zeit, die eugenische Indikation nur befristet, bis zur 22. Schwangerschaftswoche zulässig war. Insofern stellte sich die Problematik des Fetozids zur Verhinderung von Lebendgeburten nach einem Schwangerschaftsabbruch im Spätstadium (noch) nicht.

c. Fetozid als Abbruchmethode bei Schwangerschaftsabbrüchen im Spätstadium

aa. Fehlende statistische Angaben zur Anwendung des Fetozids in der Praxis

Aus der medizinischen Praxis wird vorgebracht, daß heute zunehmend späte Schwangerschaftsabbrüche mittels Fetozid durchgeführt werden, um insbesondere das Dilemma der „Lebendgeburten" nach Schwangerschaftsabbrüchen zu vermeiden. Problematisch ist diesbezüglich, daß alle Schwangerschaftsabbrüche gemeldet werden müssen, lt. statistischem Bundesamt aber keine Schwangerschaftsabbrüche mittels Kaliumchlorid gemeldet wurden.[463] Offizielle Angaben hinsichtlich Anwendung und Auswirkungen des Fetozids liegen dementsprechend nicht vor.

bb. Differierende Auffassungen in Recht und Medizin

Teilweise wird vertreten, das der Fetozid durch die Regelung des § 218a Abs. 2 StGB gerechtfertigt sei, weil als Schwangerschaftsabbruch i.S.d. StGB das Abtöten der Leibesfrucht verstanden wird. Die intrauterine Tötung der Leibesfrucht sei dementsprechend eine zulässige Methode der strafrechtlich zulässigen

---

462 Nomos-Merkel, StGB, Loseblattsammlung, § 218a Rz. 113 ff..

463 Gropp, GA 2000, 1, 7; Hofstätter, S. 143; http://www.tim-lebt.de/methoden/ rechts/ html.; http://www.tim-lebt.de/zahlen/rechts.html. - nach Nomos-Merkel, StGB, Loseblattsammlung, § 218a Rz. 108 ist der Fetozid die „weltweit zumeist praktizierte Methode bei späten Abbrüchen zur Vermeidung der Geburt eines lebenden Kindes".

Schwangerschaftsabbrüche. Eine andere Frage sei aber, ob diese Abbruchsmethode aus medizinisch-ethischer Sicht toleriert werden könne.[464]
Demgegenüber hält Merkel den Fetozid sogar für ethisch erforderlich, weil bei Schwangerschaftsabbrüchen im Spätstadium die Gefahr von sog. Lebendgeburten mit weiteren (zusätzlichen Schäden) bestehe und so der Zweck des (zulässigen) Schwangerschaftsabbruchs verfehlt werde. Wenn jedoch der Schwangerschaftsabbruch erlaubt sei, dann müße auch die Methode gewählt werden, die zum legitimierten Ziel (Beseitigung der Beeinträchtigung der Mutter) führt. Andernfalls müße man derartige Schwangerschaftsabbrüche verbieten.[465] Merkel befürwortet dementsprechend eine gesetzliche Regelung dahingehend, daß Schwangerschaftsabbrüche im Spätstadium dann durch Fetozid auszuführen sind, wenn sich die Indikation auf der seelischen Belastung der Mutter durch die Geburt eines (geschädigten) Kindes gründet und die Entlastung nur erreicht werden kann, wenn das Kind nicht überlebt.
Das Vorliegen der Voraussetzungen sollte durch ein besonderes Kontroll- oder Sicherungsverfahren geprüft werden, welches von einem interdisziplinär besetzten Gremium durchzuführen ist. Der Fetozid soll jedoch nur in speziellen prä- bzw. perinatalen Zentren sowie nur bei vorheriger Narkotisierung des Föten durchgeführt werden dürfen.[466]

In der Ärzteschaft wird der Fetozid teilweise abgelehnt, weil er unzumutbar und mit dem ärztlichen Ethos nicht vereinbar sei. Ausnahmen sollten jedoch dann zulässig sein, wenn z.B. bei Mehrlingsschwangerschaften mit einem geschädigten/kranken Föten bei Verweigerung des selektiven Fetozids die gesamte Schwangerschaft zulässigerweise abgebrochen werden dürfte.[467]
Die Gegenauffassung sieht den Fetozid als mögliche Methode einer Schwangerschaftsbeendigung an, weil auch der Schwangerschaftsabbruch mittels wehenauslösenden Medikamenten eine aktive Tötung sei. Insbesondere ist die Zulässigkeit des Fetozids nur bei Mehrlingsschwangerschaften widersprüchlich, weil

---

464 Hofstätter, S. 146 f.; LK-Kröger, StGB, 11. Aufl., § 218a Rz. 55.

465 Nomos-Merkel, StGB, Loseblattsammlung, § 218a Rz. 109 f.; ders., S. 592 f..

466 Nomos-Merkel, StGB, Loseblattsammlung, § 218a Rz. 112; ders., S. 592 f..

467 Zu den Stellungnahmen der einzelnen Landesärztkammern sh. Büchner, Schriftenreihe der Juristen-Vereinigung Lebensrecht e.V., Nr. 13 (1996), S. 9, 11 f.; Klinkhammer, DÄBl. 95 (1998), C-441; Mitteilung, ZfL 98/1, S. IV; Tröndle, Schriftenreihe der Juristen-Vereinigung Lebensrecht e.V., Nr. 16 (1999), 95, 96 hält den Fetozid für ärztlich absolut inakzeptabel.

der Fetozid entweder nur generell abgelehnt werden könne und auch bei Einzelschwangerschaften zulässig sein müße.[468]
Auch wird der Fetozid als zulässige Methode angesehen, um dem Föten das mit einem Schwangerschaftsabbruch verbundene Leid/Leiden zu ersparen. Zudem soll der Fetozid „im Falle einer Suizidgefahr für die Schwangere legal" sein.[469]

Nach anderer Auffassung ist der Fetozid grundsätzlich unzulässig, weil in Anbetracht des Schutzgutes Leben, als höchstes Gut der grundgesetzlichen Werteordnung, der Fetozid bei extrauteriner Lebensfähigkeit ein Verstoß gegen elementare Gebote der Gerechtigkeit sei. Insbesondere läge auch der gedankliche Schritt zur Tötung mißgebildeter, lebensfähiger Neugeborener nicht fern.[470] Nach Philipp soll der Fetozid eines extrauterin lebensfähigen Kindes in gleicher Weise bestraft werden, wie die Tötung eines geborenen Kindes.[471]

cc. Auffassung der Bundesregierung

Aus der Antwort des Bundesministeriums für Familie, Senioren, Frauen und Jugend im Namen der Bundesregierung auf eine Kleine Anfrage von Bundestagsabgeordneten zur „Spätabtreibung ungeborener Kinder, die Abtreibung überlebende Kinder, Übergang zur Früheuthanasie, staatliches Schutzkonzept, Beobachtungs- und Nachbesserungspflicht"[472] geht hervor, daß auch die Bundesregierung unschlüssig hinsichtlich der Beurteilung des Fetozids ist. Bezüglich der Frage, ob auch Abbruchsmaßnahmen angewendet werden, „die auf eine Tötung des Kindes noch im Mutterleib abzielen (z.B. intrauteriner Fetozid)", wurde auf die Erklärung der Bundsärztekammer zum Schwangerschaftsabbruch nach Pränataldiagnostik verwiesen. Ausweislich dieser Erklärung der BÄK soll ein Fetozid möglich und vertretbar sein, wenn dies „für das Ungeborene je nach dessen Entwicklungsstand das geringste verfahrensbedingte Leiden mit sich bringt".[473] Weiter wurde gefragt, ob die Bundesregierung der Auffassung sei,

---

468 Stellungnahme diverser Fachgesellschaften, Frauenarzt 1998, 650 f..

469 Gropp, GA 2000, 1, 2 f.; BÄK, MedR 1999, 31, 32.

470 Schumann/Schmidt-Recla, MedR 1998, 497, 502 ff.; nach Wiebe, ZfL 3/2002, 73 f. ist die mögliche Anwendung des Fetozids „ein Armutszeugnis für einen Rechtsstaat, der sich in seiner Verfassung zum Schutz von Leben und Menschenwürde bekennt !".

471 Philipp, Frauenarzt 1998, 1504, 1512 ff. – so schon allgemein zu Schwangerschaftsabbrüchen im Spätstadium Gropp, GA 2000, 1, 7 ff..

472 BT-Dr. 14/749.

473 BÄK, MedR 1999, 31, 32.

daß der Fetozid durch den Begriff des Schwangerschaftsabbruchs i.S.d. § 218 a Abs. 2 StGB gedeckt ist, wenn der Fetozid zur Beendigung der Schwangerschaft oder zur Gefahrabwendung für Leben oder Gesundheit der Mutter nicht notwendigerweise erforderlich ist und die extrauterine Lebensfähigkeit des Föten nicht ausgeschlossen werden kann. Hierauf wurde geantwortet, daß es für die Beurteilung der Frage, welche Abbruchsmethode im Einzelfall anzuwenden sei, maßgeblich auf die Erkenntnisse des abbrechenden Arztes und den Stand der ärztlichen Kunst ankomme. Die Tötung in und nach der Geburt beurteile sich demgegenüber nach den §§ 211 ff. StGB.[474]

4. Gesetzesinitiativen

In jüngerer Zeit wurden zwei Gesetzesinitiativen zur speziellen Problematik der Schwangerschaftsabbrüche im Spätstadium in den Bundestag eingebracht.

a. Antrag der Abgeordneten und der Fraktion CDU/CSU von Juli 2002[475]
Nach einem Antrag einzelner Abgeordneter und der CDU/CSU-Fraktion soll die Bundesregierung ein Gesetz zur wirksamen Vermeidung von Spätabbrüchen entwerfen. In dem Antrag der Fraktion heißt es, daß ein derartiges Gesetz zur Klarstellung der Absichten des Gesetzgebers und zur wirksamen Eingrenzung von Schwangerschaftsabbrüchen im Spätstadium erforderlich sei. Insbesondere zeigten die bisherigen Erfahrungen aus der Praxis, daß der derzeitige Lebensschutz bei der Anwendung der §§ 218 ff. StGB den vom Bundesverfassungsgericht aufgestellten Anforderungen nicht genüge. Dies sei gerade bei Schwangerschaftsabbrüchen im Zusammenhang mit geschädigten Föten in der Spätphase einer Schwangerschaft der Fall, so daß eine Verletzung bzw. Vernachlässigung

474 BT-Dr. 14/1045 S. 13 f.; in der Weise auch schon die Antwort der Bundesregierung 1996 in BT-Dr. 13/5364 S. 13 ff. auf die Kleine Anfrage in BT-Dr. 13/5248, wobei damals zusätzlich ausgeführt wurde, daß Spätabbrüche nach dem Stand der medizinischen Wissenschaft durch Induktion der Wehentätigkeit erfolgten, die Anwendung weiterer Methoden sich jedoch der Kenntnis der Bundesregierung entziehe. Auch die ehemalige Bundesjustizministerin Däubler-Gmelin, Der Spiegel 27/1999, S. 35, hält sich zur Frage des Fetozids bei Spätabbrüchen zurück, soweit sie lediglich auf das Dilemma verweißt, daß Leben gegen Leben stehe und sich jeder seiner besonderen Verantwortung bewußt sein müße.

475 BT-Dr. 14/6635.

der verfassungsrechtlich gebotenen Beobachtungs- und Nachbesserungspflicht festzustellen sei.[476]

Dementsprechend enthält der Antrag die Forderung, die werdenden Eltern bereits vor Durchführung pränatal diagnostischer Maßnahmen durch einen fachkundigen Arzt über mögliche Erkenntnisse und Konfliktsituationen aufzuklären und zu beraten. Die medizinische Beratung soll um eine psycho-soziale Beratung erweitert werden, wobei auf derartige Beratungsrechte im Mutterpaß hingewiesen werden soll. Durch spezielle Fortbildungsmaßnahmen für die beratenden Personen/Institutionen soll die Beratung qualitativ verbessert werden. Nach pränataler Diagnostik mit pathologischem Befund sollen sowohl medizinische als auch psycho-soziale Beratungen erfolgen. Nur wenn derartige Beratungen erfolgt sind, soll eine Kostenübernahme für die pränatal diagnostischen Maßnahmen durch die Krankenkassen erfolgen, was in Richtlinien des Bundesausschußes für Ärzte und Krankenkassen verbindlich festzulegen sei.
Hinsichtlich der Indikationsstellung für einen Schwangerschaftsabbruch im Zusammenhang mit einer Schädigung des Föten wird gefordert, daß diese nur nach Begutachtung durch ein interdisziplinär besetztes Gremium (z.B. aus den Bereichen Frauen- und Kinderheilkunde, Psychologie, Humangenetik) erfolgen soll, um die Verantwortung und Entscheidungslast von dem einzelnen, indikationsstellenden Arzt zu nehmen und alle Aspekte des Konflikts würdigen zu können.[477]
Insbesondere soll auch ausdrücklich der gesetzgeberische Wille klargestellt werden, daß nur eine Gefahr für das Leben oder eine schwerwiegende Gesundheitsbeeinträchtigung der Frau einen Abbruch der Schwangerschaft rechtfertigen könne. Der pathologische Befund allein könne diese Gefahr jedoch nicht begründen.[478]
Zur Erleichterung der Entscheidung für ein geschädigtes/behindertes Kind sollten durch ein Leistungsgesetz die Rahmenbedingungen für ein Leben mit Behinderung verbessert werden. Hinsichtlich der Rechtsprechung zur Schadensersatzpflicht von Ärzten bei mangelhafter Pränataldiagnostik und fehlgeschlagenem Schwangerschaftsabbruch soll eine mögliche Haftungsfreistellung für

476 BT-Dr. a.a.O. S. 2 f..
477 BT-Dr. a.a.O. S. 3.
478 BT-Dr. a.a.O. S. 3.

die Ärzte sowie die Möglichkeiten für sonstigen finanziellen Ausgleich der Nachteile für die Eltern geprüft werden.
Weiterhin soll die statistische Erfassung derartiger Problemfälle gewährleistet sein, wobei insbesondere die Anzahl der Fälle, bei denen vor Schwangerschaftsabbruch ein pathologischer Befund vorlag, die Art der jeweiligen Behinderung/Krankheit, die Rechtfertigung der Indikationslage, das Schwangerschaftsstadium zum Zeitpunkt des Abbruchs sowie die Art des Eingriffs und gegebenenfalls Komplikationen gemeldet, ausgewertet und archiviert werden sollen.[479]

b. Antrag der Abgeordneten und der Fraktion der SPD und von Bündnis 90/Die Grünen von Mai 2002[480]
Der Antrag der Abgeordneten und der Fraktion Bündnis 90/Die Grünen und der SPD enthält die Forderung nach Festschreibung eines Rechtsanspruchs auf Beratung im Mutterpaß. Hiernach soll sowohl der Frau als auch dem Mann ein Anspruch auf Information und Beratung in einer anerkannten Beratungsstelle zustehen. Insbesondere soll sich die Beratung nicht nur auf medizinische Informationen erstrecken, sondern auch eine psychosoziale Beratung umfaßen. Die Beratung soll eine Schlüsselfunktion im Zusammenhang mit Schwangerschaft und pränataler Diagnostik einnehmen, so daß die Wahrnehmung der Beratungsmöglichkeiten, insbesondere deren Bekanntheitsgrad erhöht und die Zusammenarbeit mit Beratungsstellen intensiviert werden soll. Im Rahmen des vielfältigen Frühförderungs- und Rehabilitationsangebots der Arbeitsgemeinschaft Rehabilitation sind die Rehabilitationsträger gem. *§ 30 SGB IX* aufgefordert, gemein-same Empfehlungen zu erarbeiten. Auch zur besseren Bekanntmachung der Beratungsmöglichkeiten soll daher der Beratungsanspruch im Mutterpaß festgeschrieben werden, damit die Schwangere frühzeitig von ihren Rechten Kenntnis erlangt. Dementsprechend wird die Bundesregierung aufgefordert, sich dafür einzusetzen, daß der Arbeitsausschuß „Mutterschafts-Richtlinien" des Bundesausschusses der Ärzte und Krankenkassen eine entsprechende Ergänzung des Mutterpaßes vornimmt.[481]

---

479 BT-Dr. a.a.O. S. 4.

480 BT-Dr. 14/9030 mit Formulierungsvorschlag für Mutterpaß.

481 BT-Dr. a.a.O. S. 1 f..

c. Bundestagsdebatte

Beide Anträge wurden zusammen am 17.5.2002 im Bundestag beraten und hinsichtlich des Antrags - Drucksache 14/6635 - die Überweisung an den Ausschuß für Familie, Senioren, Frauen und Jugend, den Rechtsausschuß, den Ausschuß für Arbeit und Sozialordnung und den Ausschuß für Gesundheit und hinsichtlich des Antrags - Drucksache 14/9030 - die Überweisung an den Ausschuß für Familie, Senioren, Frauen und Jugend und den Ausschuß für Gesundheit beschloßen.[482]

In der Debatte um die beiden Anträge wurde aber deutlich, daß es der SPD und dem Bündnis 90/Die Grünen im Gegensatz zur CDU/CSU nicht um die Festschreibung einer Beratungspflicht geht. Auch die FDP lehnt eine Festschreibung einer Beratungspflicht ab. Nach Auffassung der CDU/CSU ist eine Beratungspflicht nach pränataler Diagnostik mit pathologischem Befund zum Schutz ungeborenen Lebens jedoch erforderlich, weil in der Praxis oft nicht ausreichend aufgeklärt und beraten werde. Auch wird die im CDU/CSU-Antrag geforderte Statistik hinsichtlich embryopathischer Indikation aus datenschutzrechtlichen Gründen von der SPD abgelehnt. Im Gegensatz zum Antrag der CDU/CSU, wonach ein interdisziplinär besetztes Gremium über die Zulässigkeit eines Schwangerschaftsabbruchs entscheiden soll, genügt es nach Ansicht der SPD und Bündnis 90/Die Grünen, wenn der behandelnde Arzt eine zweite Meinung eines anderen Kollegen einholt. Die Befristung der medizinischen Indikation wird von SPD und Bündnis 90/Die Grünen abgelehnt.[483]

Der maßgeblich befaßte Ausschuß für Familie, Senioren, Frauen und Jugend hat dann am 18.6.2002 eine Beschlußempfehlung abgegeben, wonach entsprechend des Antrags - Drucksache 14/9030 - ein Rechtsanspruch auf Beratung im Mutterpaß festgeschrieben werden soll. Hinsichtlich des Antrags - Drucksache 14/6635 - erfolgte die Empfehlung, den Antrag abzulehnen, weil kein Rege-

---

482 Deutscher Bundestag - 14. Wahlperiode - 237. Sitzung vom. 17.5.2002, Stenographische Berichte Bd. 212, S. 23697-23703; ZfL 3/2002, 85 ff..

483 Deutscher Bundestag - 14. Wahlperiode - 237. Sitzung vom. 17.5.2002, Stenographische Berichte Bd. 212, S. 23697-23703; ZfL 3/2002, 85 ff..

lungsbedarf bestehe.[484] Der Bundestag hat diese Beschlußempfehlungen am 4.7.2002 angenommen.[485]

5. Zusammenfassung und Anmerkungen

Aufgrund der gesetzgeberischen Intention des Schutzes der mütterlichen Interessen bei Zulässigkeit von Schwangerschaftsabbrüchen werden überwiegend auch Schwangerschaftsabbrüche im Spätstadium (ohne zeitliche Befristung) als zulässig angesehen. Diesbezüglich erscheint es jedoch, in Anbetracht der mit dem Zeitpunkt der Lebensfähigkeit des Föten ex utero zusammenhängenden weiteren Probleme (Schmerzempfindlichkeit, tatsächliche Vergleichbarkeit der Schutzgüter Mensch und lebensfähiger Fötus etc.), angemessen, auch rechtlich (neben der Geburt) eine weitere Zäsur einzuführen und erhöhte Anforderungen an die Zulässigkeit von Schwangerschaftsabbrüchen im Spätstadium zu stellen. Mangels bestimmter bzw. konkret bestimmbarer Kriterien sollte jedoch m.E. eine starre Frist (20. Schwangerschaftswoche) anstelle des abstrakten Begriffs der Lebensfähigkeit ex utero eingeführt werden.

Mit der Zulässigkeit später Abbrüche zusammenhängend muß jedoch der sog. Fetozid noch immer als „Tabuthema" angesehen werden, weil insbesondere in den statistischen Erhebungen zu Schwangerschaftsabbrüchen die Angaben von Schwangerschaftsabbrüchen mittels bzw. mit vorherigem Fetozid fehlen und auch die juristische und medizinische Literatur zum konkreten Problem des Fetozids bei Schwangerschaftsabbrüchen im Spätstadium kaum Stellung beziehen. Die Zulässigkeit bzw. die Anwendung des Fetozids in der Praxis bei Mehrlingsschwangerschaften kann aufgrund der andersartigen Problemkonstellation sicherlich nicht problemlos auf den hier diskutierten Problembereich angewendet werden. Die medizinische Handhabung des Fetozids zur Mehrlingsreduktion zeigt aber durchaus eine gewisse Tendenz in der Medizin „künstlich Geschaffenes" bzw. „rechtlich zulässig Entstandenes" auch mit den Mitteln der „medizinischen Kunst" rechtlich zulässig gegebenenfalls wieder zu korrigieren und gerade auch korrigieren zu dürfen. Dieser möglichen Tendenz einer alleinigen ärztlichen Entscheidungskompetenz ohne allgemeingültige Grundsätze oder

---

[484] BT-Dr. 14/9494; ZfL 3/2002, S. 91 ff. mit einer kurzen Inhaltsübersicht zu den Ausschußberatungen.

[485] Deutscher Bundestag - 14. Wahlperiode - 248. Sitzung vom. 4.7.2002, Stenographische Berichte Bd. 213, S. 25194B.

Regeln sollte auch im Rahmen der Fetozidproblematik entgegengewirkt werden.
Insofern sollte eine Regelung zum Fetozid durch den Gesetzgeber erfolgen, was insbesondere eine größere Transparenz und die Möglichkeit einer Rechtseinheit zur Folge hätte. Dabei ist es m.E. ehrlicher, bei Zulassung von Schwangerschaftsabbrüchen im Spätstadium auch den Fetozid zuzulassen, um das Erreichen des legitimierten Zieles (Verhinderung von – auch nachgeburtlichen - Beeinträchtigungen der Frau durch die Existenz eines geschädigten Kindes) nicht willkürlich dem Zufall zu überlassen.

VII. Lösungsansätze und –konzepte für Schwangerschaftsabbrüche kranker/geschädigter Föten

Aufgrund der vielfältigen Kritikpunkte an der bestehenden gesetzlichen Regelung und der fortschreitenden medizinischen Entwicklung mit all ihren positiven wie negativen Folgen sowie der daraus resultierenden teilweisen Überholung der gesetzlichen Regelungen, insbesondere auch im Zusammenhang mit der Entwicklung der Präimplantationsdiagnostik, werden zunehmend neue Lösungsvorschläge sowie Gesetzesentwürfe diskutiert.

1. Einzelne Lösungvorschläge

Insbesondere die derzeit bestehende Regelung zum Schwangerschaftsabbruch in Verbindung mit den Fällen embryopathischer Indikation und deren Durchführung in der Praxis bedingen umfangreiche Diskussionen zur Suche nach anderen Lösungsmöglichkeiten für derartige Schwangerschaftskonflikte.

a. Wiedereinführung der embryopathischen Indikation
Teilweise wird nunmehr die Wiedereinführung der embryopathischen Indikation als gesetzlich fixierte Regelung gefordert. Nach dieser Auffassung ist die embryopathische Indikation mit der Verfassung vereinbar und habe dementsprechend bis zum Inkrafttreten des SFHÄndG am 1.10.1995 gegolten, ohne vom BVerfG beanstandet worden zu sein.[486] Auch wird argumentiert, daß die embryopathische Indikation mit der Neuregelung des § 218a StGB gerade nicht

[486] Schumann/Schmidt-Recla, MedR 1998, 504; Cramer, ZRP 1992, 136, 137 hielt schon während der Entwurfsdiskussionen zum SFHG die Festschreibung der embryopathischen Indikation für unabdingbar.

entfallen sei, sondern vielmehr unter den Voraussetzungen des § 218a Abs. 2 StGB gerechtfertigt werde. Die Neuregelung des § 218a StGB im Jahr 1995 sei zur Vermeidung jeglichen Anscheins der Diskriminierung Behinderter als notwendig angesehen worden. Nunmehr solle die gesetzliche Fixierung der Indikation der Klarstellung des damaligen gesetzgeberischen Willens dienen, den Vorwurf der „gesetzgeberischen Verhüllungskunst“[487] entkräften und insofern auch der tatsächlichen Praxis gerechter werden.[488]

b. Restriktive Auslegung der medizinischen Indikation des § 218a Abs. 2 StGB n.F.

Von den Gegnern der embryopathischen Indikation wird eine strenge Auslegung in Form eines engen Anwendungsbereichs der medizinischen Indikation gefordert. Die medizinische Indikation in Verbindung mit einem geschädigten Föten soll hiernach keinesfalls zulässig sein, wenn lediglich Belastungen der Frau aufgrund der Behinderung des Föten drohen. Allein diese Belastungen dürften nicht als Rechtfertigungsgrund ausreichen.[489]

c. Befristung der embryopathischen bzw. medizinischen Indikation

Im Zusammenhang mit der Erkenntnis, daß das Leben mit fortschreitender Entwicklung an Werthaftigkeit zunehme und die Entwicklung eines Menschen sowohl durch den Zeitpunkt der Lebensfähigkeit als auch den Zeitpunkt der Geburt entscheidend geprägt werde, hat sich eine Auffassung entwickelt, wonach auch die embryopathische Indikation einer Befristung unterworfen werden sollte. Da nur mit der Geburt als eine entscheidende Zäsur in der menschlichen Entwicklung eine Schutzsteigerung im Strafgesetzbuch verbunden sei, müsse eine vergleichbare Schutzwirkung auch ab dem Zeitpunkt der Lebensfähigkeit gesetzlich normiert werden. Insofern soll der Zeitpunkt der Lebensfähigkeit die Obergrenze eines Schwangerschaftsabbruchs aufgrund embryopathischer Indi-

---

487 Tröndle, NJW 1995, 3009, 3015.

488 Deutsch, ZRP 2003, 332, 336; Eser/Koch, Ssa im internationalen Vergleich, Befunde-Einsichten-Vorschläge, S. 28; Eser/Koch, Ssa im internationalen Vergleich, Teil 3, S. 615; Nomos-Merkel, StGB, Loseblattsammlung, § 218a Rz. 112; Empfehlung der Enquete-Kommission „Recht und Ethik der modernen Medizin“, BT-Dr. 14/9020 S. 83 f. zur gesetzlichen Regelung der sog. Spätabbrüche.

489 Beckmann, MedR 1998, 155, 160; Büchner, Schriftenreihe der Juristen-Vereinigung Lebensrecht e.V., Nr. 16 (1999), 9, 15 fordert sogar die medizinische Indikation dergestalt gesetzlich einzugrenzen, daß eine embryopathische Indikation ausgeschlossen ist.

kation darstellen. Nach Eintritt der Lebensfähigkeit außerhalb des Mutterleibs soll ein Schwangerschaftsabbruch nur noch bei streng vitaler Indikation der Mutter (ernstliche Lebensgefahr) möglich sein oder, wenn der Fötus aufgrund der Schädigungen die Geburt nicht überleben würde und diese Voraussetzungen von zwei (von dem, den Abbruch vornehmenden Arzt unabhängigen) Ärzten schriftlich festgestellt und dem abbrechenden Arzt vorgelegt wurde.[490]
Nach Gropp soll hingegen die Anwendbarkeit der §§ 211 ff. StGB auf den Bereich ab Lebensfähigkeit des Föten ausgedehnt werden, die intrauterine Tötung eines extrauterin lebensfähigen Föten wäre demnach als Mord oder Totschlag strafbar. Dies soll insbesondere deshalb vertretbar sein, weil gleichzeitig mit der Aufhebung der privilegierten Kindstötung für unverheiratete Mütter in § 217 StGB mit Wirkung ab 1.4.1998 die gesetzliche Festschreibung der Differenzierung zwischen Schwangerschaftsabbruch und Tötung („in oder gleich nach der Geburt" als Kindstötung) mit aufgehoben wurde. Diese Auslegung, daß der Fötus mit Ablauf der 22. Woche nach Empfängnis als Mensch im Sinne des Rechtsbegriffs Mensch anzusehen ist, sei mit der Streichung des § 217 StGB in Verbindung mit § 218a Abs. 4 S. 1 StGB möglich geworden. Der Zeitpunkt der Lebensfähigkeit soll nach Gropp auch durch eine abstrakte Frist (z.B. 20. Woche nach Empfängnis) festgelegt werden, um der zu erwartenden Schutzbehauptung der Lebensunfähigkeit, bei Umschreibung der Lebensfähigkeit nach bestimmten Merkmalen, vorzubeugen.[491]

d. Stufenkonzept als Alternative zur Befristung

Nach Cramer[492], der eine Befristung der embryopathischen Indikation für unverhältnismäßig und - für die Schwangere - unzumutbar hält, soll ein sog. Stufenkonzept dem Grundsatz des Lebensschutzes besser bzw. effektiver gerecht werden können.
Auf der ersten Stufe sollte hiernach zunächst die Regelung der embryopathischen Indikation konkretisiert und der Zugang zur pränatalen Diagnostik durch Indikationskataloge reglementiert werden. Aufgrund des Indikations-

---

490 BÄK, MedR 1999, 31 33; Deutsch, ZRP 2003, 332, 336; Eser/Koch, Ssa im internationalen Vergleich, Befunde-Einsichten-Vorschläge, S. 22, 27 f.; Eser/Koch, Ssa im internationalen Vergleich, Teil 3, S. 577 ff., 614 f. jeweils mit Entwurf eines Gesetzes zur Regelung des Schwangerschaftsabbruchs; Kaminski, idea Dokumentation 15/98, S. 11, 16.

491 Gropp, GA 2000, 1, 7 ff., 13 f..

492 Cramer, ZRP 1992, 136.

kataloges sollten nur bei einem individuellen, spezifischen und statistisch über dem Durchschnitt liegenden Krankheitsrisiko pränatal diagnostische Maßnahmen zulässig sein. Zusätzlich müßten Anhaltspunkte vorliegen, daß entweder die prognostizierte Krankheit pränatal oder postnatal therapierbar oder aber so schwer ist, daß von vornherein nur eine embryopathische Indikation in Betracht kommt. Der Indikationskatalog für die Pränataldiagnostik sollte von der Ärzteschaft festgelegt und mit der Berufsordnung der deutschen Ärzte verbunden werden.

Auf der zweiten Stufe soll dann ein negativer Indikationskatalog für die embryopathische Indikation durch ein interdisziplinär besetztes Gremium erstellt werden. Hierin sollten Schädigungen und Krankheiten exemplarisch aufgelistet werden, die grundsätzlich nicht geeignet sein sollen, die Unzumutbarkeit der Fortsetzung der Schwangerschaft zu begründen. Abweichungen vom Negativkatalog sollten nur in eng begrenzten Ausnahmefällen möglich sein. Ein derartiger Katalog soll den indikationsstellenden Ärzten einen Beurteilungsmaßstab liefern und zusätzlich eine Mahnungs- und Mißbilligungsfunktion enthalten.

e. Umfassende fakultative Beratungsangebote

Hinsichtlich der vielfältigen Kritik an der fehlenden Beratungspflicht gibt es zahlreiche Lösungsvorschläge. Einigkeit besteht insoweit darin, daß allein die Möglichkeit einer allgemeinen ärztlichen Beratung vor einem Schwangerschaftsabbruch wegen embryopathischer Indikation zur Durchsetzung des Lebensschutzes für Ungeborene nicht ausreichen kann. Über Inhalt und Art und Weise einer erweiterten Beratung bestehen wiederum Meinungsverschiedenheiten.

aa. Zweifel an ärztlicher Kompetenz

Soweit die Kompetenz und Effizienz einer allein ärztlichen und allgemeinen Beratung angezweifelt wird, wird vertreten, daß auch eine Art Sozialberatung, durchgeführt von einer nichtärztlichen Institution, erforderlich sei.[493] Nach einer Stellungnahme diverser medizinischer Fachgesellschaften[494] sollte die Primärberatung durch einen spezialisierten Pränatalmediziner erfolgen, der dann - so-

493 Beckmann, MedR 1998, 155, 159; Hofstätter, S. 230 ff., 238 ff.; Tröndle, NJW 1995, 3009, 3015; Mitteilung der BÄK, MedR 1999, 31 ff..

494 Stellungnahme, Frauenarzt 1998, 650, 651; so auch die Forderung von Baumann-Hölzle/Kind, in Kettner, S. 131, 149 nach interdisziplinärer Zusammenarbeit.

weit erforderlich - auf weiterführende fachkompetente Beratungsangebote durch Neonatologen/Pädiater, Humangenetiker, Kinder- oder Neurochirurgen etc. verweisen soll. Auch wegen zeitlicher und inhaltlicher Überforderung des Arztes wird vertreten, daß dieser die Schwangere an die Beratungsstellen nach § 219 StGB vermitteln solle[495] oder unabhängige Institutionen als alternative Beratungsmodelle eingebunden werden sollten[496]. Nach anderer Auffassung sind die Mediziner in Psychologie und medizinisch-ethischer Urteilsbildung weiterzubilden und zu schulen, um entsprechend kompetent beraten zu können.[497]

bb. Humangenetische Beratung

Ein großer Teil des Schrifttums befaßt sich mit der Frage, ob nicht eine humangenetische Beratung erforderlich sei. Bei einer humangenetischen Beratung werden die Familienstammbäume sowie Familienkrankheiten oder sonstige Auffälligkeiten der, teilweise erst potentiellen/werdenden, Eltern erfragt und ausgewertet. Hierdurch soll die Wahrscheinlichkeit des Eintritts von Erbkrankheiten ermittelt werden. Eine Aussage über den Schweregrad einer möglichen Schädigung kann dabei kaum getroffen werden.[498]

Soweit die humangenetische Beratung bereits vor Beginn einer Schwangerschaft erfolgt, ist dies mangels Schwangerschaftsabbruchskonflikt unproblematisch und hier nicht näher zu erörtern. Bei bereits bestehender Schwangerschaft gibt es eine Anweisung der Bundesärztekammer, wonach Ärzte bei „einschlägiger" Anamnese, wie beispielsweise die frühere Geburt geschädigter Kinder, frühere Fehl- oder Totgeburten aus nicht geklärten Gründen sowie bei Schwangeren die älter als 35 Jahre sind, die Schwangere genetisch zu beraten oder an eine genetische Beratungsstelle zu überweisen haben.[499]

Im Zusammenhang mit der Problematik einer humangenetischen Beratung wird die Auffassung vertreten, daß diese bereits *vor* pränatal-diagnostischen Maßnahmen erfolgen sollte. Erst wenn sich nach der humangenetischen Beratung eine gewisse Wahrscheinlichkeit für (erbbedingte) Schädigungen ergibt, sollen

---

495 Heinemann, S. 309.

496 Hofstätter, S. 235 ff..

497 Baumann-Hölzle/Kind, in Kettner, S. 132, 149; Antrag von BT-Abgeordneten, BT-Dr. 14/6635 S. 3.

498 Beermann, S. 42 ff.; Kern, MedR 2001, 9 f.; Schulz, S. 117.

499 Beermann, S. 42.

pränataldiagnostische Untersuchungen möglich sein.[500] Teilweise wird sogar eine strenge Reglementierung in Form von Indikationskatalogen für den Zugang zur Pränataldiagnostik gefordert.[501] Durch eine Reglementierung des Zugangs zur Pränataldiagnostik soll verhindert werden, daß bei jeder Schwangeren ohne medizinische Indikation und teilweise mit einer Gefährdung des Föten sog. Screening-Programme durchgeführt werden. Zumindest wird aber bei derartigen Programmen eine umfassende Beratung für erforderlich gehalten.[502]

cc. Vorschläge zum Beratungsinhalt

(1) Beratung vor PD

Vor Durchführung pränatal-diagnostischer Maßnahmen sollte zunächst eine Beratung dahingehend durchgeführt werden, in welchen Entscheidungskonflikt sich die Schwangere bei pathologischem Befund der PD begibt und ob sie sich diesem Konflikt wirklich aussetzen will.[503] Eine umfassende qualitativ hochwertige Beratung vor der Durchführung pränataler Diagnostik soll so späteren Panikreaktionen vorbeugen. Auch sollen von pränataler Diagnostik unabhängige Stellen fach- und sozialkundig beraten.[504]

(2) Beratung nach PD

Nach der pränatalen Diagnostik und dem Vorliegen eines pathologischen Befundes sollte eine (weitere) Beratung erfolgen, um der Schwangeren bzw. den Eltern die Möglichkeiten - Therapie, Nichtbehandlung, Schwangerschaftsabbruch - und die Risiken und Folgen der verschiedenen Möglichkeiten aufzuzeigen. Hierbei soll der Arzt gehalten sein, insbesondere auch für das Leben des Embryos zu sprechen bzw. die Belange des ungeborenen Kindes in das Bera-

---

500 Beermann, S. 42 ff.; nach Kern, MedR 2001, 9, 11 soll es ausreichen, wenn die PD angezeigt/indiziert ist; Schroeder-Kurth, in Schroeder-Kurth/Wehowsky, S. 29, 34 f..

501 Hochreuter, KritV 1996, 171, 180 f.; Murken, S. 8 ff.; in abgeschwächter Form sh. Laufs, S. 98 ff..

502 Schäfer, in Kettner, S. 187, 192 ff., 202 f.; nach Auffassung der Enquete-Kommission „Recht und Ethik der modernen Medizin“, Schlussbericht, BT-Dr. 14/9020 S. 83 f. sollte die pränatale Diagnostik durch Überarbeitung der ärztlichen Richtlinien und Gewährleistung einer Beratung eingeschränkt werden.

503 Carstensen, HÄB 1992, 321 f.; Haker, in Kettner, S. 223, 233; Hennies, ArztR 1998, 127, 129; Maier, S. 132 ff.; Nippert, in Kettner, S. 153, 170 f.; Richtlinien der Bundesärztekammer zur pränatalen Diagnostik von Krankheiten und Krankheitsdispositionen, DÄB 1998, C-2284 f.; Riedel, S. 140 f..

504 Becker u.a., S. 31; Hofstätter, S. 227 ff., 250 f..

tungsgespräch mit einzubeziehen.[505] Der qualifizierte Arzt soll nach einer „Erklärung und Empfehlung der Bundesärztekammer“[506] zunächst den Befund und insbesondere auch die Art der Schädigung/Erkrankung und die zu erwartende Ausprägung beim Föten in einem ergebnisoffenen, nicht-direktiven Gespräch erläutern.[507] Die therapeutischen Möglichkeiten sollen erörtert werden sowie mögliche Folgen der Schädigung für das Leben der Schwangeren und ihrer Familie. Weiterhin sollen auch finanzielle, medizinische und psychosoziale Hilfsangebote unterbreitet und Kontakte zu unterstützenden Institutionen und Gruppen etc. vermittelt werden. Hierbei sollte in den Beratungsgesprächen hinsichtlich therapierbarer und nichttherapierbarer Schädigungen/Krankheiten differenziert werden, um die jeweils relevanten Informationen liefern zu können.

Auch sollten qualifizierte Beratungsangebote geschaffen werden, welche in den Mutterschaftsrichtlinien oder im Mutterschaftspaß geregelt und durch eine breit angelegte Informationskampagne, insbesondere durch die Bundeszentrale für gesundheitliche Aufklärung, publik und allgemein bekannt gemacht werden sollen.[508]

Nach teilweise vertretener Ansicht soll der Arzt wenn er den Eindruck hat, daß die Voraussetzungen eines Schwangerschaftsabbruchs nach § 218a Abs. 2 StGB gegeben sind, berechtigt sein, dies zum Gegenstand des Beratungsgesprächs zu machen und wäre hierzu auch im Rahmen seiner Aufklärungspflicht gehalten.[509] Soweit die Schwangere danach oder von vornherein einen Schwangerschaftsabbruch erwägt, sollten nach Auffassung der Bundesärztekammer weitere Beratungsgespräche erfolgen. Hierbei sind dann die formalen und juristischen Voraussetzungen eines derartigen Abbruchs zu erörtern, wobei darüber aufgeklärt werden soll, daß die Schädigung/Erkrankung allein nicht Gegenstand der

505 Carstensen, HÄB 1992, 321 f.; Hofstätter, S. 229; Kern, MedR 2001, 9, 11.

506 MedR 1999, 31 ff..; ähnlich auch die Richtlinien der Bundesärztekammer zur pränatalen Diagnostik von Krankheiten und Krankheitsdipositionen, DÄB 1998, C- 2284 f.; so auch Hofstätter, S. 228 ff.; Porz, gyn 2002, 51 f..

507 Hofstätter, S. 229; nach Auffassung der Enquete-Kommission „Recht und Ethik der modernen Medizin“, Schlussbericht, BT-Dr. 14/9020 S. 83 f. sollte hinsichtlich der Beratung zwischen therapierbarem und nichttherapierbarem Befund unterschieden werden.

508 Schlussbericht der Enquete-Kommission „Recht und Ethik der modernen Medizin“, BT-Dr. 14/9020 S. 83 f.; Antrag von BT-Abgeordneten, BT-Dr. 14/9030; Antrag von BT-Abgeordneten, BT-Dr. 14/6635 S. 3.

509 So auch Stellungnahme diverser medizinischer Fachgesellschaften, Frauenarzt 1998, 650, 651; Bundesregierung, BT-Dr. 14/1045 S. 16.

Indikation ist, „sondern ausschließlich die Unzumutbarkeit für die Schwangere, die für sie entstehende Gefahr einer Beeinträchtigung ihres körperlichen oder seelischen Gesundheitszustandes“ die nicht auf andere Weise als durch einen Schwangerschaftsabbruch abgewendet werden kann.[510]

Zudem sollte eine Beratung nach PD erfolgen, weil sich aus der Praxis der Verdacht ergeben habe, daß nach krankhaftem Befund dieser mit der Indikation gem. § 218a Abs. 2 StGB gleichgesetzt werde[511] und die Meinung in der Bevölkerung verbreitet sei, allein der (Krankheits-)Befund berechtige zu einem Schwangerschaftsabbruch.[512]
In den weiteren Gesprächen sind also insbesondere die drohende gesundheitliche Gefährdung der Schwangeren sowie deren Art und Schwere und diesbezügliche medizinische, psychosoziale und finanzielle Hilfsangebote, die die Gesundheitsgefahr auf andere Art beseitigen könnten, zu erörtern. Auch soll bei fortgeschrittener Schwangerschaft auf die Möglichkeit hingewiesen werden, daß ein lebendes und lebensfähiges Kind „geboren wird“, bei dem der Arzt dann verpflichtet ist, dieses zu behandeln. Weiterhin soll bei einer frühen Einleitung der Geburt auf die zusätzlichen Risiken für das Kind aufmerksam gemacht werden.[513] Wenn sich die Schwangere für einen Schwangerschaftsabbruch entscheidet, soll sie über die verschiedenen Abbruchsmethoden und ihre Risiken und mögliche, auch psychische, Folgeprobleme eines Schwangerschaftsabbruchs aufgeklärt werden.[514]

dd. Bedenkzeit
Im übrigen soll zwischen Beratung und Durchführung des Abbruchs eine angemessene Bedenkzeit normiert werden,[515] weil sich dies als sinnvoll für die Entscheidungsfindung und notwendig für eine seelische Verarbeitung der Konfliktsituation herausgestellt habe. Zudem soll durch diese Bedenkzeit dem Automa-

---

510 Erklärung der BÄK, MedR 1999, 31 ff.; Richtlinien der BÄK, DÄBl. 1998, C-2284 f.; Hofstätter, S. 228 ff.; Porz, gyn 2002, 51 f..

511 Hofstätter, S. 212; Laufs, S. 98.

512 Gropp, GA 2000, 1, 2 führt dies aber aber auf das Fehlen jeglicher Befristung zurück.

513 Porz, gyn 2002, 51 f.; Bundesregierung, BT-Dr. 14/1045 S. 16 f..

514 Erklärung der BÄK, MedR 1999, 31, 33; Richtlinien der BÄK, DÄBl. 1998, C 2284 f..

515 BÄK, MedR 1999, 31, 33; Stellungnahme diverser medizinischer Fachgesellschaften, Frauenarzt 1998, 650, 651.

tismus zwischen Indikationsstellung und Abbruch vorgebeugt und die Chance zu weiteren Beratungsmöglichkeiten gegeben werden.[516]
Soweit dies erforderlich erscheint, soll der beratende Arzt zusätzlich Ärzte oder Berater spezieller Fachbereiche hinzuziehen.[517] Die Beratungsgespräche sollen dokumentiert und die Indikation durch mindestens zwei beratende Ärzte einvernehmlich gestellt werden.[518]

ee. Ethisch-moralische Beratung
Vereinzelt wird auch eine ethisch-moralische Beratung der Schwangeren gefordert, weil in den Beratungsgesprächen vor und nach pränataler Diagnostik und in den humangenetischen Beratungen die Zurückhaltung der Beratenden hinsichtlich (eigener) Wert- und Moralvorstellungen erwartet werde. Weil dies zu einer Tabuisierung der ethisch-moralischen Problematik führe, soll eine gezielte ethisch-moralische Beratung Hilfestellungen in der Entscheidungsfindung geben und ein Gegengewicht zu sozialem Druck und subtilen Zwängen darstellen. Diese Art von Beratung soll jedoch nur auf freiwilliger Basis erfolgen können, wobei die Beratung nach einer Diagnose mit Krankheitsbefund als wesentlich effektiver als vor der pränatalen Diagnostik angesehen wird. Dabei sollte auch die Erörterung der Problematik eines lebend geborenen Kindes und der dann bestehenden Behandlungspflicht des Arztes ein Gesichtspunkt der ethisch-moralischen Beratung sein. Im weiteren sollte die Beratung zu einem Austausch von Wertvorstellungen führen und die Schwangere mit verschiedenen Wertvorstellungen vertraut machen. Vor pränataler Diagnostik soll der Hinweis auf deren Konsequenzen und den entstehenden Entscheidungszwang ausreichend sein.[519]

f. Einführung einer Pflichtberatung vor Schwangerschaftsabbrüchen aufgrund embryopathischer Indikation
Soweit also Einigkeit besteht, daß eine umfassende Beratung zur Erreichung eines möglichst weitgehenden Lebensschutzes unabdingbar ist, wird teilweise gefordert, daß die Schwangere zur Wahrnehmung der Beratungsmöglichkeiten verpflichtet werden müße. Diesbezüglich wird argumentiert, daß die Beratungs-

516 Hofstätter, S. 247 ff..

517 Stellungnahme diverser medizinischer Fachgesellschaften, Frauenarzt 1998, 650, 651.

518 Richtlinien der Bundesärztekammer zur pränatalen Diagnostik von Krankheiten und Krankheitsdispositionen, DÄBl 1998, C-2284 f..

519 Haker, in Kettner, S. 223, 232 ff..

pflicht gem. §§ 218a Abs. 1 Nr. 1, 219 StGB in Verbindung mit den Regelungen des Schwangerschaftskonfliktgesetzes als zentrale Regelung der Legitimation des Beratungskonzeptes angesehen wird. Nur aufgrund dieser Pflichtberatung sei ein möglichst umfassender Lebensschutz der Ungeborenen überhaupt erreichbar, so daß gerade in den Fällen embryopathischer Indikation allein ein Beratungsangebot nicht ausreichen könne. Der Lebensschutz bedinge gerade auch in diesen Fällen eine Pflicht zur Beratung.[520]

g. Behandlungspflicht für die Schwangere hinsichtlich der Schädigung/Erkrankung des Ungeborenen im Mutterleib

Im Rahmen der früheren gesetzlichen Regelung in Form der sog. eugenischen Indikation wurde die Frage angedacht, ob die Schwangere vor Inanspruchnahme der Möglichkeit eines Schwangerschaftsabbruchs verpflichtet ist bzw. verpflichtet werden könne, alle möglichen Therapien und Behandlungen an sich bzw. an dem Föten durchführen zu lassen. Nach dem Tatbestand des § 218 Abs. 1 S. 2 und Abs. 2 Nr. 1 StGB a.F. (1976) war nämlich erforderlich, daß die Gefahr für die Schwangere nicht auf eine andere, für die Schwangere zumutbare Weise abgewendet werden konnte und - im Falle der eugenischen Indikation - die zu erwartende Schädigung nicht behebbar sein durfte. Dementsprechend wurde als vertretbar angesehen, bei bestehender Notwendigkeit intrauteriner Fruchtbehandlung mit entsprechend großen Erfolgschancen und geringen Risiken für die Mutter eine Behandlungspflicht zu bejahen. Dies sollte insbesondere bei medikamentöser Behandlung der Schwangeren anzunehmen sein, bei chirurgischen Eingriffen jedoch nur in spezifischen Einzelfällen. Gleichzeitig wurde aber die Möglichkeit einer zwangsweisen Zuführung zur Behandlung verneint. Vielmehr sollte ein Schwangerschaftsabbruch unzulässig sein, solange die Schwangere eine zumutbare Behandlung verweigert.[521]

---

520 Beckmann, MedR 1998, 155, 159; Henn, DÄBl. 98 (2001), S. A-2088; Klinkhammer, DÄBl. 95 (1998), S. C-441; Otto, ZfL 1999, 55, 57; Eichhorn, Deutscher Bundestag - 14. Wahlperiode - 237. Sitzung vom. 17.5.2002, Stenographische Berichte Bd. 212, S. 23697-23703 und ZfL 3/2002, 85, 86 ff., begründet eine Beratungspflicht auch mit Erfahrungen aus der Praxis, wonach in Pränatalzentren der Abbruch unmittelbar nach Erhalt des pathologischen Befundes angeboten werde, was die Frauen in der Schocksituation oft ohne weitere Überlegungen annehmen würden; Riedel, S. 136.

521 Eberbach, JR 1989, 265, 269; Heinemann, S. 298 ff., 353 f.; nach Kapp, MedR 1986, 275, 279 erlangt diese Problematik aber keine größere Bedeutung, weil die meisten Frauen ihren Kind behalten wollten; insgesamt ablehnend Hochreuter, KritV 1996, 171, 185 ff..

Merkel vertritt hingegen in diesen Fällen die Auffassung, daß der Schwangeren trotz einer pflichtwidrigen Verweigerung zumutbarer Behandlungen durch Verweigerung des Schwangerschaftsabbruchs eine schwere Gesundheitsgefahr nicht zugemutet werden könne. Der Schwangerschaftsabbruch müße dementsprechend zulässig sein.[522]

h. Regelungen im Standesrecht der Ärzteschaft

Weiterhin wird vertreten, daß durch den Erlaß von Richtlinien im Rahmen des ärztlichen Standesrechts die Schwangerschaftsabbrüche im Spätstadium geregelt bzw. derartige Richtlinien bei der Auslegung der gesetzlichen Regelungen herangezogen werden sollten. Auch sollen die bestehenden Richtlinien im Sinne einer Beschränkung der pränatalen Diagnostik überarbeiten werden.[523]

i. Positivkatalog

Im Gegensatz zum Stufenkonzept mit seinem Negativkatalog wurde schon früher erörtert, einen Katalog aufzustellen, in dem die verschiedenen Schädigungen und Krankheitsbilder in verschiedene Kategorien wie schwere oder leichte Schädigungen differenziert werden könnten. Je nach Schwere bzw. Kategorie der Schädigung könne dann eine Einteilung in für die Schwangere zumutbare und unzumutbare Belastungen erfolgen.[524]

j. Beschränkung pränatal diagnostischer Maßnahmen

Ähnlich der 1. Stufe des Stufenkonzepts von Cramer befürwortet eine Auffassung aufgrund der Differenz zwischen den bestehenden diagnostischen/prognostischen Möglichkeiten und den vergleichsweise wenigen Therapiemöglichkeiten eine Einschränkung der Wahrnehmung der pränatalen Diagnostik. Insbesondere aufgrund des Automatismus in der Praxis, daß mit einem pathologischen Befund nach pränataler Diagnostik in der Regel ein Schwangerschaftsabbruch verbunden ist, sei eine Beschränkung der Pränataldiagnostik erforderlich. Die Pränatale Diagnostik solle nurmehr als Einzelfallangebot und nicht mehr als Routinemaßnahme angewendet werden.[525]

---

522 Nomos-Merkel, StGB, Loseblattsammlung, § 218a Rz. 125.

523 Empfehlungen der Enquete-Kommission „Recht und Ethik der modernen Medizin“, BT-Dr. 14/9020 S. 83 f.; Hofstätter, S. 198, 301.

524 Schrömbgens, S. 217 ff..

525 Hofstätter, S. 303 f.; Empfehlung der Enquete-Kommission „Recht und Ethik der modernen Medizin“, BT-Dr. 14/9020 S. 83 f..

k. Gesetzesbegründung/Auslegungshilfe
Nach Hofstätter[526] resultiert die unbefriedigende Situation nicht aus der gesetzlichen Regelung an sich, sondern aus der fehlerhaften Gesetzesanwendung. Dementsprechend schlägt er die Fixierung einer Auslegungshilfe in der ärztlichen Berufsordnung vor. Hierin soll auch klargestellt werden, daß die Schädigung oder Erkrankung allein noch keinen Schwangerschaftsabbruch rechtfertigen könne.

l. Änderung der Lebensbedingungen für Familien mit geschädigten/behinderten/kranken Kindern
Als grundsätzliche Rahmenbedingungen für einen effektiven Lebensschutz sollen die Bedingungen für ein Leben mit einem geschädigten Kind verbessert werden. Insbesondere soll das Leben von Behinderten als normal zu akzeptierende Lebensform in den gesellschaftlichen Alltag integriert werden. Dies soll zum einen durch integrative Kindergärten und Schulen erreicht werden. Zum anderen sollen den Betroffenen umfassende finanzielle und zeitliche Unterstützung, z.B. durch Frühförderung und Betreuungsdienste zugute kommen, um das Zusammenleben von Behinderten und Nichtbehinderten in einer Familie zu ermöglichen bzw. zu erleichtern.[527]

Müller[528] verweist im Rahmen der Verantwortung der Allgemeinheit auf den gesetzlichen Anspruch Behinderter gegen die gesetzlichen Krankenkassen auf Pflege und ärztliche Betreuung nach § 10 Abs. 2 Nr.4 SGB V[529], soweit sie außerstande sind sich selbst zu unterhalten. Dieser Anspruch steht auch dem Behinderten selbst - im Gegensatz zum (zivil)haftungsrechtlichen Schadens-

---

526 Hofstätter, S. 307 f..

527 Hofstätter, S. 308; Otto, Jura 1996, 135, 142 fordert lapidar weitere gesetzliche Maßnahmen zur Minderung der Konfliktsituation und ihrer Folgen; Enquete-Kommission „Recht und Ethik der modernen Medizin", BT-Dr. 14/9020 S. 83 f.; in einem Antrag von BT-Abgeordneten, BT-Dr. 14/6635 S. 4 wird ganz allgemein eine Verbesserung der Rahmenbedingungen gefordert.

528 Müller, NJW 2003, 697, 706.

529 *§ 10 SBG V (Familienversicherung):*

(2) Kinder sind versichert,

4. ohne Altersgrenze, wenn sie als behinderte Menschen (§ 2 Abs. 1 S. 1 des Neunten Buches) außerstande sind, sich selbst zu unterhalten, Voraussetzung ist, daß die Behinderung zu einem Zeitpunkt vorlag, in der das Kind nach Nr. 1, 2 oder 3 versichert war.

ersatzanspruch der Eltern eines geschädigten Kindes gegen den fehlerhaft handelnden Arzt in Form von Ersatz des Unterhaltsaufwands - zu und zwar ohne Altersbeschränkung des Behinderten. Andererseits besteht dieser Anspruch jedoch nur für diejenigen, deren Eltern gesetzlich krankenversichert sind, zudem sollen auch nicht alle Ansprüche durch das SGB abgedeckt sein. Nach Müller schließt der Anspruch gegen die gesetzlichen Krankenkassen auch den haftungsrechtlichen Anspruch gegen den behandelnden Arzt aus, so daß die leistende Krankenkasse nicht Regreß nehmen könne. Diese Auffassung wurde auch durch den BGH[530] bestätigt, als dieser eine Entscheidung nicht zur Revision annahm, in der der Regreßanspruch der Krankenversicherung wegen inkongruenter Leistungen verneint wurde. Das Berufungsgericht (OLG Naumburg) hatte insofern ausgeführt, daß das Kind gegenüber der Krankenversicherung anspruchsberechtigt sei, nicht jedoch gegenüber dem fehlerhaft handelnden Arzt (st. Rspr.). Soweit die Kosten für Pflege und ärztliche Betreuung von der Krankenversicherung abgedeckt werden, soll auch den Eltern gegen den Arzt kein Schadensersatzanspruch zustehen, weil sie insofern nicht bedürftig seien. Weiterhin hatte das OLG auch ausgeführt, daß eine Korrektur des Entscheidungsergebnisses aus Billigkeitsgründen (Drittschadensliquidation) nicht in Betracht kommt, weil dieses Ergebnis die Konsequenz aus dem in § 10 SGB V fixierten Willen des Gesetzgebers ist.[531] Eine gegenteilige Auffassung hatte das OLG Düsseldorf[532] vertreten, welches der Krankenversicherung einen Regreßanspruch gegen den Arzt zugebillig hat.

m. Normierung einer statistischen Erhebungspflicht

Als Grundlage dafür, daß der Gesetzgeber seiner, ihm durch das BVerfG auferlegten, Beobachtungs- und Nachbesserungspflicht[533] nachkommen kann, wird eine statistische Erfassung der Fälle embryopathischer Indikation gefordert. Insbesondere sollen die Voraussetzungen dafür geschaffen werden, daß die den Schwangerschaftsabbruch durchführenden Ärzte bzw. Institutionen verpflichtet sind, neben der Anzahl derartiger Schwangerschaftsabbrüche auch die Indika-

---

530 BGH VersR 2002, 192.

531 OLG Naumburg VersR 2001, 341.

532 OLG Düsseldorf VersR 1998, 194.

533 BVerfGE 88, 309 f..

tionsgrundlagen, das Schwangerschaftsalter, die Abbruchsmethode und postnatale Befundsicherungen an eine Erfassungsbehörde zu melden.[534]

n. Austragung der Schwangerschaft als Alternative

Porz[535] will auch das Austragen der Schwangerschaft, gegebenenfalls mit Sterbebegleitung des geschädigten Kindes, als Alternative zum Schwangerschaftsabbruch ansehen. Die Eltern könnten sich in Ruhe mit der Situation auseinandersetzen, hätte keine Schuldgefühle hinsichtlich einer „Tötung" ihres Kindes und die Natur bzw. das Kind bestimme den Verlauf des Sterbens, so daß die Eltern Abschied nehmen könnten.

o. Relevanz/Wirkungskraft des Strafrechts

Zudem wird vertreten, daß insbesondere mit den Mitteln des Strafrechts der (gesamten) Problematik des Schwangerschaftsabbruchs nicht wirksam entgegengetreten werden kann. Strafrechtliche Regelungen seien ein möglicher Faktor bei der Entscheidungsfindung der Schwangeren, keinesfalls aber von prägendem Charakter. Hierzu soll auch die in der Praxis nur selten durchgeführte Rechtsverfolgung beitragen und beigetragen haben. Insgesamt sei aber zu konstatieren, daß zwar allein mit dem Strafrecht weder wirksam noch angemessen auf einen Schwangerschaftskonflikt reagiert werden kann, eine gewisse Einflußmöglichkeit dem Strafrecht aber nicht abgesprochen werden könne.[536] Nach Otto hätte der Gesetzgeber klarstellen sollen, daß in den Fällen der embryopathischen Indikation nicht die Austragung der Schwangerschaft mittels der strafrechtlichen Regelungen erzwungen werden soll. Vielmehr wäre nach seiner Ansicht „ein möglicher Interessenausgleich durch einen objektiven Strafausschließungsgrund zu erzielen gewesen".[537]

---

534 BÄK, MedR 1999, 31, 33; Beckmann, MedR 1998, 155, 159; Otto, ZfL 1999, 55, 57; Stellungnahme diverser Fachgesellschaften, Frauenarzt 1998, 650, 651; Antrag von BT-Abgeordneten, Bt-Dr. 14/6635, S. 4.

535 Porz, gyn 2002, 51 f. (Auf die Situation, daß das Kind nicht so schwer geschädigt ist, daß es innerhalb „kurzer" Zeit nach der Geburt verstirbt sowie auf die Frage einer Behandlungspflicht, geht der Autor jedoch nicht ein. – Anm. d. Verf.).

536 Eser/Koch, Ssa im internationalen Vergleich, Teil 3, S. 542 ff.; nach Jakobs, JR 2000, 404, 406 f. „gibt es keinen Königsweg zum Schutz des Lebensrechts" und ist die Wirkungsmacht des Staates begrenzt: „Wo er nicht bestimmen kann, bleibt ihm nur, guten Rat zu geben.".

537 Otto, Jura 1996, 135, 142.

p. Haftungsausschließende Regelungen für Ärzte

In ihrem Schlußbericht kommt die Enquete-Kommission „Recht und Ethik der modernen Medizin“[538] u.a. zur der Empfehlung, Regelungen zu treffen, die eine ärztliche Haftung ausschließen. Hiernach sollen Ärzte dann nicht für den Unterhalt eines geschädigten Kindes haften, wenn ein solches geboren wird und der Arzt nicht auf pränatale Tests/Maßnahmen hingewiesen hat, die keinen therapeutischen Nutzen für das Ungeborene haben. Die aus dem Haftungsausschluß für Eltern und Kind (im Vergleich zur ständigen Rechtsprechung) resultierenden Nachteile sollen durch die Einrichtung von Versicherungen oder Fonds ausgeglichen werden.

2. Lösungskonzept der Deutschen Gesellschaft für Gynäkologie und Geburtshilfe (DGGG)

Die DGGG hatte zunächst einen Entwurf[539] zum Schwangerschaftsabbruch nach Pränataldiagnostik zur Diskussion in der Öffentlichkeit vorgelegt. Daran anschließend bzw. die Diskussion verarbeitend wurde ein Positionspapier „Schwangerschaftsabbruch nach Pränataldiagnostik“[540] erarbeitet, welches auf der gemeinsamen Fachtagung von DGGG und BÄK am 24.6.2003 präsentiert wurde. Dieses Positionspapier wird von der BÄK unterstützt, weil es nach Aussage der Vizepräsidentin der BÄK, Frau Dr. Auerswald, „quasi eine Weiterentwicklung der ‘Erklärung zum Schwangerschaftsabbruch nach Pränataldiagnostik’ (PND) der BÄK von 1998“ darstellt.[541]

a. „Beratung im Zusammenhang mit Pränataldiagnostik“

Hinsichtlich einer Beratung der Schwangeren sieht das Positionspapier vor, daß bereits *vor* Durchführung pränataldiagnostischer Maßnahmen eine Beratung erfolgen soll und gibt diesbezüglich spezielle Inhalte einer derartigen Beratung vor. *Nach* einem Krankheits- oder Schädigungsbefund soll eine spezifische, problembezogene und interdisziplinäre Beratung, für welche das Positionspapier wiederum inhaltliche Vorgaben enthält, durchgeführt werden. Weiterhin gibt das Positionspapier konkrete Anhaltspunkte für die Fortführung der Bera-

538 BT-Dr. 14/9020 S. 83 f.; so auch Antrag von BT-Abgeordneten, BT-Dr. 14/6635 S. 4.

539 Diskussionsentwurf, in dokumentation, ZfL 1/2003, S. 28 ff..

540 Positionspapier, www.dggg.de.

541 Informationsdienst Wissenschaft vom 27.6.2003, http://idw-online.de/public/zeige_pm.html?pmid=65823.

tung nach Erkennen von Entscheidungstendenzen der Frau (Abbruch oder Fortführung der Schwangerschaft). Zudem soll nach dem Konzept der DGGG eine unabhängige psychosoziale Beratung durch eine nach dem Schwangerschaftskonfliktgesetz anerkannte oder gleichwertig qualifizierte Schwangerschaftskonfliktberatungsstelle angeboten werden. Die DGGG hält auch eine angemessene Bedenkzeit (drei Tage) zwischen Beratung nach gesicherter Diagnose mit Krankheitsbefund und Schwangerschaftsabbruch für erforderlich, es sei denn, daß eine akute Lebensgefahr für die Frau besteht.[542]

b. Lebensfähigkeit des Kindes und Spätabbrüche

Ab zu erwartender Lebensfähigkeit des Kindes läßt sich nach (ärztlicher) Auffassung der DGGG der Schutzanspruch des ungeborenen Kindes nicht von dem des geborenen Kindes unterscheiden, so daß die extrauterine Lebensfähigkeit als zeitliche Begrenzung des Schwangerschaftsabbruchs dienen soll. Nur in besonderen Ausnahmefällen schwerster untherapierbarer Erkrankungen oder Entwicklungsstörungen des Kindes sowie bei akuter Lebensbedrohung der Frau soll ein Schwangerschaftsabbruch nach Zustimmung einer einzurichtenden, fallbezogenen interdisziplinären Kommission zulässig sein. Diese Kommission soll sich aus Mitgliedern der Fachbereiche Frauenheilkunde, Kinderheilkunde, Humangenetik und Psychiatrie oder Psychotherapie zusammensetzen.

Soweit ausnahmsweise ein Schwangerschaftsabbruch im Spätstadium, ab dem Zeitpunkt der extrauterinen Lebensfähigkeit des Kindes durchgeführt werden soll, sieht die DGGG das Problem, daß das Kind nach den die Schwangerschaft abbrechenden Maßnahmen lebend zur Welt kommen kann. Wenn dann die Überlebensaussichten des Kindes „nicht ausgeschlossen erscheinen", besteht nach Ansicht der DGGG eine strafbewehrte Behandlungspflicht. Eine Alternative zu dieser Problematik sieht die DGGG im Fetozid, welcher von der Regelung des § 218a Abs. 2 StGB gedeckt soll. Die DGGG betont jedoch auch die besondere psychische Konfliktsituation für die Schwangere bzw. das Paar bei einer Entscheidung zum Fetozid, die im Einvernehmen zwischen Eltern und Ärzten getroffen werden soll.[543]

---

542 Positionspapier, www.dggg.de, S. 14 ff..

543 Positionspapier, www.dggg.de, S. 19 f., 22, 37 ff..

Hinsichtlich der Spätabbrüche befürwortet die DGGG auch eine Änderung der gesetzlichen Regelung in § 218a StGB, wobei sie sich nicht auf eine Regelung festlegt, sondern zwei Regelungsalternativen[544] formuliert:

§ 218a Abs. 2 Satz 2:
Kommt eine extrauterine Lebensfähigkeit des Ungeborenen in Betracht, was in der Regel nach 20-22 Wochen nach der Empfängnis anzunehmen ist, und steht die Indikation nach Satz 1 im Zusammenhang mit einer Erkrankung oder Entwicklungsstörung des Ungeborenen, darf ein Abbruch nur vorgenommen werden, wenn eine Gefahr für das Leben oder die physische Gesundheit der Mutter besteht oder das Ungeborene voraussichtlich nicht lebensfähig sein wird oder beim Ungeborenen eine unbehandelbare Krankheit oder Entwicklungsstörung vorliegt.
oder
§ 218a Abs. 3:
Liegt der medizinischen Indikation für den Abbruch eine Erkrankung oder Entwicklungsstörung des Embryos oder Fetus zugrunde (embryopathische Indikation), so ist ein Abbruch grundsätzlich nur bis 22 Schwangerschaftswochen p.c. zulässig.

c. Statistische Erfassung
Die DGGG verlangt vom Gesetzgeber, daß dieser die Voraussetzungen schafft, um Schwangerschaftsabbrüche wegen medizinischer Indikation nach pränataler Diagnostik statistisch erfassen zu können. Damit soll die vom BVerfG geforderte Beobachtungs- und Nachbesserungspflicht besser wahrgenommen werden können sowie die Qualität medizinischer Standards bei Schwangerschaftsabbrüchen gesichert werden.[545]

d. Pränatale Diagnostik
Hinsichtlich der Weiterentwicklung der pränatalen Diagnostik befürwortet die DGGG die Sicherung der bestehenden Qualität bzw. der Anstrengungen zur Qualitätssteigerung. Dabei zeigt die DGGG jedoch auch die Problematik der Nicht- oder Späterkennbarkeit bestimmter Erkrankungen bzw. Schädigungen sowie mögliche Gefahren für den Föten durch pränatale Untersuchungsmaß-

---

544 Positionspapier, www.dggg.de, S. 39.

545 Positionspapier, www.dggg.de, S. 24.

nahmen auf. Aus ihrer Betrachtung zur pränatalen Diagnostik folgert die DGGG, daß nicht sämtliche pränataldiagnostischen Maßnahmen als Regelversorgung angeboten werden sollten. Sie sollen jedoch durch besondere Information und Beratung bekannt gemacht werden.[546]

3. Vorschlag des Nationalen Ethikrates

Wie bereits unter C IV 6. ausgeführt, enthält die Stellungnahme des Nationalen Ethikrates zur „Genetischen Diagnostik vor und während der Schwangerschaft" übereinstimmende Empfehlungen zur Handhabung der pränatalen Diagnostik, insbesondere im Zusammenhang mit sog. Spätabbrüchen.
Hiernach soll vor einer Entscheidung zum Schwangerschaftsabbruch eine umfassende, medizinische, humangenetische und psychosoziale sachverständige Beratung erfolgen. Zudem soll zwischen dieser Beratung und der Entscheidung eine angemessene Bedenkzeit liegen. Insbesondere soll aber eine Neuregelung der Spätabbrüche dergestalt erfolgen, daß ab Lebensfähigkeit des Föten Schwangerschaftsabbrüche nur noch bei unmittelbarer Lebensgefahr für die Frau oder schwerster Erkrankung/Entwicklungsstörung des Föten, bei denen nach der Geburt des Kindes nach bestehenden ärztlichen Grundsätzen keine lebenserhaltenden Maßnahmen eingeleitet werden müßen, zulässig sind. Weiterhin sollten die statistische Erfassung und Dokumentation derartiger Schwangerschaftsabbrüche geregelt sowie die Rahmenbedingungen für ein Leben mit behinderten Kindern verbessert werden.[547]

4. Regelungsvorschlag von Eser und Koch

Weiterhin haben auch Eser und Koch einen, über einen allgemeinen Lösungsvorschlag hinausgehenden, konkreten „Regelungsvorschlag" entworfen. Dieser „Regelungsvorschlag" stützt sich dabei auf die grundsätzliche Erwägung, daß das menschliche Leben bereits vor der Geburt schutzwürdig sei und „mit fortschreitendem Werden an Werthaftigkeit zunimmt". Mit Erreichen der Lebensfähigkeit des Föten soll ein Schwangerschaftsabbruch nur ausnahmsweise zulässig sein, allgemein aber ausgeschlossen werden. Grundsätzlich könne auch

---

546 Positionspapier, www.dggg.de, S. 25 ff..

547 Stellungnahme des nationalen Ethikrates, S. 56 f., 59 f., http://www.ethikrat.org. stellungnahmen/diagnostik/Stellungnahme_Genetische_Diagnostik.pdf.

nicht auf strafrechtliche Regelungen verzichtet werden, sie allein seien jedoch zum Schutz des ungeborenen Lebens keinesfalls ausreichend.[548]

Der konkrete Regelungsvorschlag lautet wie folgt:[549]

§ 1 Anwendungsbereich
(1) Als Schwangerschaftsabbruch gilt die Beendigung einer Schwangerschaft nach abgeschlossener Einistung des befruchteten Eies in der Gebärmutter (mit dem Ziel und) auf eine Art und Weise, daß das vorgeburtliche Leben im Mutterleib absterben oder infolge des Eingriffs außerhalb des Mutterleibes nicht am Leben bleiben wird.

§ 2 Grundsätzliches Verbot
Schwangerschaftsabbruch ist strafbar und nur (ausnahmsweise) unter den nachfolgenden (in § 3 genannten) Voraussetzungen zulässig.

§ 3 Bedingte Zulässigkeit des ärztlichen Schwangerschaftsabbruchs
(1) Der mit Einwilligung der Schwangeren von einem Arzt bis zum Ablauf der zwölften Schwangerschaftswoche vorgenommene Schwangerschaftsabbruch ist zulässig (erlaubt, rechtmäßig/nicht rechtswidrig), wenn
...
(2) Gleiches gilt bis zum Erreichen der Lebensfähigkeit des Kindes für den Fall, daß
1. nach ärztlicher Erkenntnis der Abbruch der Schwangerschaft unter Berücksichtigung der gegenwärtigen und zukünftigen Lebensverhältnisse der Schwangeren (oder aufgrund zu erwartender schwerer Schädigungen oder Entwicklungsstörungen des Kindes) angezeigt ist, um die Gefahr einer schwerwiegenden Beeinträchtigung des körperlichen oder seelischen Gesundheitszustandes der Schwangeren abzuwenden und die Gefahr nicht auf andere ihr zumutbare Weise abgewendet werden kann, und
2. die vorgenannten Voraussetzungen vor Durchführung des Abbruchs von einem anderen als den abbrechenden Arzt schriftlich festgestellt und letzterem vorgelegt worden sind.

---

548 Eser/Koch, Schwangerschaftsabbruch und Recht, S. 321 ff..

549 Eser/Koch, Schwangerschaftsabbruch und Recht, S. 325 ff..

(3) Ist nach ärztlicher Erkenntnis davon auszugehen, daß das Kind bereits außerhalb des Mutterleibs weiterleben könnte, so ist ein Schwangerschaftsabbruch nur zulässig, wenn
1.a) bei Fortsetzung der Schwangerschaft eine ernstliche Gefahr für die Schwangere besteht oder
b) das Kind aufgrund schwerster Schädigung oder Entwicklungsstörung seine Geburt nicht überleben würde, und
2. die vorgenannten Voraussetzungen vor Durchführung des Abbruchs von zwei vom abbrechenden Arzt unabhängigen und einschlägig ausgebildeten Fachärzten schriftlich festgestellt und dem abbrechenden Arzt vorgelegt worden sind.

§ 4 Beratungspflicht
(1) Um sich darüber klar zu werden, ob eine Not- oder Konfliktlage im Sinne von § 3 Abs. 1 vorliegt, ist die Schwangere, die einen Schwangerschaftsabbruch vornehmen lassen will, verpflichtet, sich gemäß den nachfolgenden Grundsätzen durch einen zugelassenen Berater in einem persönlichen Gespräch beraten zu lassen.
...
(2) In Fällen des § 3 Abs. 2 (in denen der Schwangerschaftsabbruch aufgrund einer zu erwartenden schweren Schädigung des Kindes angezeigt ist) ist der Schwangeren fachärztliche Beratung anzubieten.

§ 10 Meldepflicht zu statistischen Zwecken
War als Arzt einen Schwangerschaftsabbruch im Sinne dieses Gesetzes ausgeführt hat, hat dies bis zum Ende des laufenden Kalendervierteljahres mit Angaben über
1. den Grund des Schwangerschaftsabbruchs,
...
4. die Dauer der abgebrochenen Schwangerschaft,
5. die Art des Eingriffs und beobachtete Komplikationen,
dem (zuständigen) Amt für Statistik anzuzeigen. Der Name der Schwangeren darf dabei nicht angegeben werden.

Die ausdrückliche Aufnahme der embryopathischen Indikation in den Wortlaut eines Gesetzes ist nach Eser und Koch davon abhängig, ob man aus „sozialpsychologischen Gründen, ... jeden Anschein von Diskriminierung behinderten

Lebens vermeiden will, oder ob es nach zwischenzeitlichen Erfahrungen nicht doch besser, weil sowohl wirklichkeitsgerechter wie klarer wäre, die Schädigung des Kindes als einen möglichen Faktor für die letztlich entscheidende Unzumutbarkeit des Austragens für die Schwangere explizit zu nennen und durch Betonung des letzteren gerade dem Eindruck entgegenzuwirken, als sei die zu erwartende Embryopathie schon für sich allein ein hinreichender Abbruchsgrund."[550]

5. Zusammenfassung und Anmerkungen

In Betrachtung der dargestellten Lösungsansätze und -diskussionen bleibt zu konstatieren, daß ein - die gesamte Problematik von Schwangerschaftsabbrüchen wegen embryopathischer Indikation in Verbindung mit pränataldiagnostischen Untersuchungen und insbesondere in Bezug auf Spätabbrüche - umfassender Gesetzesentwurf bisher von Eser und Koch sowie der DGGG vorliegt. Die meisten Diskussionsbeiträge beziehen sich jedoch auf Einzelproblempunkte der Gesamtproblematik und bieten insofern kein praxistaugliches Gesamtlösungskonzept an. Aufgabe des Gesetzgebers muß es daher sein, die einzelnen Diskussionsbeiträge zu einem Gesamtkonzept zusammenzufügen.

Zuzustimmen ist zunächst denjenigen, die eine ausdrückliche gesetzliche Regelung der embryopathischen Indikation fordern, um der tatsächlichen gesetzgeberischen Intention (Maßgeblichkeit und Schutz der mütterlichen Konstitution) Ausdruck zu verleihen und den Vorwurf versteckter Diskriminierung Behinderter sowie „gesetzgeberischer Verhüllungskunst" zu entkräften. Auch den Gegnern der embryopathischen Indikation, die eine restriktive Auslegung der medizinisch-sozialen Indikation in § 218a Abs. 2 StGB fordern, kann m.E. durch gesetzliche Fixierung insofern Rechnung getragen werden, als durch eine klare gesetzliche Regelung Mißbräuchen vorgebeugt und gegebenenfalls eine möglicherweise ausufernde Wahrnehmung der Indikation eingeschränkt werden kann.

Zur Befristung der medizinisch-sozialen Indikation bzw. einer neu geregelten embryopathischen Indikation werden ebenfalls kontroverse Ansichten vertreten

550 Eser/Koch, Schwangerschaftsabbruch und Recht, Anmerkungen zu Teil IV.3, Anm. 22.

bzw. verschiedenste Lösungsvorschläge unterbreitet. Hierbei erscheinen jedoch die Lösungsansätze vorzugswürdig, welche eine strenge Befristung (ohne Ausnahmemöglichkeiten) ablehnen, weil eine zeitliche Begrenzung mit der Intention der Indikation - Maßgeblichkeit der mütterlichen Konstitution - nur schwer zu vereinbaren ist. Soweit nämlich ausschlaggebend für die Rechtfertigung eines Schwangerschaftsabbruchs die Gesundheits- oder Lebensgefährdung der betroffenen Frau ist, kann hieran auch der Ablauf eines bestimmten Schwangerschaftszeitpunktes nichts ändern.

Den Befürwortern einer Frist ist jedoch zuzugestehen, daß gerade die Lebensfähigkeit des Föten ex utero ebenfalls eine - bisher nahezu unbeachtliche - Zäsur darstellt. Dieser Zäsur sollte insofern Rechnung getragen werden, als ab dem Zeitpunkt der extrauterinen Lebensfähigkeit strengere Anforderungen an die Gefährdung der Frau gestellt werden müssen, um einen Schwangerschaftsabbruch rechtfertigen zu können. Insbesondere soll die Gefahr einer Gesundheitsgefährdung nicht ausreichen können, sondern nur eine Gefahr für das Leben der Frau. Abzulehnen sind aber die Auffassungen, wonach nicht mehr die Geburt, sondern allein die Lebensfähigkeit ex utero die maßgebliche rechtliche Zäsur darstellen soll, weil dies in Anbetracht der Unbestimmbarkeit des genauen Zeitpunktes und der Veränderlichkeit eines möglichen Zeitrahmens aufgrund wissenschaftlichen Fortschritts zu größeren Unsicherheiten führen würde und insofern nicht praktikabel wäre. Als alternatives Erfordernis zur Lebensgefährdung der Frau bei Schwangerschaftsabbrüchen im Spätstadium wäre die spezielle Konstitution des Föten denkbar. Soweit dieser nämlich die Geburt nicht überleben würde, also im engeren Sinne gar nicht lebensfähig ist, kann es nicht sinnvoll und insbesondere der Frau nicht zumutbar sein, einen Schwangerschaftsabbruch unter Verweis auf das absolute Lebensrecht des Föten zu verweigern. Die Lebensuntauglichkeit des Föten müßte jedoch objektiv nachweisbar durch einen Spezialisten/ Neonatologen festgestellt werden. Gleiches gilt für die Lebensgefährdung der Frau, die durch einen entsprechenden Facharzt oder bei Suizidgefahr durch einen Psychologen diagnostiziert bzw. bestätigt werden müßte.

Da der exakte Zeitpunkt der Lebensfähigkeit eines Föten kaum bestimmt werden kann bzw. mit großen Unsicherheiten verbunden wäre, ist den Auffassungen zu folgen, wonach eine starre Grenze zur Vermeidung von Spätabbrüchen lebensfähiger Föten erforderlich ist. Demnach sollte also ab der 20. Schwangerschaftswoche auch bei Vorliegen der (derzeit geforderten) Voraussetzungen einer embryopathischen Indikation ein Schwangerschaftsabbruch un-

zulässig sein, es sei denn, daß eine Lebensgefahr für die Frau besteht oder der Fötus die Geburt nicht überleben würde bzw. aufgrund seiner Schädigungen nicht lebensfähig ist.
Das sog. Stufenkonzept von Cramer kann m.E. zwar keine wirkliche Alternative zur Befristung darstellen, weil die Probleme, die zur Frage der Festlegung einer Frist führen, durch das Konzept nicht gelöst werden. Insbesondere findet auch der Zeitpunkt der Lebensfähigkeit ex utero keine Beachtung bzw. dann, wenn man ihm eine Bedeutung beimessen will - wie m.E. erforderlich - liefert auch das Stufenkonzept keine Lösung, sondern muß ebenfalls zu der Frage kommen, ob eine Befristung normiert werden soll oder die Zulässigkeitsvoraussetzungen für embryopathisch motivierte Schwangerschaftsabbrüche geändert werden sollen. Insgesamt erscheint jedoch das Stufenkonzept durchaus überdenkenswert, weil hier zunächst (auf der 1. Stufe) der Kritik an einer ausufernden Pränataldiagnostik Rechnung getragen wird und pränataldiagnostische Maßnahmen nur unter bestimmten Voraussetzungen durchgeführt werden sollen. Die in dem Konzept verankerte Konkretisierung der embryopathischen Indikation wird, wie bereits dargestellt, ebenfalls befürwortet. Soweit auf der 2. Stufe des Konzepts ein interdisziplinär besetztes Gremium anhand eines Schädigungskataloges über die Zulässigkeit des Schwangerschaftsabbruchs entscheiden soll, könnte dies eine Möglichkeit sein, Rechtseinheitlichkeit und Transparenz zu ermöglichen. Weiterhin könnte die Entscheidung eines Gremiums auch die umfassende und jeweils fachkompetente Abwägung der widerstreitenden Interessen gewährleisten. Problematisch wird bei einem Konzept mit Schädigungskatalog jedoch die Frage der Praktikabilität bzw. der (medizinischen) Möglichkeit, einen solchen Katalog überhaupt umfassend und gegebenenfalls abschließend erstellen zu können, sein. Diesbezüglich erscheint es jedoch m.E. in Anbetracht der Entwicklung der medizinischen Wissenschaft, gerade auch auf diesem Gebiet, möglich, einen Katalog mit der Angabe genauer Krankheitsbilder, -therapien und Lebens- und Behandlungsmöglichkeiten zu erstellen und für noch nicht erkannte/aufgetretene Krankheitsbilder ähnlicher Schwere und Intensität eine Erweiterungsmöglichkeit offen zu halten. Nach der Auflistung diverser schwerwiegender Erkrankungen oder Schädigungen müßte ein Gremium, bestehend aus Ethikern, Medizinern und Juristen festlegen, welche der Krankheiten keinesfalls ein Überwiegen der mütterlichen Interessen rechtfertigen bzw. die Unzumutbarkeit der Fortsetzung der Schwangerschaft begründen können. Denkbar wäre auch, bereits bestehende interdisziplinär zusammengesetzte Ethikkommissionen mit einzubeziehen.

Der Divergenz bzw. des Argumentationsbruchs zwischen Einzelfallentscheidung allein anhand der mütterlichen Konstitution und einer gewissen objektivierten Entscheidung in Form eines Krankheitskataloges bzw. einer Kommissionsentscheidung ist sich die Verfasserin bewußt. Die Kumulation von mütterlicher und kindlicher Konstitution i.V.m. einem Krankheitskatalog erscheint jedoch m.E. bei einer gesetzlichen Neuregelung wünschenswert bzw. überdenkenswert, um neben der erforderlichen Einzelfallprüfung auch einer objektivierbaren Lebensschutzprüfung mit der Möglichkeit eines gestärkten Lebensschutzes und größerer Rechtseinheit gerecht zu werden.

Verbunden mit der Kritik am Fehlen einer Beratungspflicht bzw. der fehlenden Beratungskompetenz des Gynäkologen sind zahlreiche und vielschichtige Lösungsvorschläge für eine umfassende Beratung der Frau bzw. des betroffenen Paares unterbreitet worden.
Hinsichtlich der angezweifelten Beratungskompetenz des Gynäkologen ist den Kritikern zuzustimmen, daß weder die Ausbildung noch die zeitlichen Möglichkeiten des behandelnden oder des den Abbruch vornehmenden Gynäkologen ausreichen können, in der Schwangerschaftskonfliktsituation einer möglichen embryopathischen Indikation eine umfassende und vielseitige Beratung zu gewährleisten. Die Auffassungen, wonach die Gynäkologen in Psychologie und medizinisch-ethischer Urteilsbildung weitergebildet oder geschult werden sollten, erscheint jedoch nicht praktikabel bzw. uneffizient, soweit entsprechende Experten und Spezialisten ja bereits vorhanden sind und eine wie auch immer geartete, zusätzliche Schulungspflicht die Gynäkologen unzumutbar belasten würde und diese wohl keinesfalls zu einer vergleichbaren Kompetenz wie Berufsträger entsprechender primärer Ausbildungsgänge gelangen könnten. Insofern ist m.E. den Auffassungen zuzustimmen, wonach die Beratung primär durch einen qualifizierten Pränatalmediziner und im weiteren durch den jeweils erforderlichen Spezialisten (Humangenetiker, Neonatologen, Neurochirurgen etc.) erfolgen sollte.
Hinsichtlich des Beratungsinhalts sind sich die Kritiker der bestehenden gesetzlichen Regelung überwiegend dahingehend einig, daß sowohl vor als auch nach der Durchführung pränataldiagnostischer Maßnahmen die Schwangere beraten werden sollte. Diesen Auffassungen ist insbesondere auch darin zuzustimmen, daß bereits vor Durchführung der Pränataldiagnostik die Schwangere auf eine mögliche Konfliktsituation bzw. Entscheidungssituation bei pathologischem Befund vorbereitet werden sollte. Nach Durchführung der pränatalen Diagnos-

tik bzw. in der dann bestehenden Konfliktsituation ist eine alle Handlungsalternativen und deren Folgen umfassende Beratung der Schwangeren zu fordern. Insbesondere sollten die Behandlungsmöglichkeiten des Föten im und außerhalb des Mutterleibes erörtert werden und erst dann, wenn Anzeichen für mögliche mütterliche Gefährdungen oder Beeinträchtigungen vorliegen, sollte die Möglichkeit eines Schwangerschaftsabbruchs besprochen werden. Bei den konkreten Gesprächen hinsichtlich der Erwägung eines Schwangerschaftsabbruchs sollte jedoch die Beratungsperson auch auf die Interessen/Rechte des ungeborenen Kindes hinweisen, wenn nicht sogar dessen Interessen vertreten. Hierbei ist es m.E. wichtig, daß die Beratungsperson darauf hinweist, daß allein der pathologische Befund für die Feststellung einer embryopathischen Indikation nicht ausreicht. Bei der Suche nach der richtigen Beratungsperson sollte jeweils wieder die für den speziellen Fall qualifizierteste Person herangezogen werden. Das Angebot einer ethisch-moralischen Beratung könnte zu einer Verstärkung des Lebensschutzes für Ungeborene führen. Die gesetzliche Fixierung einer angemessenen Bedenkzeit zwischen Beratung und Durchführung eines Schwangerschaftsabbruchs ist ebenfalls zu befürworten, um zu gewährleisten, daß eine verantwortungsvolle und den betroffenen Interessen gerecht werdende Entscheidung getroffen wird.
Umstritten ist aber, ob diese für eine Entscheidungsfindung überwiegend als notwendig angesehene Beratung als Pflichtberatung festgeschrieben werden sollte oder lediglich als fakultatives Angebot. Hier ist m.E. die Auffassung vorzugswürdig, wonach gerade in Anbetracht des gesetzlich fixierten Beratungsmodells und aufgrund der Informations-, Einfluß- und Aufklärungsmöglichkeiten eines Beratungsgesprächs die Normierung einer Beratungspflicht als notwendig angesehen wird.

Die Frage, ob die Schwangere auch zu Behandlungen des Föten im Mutterleib verpflichtet werden kann, wurde bisher wenig erörtert. Ein Behandlungspflicht dürfte aber von vornherein daran scheitern, daß jegliche Behandlung des Föten gleichzeitig eine Körperverletzung der Frau darstellt, welche nur mit Einwilligung der Frau zulässig ist. Diese strafrechtliche Regelung bzw. deren Handhabung im Ausnahmefall der Schwangerschaft mit einem geschädigten Föten zu ändern, ist m.E. nicht sachgerecht. Zudem wird die Frau, die keinen Schwangerschaftsabbruch begehrt, derartige Behandlungen des Föten freiwillig durchführen lassen. In den Fällen des gewünschten und rechtlich zulässigen Schwangerschaftsabbruchs stellt sich die Frage einer Behandlungspflicht nicht. In den Fällen eines Konflikts hinsichtlich Schwangerschaftsfortsetzung infolge fehlender Indikation für einen zulässigen Schwangerschaftsabbruch und Versäumung der 12-Wochen-Frist, Behandlungsmöglichkeit und Ablehnung derselben durch die Frau, sollte versucht werden, die Frau in Gesprächen von der Notwendigkeit der Behandlung zu überzeugen.

Hinsichtlich der Diskussion um die Form einer Neuregelung der embryopathischen Indikation vertritt die Verfasserin den Standpunkt, daß diese im Rahmen einer gesetzlichen Regelung, vorzugsweise im Rahmen eines umfassenden (unter Erfassung der Pränataldiagnostik, gegebenenfalls der Präimplantationsdiagnostik sowie sonstiger medizinisch/ärztlicher Maßnahmen und der Sterbehilfe) „Medizingesetzes" mit nebenstrafrechtlichen Regelungen erfolgen sollte. Bis zur Fertigstellung eines derart komplexen Gesetzeswerkes sollte zunächst eine Art Übergangsregelung geschaffen werden. Denkbar wäre hier zunächst auch eine Regelung im ärztlichen Standesrecht bzw. eine Orientierungshilfe für die Gesetzesanwendung. Gleichzeitig sollte auch eine statistische Erhebungspflicht für Schwangerschaftsabbrüche aufgrund embryopathischer Indikation gesetzlich normiert werden.

Weiterhin erscheint es wünschenswert, insbesondere die gesellschaftlichen und finanziellen, aber auch die rechtlichen Rahmenbedingungen für ein Leben mit Behinderten - speziell von Geburt an behinderten Familienmitgliedern - zu ändern bzw. zu erleichtern. Hierzu zählt jedoch nicht, bei rechtlich vorwerfbar verursachten Schädigungen bzw. vorwerfbar nicht diagnostizierten Schädigungen mit der Folge des Unterbleibens eines rechtmäßigen Schwangerschaftsabbruchs die Haftung des fehlerhaft handelnden Arztes auszuschließen und statt dessen Fonds einstehen zu lassen. Insofern greift ja gerade die Berufshaftpflichtversicherung des Arztes. Einer Freistellung der Berufshaftpflichtversicherung bei Eintritt eines Fonds oder einer anderen Versicherung bedarf es somit nicht.

Die bisher speziell zur Problematik der Spätabtreibungen vorgelegten Gesetzesentwürfe enthalten zum Teil Lösungsansätze, die m.E. in die richtige Richtung weisen. Insoweit enthielt bereits der Antrag der Abgeordneten und der Fraktion von CDU/CSU an die Bundesregierung, ein entsprechendes Gesetz zu entwerfen, wichtige Ansatzpunkte. Der Bundestag hat diesen Antrag nicht nur nicht angenommen und insbesondere auch nicht als Grundlage oder Anregung für ein

weiteres Tätigwerden verstanden, sondern vielmehr - für die Verfasserin unverständlich - die Ablehnung mit fehlendem Regelungsbedarf begründet. Der, vom Bundestag mittlerweile angenommene, Antrag der Abgeordneten und der Fraktion der SPD und Bündnis 90/Die Grünen zur Festschreibung eines Rechtsanspruchs auf Beratung, einzutragen im Mutterpaß, enthält insofern lediglich den Regelungsentwurf für einen Teilbereich der Problematik, jedoch kein der Problematik gerecht werdendes Gesamtkonzept.
Ein nahezu umfängliches - und der Ansicht der Verfasserin nahe kommendes - Lösungskonzept der Problematik mit gesetzlichem Formulierungsvorschlag bietet das Positionspapier „Schwangerschaftsabbruch nach Pränataldiagnostik" der Deutschen Gesellschaft für Gynäkologie und Geburtshilfe, welches dem Gesetzgeber als Grundlage für eine gesetzliche Neuregelung oder zumindest den mit der Problematik befaßten Ärzten als Richtlinie dienen sollte. Der Vorschlag des Nationalen Ethikrates enthält zwar lediglich Grundzüge einer Lösung, die jedoch weitgehend mit dem Positionspapier der DGGG übereinstimmen.
Der Regelungsvorschlag von Eser und Koch bietet ebenfalls konkrete Ansätze für eine gesetzliche Neuregelung und stellt aufgrund der bereits gesetzestauglichen Ausformulierung ein gute Bearbeitungsgrundlage für den Gesetzgeber dar. Insbesondere liegen diesem Regelungsvorschlag auch Erwägungen zugrunde, die die Verfasserin teilt.

VIII. Regelungen des Schwangerschaftsabbruchs, insbesondere i.V.m. mit der Prognose eines geschädigten Föten, in den Niederlanden, Österreich und der Schweiz

1. Niederlande

a. Geschichtliche Entwicklung des Schwangerschaftsabbruchs
Die erste strafrechtliche Regelung des Schwangerschaftsabbruchs in den Niederlanden geht auf das „Het Crimineel Wetboek voor het Koningrijk Holland" vom 31.01.1809 zurück, worin der Schwangerschaftsabbruch als leichterer Fall der Kindstötung mit Gefängnisstrafe oder Verbannung sanktioniert war. Nach der Besetzung der Niederlande durch Frankreich wurde dann das „Het Crimineel Wetboek" durch den „Code pe´nal" ersetzt, welcher in Art. 317 den Schwangerschaftsabbruch als Verbrechen gegen die Frucht regelte. Dieses Gesetz galt dann bis zur Einführung eines niederländischen Strafgesetzbuchs (nlStGB) 1886. Hierin waren in den Art. 295 ff. Regelungen des Schwanger-

schaftsabbruchs normiert, welche bis 1984 fortgalten. Praktisch relevant waren die strafgesetzlichen Regelungen aber im 19. Jahrhundert nicht, weil eine hohe Kindersterblichkeitsrate bestand und Kinder als Alterssicherung galten. Dementsprechend gab es nur eine geringe Anzahl von Schwangerschaftsabbrüchen, die auch nur schwer nachweisbar waren. Selbst nachdem im Zeitraum der Jahrhundertwende aufgrund der Fortschritte in der Medizin einerseits und der beginnenden Verarmung der Bevölkerung durch die Industrialisierung andererseits, die Zahl der Schwangerschaftsabbrüche zugenommen hatte, kam es kaum zu Verurteilungen entsprechend der strafrechtlichen Regelungen. Dies war auf die Rechtsprechung des „Hoge Raad" zurückzuführen, der erstmals 1897 entschieden hatte, daß für eine Verurteilung gem. den Art. 295 ff. nlStGB der Beweis erforderlich ist, daß der Fötus zur Zeit des Schwangerschaftsabbruchs gelebt habe. Diese Rechtsprechung behielt der „Hoge Raad" auch in der Folgezeit bei, so daß der Nachweis eines Schwangerschaftsabbruchs praktisch nahezu unmöglich war. 1911 wurden dann auch Vorbereitungshandlungen eines Dritten unter Strafe gestellt, so daß ab diesem Zeitpunkt die Zahl der Strafverfahren anstieg.[551]

Infolge des Anstiegs der Zahl von Strafverfahren wurde auch die allgemeine Diskussion zum Schwangerschaftsabbruch angeregt, welche sich jedoch primär auf die strenge medizinische Indikation und deren Zulässigkeit beschränkte. Insgesamt war von jeher anerkannt, daß ein Schwangerschaftsabbruch zur Rettung der Schwangeren zulässig sei. Der Arzt war nach der herrschenden Auffassung im Rahmen ärztlicher Heileingriffe allgemein gerechtfertigt, wenn er den Abbruch nach den Regeln der ärztlichen Kunst durchgeführt hatte. Eine derartige gesetzliche Regelung wurde zu diesem Zeitpunkt nicht normiert und wohl auch nicht für erforderlich gehalten. Diese Anerkennung einer medizinischen Indikation wurde dann im Laufe der Zeit dahingehend erweitert, daß auch die Suizidgefährdung der Frau und somit die psychische Gesundheitsgefährdung zur Rechtfertigung eines Abbruchs ausreichte bzw. ausreichen konnte.[552]

---

551 Ketting/van Praag, S. 21 ff.; Scholten, in Eser/Koch, Ssa im internationalen Vergleich, Teil 1, S. 993, 1004 ff..

552 Scholten, in Eser/Koch, Ssa im internationalen Vergleich, Teil 1, S. 993, 1006 ff..

In den sechziger Jahren wurde dann die Diskussion zum Schwangerschaftsabbruch im Rahmen einer Ausweitung der medizinischen Indikation geführt. In diesem Zeitraum wandelte sich die Einstellung eines großen Teils der Bevölkerung zu einer prinzipiellen Befürwortung von Schwangerschaftsabbrüchen, die Kirchen ausgeschlossen. Die Ärzteschaft war geteilter Meinung, so daß keine einheitlichen Stellungnahmen herausgegeben wurden. Die 1971 veröffentlichten Richtlinien verliehen dem Arzt die Entscheidungskompetenz für die Zulässigkeit eines Schwangerschaftsabbruchs, welche durch die Konsultation eines Kollegen gefestigt werden sollte. Wichtig für das Verständnis der Praxis und des allgemeinen Meinungsbildes in den Niederlanden zum Schwangerschaftsabbruch ist die Kenntnis der Propaganda zur Geburtenregelung und Familienplanung. Seit 1971 wurden die Kosten für Verhütungsmittel von den Niederländischen Krankenversicherungen übernommen, ab 1973 wurden auch Sterilisationen für den Patienten kostenneutral durchgeführt. Somit kann in den Niederlanden von einer beispiellos weiten Verbreitung und Anwendung schwangerschaftsverhütender Mittel ausgegangen werden, worin auch ein Grund für eine im Rechtsvergleich geringe Abbruchsrate gesehen wird.[553]
Im Rahmen der grundsätzlichen Diskussion zum Schwangerschaftsabbruch wurde die Auffassung vertreten, daß die Rechtfertigung eines Schwangerschaftsabbruchs abhängig vom jeweiligen Stand der Auffassung in der Ärzteschaft sei, was durch das Abstellen auf die Regeln der ärztlichen Kunst bestätigt werde. Trotz der juristischen Brisanz einer derartigen Meinung entsprach dies wohl der herrschenden Meinung, so daß der damalige Justizminister Polak (1967-71) diese Auffassung als geltendes Recht propagierte. 1970 wurde dann ein erster Gesetzesentwurf zur Aufhebung der bestehenden Strafvorschriften diskutiert, in dessen Folge noch zahlreiche weitere Entwürfe debattiert und Auseinandersetzungen geführt wurden. In der Praxis waren jedoch seit 1970 zahlreich sog. Abortkliniken entstanden, die von den Behörden toleriert und geduldet wurden. Seit 1971 gab es kaum noch Strafverfolgungen und seit 1974 keinerlei Verurteilungen wegen rechtswidriger Schwangerschaftsabbrüche. Ausschlaggebend hierfür waren auch die Richtlinien der Königlich Niederländischen Gesellschaft zur Förderung der Heilkunde (KNMG) aus dem Jahr 1970. Hiernach war ein Schwangerschaftsabbruch zulässig, wenn er von zwei Ärzten befürwortet wurde, weil eine medizinische Indikation vorlag. Dabei wurde auf den Gesundheitsbegriff der WHO abgestellt, welcher neben dem körperlichen

---

553 Scholten, in Eser/Koch, Ssa im internationalen Vergleich, Teil 1, S. 993, 998 ff..

auch das geistige und soziale Wohl miterfaßte. Gleichzeitig war auch die staatliche Verfolgungspraxis ein weiterer Grund für den Rückgang der Strafverfolgungen bzw. -verurteilungen, weil sich im Rahmen des Opportunitätsprinzips die Staatsanwaltschaften lediglich auf die Überwachung der Kliniken hinsichtlich der Sicherung optimaler medizinischer Versorgung beschränkten.[554]

Aber auch restriktive Konzepte und Gesetzesentwürfe mit dem Ziel der Normierung eines Abtreibungsverbots und einer stark begrenzten medizinischen Indikation wurden sowohl in die öffentliche Diskussion als auch in parlamentarische Debatten eingebracht. Diese Vorschläge wurden aber bereits im Zeitraum von 1970 bis 1980 als nahezu aussichtslos angesehen.[555]
Der 1979 durch die Koalitionsparteien C.D.A. („Christen Democratisch Appe`l" – Christdemokraten) und V.V.D. („Volkspartij voor Vrijheid en Democratie" – Liberale) ins Parlament eingebrachte Gesetzesentwurf, welcher am 8.12.1980 vom Parlament und am 28.4.1981 vom Senat gebilligt wurde, trat den am 1.11.1984 in Kraft. Das neue Gesetz enthielt insofern lediglich eine Anpassung an die Liberalisierung in der Praxis. Diese gesetzliche Regelung hat mit lediglich formalen Änderungen durch das Gesetz vom 4.6.1992 bis heute Bestand.[556]

b. Inhalt der gesetzlichen Regelungen zum Schwangerschaftsabbruch
Durch das Gesetz von 1984 wurden die Art. 295 ff. nlStGB gestrichen und ein neuer Art. 296 nlStGB unter dem Titel XIVa „Schwangerschaftsabbruch" normiert. Die konkrete Ausgestaltung zulässiger Schwangerschaftsabbrüche wird im Schwangerschaftsabbruchsgesetz (SchG) und in einem Schwangerschaftsabbruchsbeschluß in Form der Feststellung einer allgemeinen Regierungsverordnung zur Durchführung des SchG geregelt. Art. 296 nlStGB lautet wie folgt:[557]

---

554 Ketting/van Praag, S. 21 ff.; Scholten, in Eser/Koch, Ssa im internationalen Vergleich, Teil 1, S. 993, 1009 ff..

555 Scholten, in Eser/Koch, Ssa im internationalen Vergleich, Teil 1, S. 993, 1012 ff..

556 Ketting/van Praag, S. 21; Scholten, in Eser/Koch, Ssa im internationalen Vergleich, Teil 1, S. 993, 1012 ff., Teil 3, S. 737.

557 Ketting/van Praag, S. 23; Scholten, in Eser/Koch, Ssa im internationalen Vergleich, Teil 1, S. 993, 1068 ff..

Art. 296
(1) Wer einer Frau eine Behandlung gibt, während er weiß oder redlicherweise vermuten muß, daß dadurch eine Schwangerschaft abgebrochen werden kann, wird mit Gefängnisstrafe bis zu 4 Jahren und 6 Monaten bestraft.
...
(5) Die in Abs. 1 gemeinte Tat ist nicht strafbar, wenn die Behandlung durch einen Arzt in einem Krankenhaus oder (einer) Klinik vorgenommen wird, in dem (oder in der) (eine) solche Behandlung nach dem Schwangerschaftsabbruchsgesetz durchgeführt werden darf.

Die gesetzliche Regelung in den Niederlanden differenziert somit zwischen Schwangerschaftsabbrüchen außerhalb und innerhalb konzessionierter Einrichtungen. Außerhalb konzessionierter Einrichtungen ist ein Schwangerschaftsabbruch grundsätzlich strafbar. Innerhalb der konzessionierten Einrichtungen muß ein Schwangerschaftsabbruch entsprechend der Regelungen des Schwangerschaftsabbruchsgesetzes (SchG) durchgeführt werden. Das SchG regelt z.B. in Art. 3 Fristen, innerhalb derer eine Bedenkzeit einzuräumen ist. Als Indikation normiert das SchG folgendes:[558]

Art. 5
(1) Durch (eine) allgemeine Regierungsverordnung werden Anforderungen im Hinblick auf die Hilfeleistung und die Beschlußfassung aufgestellt, die darauf gerichtet sind, sicherzustellen, daß jede Entscheidung für einen Schwangerschaftsabbruch mit Sorgfalt getroffen wird und nur dann ausgeführt wird, wenn die Notlage der Frau dies unausweichlich macht.

Schwangerschaftsabbrüche sind somit in den Niederlanden aufgrund einer weiten Notlagenindikation möglich. Die ausdrückliche Normierung einer embryopathischen Indikation war und ist demnach nicht erforderlich.

c. Sog. Spätabbrüche

aa. Gesetzesrecht

Im SchG selbst finden sich keinerlei Regelungen zu einer Befristung zulässiger Schwangerschaftsabbrüche. Der Gesetzgeber hat aber mit dem 1984 in Kraft

---

558 Scholten, in Eser/Koch, Ssa im internationalen Vergleich, Teil 1, S. 993, 1068 ff..

getretenen Gesetz eine Neuregelung in Form des Art. 82a nlStGB[559] getroffen, welche praktisch eine Befristung von Schwangerschaftsabbrüchen bewirkt:

Art. 82a
Unter „einem anderen oder ein Kind in oder kurz nach der Geburt des Lebens berauben" wird begriffen:
das Töten einer Frucht von der redlicherweise erwartet werden darf, daß sie imstande ist, außerhalb des Mutterleibs am Leben zu bleiben.

Schwangerschaftsabbrüche wurden somit durch diese Regelung dahingehend befristet, daß ab Lebensfähigkeit des Föten außerhalb des Mutterleibes die Tötung desselben als Totschlag, Mord oder Kindstötung bestraft wird, so daß somit ab diesem Zeitpunkt kein Schwangerschaftsabbruch mehr zulässig ist. Ab diesem Zeitpunkt liegt demnach auch kein rechtswidriger Schwangerschaftsabbruch, sondern vielmehr eine Tötungshandlung vor. Die Neuregelung führte also zu einer Strafschärfung ab Lebensfähigkeit des Föten.
Problematisch bei der Bestrafung als Tötungsdelikt ist aber wiederum die Rechtsprechung des „Hoge Raad", welcher nach wie vor den Nachweis fordert, daß das Kind im Zeitpunkt des Abbruchs gelebt hat. Die abstrakte Lebensfähigkeit, die einem zulässigen Schwangerschaftsabbruch entgegensteht, reicht für eine Bestrafung wegen Totschlags/Mordes oder Kindstötung nicht aus. Hierfür muß nämlich die konkrete Lebensfähigkeit nachgewiesen werden.[560]

bb. Allgemeine Praxis
In der täglichen Praxis wird angenommen, daß in den Niederlanden jährlich ca. 150 Spätaborte durchgeführt werden. Dabei hat sich wohl bereits ein gewisse (geduldete) Vorgehensweise entwickelt: Die einen Schwangerschaftsabbruch im Spätstadium beabsichtigenden Eltern stellen ein entsprechendes „Ansuchen" an eine interministerielle Arbeitsgruppe, welche die möglichen Krankheiten/Fehlbildungen in zwei Gruppen eingeteilt hat. Bei Fehlbildungen, bei denen das Kind keine Lebenschance hat, wie beispielsweise beim Anencepahlus, bei Trisomie 13 und 18, sind Spätabbrüche nicht strafbar (Kategorie-1). Bei Fehlbildungen mit eingeschränkter Überlebenschance, z.B. Hydrocephalus mit ausge-

559 Scholten, in Eser/Koch, Ssa im internationalen Vergleich, Teil 1, Anhang S. 1073.
560 Scholten, in Eser/Koch, Ssa im internationalen Vergleich, Teil 1, S. 993, 1019 ff., 1073.

prägter spina bifida, stellen Spätabbrüche einen Straftatbestand dar (Kategorie 2), die Staatsanwaltschaft sieht jedoch unter bestimmten Voraussetzungen von der Strafverfolgung ab. Dies soll der Fall sein, wenn der Arzt gewisse Sorgfaltsanforderungen beachtet und sich in einem Gewissenskonflikt hinsichtlich der Pflicht zum Lebensschutz des Ungeborenen und der Hilfspflicht gegenüber der Frau befunden hat. Die Entscheidung, welche Fehlbildungskatgorie vorliegt, ob ein Spätabbruch ohne Bedingungen zulässig ist bzw. ob die genannten Bedingungen vorliegen, wird innerhalb des Krankenhauses von einer ad-hoc-Kommission (sog. Overleg-Team) getroffen. Nach der Durchführung des Eingriffs wird der Tod des Kindes als nichtnatürlicher Todesfall der Gesundheitsbehörde gemeldet. Als weitere Überwachungsinstanz agiert eine Kommission der niederländischen Gesellschaft für Gynäkologie und Geburtshilfe.
Die tatsächliche Handhabung später Schwangerschaftsabbrüche soll sowohl dem allgemeinen gesellschaftlichen Konsens sowie dem Konsens der beteiligten Institutionen (Ärzte, Krankenhäuser, Justizbehörden) entsprechen.[561]

cc. Rechtsauffassung

Die Schwangerschaftsabbrüche im Spätstadium sind insbesondere auch nach rechtlicher Auffassung wohl dann zulässig, wenn der Fötus so schwer geschädigt ist, daß er außerhalb des Mutterleibes nicht überleben kann.[562] In diese Richtung zielt auch eine Erklärung der Gesundheitsministerin Borst in Zeitungsberichten vom 9.7.1999, worin sie die Zulässigkeit von Schwangerschaftsabbrüchen nach der 24. Schwangerschaftswoche fordert, wenn der Fötus so schwer geschädigt ist, daß er keine Überlebenschance habe bzw. nur kurze Zeit - „vielleicht bis zu einem Jahr" - zu leben hätte. Der Schwangerschaftsabbruch soll in diesen Fällen zwar strafbar sein, jedoch nicht verfolgt werden. Insofern wird eine der Sterbhilfe ähnliche Regelung (sh. „Gesetz zur Überprüfung von Lebensbeendigung auf Verlangen und Hilfe bei Selbsttötung, in Kraft getreten seit 1.4.2002, D. Neugeboreneneuthanasie VI. 1. b.) für Spätabbrüchen gefordert, wonach die ärztliche Handlung lediglich von einer Kommission überprüft werden soll. Intention der Zulässigkeit der Spätabtreibung sei die „Traglast der Mutter", jedoch seien auch die Kindesinteressen zu berücksichtigen. Eine derar-

---

561 Wladimiroff, Abstract zur gemeinsamen Tagung der DGGG und der BÄK.

562 Eser/Koch, Schwangerschaftsabbruch und Recht, S. 283 f., S. 313 Fn. 77.

tige Regelungen sieht sich jedoch zahlreicher Kritik ausgesetzt, insbesondere weil die Begriffe „Überlebenschance“ und „kurze Zeit“ zu unbestimmt sind.[563] Der Gesetzesvorschlag der Gesundheitsministerin ist wohl bis heute nicht realisiert worden.

Problematisch ist hierbei auch die Bestimmung des Zeitpunktes der Lebensfähigkeit. Diesbezüglich ging der Gesetzgeber davon aus, daß Lebensfähigkeit spätestens ab der 24. Schwangerschaftswoche zu bejahen ist, wobei jedoch aufgrund der Ungenauigkeit der Ermittlung der konkreten Schwangerschaftswoche und der Lebensfähigkeit als absolute Grenze die 20. Schwangerschaftswoche angesehen wird.[564]

Aufgrund der gesetzlichen Regelungen ist also in den Niederlanden eine Differenzierung nach Indikationen nicht erforderlich, weil bei Vorliegen einer Notsituation Schwangerschaftsabbrüche, also auch aufgrund embryopathischer Indikation, bis zur Lebensfähigkeit des Föten möglich sind. Sog. Spätabbrüche unterfallen jedoch zumindest nach dem Gesetzestext nicht der Regelung des Schwangerschaftsabbruchs, sondern sollen strafschärfend als Tötungsdelikt geahndet werden. In der Praxis ist dies wohl nicht der Fall.

2. Österreich

a. Allgemeines

In Österreich (noch) aktuell ist eine der ersten liberalen Regelungen des Schwangerschaftsabbruchs des Kontinents aus dem Jahr 1975.

Seit 1852 war zunächst der Schwangerschaftsabbruch nur bei Vorliegen der Voraussetzungen einer medizinischen Indikation zulässig. Erste Reformbewegungen hin zu einer Liberalisierung der Abtreibungsregelungen waren dann ab 1920 erkennbar, die jedoch erfolglos blieben. Ab dem Jahr 1966 wurde die Diskussion um eine Änderung der strafgesetzlichen Regelungen wieder intensiver geführt, nachdem die Österreichische Volkpartei (ÖVP) als Regierung die sog. große Koalition abgelöst hatte. Angedacht war die Liberalisierung der Regelung in Form der Anerkennung ethischer, eugenischer oder psychiatrischer Gründe,

---

563 F.A.Z. vom 10.7.1999 S. 6, http://www.webalbum.de/kirche/kirche09.htm; trends, ZfL 2/1999, S. IV.

564 Scholten, in Eser/Koch, Ssa im internationalen Vergleich, Teil 1, S. 993, 1019 f..

was jedoch zunächst, insbesondere in kirchlichen Kreisen, als zu weitgehend abgelehnt wurde. Hierin zeigte sich deutlich der kirchliche Einfluß in der überwiegend katholisch orientierten Bevölkerung.[565]
Nachdem noch in den Jahren 1965/66 zahlreiche Verurteilungen wegen unzulässiger Schwangerschaftsabbrüche zu verzeichnen waren, ging die Zahl der Verurteilungen nach 1966 stark zurück und halbierte sich gar im Zeitraum von 1970 bis 1974, nachdem 1970 die SPÖ die Regierung stellte. Die Regierungspartei beabsichtigte daher auch die Regelungen des Schwangerschaftsabbruchs dahingehend zu modifizieren, daß die bisherige Indikationslösung um die eugenische, psychiatrische oder soziale Indikation erweitert werden sollte bzw. diese Indikationen als Unterfall der medizinischen Indikation anerkannt werden sollten. Teilweise wurde auch die Einführung einer Fristenlösung gefordert, so daß sowohl der Antrag einer Fristenlösung als auch der Antrag einer erweiterten Indikationslösung im Nationalrat diskutiert wurden. 1973 wurde dann die Fristenlösung im Nationalrat angenommen und konnte aufgrund eines sog. Beharrungsbeschlußes nach dem Einspruch des Bundesrates gegen den Gesetzesbeschluß zum 1.1.1975 in Kraft treten. Die gesetzliche Neuregelung in Form der Fristenregelung wurde danach auch vom Österreichischen Verfassungsgerichtshof[566] nach einer Beschwerde der Regierung Vorarlberg als verfassungsgemäß beurteilt und ist seitdem in Österreich anwendbar.[567]

b. Gesetzliche Regelungen

Der Wortlaut der gesetzlichen Regelung zur Straflosigkeit des Schwangerschaftsabbruchs im Österreichischen Strafgesetzbuch (öStGB) vom 23.1.1974, in Kraft getreten seit 1.1.1975,[568] lautet wie folgt:

565 Greif, S. 3 ff., 28 ff.; Mesner, S. 158 ff..

566 Verfassungsgerichtshof (VfGH) Wien – G8/74, Erkenntnis vom 11.10.1974 (Schriftliche Ausfertigung Februar 1975), EuGRZ 1975, 74 ff..

567 Dearing, in Eser/Koch, Ssa im internationalen Vergleich, Teil 1, S. 1094 f.; Ketting/van Praag, S. 30 f.; zu den Einzelheiten der geschichtlichen Entwicklung, insbesondere den politischen Auseinandersetzungen sh. Greif, S. 3 ff., 28 ff.; Mesner, S. 158 ff..

568 Foregger/Fabrizy, StGB, 7. Aufl., § 97.

§ 97 Straflosigkeit des Schwangerschaftsabbruchs
(1) Die Tat ist nach § 96 nicht strafbar,

1. wenn der Schwangerschaftsabbruch innerhalb der ersten drei Monate nach Beginn der Schwangerschaft nach vorhergehender ärztlicher Beratung von einem Arzt vorgenommen wird; oder

2. wenn der Schwangerschaftsabbruch zur Abwendung einer nicht anders abwendbaren ernsten Gefahr für das Leben oder eines schweren Schadens für die körperliche oder seelische Gesundheit der Schwangeren erforderlich ist oder eine ernste Gefahr besteht, daß das Kind geistig oder körperlich schwer geschädigt sein werde, oder die Schwangere zur Zeit der Schwängerung unmündig gewesen ist und in allen diesen Fällen der Abbruch von einem Arzt vorgenommen wird; oder

3. wenn der Schwangerschaftsabbruch zur Rettung der Schwangeren aus einer unmittelbaren, nicht anders abwendbaren Lebensgefahr unter Umständen vorgenommen wird, unter denen ärztliche Hilfe nicht rechtzeitig zu erlangen ist.

...

Zusätzlich zum öStGB ist für die embryopathische Indikation die Regelung des § 65 Abs. 3 aus dem am 1.1.1995 in Kraft getretenen Gentechnikgesetz (GTG) relevant, wonach eine Genanalyse *„im Rahmen einer pränatalen Untersuchung"* nur dann durchgeführt werden darf, *„soweit dies medizinisch geboten ist, und nach schriftlicher Bestätigung der Schwangeren, daß sie zuvor durch einen Arzt oder Facharzt im Sinne des Abs. 1 Z. 1 über Wesen, Tragweite und Risiken des vorgesehenen Eingriffs aufgeklärt worden ist und der Genanalyse zugestimmt hat..."*. Aufgrund dieser gesetzlichen Regelung können also die Voraussetzungen für einen Schwangerschaftsabbruch wegen embryopathischer Indikation durch eine Genanalyse festgestellt werden.[569]

c. Inhalt und Tatbestandsvoraussetzungen der gesetzlichen Regelung, insbesondere der sog. embryopathischen Indikation

aa. Inhalt des § 97 öStGB

§ 97 Abs. 1 Nr. 1 öStGB enthält eine der deutschen Regelung ähnliche Fristenregelung mit Beratungspflicht, wobei der beratende Arzt - im Gegensatz zur deutschen Regelung - den Schwangerschaftsabbruch auch durchführen kann,

---

[569] Eser/Koch, Ssa im internationalen Vergleich, Teil 3, S. 745.

jedoch nicht muß. Eine Bedenkzeit zwischen Beratung und Abbruch ist nicht vorgesehen.
§ 97 Abs. 1 Nr. 2 öStGB regelt den Schwangerschaftsabbruch für die Fälle der medizinischen und embryopathischen (in Österreich wohl eugenische Indikation genannt) Indikation sowie im Falle der Unmündigkeit der Schwangeren im Zeitpunkt der Schwängerung.
§ 97 Abs. 1 Nr. 3 öStGB normiert die Straflosigkeit für Schwangerschaftsabbrüche in Notfällen, die nicht von einem Arzt vorgenommen werden.
Schwangerschaftsabbrüche wegen sozialer Gründe oder wegen Vergewaltigung (§ 201 öStGB) sind nicht als Indikationsgründe anerkannt, so daß sie lediglich innerhalb der 3-Monats-Frist gem. § 97 Abs. 1 Nr.1 öStGB zulässig sind.

bb. Embryopathische Indikation
Nach dem Wortlaut der gesetzlichen Regelung besteht eine Abbruchsindikation insbesondere dann, wenn eine ernste Gefahr besteht, daß das Kind körperlich oder geistig schwer geschädigt ist. Ausschlaggebend ist somit die Schädigung des Föten, nicht jedoch - wie in Deutschland - die Auswirkungen auf die Schwangere. Eine Frist wurde nicht normiert.

Hinsichtlich des Schädigungs- bzw. Wahrscheinlichkeitsgrades einer Schädigung soll es nach der österreichischen Literatur wohl ausreichen, wenn gegenüber dem allgemein bestehenden Grundrisiko ein um 5-10 % erhöhtes Schädigungsrisiko besteht. Dabei muß die Schädigung so schwer sein, daß eine relativ selbständige physische Existenz des Kindes nicht möglich ist.[570] Nach teilweise vertretener Auffassung soll bei der Interpretation der gesetzlichen Regelung der embryopathischen Indikation auch berücksichtigt werden, ab welcher Schwere einer Schädigung des Föten dessen Austragen die Entscheidungsfreiheit der Schwangeren bzgl. ihrer Lebensgestaltung und Lebensaufgabe unzumutbar eingeschränkt und dementsprechend von der Rechtsordnung nicht verlangt werden kann. Zudem solle auch das gesellschaftliche Bewußtsein für solidarische Mitverantwortung mit Behinderten maßgeblich sein.[571]
Nach Greif soll ein dauernder, nicht behebbarer Schaden zu bejahen sein, wenn Beeinträchtigungen des Föten vorliegen, die in der Intensität vergleichbar einer

570 Bertel/Schwaighofer, BT I, § 97 Rz. 4; Foregger/Fabrizy, StGB, 7. Aufl., § 97 Rz. 5; Greif, S. 60 f..

571 Dearing, in Eser/Koch, Ssa im internationalen Vergleich, Teil 1, S. 1114; Greif, S. 60 f..

Körperverletzung mit schweren Dauerfolgen (§ 85 öStGB) sind. Insoweit wird auf eine Entscheidung des OGH verwiesen, wonach dieser bei Fehlen beider Arme sowie beiderseitigem Klumpfuß eine schwere Schädigung i.S.d. § 97 öStGB angenommen hatte.[572]

Die Österreichische Gesellschaft für Prä- und Perinatalmedzin vertritt in ihrem „Konsensus-Statement" von Oktober 2002 die Auffassung, daß die „Geburtseinleitung nach Fetozid" bei Schwangerschaftsabbrüchen im Spätstadium „aus humanitären, ethischen, medizinischen und rechtlichen Überlegungen primär" geboten sei.[573]

cc. Aktuelle Reformbestrebungen

Obwohl die Fristenregelung des öStGB seit ihrem Bestehen nicht geändert wurde, war sie dennoch Gegenstand und Anlaß zahlreicher Diskussionen, wobei jedoch die embryopathische Indikation in diesen Debatten zunächst kaum Beachtung fand.

Erst nachdem 1997 eine allgemeine gesetzliche Regelung verabschiedet worden war, worin die Benachteiligung von Behinderten verboten wurde, wurde auch die embryopathische Indikation in die Diskussionen einbezogen. Aufgrund des Abschlußberichtes einer zur Untersuchung der Rechtordnung nach behindertenbenachteiligenden Regelungen eingesetzten Arbeitsgruppe wurde im Februar 1999 ein Entschließungsantrag zur Schaffung eines Behindertengleichstellungsgesetzes in den Nationalrat eingebracht. In diesem Antrag wurde u.a. gefordert, die Klausel in § 97 Abs. 2 öStGB, *„oder eine ernste Gefahr besteht, daß das Kind geistig oder körperlich schwer geschädigt sein werde"*, aufzuheben, weil dies eine Diskriminierung Behinderter darstelle. Das Bundesministerium für Justiz vertrat hingegen die Auffassung, daß diese Regelung lediglich der Anerkennung des Selbstbestimmungsrechtes der Frau in einer bestimmten Konfliktsituation diene und dementsprechend keine Wertung oder Benachteiligung Behinderter enthalte.[574]

Im Jahr 2000 stellten die Abgeordneten der ÖVP und der Grünen im Landtag Vorarlberg einen dem oben genannten Entschließungsantrag entsprechenden

---

572 Greif, S. 60 f..

573 Nomos-Merkel, StGB, Loseblattsammlung, § 218a Rz. 111.

574 Greif, S. 92 ff..

Antrag dahingehend, daß auf die Bundesregierung und den Bundesgesetzgeber zur Aufhebung der embryopathischen Indikation eingewirkt werden solle. Bei einer schweren Belastung der Frau durch ein geschädigtes Kind, welche diese nicht bewältigen könne, sollte aber auch nach dieser Auffassung ein Schwangerschaftsabbruch im Rahmen der medizinischen Indikation zulässig sein. Gleichzeitig wurde auch von der FPÖ ein Antrag in den Landtag eingebracht, wonach eine dem deutschen Recht entsprechende medizinisch-soziale Indikation sowie eine allgemeine Meldepflicht eingeführt werden solle. Der ÖVP-Antrag konnte sich im Landtag durchsetzen und wurde entsprechend an die Bundesregierung weitergeleitet.[575]

Im Sommer 2000 wurde dann die Diskussion zur embryopathischen Indikation auch auf Regierungsebene weitergeführt. Hierbei löste die Aussage des Bundesministers für soziale Sicherheit und Generationen, es würden Überlegungen dahingehend angestellt, die embryopathische Indikation auf die ersten drei Schwangerschaftsmonate zu befristen, heftige Kontroversen aus, weil eine derartige Überlegung nicht in den genannten Anträgen von FPÖ und ÖVP enthalten war und auch aufgrund der bereits existierenden Fristenregelung zu einer grundsätzlichen Aufhebung der embryopathischen Indikation führen würde, was von den Parteien keinesfalls gewollt war. Auf eine diesbezügliche parlamentarische Anfrage an den Bundesminister für Sicherheit und Generationen antwortete dieser, daß lediglich geprüft werden solle, ob nach Ablauf der ersten drei Schwangerschaftsmonate eine Straffreiheit aus medizinischer Sicht erforderlich erscheint. Zudem hätten Experten festgestellt, daß eine Schwangerschaftsunterbrechung nach der 24. Schwangerschaftswoche nur dann durchgeführt werden könne, wenn der Fötus aufgrund seiner Fehlbildungen nicht lebensfähig sei.

Im Rahmen dieser Diskussion wurde auch vertreten, daß sich eine mögliche Befristung an der Durchführbarkeit und Diagnosemöglichkeit pränataler Untersuchungen ausrichten müße. Zudem sei eine Befristung untragbar, wenn auf die Situation der Frau abgestellt werde. Insgesamt verlangen aber auch die Befürworter einer Befristung ausnahmsweise die Zulässigkeit eines Schwangerschaftsabbruchs nach Ablauf einer Frist, wenn der Fötus außerhalb des Mutterleibs nicht lebensfähig ist.[576]

---

575 Greif, S. 92 ff..

576 Greif, S. 96 ff..

Eine Aufhebung, Befristung oder Neuregelung der embryopathischen Indikation ist jedoch bis heute nicht erfolgt.

d. Durchführung und Auswirkungen der gesetzlichen Regelung in der Praxis

Zwar galt die österreichische Regelung zum Zeitpunkt ihres Inkrafttretens 1975 als liberalste Regelung (und gilt aufgrund der Kombination von Fristen- und fristloser Indikationsregelung auch heute noch als sehr liberal), jedoch ist die Durchführung der Regelung in der Praxis bis heute problematisch.

Mangels spezieller Durchführungsbestimmungen nehmen nur wenige Ärzte und Institutionen Schwangerschaftsabbrüche vor. So ergab ein Umfrage an allen Krankhäusern mit gynäkologischen Abteilungen aus dem Jahr 1995, daß lediglich 17 Krankenhäuser Schwangerschaftsabbrüche aufgrund der Fristenlösung durchführen, 58 Krankenhäuser nur aufgrund medizinischer Indikation, 25 Krankenhäuser nehmen überhaupt keine Schwangerschaftsabbrüche vor. Zudem soll ein Ost-West-Gefälle zu verzeichnen sein, wonach die medizinische Versorgung im Westen des Landes (Vorarlberg, Tirol und Salzburg) schlechter sei und dementsprechend einen gewissen „Tourismus" nach Wien bedinge. Insgesamt ist die Zahl der Schwangerschaftsabbrüche gesunken.[577]

Als weiterer Grund für die mangelnde Durchsetzung der gesetzlichen Regelung in der Praxis kann auch der Beschluß der Vollversammlung der Salzburger Ärztekammer von 1974 angesehen werden, nach dem jeder Schwangerschaftsabbruch ohne Indikation, d.h. in Form der Fristenregelung, standeswidrig sei und worin jedem, eine Schwangerschaft ohne Indikation abbrechenden Arzt ein Disziplinarverfahren angedroht wurde. Im gleichen Jahr beschloß auch die Vollversammlung der Präsidenten und Vizepräsidenten der Ärztekammer eine Erklärung, wonach operative Eingriffe nur aufgrund medizinischer Indikation zulässig seien. Zudem wurden die Kosten für Schwangerschaftsabbrüche nur in wenigen Fällen, insbesondere nur in sozialen Härtefällen, übernommen.[578]

Nach anderen Quellen soll in Österreich schon vor der Gesetzesänderung im Jahr 1975 ein Markt für illegale Schwangerschaftsabbrüche existiert haben, woran sich auch nach der gesetzlichen Neuregelung zunächst nichts wesentlich geändert haben soll. Insbesondere sollen auch von je her Schwangerschaftsabbrüche von Ärzten in Privatpraxen und nicht in Krankhäusern mit entsprechen-

577 Fiala, http://www.svss-uspda.ch/de/facts/oesterreich.htm; Mesner, S. 234 ff..

578 Mesner, S. 237 ff..

der Registrierung als Schwangerschaftsabbruchsklinik durchgeführt worden sein, was wohl auch nach der Gesetzesänderung beibehalten wurde. Zudem sollen Schwangerschaftsabbrüche weiterhin aufgrund des starken Einflußes der katholischen Kirche ein Tabuthema in Österreich sein. Einzig in Wien ist eine gewisse Offenheit im Umgang mit der Problematik festzustellen, insbesondere gibt es hier auch mehrere Kliniken, die Schwangerschaftsabbrüche durchführen. Insgesamt sollen in Österreich kaum offizielle bzw. keine öffentlich zugänglichen bzw. verbreiteten Informationsmöglichkeiten für Schwangerschaftsabbrüche bestehen.[579]

3. Schweiz

a. Allgemeine Gesetzesentwicklung

Zunächst galt in der Schweiz die gesetzliche Regelung vom 21.12.1937, in Kraft seit 1.1.1942, wonach eine Schwangerschaftsunterbrechung gem. Art. 120 StGB Schweiz nur zulässig, d.h. straflos war, „*wenn die Schwangerschaft mit schriftlicher Zustimmung der Schwangeren infolge von Handlungen unterbrochen wird, die ein patentierter Arzt nach Einholung eines Gutachtens eines zweiten patentierten Arztes vorgenommen hat, um eine nicht anders abwendbare Lebensgefahr oder große Gefahr dauernden schweren Schadens an der Gesundheit der Schwangeren abzuwenden.*“[580]

Seit den 70iger Jahren wurden dann umfängliche Diskussionen zur Neuregelung des Schwangerschaftsabbruchs geführt und zahlreiche Volksinitiativen und Volksbegehren eingereicht. Diese Reformbestrebungen blieben jedoch lange Zeit erfolglos.[581] Aus dem Jahr 1997 stammt dann eine sog. parlamentarische Initiative der Kommission für Rechtsfragen des Nationalrates in Form eines „Vorentwurfs über die Änderung des Strafgesetzbuchs betreffend Schwangerschaftsabbruch“, wonach Schwangerschaftsabbrüche im Rahmen einer Fristenregelung normiert werden sollten. Dieser Vorentwurf wurde auch von der Mehrheit des Nationalrates, als 1. Kammer der gesetzgebenden Instanz der Bundesversammlung, angenommen. Der Schweizerische Bundesrat als Exeku-

---

579 Ketting/van Praag, S. 32, 80 ff..

580 Schweizerisches Strafgesetzbuch vom 21.12.1937, in Eser/Koch, Ssa im internationalen Vergleich, Teil 1, S. 1545.

581 Locher, in Eser/Koch, Ssa im internationalen Vergleich, Teil 1, S. 1536 ff..

tivorgan hatte sich zwar gegen den Entwurf ausgesprochen, gleichzeitig jedoch festgestellt, daß zwischen Gesetz und Wirklichkeit eine große Diskrepanz herrsche, weil trotz der gesetzlichen Regelung jährlich 12.000 bis 20.000 Schwangerschaften abgebrochen würden und dennoch seit 10 Jahren keine Gerichtsurteile im Zusammenhang mit Schwangerschaftsabbrüchen ergangen waren. Der Entwurf des Nationalrates wurde jedoch unverändert dem Ständerat, als 2. gleichberechtigte Kammer der Bundesversammlung, zur Beratung überwiesen, weil dies bei parlamentarischen Initiativen in der Schweiz usus ist.[582]
Gegen diese parlamentarische Initiative zur Einführung einer Fristenregelung hatte sich 1998 eine Volksinitiative „Für Mutter und Kind" gegründet, welche sich darum bemühte, eine Verfassungsänderung zu erreichen, die eine Fristenreglung rechtlich unzulässig macht. Diese Verfassungsänderung sollte durch eine Volksabstimmung erreicht werden, da in der Schweiz auf der Ebene der Bundesverfassung Gesetzesentwürfe nicht nur von Parlament und Regierung, sondern auch vom Volk eingebracht werden können. Hierbei besteht die Möglichkeit, daß aufgrund von 100.000 Unterschriften innerhalb von 18 Monaten eine Volksabstimmung erzwungen wird. Der Gegenvorschlag zur parlamentarischen Initiative erhielt die erforderlichen 100.000 Unterschriften (insgesamt 105.001 gültige Unterschriften), so daß lt. Mitteilung der Schweizerischen Bundeskanzlei vom 20.1.2000 die Volksinitiative „Für Mutter und Kind - für den Schutz des ungeborenen Lebens und für die Hilfe an seine Mutter in Not" offiziell zustande gekommen war. Ziel der Volksinitiative war die Beibehaltung der Strafbarkeit des Schwangerschaftsabbruchs mit der Möglichkeit der Straffreiheit bei Vorliegen einer nicht anders abwendbaren, akuten und körperlich begründeten Lebensgefahr für die Mutter. Bei Schwangerschaften nach Vergewaltigung sollten Adoptionen erleichtert werden, gleichzeitig sollten aber alle hilfsbedürftigen Mütter Hilfen erhalten.[583]
Die Volksabstimmung fand dann am 2. Juni 2002 statt. Hierbei wurde das grundsätzliche Abbruchsverbot der Initiative „Für Mutter und Kind" mit großer Mehrheit abgelehnt. 70 % der Wähler sprachen sich für die Fristenlösung der parlamentarischen Initiative aus, so daß am 1. Oktober 2002 in der Schweiz eine grundlegende Neuregelung des Schwangerschaftsabbruchs in Kraft getreten ist.[584]

---

582 Eser/Koch, Ssa im internationalen Vergleich, Teil 3, S. 785; ZfL 3/1998, S. III f..

583 ZfL 3/1998, S. III f.; ZfL 1/2000, S. 36 f..

584 Badische Zeitung vom 3.6.2002, S. 2.

b. Neue gesetzliche Regelung und Umsetzung in den Kantonen

Die seit dem 1.10.2002 in Kraft getretene Regelung eines straflosen Schwangerschaftsabbruchs[585] lautet wie folgt:

§ 119 Strafloser Schwangerschaftsabbruch

1 Der Abbruch einer Schwangerschaft ist straflos, wenn er nach ärztlichem Urteil notwendig ist, damit von der schwangeren Frau die Gefahr einer schwerwiegenden körperlichen Schädigung oder einer schweren seelischen Notlage abgewendet werden kann. Die Gefahr muß umso größer sein, je fortgeschrittener die Schwangerschaft ist.

2 Der Abbruch einer Schwangerschaft ist ebenfalls straflos, wenn er innerhalb von zwölf Wochen seit Beginn der letzten Periode auf schriftliches Verlangen der schwangeren Frau die geltend gemacht hat, sie befinde sich in einer Notlage, durch eine zur Berufsausübung zugelassene Ärztin oder einen zur Berufsausübung zugelassenen Arzt vorgenommen wird. Die Ärztin oder der Arzt hat persönlich mit der Frau vorher ein eingehendes Gespräch zu führen und sie zu beraten.

...

4 Die Kantone bezeichnen die Praxen und Spitäler, welche die Voraussetzungen für eine fachgerechte Durchführung von Schwangerschaftsabbrüchen und für eine eingehende Beratung erfüllen.

5 Ein Schwangerschaftsabbruch wird zu statistischen Zwecken der zuständigen Gesundheitsbehörde gemeldet, wobei die Anonymität der betroffenen Frau gewährleistet wird und das Arztgeheimnis zu wahren ist.

Aufgrund § 120 Abs. 4 StGB Schweiz waren die einzelnen Kantone gefordert, Durchführungsbestimmungen für die Neuregelung des Schwangerschaftsabbruchs zu erlassen. Dies haben die meisten Kantone auch bis zum Ablauf von 6 Monaten nach Inkrafttreten der gesetzlichen Neuregelung mit ganz unterschiedlichen Ergebnissen bzw. Auswirkungen getan. Einheitlich existiert in allen Kantonen ein Formular für die schriftliche Beantragung eines Schwangerschaftsabbruchs innerhalb der 12-Wochen-Frist sowie ein Informationsblatt, welches eine Übersicht über Beratungs- und Hilfsstellen enthält.

---

585 Änderung des Strafgesetzbuchs vom 23.3.2001 (**Fristenregelung** Angenommen in der Volksabstimmung vom 2. Juni 2002, in Kraft getreten am 1. Oktober 2002), www.svss-uspda.ch/de/schweiz/gesetz.htm.

Unterschiedlich ist jedoch die Handhabung von Schwangerschaftsabbrüchen nach Ablauf der 12-Wochen-Frist, weil in einigen Kantonen in diesen Fällen das Gutachten eines weiteren Arztes gefordert wird. Dies ist beispielsweise in den Kantonen Zürich, Thurgau, Tessin und Glarus der Fall. Weiterhin haben einige Kantone die Durchführung von Schwangerschaftsabbrüchen erschwert, soweit sie an die Genehmigungsvoraussetzungen für die einen Schwangerschaftsabbruch vornehmenden Kliniken und Ärzte strengere Anforderungen stellen. So ist in den Kantonen Appenzell und Aargau ein Schwangerschaftsabbruch nur in einem Kantonsspital möglich ist, in den Kantonen Luzern, Genf, Basel-Land und Obwalden müßen Arztpraxen eine Genehmigung beantragen.[586]

c. Inhalt der Neuregelung und Handhabung der alten gesetzlichen Regelung, insbesondere im Hinblick auf Schwangerschaftsabbrüche von geschädigten Föten

aa. Fristenregelung

Aufgrund dessen, daß die Neuregelung des Schwangerschaftsabbruchs in Form der Fristenregelung erst seit dem 1.10.2002 in Kraft getreten ist und dementsprechend bisher keine Gerichtsentscheidungen bzw. kaum praktische Erfahrungen mit der Neuregelung vorliegen, sind auch bisher keine bzw. wenige Veröffentlichungen erschienen.

Im Rahmen der gesetzlichen Neuregelung in Art. 119 Abs. 2 StGB Schweiz sind nunmehr Schwangerschaftsabbrüche innerhalb von 12 Wochen seit der letzten Periode zulässig, wenn sich die Frau in einer Notlage befindet. Zuvor sollen die Frau und der den Schwangerschaftsabbruch vornehmende Arzt ein ausführliches Gespräch führen, desweiteren hat der Arzt die Frau zu beraten.
Diese Regelung entspricht vom Grundsatz her der deutschen Beratungsregelung des § 218a Abs. 1 StGB. Unterschiede sind hinsichtlich des Fristbeginns zu konstatieren: in der Schweiz berechnet sich die 12-Wochen-Frist ab Beginn der letzten Periode, in Deutschland ab der Empfängnis. Zudem müßen in Deutschland der die Schwangerschaft abbrechende Arzt und die Beraterperson verschieden sein, in der Schweiz hat der Arzt, der den Schwangerschaftsabbruch vornimmt, die Frau zu beraten.

586 Umsetzung der Fristenregelung in den Kantonen, www.svss-uspda.ch/de/schweiz /umsetzung.htm.

bb. Medizinische Indikation

Weiterhin ist in Abs. 1 des Art. 119 StGB Schweiz die Zulässigkeit eines Schwangerschaftsabbruchs aufgrund medizinischer Indikation geregelt, wobei zwischen schwerwiegenden körperlichen Schädigungen und schweren seelischen Notlagen der Schwangeren differenziert wird. Eine Befristung der medizinischen Indikation ist nicht normiert. Gesetzlich fixiert ist jedoch das Erfordernis einer größeren Gefahr für die Schwangere, je fortgeschrittener die Schwangerschaft ist. Diese Regelung entspricht teilweise der sog. medizinisch-sozialen Indikation in Deutschland, § 218a Abs. 2 StGB, für die ebenfalls keine Befristung besteht. Zusätzlich zur schweizerischen Regelung sind im deutschen Recht, die gegenwärtigen und zukünftigen Lebensverhältnisse der Schwangeren zu berücksichtigen, so daß gerade in der Konfliktsituation der Diagnose eines geschädigten Föten die Gefahren für die Schwangere nach der Geburt des Kindes aufgrund der vielfältigen Belastungen als maßgebliche Gründe herangezogen werden können.

Inwieweit dies auch im Rahmen des Art. 119 Abs. 1 StGB Schweiz durch Auslegung möglich sein wird, muß abgewartet werden. Ebenso wie in Deutschland können auch in der Schweiz Schwangerschaftsabbrüche im Spätstadium zulässig sein, wobei jedoch die gesteigerten Anforderungen an die Gesundheitsgefahr der Schwangeren je fortgeschrittener die Schwangerschaft ist - im Gegensatz zu Deutschland - im Gesetz ausdrücklich normiert sind.

Insgesamt ist somit auch in der Schweiz zu erwarten, daß Schwangerschaftsabbrüche von geschädigten Föten zulässig sind. Die konkreten Anforderungen und Voraussetzungen für derartige Schwangerschaftsabbrüche werden aber - ähnlich wie in Deutschland - streitig und damit für die Zukunft klärungsbedürftig sein.

cc. Rückgriff bzw. Darstellung der Rechtslage vor Inkrafttreten der gesetzlichen Neuregelung

Aufgrund des noch nicht veröffentlichen Meinungsstandes zur gesetzlichen Neuregelung soll auch die Anwendung der alten gesetzlichen Indikationsregelung betrachtet werden. Nach der Regelung des Art. 120 a.F. StGB Schweiz waren Schwangerschaftsabbrüche nur aufgrund medizinischer Indikation zulässig, wobei nach dem Gesetzeswortlaut nicht zwischen psychischer und physischer Gesundheit differenziert wurde, sondern eine „große Gefahr dauernden schweren Schadens an der Gesundheit“ vorliegen mußte. Die Gesundheitsgefahr mußte von zwei ärztlichen Gutachten bestätigt werden. Es handelte sich somit nach dem Wortlaut der Norm um eine sehr restriktive Regelung, die auch aufgrund ihres Bestehens seit 1937 zu einer der ältesten geltenden Regelungen des Schwangerschaftsabbruchs zählte. Eine sog. embryopathische Indikation kannte das Schweizerische StGB nicht.

Aufgrund des langjährigen Bestehens dieser gesetzlichen Regelung hatte sich jedoch die Anwendung des Gesetzes, insbesondere die Auslegung des Begriffs der Gesundheitsgefahr, geändert und zunehmend eine Ausweitung erfahren. In einem Großteil der Kantone wurde daher die psychosoziale Notlage als ernste Bedrohung der Gesundheit anerkannt, so daß ein Schwangerschaftsabbruch bei ungewollter Schwangerschaft zulässig sein konnte. Innerhalb der ersten 12 - 14 Schwangerschaftswochen bestand wohl in der Praxis allgemein die Möglichkeit, straffrei die Schwangerschaft abzubrechen, weil nach herrschender Auffassung hier noch die Rechte der Frau auf Autonomie und Selbstbestimmung vorrangig waren. Nach der 14. Woche soll trotz der restriktiven gesetzlichen Regelung ein Schwangerschaftsabbruch zulässig gewesen sein, wenn beim Föten nachweislich eine schwere Gesundheitsschädigung vorlag.[587]
Für die Zulässigkeit eines Schwangerschaftsabbruchs ab Erreichen der extrauterinen Lebensfähigkeit durften keine Aussichten auf extrauterines Überleben oder ein Minimum an kognitiven Entwicklungsfähigkeiten bestehen. In diesem Bereich waren Schwangerschaftsabbrüche auch in der Praxis nur selten zulässig, wobei als Beispiele für zulässige Schwangerschaftsabbrüche die Fälle von Trisomie 13, 18, Anencephalie und beidseitiger Nierenagenesie genannt wurden.[588]

Somit waren also Schwangerschaftsabbrüche, insbesondere auch aufgrund embryopathischer Indikation, schon früher, vor der gesetzlichen Neuregelung in der Schweiz zulässig. Zur Begründung wurde auf die psychische Belastung und die daraus folgenden schweren Gesundheitsbeeinträchtigen der Frau im Rahmen der medizinischen Indikation abgestellt. Grundlage der zunehmenden Befürwortung und Durchführung derartiger Schwangerschaftsabbrüche war - wie in Deutschland auch - der Fortschritt in der Pränataldiagnostik, der es ermöglichte Prognosen zu erstellen, statt auf Wahrscheinlichkeiten abzustellen. Aufgrund

---

587 Honsell, S. 336 ff.; Rehberg/Schmid, Strafrecht III, S. 20 ff.; Schneider, Ethik Med 10 (1998), 46 f., 49 ff.; Schubarth, BT 1, Art. 120 Rz. 11 f..

588 Honsell, S. 336 ff.; Rehberg/Schmid, Strafrecht III, S. 20 ff.; Schneider, Ethik Med 10 (1998), 46 f., 49 ff.; Schubarth, BT 1, Art. 120 Rz. 11 f..

der weiten, vom Gesetzeswortlaut abweichenden Anwendung des Art. 120 a.F. StGB Schweiz wurde zunehmend eine gesetzliche Neuregelung des Schwangerschaftsabbruchs oder die Schaffung eindeutiger Richtlinien für späte Schwangerschaftsabbrüche durch die medizinischen Gesellschaften gefordert.[589] Die ausweitende Anwendung des Art. 120 StGB a.F. war jedoch in den einzelnen Kantonen nur unterschiedlich möglich. Da der Arzt, der das Gutachten für die Zulässigkeit eines Schwangerschaftsabbruchs fertigte, von einer kantonalen Behörde eine Genehmigung erhalten mußte, konnte so der Kanton durch restriktive Genehmigungsverteilung bzw. Genehmigungserteilung an konservative bzw. Schwangerschaftsabbrüchen ablehnend gegenüberstehende Ärzte die Praxis der Schwangerschaftsabbrüche (restriktiv) steuern. Dementsprechend gab es Kantone, in denen keine oder nur sehr wenige Schwangerschaftsabbrüche durchgeführt wurden, so daß die dort ansäßigen Frauen für Schwangerschaftsabbrüche in die Nachbarkantone reisten.[590]

4. Zusammenfassung und Anmerkungen

Die Regelungen des Schwangerschaftsabbruchs in den Niederlanden können allgemein als äußerst liberal eingeschätzt werden, soweit ein weite Notlagenindikation ohne Befristung auf die ersten zwölf Schwangerschaftswochen zulässig ist. Zwar greifen nach dem Gesetzeswortlaut ab dem Zeitpunkt der Lebensfähigkeit ex utero zum Schutz des Föten die Regelungen für Totschlag und Mord. Die Rechtspraxis in den Niederlanden zeigt jedoch, daß das Gesetz keinesfalls so restriktiv angewendet wird. Vielmehr werden wohl gerade bei Schwangerschaftsabbrüchen im Spätstadium Ausnahmen von der Anwendung der Totschlagsregelungen gemacht und diese unter bestimmten Voraussetzungen als rechtlich zulässige bzw. nicht strafrechtlich verfolgungswürdige Schwangerschaftsabbrüche behandelt.

In Österreich gleicht die gesetzliche Regelung zum Schwangerschaftsabbruch dem früheren § 218a StGB in der BRD (1976) und der derzeitigen gesetzlichen Regelung in Deutschland, weil in ihr Fristen- und Indikationslösung kombiniert sind. Die embryopathische Indikation ist in Österreich speziell geregelt, wobei

589 Honsell, S. 336 ff.; Rehberg/Schmid, Strafrecht III, S. 20 ff.; Schneider, Ethik Med 10 (1998), 46 f., 49 ff.; Schubarth, BT 1, Art. 120 Rz. 11 f..

590 Honsell, S. 337; Ketting/van Praag, S. 35; Schubarth, BT 1, Art. 120 Rz. 23 mit einer Übersicht der kantonalen Regelungen; Stratenwerth, BT I, § 2 Rz. 14.

maßgeblich die kindliche – und nicht wie in Deutschland die mütterliche – Konstitution ist. Diese Indikation war dann in den letzten Jahren Grund und Inhalt zahlreicher Diskussionen und Regierungsdebatten im Zusammenhang mit dem 1997 gesetzlich verankerten Benachteiligungsverbot von Behinderten. Eine Änderung der embryopathischen Indikation ist aber bisher nicht erfolgt.
Trotz der - zwar nicht mit der niederländischen Regelung vergleichbaren – jedoch relativ liberalen Regelungen, sieht die Praxis in Österreich wohl anders aus. Hier sollen aufgrund religiöser und ärztlicher Ressentiments Schwangerschaftsabbrüche auch bei Vorliegen der gesetzlichen Voraussetzungen eines zulässigen Schwangerschaftsabbruchs negativ angesehen und tabuisiert sein. Dies führt zu einer geringen Anzahl offizieller und einer wohl erheblichen Anzahl illegaler Schwangerschaftsabbrüche.

Die schweizerische Regelung des Schwangerschaftsabbruchs ist seit dem 1.10.2002 in Kraft getreten und insofern die neueste gesetzliche Regelung der hier betrachteten Länder. Die Neuregelung war erforderlich geworden, da bis zu diesem Zeitpunkt nur eine strenge medizinische Indikation (Lebens- oder schwere Gesundheitsgefahr) geregelt war. Mit der Neuregelung wurde die medizinische Indikation auf schwere seelische Notlagen erweitert und eine Fristenregelung innerhalb der ersten zwölf Schwangerschaftswochen eingeführt, wobei jedoch die Frau eine Notlagensituation geltend machen muß. Die schweizerischen Regelungen zum Schwangerschaftsabbruch können somit im Vergleich zu den anderen, hier näher betrachteten Regelungen, als die strengsten angesehen werden. Hierzu haben auch die einzelnen kantonalen Durchführungsbestimmungen beigetragen, die zusätzliche Erfordernisse (weitere Erschwernisse) für die Durchführung von Schwangerschaftsabbrüchen geregelt haben. Hinsichtlich embryopathischer Indikationen trifft das schweizerische Strafgesetzbuch keine ausdrückliche Regelung. Es ist jedoch zu erwarten, daß in Anbetracht der Erweiterung der medizinischen Indikation auf seelische Notlagen der Frau im Rahmen dieser Indikation embryopathisch motivierte Schwangerschaftsabbrüche zulässig sind. Dies wird auch durch die Betrachtung der Praxis zur früheren Rechtslage bestätigt, wonach bereits unter Geltung der strengen medizinischen Indikation Schwangerschaften aufgrund embryopathischer Indikation rechtlich unbeanstandet abgebrochen wurden. Die Zulässigkeit embryopathischer Indikationen wird jedoch - wie bereits früher - maßgeblich von den Regelungen und Handhabungen der jeweilige Kantone abhängen.

Länderübergreifend wurde von der Deutschen, Österreichischen und Schweizer Gesellschaft für Ultraschall in der Medizin (DEGUM/ÖGUM/SGUM) am 26.07.1997 in Luzern eine Resolution zur Problematik von Schwangerschaftsabbrüchen nach der 24. Schwangerschaftswoche bei kindlichen Fehlbildungen verabschiedet. Hiernach sollten zunächst - für die Lebenserhaltung als vorrangigste Pflicht – sämtliche Möglichkeiten ausgeschöpft werden. Dabei sollte zur Diagnosesicherung eine zweite qualifizierte Meinung herangezogen und bzgl. der Entscheidung ein interdisziplinärer Konsens in der betroffenen Institution erzielt werden.[591]

Zusammenfassend ist damit zu konstatieren, daß in den betrachteten (Nachbar)Ländern teilweise sehr verschiedene gesetzliche Regelungen und/oder Gesetzesauslegungen existieren. Dabei muß jedoch auch die konkrete Anwendung der gesetzlichen Regelungen betrachtet werden, soweit hierbei offensichtlich wird, daß auch bei restriktiveren gesetzlichen Regelungen eine ausweitende Gesetzesanwendung praktiziert wird, die in der Gesamtbetrachtung der Länder Deutschland, Österreich und der Schweiz eine annähernde Gleichbehandlung der Problematik erkennen läßt. Allein die Niederlande grenzen sich hier durch ihre liberale Regelung sowie ihre liberale Gesetzesanwendung in der Praxis ab.

D. Neugeboreneneuthanasie

I. Zur Aktualität der Problematik

1. Entwicklungen in der medizinischen Forschung

Wie im Bereich der Pränatalmedizin (als Grundlage von Schwangerschaftsabbrüchen wegen embryopathischer Indikation) sind auch im Bereich der Intensivmedizin und insbesondere in der Neonatalmedizin weitreichende Fortschritte zu verzeichnen, so daß es möglich ist, gestörte Vitalfunktionen eines Menschen bzw. Neugeborenen über längere Zeit hinweg künstlich aufrecht zu erhalten und damit den Todeszeitpunkt zu beeinflußen. Bei der Ausschöpfung aller medizinisch-technischen Möglichkeiten besteht derzeit die Gefahr, allein „vegetatives Leben“ zu erhalten, was lediglich zu einer Leidensverlängerung führen soll und

591 Stellungnahme diverser Fachgesellschaften, Frauenarzt 1998, 650 f..

teilweise als „inhumane Medizin“ bezeichnet wird. Diese Entwicklung führte seit den 80iger Jahren zu einer umfassenden Diskussion über die sog. Sterbehilfe. Die Neugeboreneneuthanasie stellt hierbei ein Spezial- bzw. Teilproblem des Gesamtkomplexes „Sterbehilfe - Lebenserhaltungspflicht des Arztes“ dar. Hierbei werden vornehmlich die Fälle der Neugeborenen mit schweren und irreversiblen Schädigungen und/oder Erkrankungen kontrovers diskutiert, bei denen sich die behandelnden Ärzte und die Eltern nach eingehender Beratung und gemeinsamen Überlegungen zu einem Unterlassen intensiv-medizinischer Behandlung oder zum Abbruch einer bereits begonnenen Behandlung entschließen. Einigkeit besteht aber insofern, als die Basisversorgung (Wärme- und Flüssigkeitszufuhr, Ernährung, Freihalten der Atemwege) gewährt werden muß. Umstritten ist jedoch teilweise, ob eine künstliche Ernährung noch zur Basisversorgung zu rechnen ist.[592]

Als spezielles Problem der Neugeboreneneuthanasie ist bei der Entscheidung über einen Behandlungsabbruch oder –verzicht, die Möglichkeit der Verursachung zusätzlicher Schädigungen des Kindes zu berücksichtigen. Insbesondere ist im Rahmen der Entscheidungsfindung zu bedenken und – soweit möglich – medizinisch abzuklären, ob und inwieweit eine Wahrscheinlichkeit besteht, daß das Neugeborene trotz des Behandlungsabbruchs oder –verzichts weiter lebt, dies jedoch aufgrund der unterlassenen Behandlung mit weiteren (zusätzlichen) Schäden.[593] Entgegengesetzt muß aber auch die Möglichkeit bedacht werden, daß gerade durch die Vornahme bestimmter medizinischer Maßnahmen/Behandlungen weitere Schäden verursacht werden können.[594]

2. Medienwirksame Beispiele der Neugeboreneneuthanasie in der Praxis

Als Beispiele für die Problematik der Neugeboreneneuthanasie und deren Aktualität seien einige Fälle aus der Praxis kurz aufgezeigt:

---

592 Eser, FS Narr, S. 47, 61; Hanack, MedR 1985, 33, 36, 38; Kaufmann, JZ 1982, 481, 487; Tolmein, MedR 1997, 534, 538; Ulsenheimer, MedR 1994, 425, 427.

593 Eser, FS Narr, S. 47, 50, 60; Hanack, MedR 1985, 33, 36; v. Loewenich, MedR 1985, 30, 33; Ulsenheimer, MedR 1994, 425, 427.

594 Jähnke, S. 99, 101.

a. Fall Baby Doe

1982 wurde in Indiana (USA) ein Kind mit Trisomie 21 (Down-Syndrom) und einer mißgebildeten Speiseröhre geboren. Die Eltern verweigerten ihre Einwilligung in eine Operation der Speiseröhre, welche zur Lebenserhaltung des Kindes notwendig gewesen wäre. Ebenso wurde die Einwilligung in die künstliche Ernährung verweigert. Die von der Klinikverwaltung beantragte Einwilligung des Vormundschaftsgerichts wurde von diesem abgelehnt, die dagegen gerichtete Beschwerde vom Obersten Gerichtshof verworfen. Das Kind wurde daraufhin weder operiert noch ernährt, da eine natürliche Ernährung nicht möglich war. Es verstarb 6 Tage nach der Geburt; es verhungerte.[595]

b. Freiburger Fall

Mit dem Fall Baby Doe vergleichbar ist der sog. Freiburger Fall[596] aus dem Jahr 1980. Das Kind (ein Wunschkind) war mit einem irreparablen caudalen Dysplasiesyndrom[597] mit der Gefahr einer Wasserkopfbildung (Hydrocephalus), einer Anomalie der Lendenwirbelsäule und einem operativ korrigierbaren Darmverschluß, der die Funktion einer Blasen- und Mastdarmkontrolle unwahrscheinlich machte, geboren. Es wurde prognostiziert, daß das Kind sein Leben lang an einen Rollstuhl gebunden sei, Hirnschädigungen wurden nicht festgestellt. Die Operation des Darmverschlußes wurde kurze Zeit nach der Geburt notwendig, da ansonsten mangels anderweitigem Darmausgang das Kind sterben würde. Die Eltern versagten die Einwilligung zu dieser Operation. Nachdem das zuständige Vormundschaftsgericht die Einwilligung der Eltern ersetzt hatte, lehnte der Anästhesist seine Mitwirkung unter Hinweis auf die Mißbildungen und die fehlende Einwilligung der Eltern ab. Infolge des nicht operierten Darmverschlußes entwickelte sich bei dem Kind eine sog. Harnstauungsniere (Hydronephrose) beidseits sowie ein endgültiger Darmverschluß, der 12 Tage nach der Geburt zum Tod des Kindes führte.

Die sowohl gegen die Eltern als auch gegen den Anästhesisten eingeleiteten Ermittlungsverfahren wurden von der Staatsanwaltschaft eingestellt, weil die

---

595 Merkel, JZ 1996, 1145; ders., S. 42 f.; nach Lemburg, in Hohenhauer, S. 2 verstarb das Kind, bevor sich der Supreme Court mit dem Fall beschäftigen konnte.

596 StA Freiburg, Verfügung vom 18.7.1980 – 20 Js 3177/79, in Eser, Materialien zur Sterbehilfe, S. 131 ff.; Schmitt, FS Klug, 329, 330 f.; Ulsenheimer, MedR 1994, 425 f..

597 Roche, Lexikon Medizin: Fehlgestaltung, Fehlbildung infolge gestörter morphologischer Gewebs- und Organentwicklung, i.e.S. des Skeletts.

rechtliche Unsicherheit in derartigen Fallkonstellationen einer Verurteilungswahrscheinlichkeit entgegenstünde und selbst im Falle der Bejahung eines objektiv rechtswidrigen Handelns ein subjektiv entschuldigender Verbotsirrtum (§ 17 StGB) möglich sei.

c. Fall Andrew Stinson

Der Fall „Andrew Stinson“ [598] stammt aus dem Jahr 1976. Der Junge wurde in der 25. Schwangerschaftswoche mit einem Gewicht von 800 Gramm geboren. Auf der Intensivstation der Kinderklinik wurde er mangels spontaner Atmung an einen Respirator angeschlossen. Diese medizinische Maßnahme führte in der Folgezeit zu zahlreichen weiteren Komplikationen, wie z.B. eine irreversible, fortschreitende Zerstörung der Lungenbläschen (Bronchopulmonale Dysplasie), allmähliches Erblinden, vielfaches Brechen der Knochen sowie einem Defekt der Lungenaterie, der zu zahlreichen Hirninfarkten führte. Der Junge hatte zudem einen schweren Herzfehler, Lungenblutungen, Mikrozephalie[599] und weitere Gehirnschäden. Er starb nach 6 Monaten auf der Intensivstation trotz und aufgrund der sofort nach der Geburt eingeleiteten und später fortgeführten intensivmedizinischen Behandlung.

d. Oldenburger Fall und Zittauer Fall

Zum dem Problembereich der Neugeboreneneuthanasie gehörend bzw. diesen mit der Spätabtreibungsproblematik verbindend, sollen hier auch der sog. Oldenburger Fall[600] und der sog. Zittauer Fall[601] genannt werden, die bereits im vorangegangenen Abschnitt der Schwangerschaftsabbrüche kranker/geschädigter Föten näher erläutert wurden. In beiden Fällen wurden geschädigte bzw. mißgebildete Kinder (Oldenburger Fall - Trisomie 21; Zittauer Fall – Fehldiagnose von Zwergenwuchs, jedoch tatsächlich tödliche Skelettfehlbildung) nach einem mißglückten Schwangerschaftsabbruch in der Spätphase der Schwangerschaft „lebend geboren“. Das Oldenburger Kind Tim wurde mehrere Stunden ohne medizinische Intensivbetreuung „liegen gelassen“; es überlebte. Das Zittauer Kind „verstarb“ nach der Geburt, nachdem der zuständige Oberarzt mehrfach die Atmung des Kindes u.a. durch Zuhalten von Nase und Mund zu

598 Merkel, JZ 1996, 1145 f.; ders., S. 50 f..

599 Roche, Lexikon Medizin: abnorme Kleinheit des Kopfes infolge primärer Fehlentwicklung des Gehirns und vorzeitigen Schlußes der Schädelnähte.

600 Sh. zur Beschreibung des Falles C II 4 a und C III 4 c..

601 Sh. zur Beschreibung des Falles C II 4 b und C III 4 c..

unterbrechen versuchte. Im nachhinein war jedoch nicht mehr feststellbar, ob das Kind aufgrund seiner Erkrankung oder infolge der Atemunterbrechung durch den Arzt gestorben war.[602]

Das Ermittlungsverfahren im Oldenburger Fall wegen versuchter Tötung durch Unterlassen und Körperverletzung durch Unterlassen wurde eingestellt, weil nach gutachterlicher Feststellung „der beschuldigte Gynäkologe seine ärztlichen Pflichten in Bezug auf das früh(st)geborene Kind nach spätem Schwangerschaftsabbruch nicht verletzt habe", obwohl gleichzeitig die ärztliche Pflicht dahingehend formuliert wurde, „bei der Möglichkeit des Lebens des Feten dafür Sorge zu tragen, daß die intensivneonatologische Versorgung des geborenen Feten sichergestellt sei."[603] Zudem war der Nachweis einer weiteren Schadensverursachung (zusätzliche Behinderungen) durch das Liegenlassen des bereits geschädigten Kindes nicht mehr zu erbringen. Im wiederaufgenommenen Ermittlungsverfahren wurde hinsichtlich des Verdachts eines Tötungsversuchs

---

602 Diesbezüglich wurde im Sachverhalt der gerichtlichen Entscheidungungen – BGH ZfL 3/2003, 83; LG Görlitz ZfL 3/2003, 87 festgestellt, daß der Arzt zunächst den für die Kaiserschnittoperation zuständigen Anästhesisten veranlaßte, die Art und die Dosis des Narkosemittels ohne Rücksicht auf den Föten zu wählen, weil er vortäuschte, ein totes Kind zu entbinden, obwohl er davon ausging, daß das Kind noch lebt. Diesbezüglich untersagte er auch weitere Voruntersuchungen. Nach der Vorstellung des Arztes sollte das Kind durch infolge der Narkosemittel verminderte und fehlende Sauerstoffversorgung sterben. Um dieses Ziel weiter zu erreichen, führte der Arzt noch vor der vollständigen Entbindung des Kindes gegen 8.32 Uhr das Abklemmen und Abschneiden der Nabelschnur durch. Die vollständige Entbindung des Kindes erfolgte danach über einen Zeitraum von mehreren Minuten, ohne dies in der bei einer Lebendgeburt notwendigen und möglichen Eile vorzunehmen. Weiterhin drückte der Arzt nach Entbindung des Kopfes des Kindes über einen Zeitraum von einer halben Minute bis zu zwei Minuten ein Bauchtuch auf den Kopf des Kindes. Gegen 8.37 Uhr war das Kind vollständig entbunden, zeigte aber keine Lebenszeichen mehr. Danach wurde das Kind in einem Nebenraum zum OP abgelegt, wo Mitarbeiter des verurteilten Arztes deutliche Lebenszeichen des Kindes feststellten. Dementsprechend wurde von den Mitarbeitern die Intensivbehandlung bzw. eine Reanimation eingeleitet. Der verurteilte Arzt wurde hinzu gerufen und erschien zwischen 9.00 und 9.16 Uhr. Er nahm den reanimierenden Mitarbeitern das Kind weg und entfernte die Atemmaske. Danach hielt er dem Kind Mund und Nase zu. Die Mitarbeiter verließen hierbei den OP-Nebenraum. Weiterhin verlangte der Arzt nach einem Eimer Wasser, erhielt jedoch lediglich eine halbvolle Schüssel. Als ein Mitarbeiter um 9.20 Uhr nochmals den Raum betrat, hielt der Arzt dem Kind noch immer Mund und Nase zu und äußerte sinngemäß: „Das ist aber zählebig.". Um 9.30 Uhr übergab der Arzt das tote Kind der Pathologie. Ausweislich der Sachverständigengutachten konnte der genaue Zeitpunkt und die genaue Ursache des Todes nicht mehr festgestellt werden.

603 Einstellungsverfügung StA Oldenburg vom 3.5.1999, NStZ 1999, 461, 462.

sowie einer Körperverletzung auf das Ergebnis des ersten Ermittlungsverfahrens verwiesen. Eine Anklageerhebung erfolgte somit nicht.[604]
Im Zittauer Fall erfolgte eine Verurteilung des Oberarztes wegen versuchten Totschlags in Tateinheit mit versuchtem Schwangerschaftsabbruch zu einer Freiheitsstrafe von 2 Jahren auf Bewährung; das Ergebnis des gegen die Mutter eingeleiteten Ermittlungsverfahrens ist nicht bekannt.[605]

e. Kind mit schwerster Hautkrankeit

In einem weiteren Fall[606] wurde ein Kind geboren, welches an einer schweren Hautkrankheit (Epidermolysis bullosa atrophicas letalis - Typ Herlitz) litt. Bei dieser Art von Krankheit kommt es zu einer fortschreitenden Ablösung der Haut vom Körper, wobei Blutungen und ständig neue Blasenbildungen auftreten, die sich mit jeder Berührung des Kindes verstärken. Die Krankheit gleicht in seinem Erscheinungsbild sowie hinsichtlich des Verlustes an Eiweiß, Flüssigkeit und Blut den Symptomen einer Verbrennung III. Grades. Durch Infektionen und Schleimhautablösungen im Mund ist eine natürliche Ernährung unmöglich, die künstliche Ernährung verursacht durch die Berührung des Kindes weitere Beschwerden. Insgesamt litt das Kind unter extremen Schmerzen.
Aufgrund dieses Erscheinungsbildes der Krankheit bestand für das Kind ohne Zweifel keinerlei Überlebenschance, zudem war auch eine vollständige Schmerzbekämpfung nicht möglich.
Das Kind wurde wie folgt behandelt. Die Verbände wurden mehrmals täglich gewechselt und das Kind wurde in verschiedenen Lösungen gebadet, was jedoch durch die ständigen Berührungen zur Verschärfung der Problematik führte. Das Kind erhielt aufgrund des Blutverlusts zahlreiche Transfusionen und nach Auftreten von Infektionen Antibiotika. Dennoch kam es zu Blutvergiftungserscheinungen und dem Funktionsausfall verschiedener Organe. Das Kind starb 14 Tage nach seiner Geburt.

f. Vergleich der genannten Fälle

Mit Ausnahme des Zittauer Falls und zeigen die eben beschriebenen Fälle die Kernprobleme der „Früheuthanasie“ auf, nämlich die Inkaufnahme des Todes

604 Einstellungsverfügung StA Oldenburg ohne Datum, versandt am 14.05.2001, ZfL 3/2003, 99.

605 BGH ZfL 3/2003, 83; LG Görlitz ZfL 3/2003, 87.

606 Merkel, JZ 1996, 1145 f..

des Neugeborenen bei Unterlassen (technisch möglicher) lebensnotwendiger Intensivbehandlung oder spezieller medizinischer Versorgung (Fälle a, b und der Oldenburger Fall). Hingegen sollte beim Zittauer Fall der Tod des Kindes aktiv herbeigeführt werden.

In Fall des Kindes mit schwerster Hautkrankeit stellt sich neben der Frage, ob nicht ein Unterlassen der Transfusions- und Antibiotikabehandlung möglich war, zusätzlich die Frage, ob nicht in den Fällen, wo von vornherein zweifelsfrei feststeht, daß das Neugeborene keine Überlebenschance hat und auch keine Schmerztherapie möglich ist, eine aktive Lebensbeendigung und damit zuvorderst Leidensbeendigung zulässig ist bzw. sein sollte.

Fall c beschreibt als Folgeproblem der Debatte um die Behandlungspflicht die Frage der Möglichkeit eines Abbruchs einer bereits begonnenen Behandlung, soweit auch diese Behandlung bzw. die Weiterbehandlung keine Heilungs-/Überlebensaussichten bietet und zusätzlich den Gesundheits- oder Leidenszustand noch verschlechtert.

3. Gerichtliche Entscheidungen zu Fällen von Neugeboreneneuthanasie

Die Liste sowohl existierender als auch möglicher Fälle von Neugeboreneneuthanasie ließe sich beliebig fortführen, wobei insbesondere aus Deutschland kaum einschlägige Gerichtsurteile existieren.

Eine Entscheidung des LG München I aus dem Jahre 1992 beurteilte zwar den Problembereich der Früheuthanasie, wobei es in der Entscheidung aber nicht um einen Behandlungsabbruch oder das Unterlassen einer Behandlung ging, sondern vielmehr um einen Fall der aktiven Tötung. In dem der Entscheidung des LG zugrundeliegenden Fall wurden vorgeburtlich Mißbildungen des Föten wie Mikrozephalie, Chromosomenaberration, Mißbildung der Gliedmaßen und Hypotrophie[607] diagnostiziert, was den Eltern auch mitgeteilt wurde. Nach der Entbindung des Kindes durch Kaiserschnitt wurde dieses von den Ärzten nicht untersucht, sondern unversorgt liegengelassen. Das Kind war dem Schwangerschaftsalter entsprechend normal entwickelt und ohne sichtbare Mißbildungen. Die Ärzte sahen jedoch ihre Mißbildungs(fehl)diagnose durch die Schlaffheit,

607 Roche, Lexikon Medizin: unterdurchschnittliche Größenentwicklung eines Gewebes oder Organs durch Zellverkleinerung als Folge funktioneller Minderbelastung oder unzureichender Trophik (Ernährung).

Asphyxie[608] und einen Turmschädel (Turrizephalus)[609] des Neugeborenen bestätigt. Das Kind wurde später durch Injektion von Succinyl getötet. Die Eltern wurden nicht strafrechtlich verfolgt; gegen die angeklagten Ärzte wurden Freiheitsstrafen verhängt.

Die Entscheidung des LG München ist aber insofern nicht einschlägig für die hier maßgeblichen Fälle, als der abgeurteilte Fall sich zum Teil wesentlich von den problematischen Fällen der Neugeboreneneuthanasie unterscheidet und einzelfallspezifische Probleme aufwies. Vergleichbar mit dem Zittauer Fall, wo fälschlicherweise lediglich eine leichtere Schädigung diagnostiziert und dennoch ein Schwangerschaftsabbruch durchgeführt wurde, lagen im „Münchner Fall“ tatsächlich keine schweren und irreversiblen Schädigungen bei dem Neugeborenen vor. Die vorgeburtliche Diagnose von Schädigungen des Föten wurde nachgeburtlich nicht überprüft und stellte sich später bei der Obduktion als Fehldiagnose heraus. Zudem wurde im „Münchner Fall“ dem Hauptangeklagten eine schizoide Neurose attestiert, welche die Tötungshandlung begünstigt habe und in der strafrechtlichen Beurteilung eine erheblich verminderte Schuldfähigkeit begründete.[610]
Ähnliches gilt auch für die Verurteilung im Zittauer Fall[611], in dem der Oberarzt zu einer Freiheitsstrafe von zwei Jahren verurteilt und die zur Bewährung ausgesetzt wurde. Auch hier ging es um eine beabsichtigte aktive Tötungshandlung an einem Kind, welches nach (falschen) Diagnosen keine Schäden haben sollte, welche mit dem Leben unvereinbar gewesen wären. Die tatsächlich bestehende tödliche Erkrankung des Kindes war weder diagnostiziert noch für möglich gehalten worden. Dementsprechend lag hier ebenfalls kein charakteristischer Fall der Früheuthanasie vor. Auch liegt die Vermutung nahe, daß es dem Oberarzt bei der Tötung wohl nicht um die Interessen des Kindes ging, sondern er vielmehr den „Beweis“ einer rechtswidrigen Spätabtreibung „beseitigen“ woll-

608 Roche, Lexikon Medizin: allgemeine Bezeichnung für die mit Pulsschwäche und Atemdepression bis Atemlosigkeit einhergehenden Zustände ... als Folge eines Herz-Kreislaufversagens ... . Daher sofortige Reanimation durch künstliche Beatmung, evtl. auch Herzmassage nötig ... .

609 Roche, Lexikon Medizin: Schädelform bei prämaturer Kraniosynostose -> der u.U. zu Schädelfehlbildung führende vorzeitige Verschluß der Schädelnähte.

610 LG München I Urt. 29.1.1982 - Ks 122 Js 4226/81, in Eser, Materialien zur Sterbehilfe, S. 118 ff.; Kaufmann, Gynäkologie und Geburtshilfe, 1982, 21 ff.; Schmitt, FS Klug, S. 329 f.; Ulsenheimer, MedR 1994, 425.

611 Sh. zur Beschreibung des Falles u.a. C II 4 b., C III 4 c. und oben Fn. 601.

te.[612] Insofern ist auch diese Entscheidung für die Früheuthanasiedebatte nicht als Maßstab heranzuziehen.

4. Entwicklung der gesellschaftlichen Auffassung

In der Gesellschaft haben sich zu den genannten Problemen in den letzten Jahren, ebenso wie zur Problematik der pränatalen Diagnostik (in Verbindung mit Schwangerschaftsabbrüchen wegen embryopathischer Indikation) Meinungen in der Richtung gebildet, daß es besser sei, geschädigte Neugeborene nicht intensiv-medizinisch zu behandeln, um sie auf diese Art und Weise sterben zu lassen. Auch soll das „Liegenlassen" von Neugeborenen ohne die gebotene medizinische Behandlung in der ärztlichen Praxis bereits durchaus üblich sein.[613]

Es stellt sich somit die Frage, ob aus rechtlicher Sicht auch im Falle einer schweren Schädigung des Neugeborenen alles medizinisch Mögliche zur Lebensrettung oder -verlängerung getan werden muß oder ob der Arzt unter gewissen, näher zu bestimmenden Umständen ausnahmsweise auf die Vornahme derartiger Maßnahmen verzichten, bereits begonnene Behandlungen abbrechen oder gar gezielt Leben beenden darf.

Aber auch bei der Problematik der Neugeboreneneuthanasie ist - wie bei den Schwangerschaftsabbrüchen wegen embryopathischer Indikation - darauf zu verweisen, daß die Intention einer Nichtbehandlung keinesfalls auf der Bewertung der Lebensqualität des geschädigten Kindes beruhen darf und es nicht darum gehen kann, „Kindesauslese" zu betreiben und „lebensunwertes Leben" zu verhindern bzw. zu beenden.[614]

---

612 So auch Wiebe, Anm. zum BGH-Urteil, ZfL 3/2003, 85 der im weiteren zu dem Ergebnis gelangt, daß der BGH auf die Revision der Staatsanwaltschaft den Schuldspruch hätte dahingehend abändern müssen, daß der Oberarzt wegen versuchten Mordes in zwei Fällen, in einem Fall in Tateinheit mit versuchtem Schwangerschaftsabbruch, verurteilt wird. Insbesondere ist nach Wiebe eine Bewährungsstrafe nicht gerechtfertigt, weiterhin hätte seiner Auffassung nach auch ein Berufsverbot verhängt werden müßen.

613 Kaufmann, JZ 1982, 481; Laber, MedR 1990, 182; Lemburg, in Hohenhauer, S. 3; Merkel, JZ 1996, 1145 f..

614 Hanack, MedR 1985, 33, 34; v. Münch/Kunig-Kunig, GG, 5. Aufl., Band 1, Art. 2 Rz. 44.

II. Allgemeine Sterbehilfeprinzipien

Weil die Neugeboreneneuthanasie als Teil- bzw. Spezialgebiet der Sterbehilfethematik angesehen wird und zur Frage der Möglichkeiten und Grenzen bzw. der rechtlichen Beurteilung der Sterbehilfe zumindest teilweise Richtlinien bzw. übereinstimmende Auffassungen existieren, soll hier zunächst auf die allgemeinen, von der Rechtsprechung und Literatur entwickelten Sterbehilfeprinzipien eingegangen werden.

1. Ausgangspunkt Lebensschutz

a. Art. 1 GG

Zunächst ist die Menschenwürde als unantastbares Recht in Art. 1 unseres Grundgesetzes manifestiert und wird bei wertneutraler bzw. wertungsfreier Interpretation des Begriffs Menschenwürde umfassend geschützt. Die Frage der Sterbehilfe könnte demnach bereits gemessen an Art. 1 GG verfassungsrechtlich unzulässig sein.

Hierzu besteht jedoch weitgehend Einigkeit, daß gerade bei ethisch umstrittenen Problembereichen die erforderliche Wertneutralität bzw. Wertungsfreiheit nicht erreichbar ist, so daß die Menschenwürde nicht bei jeder Streitigkeit als Maßstab heranzuziehen ist. Dementsprechend wird überwiegend vertreten, daß bei der Frage der Sterbehilfe neben dem Lebensschutz allein das Selbstbestimmungsrecht und das Recht auf körperliche Unversehrtheit maßgeblich sind, nicht jedoch Art. 1 GG, weil nicht jede Lebensbeendigung zugleich einen Eingriff in die Menschenwürde darstelle.[615]

b. Art. 2 GG

Aus diesem Grund ist nach herrschender Meinung Art. 2 des Grundgesetzes Ausgangspunkt aller Überlegungen zur Sterbehilfe.[616]

---

615 Bonner Kommentar-Zippelius, GG, Loseblattsammlung, Art. 1 Abs. 1 u. 2 Rz. 15; Hufen, NJW 2001, 849 f.; v. Münch/Kunig-Kunig, GG, 5. Aufl., Band 1, Art. 1 Rz. 36; Schwabe, JZ 1998, 66, 68.

616 Hufen, NJW 2001, 849 f.; v. Mangoldt/Klein/Starck-Starck, GG, 4. Aufl., Band 1, Art. 2 Abs. 2 Rz. 191, 198; v. Münch/Kunig-Kunig, GG, 5. Aufl., Band 1, Art. 1 Rz. 36; Schwabe, JZ 1998, 66, 68.

Art. 2 (Freie Entfaltung der Persönlichkeit, Recht auf Leben, körperliche Unversehrtheit, Freiheit der Person)
(1) Jeder hat das Recht auf die freie Entfaltung seiner Persönlichkeit, soweit er nicht die Rechte anderer verletzt und nicht gegen die verfassungsmäßige Ordnung oder das Sittengesetz verstößt.
(2) Jeder hat das Recht auf Leben und körperliche Unversehrtheit. Die Freiheit der Person ist unverletzlich. In diese Rechte darf nur aufgrund eines Gesetzes eingegriffen werden.

Unproblematisch wird das Leben als „Höchstwert innerhalb der verfassungsrechtlichen Ordnung" von Art. 2 Abs. 2 GG geschützt. Dementsprechend besteht „im Hinblick auf den Wert des Lebens (eine) ernst zu nehmende Pflicht des Staates, jedes menschliche Leben zu schützen, es vor allem vor rechtswidrigen Eingriffen von Seiten anderer zu bewahren".[617] Grundrechtsträger sind diesbezüglich alle natürlichen Personen unabhängig von Lebensalter, Gesundheit, Gebrechen und „Lebensfähigkeit" oder gar „Lebenswert".[618] Es besteht insofern der Grundsatz eines absoluten Lebensschutzes, der insbesondere durch die strafrechtlichen Regelungen in den §§ 211 ff. StGB konkretisiert wird. Hiernach darf menschliches Leben in keinem Fall aktiv vernichtet werden; nur in Ausnahmefällen kommt eine Rechtfertigung oder Entschuldigung einer Tötungshandlung gem. §§ 32 ff. StGB in Betracht. Selbst bei einem ausdrücklichen und ernsten Tötungsverlangen des Opfers wird der Täter (privilegiert hinsichtlich des Strafmaßes) bestraft, § 216 StGB. Weiterhin ist das Unterlassen der Todesabwendung im Falle einer Handlungspflicht des Täters gem. §§ 212, 211, 13 StGB strafbar.

Das Recht auf Leben aus Art. 2 Abs. 2 GG beinhaltet nach herrschender Auffassung aber kein Verfügungsrecht über das eigene Leben und noch weniger die Übertragung des Verfügungsrechtes auf eine andere Person. Eine Ausnahme vom Tötungsverbot im Falle der Einwilligung oder des (mutmaßlichen) Einverständnisses soll daher nach teilweise vertretener Ansicht verfassungsrechtlich

617 BVerfGE 39, 1, 42; 46, 160, 164; 49, 24, 53.

618 Kaufmann, JZ 1982, 481 f.; Laber, MedR 1990, 182, 183; ders., S. 115; v. Mangoldt/Klein/Starck-Starck, GG, 4. Aufl., Band 1, Art. 2 Abs. 2 Rz. 187; v. Münch/Kunig-Kunig, GG, 5. Aufl., Band 1, Art. 2 Rz. 44; Dreier-Schulz-Fielitz, GG, 1996, Bd. I, Art. 2 Abs. 2 Rz. 15.

unzulässig sein.[619] Diese fehlende Negativfunktion von Art. 2 Abs. 2 GG wird insbesondere durch § 216 StGB belegt, wonach die Tötung eines anderen Menschen auf dessen ausdrückliches Verlangen hin trotz dessen Verlangen und Zustimmung strafbar ist. Die aktive Sterbehilfe wird dementsprechend im verfassungsrechtlichen Schrifttum überwiegend abgelehnt. Demgegenüber soll der verfassungsrechtliche Lebensschutz nicht beeinträchtigt sein, wenn bei einem Sterbenden „künstlich“ lebensverlängernde Maßnahmen unterlassen bzw. beendet werden. Insofern wird dem Menschen ein Recht auf einen menschenwürdigen Tod zuerkannt, dies jedoch teilweise auch im Rahmen von Art. 2 Abs. 1 GG. Passive Sterbehilfe wird somit unter bestimmten Umständen als verfassungsrechtlich zulässig angesehen.[620]

Aufgrund eines fehlenden Verfügungsrechtes über das eigene Leben soll auch kein Recht auf Selbsttötung bestehen. Gleichzeitig wird dadurch aber kein Verbot der Selbsttötung konstituiert, so daß diese bzw. die Beihilfe zur Selbsttötung keine Strafbarkeit begründen. Im Fall der Selbsttötung ist nach herrschender Ansicht auch nicht das Selbstbestimmungsrecht aus Art. 2 Abs. 1 GG als Auffangtatbestand heranzuziehen, weil durch die Tötung die existentielle Grundlage des Persönlichkeitsrechts beseitigt wird und sich gerade nicht das Leben individuell entfaltet bzw. entfalten kann. Die herrschende Auffassung geht aber von einer staatlichen Verpflichtung zur Verhinderung von Selbsttötungen aus, soweit nicht von einer freien Willensentschließung des Suizidenten ausgegangen werden kann, der Suizident das potentiell todbringende Verhalten nicht mehr steuern kann oder Rechte anderer Personen gefährdet.[621]

---

619 Isensee/Kirchhof , Bd. VI Freiheitsrechte, § 128 Rz. 62; Laber, S. 116; v. Münch/Kunig-Kunig, GG, 5. Aufl., Band 1, Art. 2 Rz. 50; Maunz/Dürig, GG, Loseblattsammlung, Art. 2 II Rz. 12; Schwabe JZ 1998, 66, 69; a.A. Dreier, GG, Bd. I, Art. 1 Rz. 92, der ein Recht auf den eigenen Tod befürwortet und mit dem Recht auf einen menschenwürdigen Tod auch ein Recht auf Selbsttötung begründet; hinsichtlich eines Rechts auf Selbsttötung sh. auch Pieroth/Schlink, Grundrechte 2001, Rz. 392.; Bonner Kommentar-Zippelius, GG, Loseblattsammlung, Art. 1 Abs. 1 u. 2 Rz. 96 und Dreier-Schulze-Fielitz, GG, 1996, Bd. I, Art. 2 II Rz. 43 befürworten sogar die Zulässigkeit der aktiven Sterbehilfe bei nahendem Lebensende und eindeutigem Verlangen des Betroffenen im Vollbesitz seiner geistigen Fähigkeiten.

620 Bleckmann, Staatsrecht II - Die Grundrechte, § 23 Rz. 3; Bonner Kommentar-Zippelius, GG, Loseblattsammlung, Art. 1 Abs. 1 u. 2 Rz. 96; Dreier-Schulze-Fielitz, GG, 1996, Bd. I, Art. 2 II Rz. 43; Isensee/Kirchhof, Bd. VI Freiheitsrechte, § 128 Rz. 49, 66; v. Mangoldt/Klein/Starck-Starck, GG, 4. Aufl., Band 1, Art. 2 Abs. 2 Rz. 191, 198; v. Münch/Kunig-Kunig, GG, 5. Aufl., Art. 1 Rz. 36, Art 2 Rz. 50.

621 Bleckmann, Staatsrecht II - Die Grundrechte, § 23 Rz. 1; Bonner Kommentar-Zippelius, GG, Loseblattsammlung, Art. 1 Abs. 1 u. 2 Rz. 94 hält aber die Verneinung

Hinsichtlich des Selbstbestimmungsrechts besteht die übereinstimmende Auffassung, daß dieses gerade im Kernbereich des menschlichen Lebens Grundrechtsschutz genießt. Umstritten ist jedoch, ob das Selbstbestimmungsrecht als Grundrecht hinsichtlich der körperlichen Unversehrtheit von Art. 2 Abs. 2 GG erfaßt wird und insofern als lex specialis zur allgemeinen Handlungsfreiheit von Art. 2 Abs. 1 GG anzusehen ist. Andererseits kommt auch der Schutz der Selbstbestimmung im Rahmen des allgemeinen Persönlichkeitsrechts von Art. 2 Abs. 1 GG in Betracht. Im Ergebnis ist jedoch die exakte Einordnung irrelevant, soweit das Recht der Selbstbestimmung über den eigenen Körper als grundrechtlich geschütztes Recht anerkannt wird. Aufgrund der Annahme eines Rechtes auf menschenwürdigen Tod wird es als zulässig angesehen, daß der Patient lebensverlängernde und gesundheitserhaltende ärztliche Maßnahmen (im Rahmen eines sog. einverständlichen Behandlungsverzichts - zu den Einzelheiten sh. nachfolgend D II 3 c bb (1)) ablehnt, was auch vor Eintritt einer gesundheitlichen Konfliktlage in Form von sog. Patientenverfügungen, -testamenten und Vorsorgevollmachten geschehen kann.[622]

c. Art. 4 und Art. 6 GG

Teilweise werden auch Art. 6 GG (Ehe und Familie, Elternrecht) und Art. 4 (Glaubens-, Gewissens- und Bekenntnisfreiheit) bei der Erörterung der Sterbehilfeproblematik herangezogen. Soweit bei einem einwilligungsunfähigen Patienten ein Behandlungsabbruch erörtert wird, sollen die nächsten Angehörigen, insbesondere Ehepartner, Kinder und Eltern beteiligt bzw. sollen diese Personen vorrangig zur Betreuung oder Vertretung herangezogen werden. Nur bei Vorliegen konkreter Anhaltspunkte für einen Mißbrauch derartiger Entscheidungskompetenzen soll die Bestellung eines „fremden“ Betreuers möglich sein, wobei allein die Ablehnung weiterer ärztlicher Behandlung durch die Angehörigen noch keinen Mißbrauchsverdacht begründen soll. Auch hinsichtlich der Bekenntnisfreiheit soll der Nichtbehandlungswille eines einwilligungsfähigen Pa-

---

eines Selbsttötungsrechts für überdenkenswert; Isensee/Kirchhof, Bd. VI Freiheitsrechte, § 128 Rz. 62, 67; Maunz/Dürig, GG, Loseblattsammlung, Art. 2 II Rz. 12; a.A. wonach die Selbsttötung an Art. 2 I GG gemessen werden muß: Dreier-Schulze-Fielitz, GG, 1996, Bd. I, Art. 2 Abs. 2 Rz. 17; Schwabe, JZ 1998, 66, 69; a.A. wonach ein Recht auf Selbsttötung besteht: Dreier, GG, Bd. I, Art.1 Abs. 1 Rz. 93; Pieroth/Schlink, Grundrechte, 2001, Rz. 392.

622 Hufen, NJW 2001, 849, 851 f.; Isensee/Kirchhof, Bd. VI Freiheitsrechte, § 128 Rz. 66; Schönke/Schröder-Eser, StGB, 26. Aufl., §§ 211 ff. Vorbem Rz. 28; Tröndle/Fischer, 51. Aufl. StGB, Vor § 211 Rz. 19, 22 ff.; BGHSt 37, 378.

tienten beachtlich sein. Dies soll zudem bzgl. der glaubensrechtlichen Motivation in Verbindung mit dem Elternrecht für die ärztliche Behandlung von Kindern gelten, aber nur innerhalb der allgemein bekannten Schranken, die sich aus den eigenständigen Grundrechten des Kindes ergeben. Der Arzt soll hingegen aufgrund seiner Bekenntnisfreiheit nicht berechtigt sein, in Rechte des Patienten einzugreifen. Nur zu unerlaubten Handlungen darf er nicht gezwungen werden; bei Unvereinbarkeit seines Gewissens mit dem Selbstbestimmungsrecht des Patienten soll er gegebenenfalls die ärztliche Betreuung auf einen Berufskollegen übertragen.[623]

Somit ergibt sich aus den verfassungsrechtlichen Regelungen bzw. aus verfassungsrechtlicher Sicht kein grundsätzliches Recht auf Sterbehilfe, aber auch kein grundsätzliches Verbot jeglicher Form der Sterbehilfe.

2. Spezialgesetzliche oder sonstige Regelungen der Sterbehilfe

a. Gesetzliche Regelungen

Gesetzliche Regelungen zur Sterbehilfe und allgemein zur ärztlichen Heilbehandlung gibt es im deutschen Recht nicht, insbesondere nicht im Strafgesetzbuch. Auch ein spezielles Sterbehilfe- oder Euthanasiegesetz existiert in Deutschland im Vergleich zu anderen Ländern, beispielsweise den Niederlanden oder Australien, nicht. Maßgeblich sind damit die Regelungen des Strafgesetzbuchs in den §§ 211 ff. StGB, Straftaten gegen das Leben.

b. Standesrechtliche Regelungen in der Medizin

Konkrete Regelungen zum Umgang mit der Sterbehilfe finden sich jedoch in den Richtlinien der Bundesärztekammer zur ärztlichen Sterbebegleitung und den Grenzen zumutbarer Behandlung. Diese Regelungen sind berufsständische Formulierungen medizinischer Standards, welche zwischen staatlichen Gesetzen und ethischen Normen stehen und den Ärzten in der Praxis Orientierungshilfen bieten und notwendige Grenzen festschreiben. Diese Richtlinien wirken jedoch nur standesintern und entfalten keinerlei strafrechtliche Bindungswirkung.[624] Sie sind jedoch als ärztliche Standesregelungen nach allgemeiner

---

623 Hufen, NJW 2001, 849, 852 f..

624 Hamburger Abendblatt, http://abendblatt.de/contents/ha/news/politik/html/12091998/DESSS10.HTM.; Tolmein, MedR 1997, 534, 538 f..

Ansicht Teil der Rechtsordnung und wirken insoweit in die rechtlichen Beziehungen zwischen Arzt und Patient hinein.[625]

aa. Richtlinien 1979[626]

Im Rahmen der beginnenden umfassenden Debatte zur Sterbehilfe verabschiedete der Vorstand der Bundesärztekammer bereits im Jahr 1979 Richtlinien für die Sterbehilfe. Hierin wurde die Sterbehilfe als zu den ärztlichen Aufgaben zugehörig eingeordnet. Sterbehilfe wurde als Beistand zu einem menschenwürdigen Sterben in einer Phase verstanden, in der nur noch eine infauste Krankheitsprognose gestellt werden konnte und der Tod innerhalb kurzer Zeit eintrat. Nur in diesen Fällen sollte der Arzt auf technisch noch mögliche Behandlungen verzichten dürfen. Insbesondere konnte der Arzt sich in diesen Fällen auf die Linderung von Beschwerden unter Verzicht auf lebensverlängernde Maßnahmen beschränken. Die Zulässigkeit einer gezielten Lebensverkürzung durch künstliche Eingriffe, um den Todeseintritt zu beschleunigen, wurde unter Verweis auf die strafrechtlichen Regelungen in den §§ 212 und 216 StGB verneint.

Hinsichtlich der Selbstbestimmung des Patienten wurde differenziert. Wünschte ein urteilsfähiger Patient nach umfassender ärztlicher Aufklärung den Abbruch von künstlichen Lebensverlängerungsmaßnahmen, sollte der Arzt an diesen Willen gebunden sein.

Soweit der Patient nicht mehr urteilsfähig war, sollte der mutmaßliche Wille des Patienten erforscht und entsprechend der Regeln der Geschäftsführung ohne Auftrag ausgeführt werden. Gegebenenfalls sollte ein Pfleger gem. § 1910 BGB bestellt werden. Hierbei sollte auch der Respekt vor der Persönlichkeit des Sterbenden zu beachten sein. Auch frühere schriftliche Erklärungen hinsichtlich eines Verzichts auf künstliche Lebenserhaltung sollten als Indiz herangezogen werden, wobei jedoch der gegenwärtige mutmaßliche Wille entscheidend sein sollte. Verbindlich sollte die frühere Erklärung nicht sein, weil diese jederzeit wieder rückgängig gemacht werden könnte, so daß ermittelt werden sollte, „ob der Patient die Erklärung im gegenwärtigen Augenblick vernünftigerweise widerrufen würde oder nicht."

---

625 BVerfGE 52, 131, 169 f. – Verfassungsrechtliche Frage im Arzthaftungsprozeß; BGHSt 32, 367, 377 ff. – sog. Fall Wittig; Jähnke, S. 99, 103.

626 Richtlinien der Bundesärztekammer für die Sterbehilfe, DÄBl. 76 (1979), 957.

Letztlich entscheidungskompetent sollte der behandelnde Arzt sein, wobei jedoch nahestehende Personen angehört werden sollten. Bei Unmündigkeit oder Entmündigung des Patienten war die Zustimmung der Eltern oder des Vormundes für einen Behandlungsabbruch erforderlich.

bb. Richtlinien 1993[627]

In Anbetracht aufgetretener Unsicherheiten und infolge eines beginnenden Auffassungswandels, wonach frühere schriftliche Erklärungen des Patienten, sog. Patientenverfügungen und –testamente, im Falle irreversibler Erkrankungen für den behandelnden Arzt verbindlich sein sollten, wurden 1993 aktualisierte Richtlinien beschlossen. Hierbei wurden auch weitere Dokumente zur Sterbehilfeproblematik, wie eine Resolution der Deutschen Gesellschaft für Chirurgie zur Behandlung Todkranker und Sterbender aus dem Jahr 1979, die Entschließung der Deutschen Ärztetage von 1981 und 1984 zum Thema humanes Sterben und Sterbehilfe sowie die Deklaration des Weltärztebundes von Venedig 1983 und Madrid 1987 mit einbezogen bzw. verarbeitet.

In den Richtlinien wurde zunächst ausdrücklich formuliert, daß die in den Richtlinien enthaltenen Hinweise den Arzt nicht von der eigenen Verantwortung entbinden könnten, ihm jedoch eine Entscheidungshilfe sein sollten.

Auch wurde hinsichtlich früherer schriftlicher Erklärungen des Patienten festgeschrieben, daß diese lediglich Anhaltspunkte zur Ermittlung des mutmaßlichen Willens seien, ebenso religiöse Einstellungen, Schmerzen und die Lebenserwartung. Bei der früheren Legitimierung eines Dritten zur Entscheidung durch den Patienten sollte dieser Dritte bei der jetzigen Entscheidungsfindung des Arztes mit einzubeziehen sein. Gleiches sollte bei Minderjährigen, Entscheidungsunfähigen und Betreuten hinsichtlich der Einbeziehung der gesetzlichen Vertreter und Betreuer gelten.

Bei irreversiblen Krankheitsverlauf oder Verletzungen mit infauster Prognose, insbesondere im Endstadium, sollte die Leidensminderung im Vordergrund der ärztlichen Behandlung stehen, wobei auch eine daraus möglicherweise resultierende Lebensverkürzung hinnehmbar sein sollte.

Maßnahmen zur Verlängerung des Lebens sollten unter den Voraussetzungen unzumutbarer Leidensverlängerung und fehlender Beeinflußbarkeit des Grundleidens abgebrochen werden dürfen.

---

627 Richtlinien der Bundesärztekammer für die Sterbehilfe, DÄBl. 90 (1993), A-2461.

Die gezielte Lebensverkürzung blieb weiterhin unzulässig. Zusätzlich wurde die Mitwirkung bei einer Selbsttötung als „unärztlich“ festgeschrieben.

cc. Richtlinien 1998[628]

Nunmehr aktuell sind die Richtlinien von 1998.

Den am 11.9.1998 verabschiedeten Grundsätzen war zunächst im Jahr 1997 ein zur Diskussion in der Öffentlichkeit erstellter Entwurf einer Richtlinie der Bundesärztekammer zur ärztlichen Sterbebegleitung und den Grenzen zumutbarer Behandlung[629] vorausgegangen.

(1) Richtlinienentwurf

In diesem Entwurf wurden hinsichtlich der Behandlung eines Patienten in unmittelbarer Todesnähe keine Abänderungen zur Richtlinie von 1993 festgeschrieben. Als Neuerungen zur Richtlinie von 1993 enthielt der Entwurf jedoch Ausführungen zur Behandlung Kranker *vor* der Endphase des menschlichen Lebens. Bei infauster Prognose und raschem Fortschreiten des Krankheitsprozeßes sollte auch vor Beginn des eigentlichen Sterbeprozeßes im Rahmen des Selbstbestimmungsrechts des Patienten ein Behandlungsverzicht oder -abbruch möglich sein, wenn der Patient durch die medizinischen Maßnahmen unvertretbar belastet würde. Jedoch dürften keine wirtschaftlichen Aspekte bei der Beurteilung der Vertretbarkeit herangezogen werden. Bei Patienten mit chronisch-vegetativen Zuständen (apallisches Syndrom - sog. Wachkoma) sollte ein Behandlungsabbruch nur dann zulässig sein, wenn dies dem erklärten oder mutmaßlichen Willen des Patienten entsprach.

Insbesondere hinsichtlich des Selbstbestimmungsrechts des Patienten sollte nach dem Entwurf nunmehr festgeschrieben werden, daß den früheren schriftlichen Erklärungen des Patienten eine besondere Bedeutung bei der Ermittlung des mutmaßlichen Willens eines bewußtlosen oder einwilligungsunfähigen Patienten zukomme. Bei Nichterkennbarkeit des mutmaßlichen Willens sollte der Arzt die Bestellung eines Betreuers beim Vormundschaftsgericht anregen und gegebenenfalls die Zustimmung des Vormundschaftsgerichtes gem. § 1904 BGB für das Leben gefährdende Behandlungen einholen. Auch sollten nunmehr

---

628 Grundsätze der Bundesärztekammer zur ärztlichen Sterbebegleitung, BtPrax 6/98, 227.

629 Entwurf einer Richtlinie der Bundesärztekammer zur ärztlichen Sterbebegleitung und den Grenzen zumutbarer Behandlung, http://uni-rostock.de/fakult/medfak/remed/sterbbgl.htm.

vorgefaßte Patientenverfügungen ausdrücklich begrüßt werden. Dennoch sollte der Arzt bei der Beurteilung derartiger Patientenverfügungen bedenken, daß diese in der Regel bei guter Gesundheit des späteren Patienten von diesem verfaßt wurden.[630]

(2) Endfassung der Richtlinie

In den 1998 verabschiedeten Grundsätzen zur ärztlichen Sterbebegleitung wurden dann hinsichtlich der Behandlung von Sterbenden keine Änderungen vorgenommen. Aktive Sterbehilfe bleibt weiterhin unzulässig. Die vordergründige Leidensminderung mit der Möglichkeit bzw. Gefahr einer (unbeabsichtigten) Lebensverkürzung ist zulässig. Die Hilfe zur Selbsttötung widerspricht dem ärztlichen Ethos und kann strafbar sein. Im übrigen weichen die Richtlinien 1998 von dem Entwurf aus dem Jahr 1997 wie folgt ab:

Vor der eigentlichen Sterbensphase wird nunmehr zwischen Patienten mit infauster Prognose und Patienten mit sonstiger lebensbedrohender Schädigung differenziert. Bei Patienten mit infauster Prognose kommt ein Behandlungsabbruch nur im Einverständnis mit dem Patienten in Betracht, wenn die Krankheit weit fortgeschritten ist und die lebensverlängernde Behandlung nur das Leiden verlängert. Bei Patienten mit lebensbedrohlichen Krankheiten, die nicht zwangsläufig innerhalb einer absehbaren Zeit zum Tode führen, sollen lebenserhaltende Maßnahmen grundsätzlichen geboten sein. Ein Unterlassen lebenserhaltender Maßnahmen soll jedoch dann in Betracht kommen, wenn der unwiderrufliche Ausfall weiterer vitaler Organfunktionen den Verzicht auf substituierende Maßnahmen oder technische Geräte rechtfertigt. Die Dauer einer Bewußtlosigkeit darf kein alleiniges Entscheidungskriterium sein. Jedoch müßen alle Entscheidungen dem Willen des Patienten entsprechen; im Fall der Bewußtlosigkeit soll ein Betreuer bestellt werden.

In den Grundsätzen von 1998 wurde, wie auch schon im Entwurf zur Richtlinie, den früheren schriftlichen Äußerungen des Patienten eine besondere Bedeutung zugeschrieben. Liegen jedoch keine Anhaltspunkte für den mutmaßlichen Willen des Patienten vor oder können diese nicht rechtzeitig ermittelt werden, so hat der Arzt entsprechend des mutmaßlichen Willens im Interesse des Patienten zu handeln, indem er die ärztlich indizierten Maßnahmen trifft.

Patientenverfügungen sollen bei der Entscheidungsfindung des Arztes eine wesentliche Hilfe sein. Erstmalig sollen derartige Verfügungen als verbindlich an-

---

630 Tolmein, MedR 1997, 534.

zusehen sein, wenn sie sich „auf die konkrete Behandlungssituation beziehen und keine Umstände erkennbar sind, daß der Patient sie nicht mehr gelten lassen würde.“[631] In Übernahme aus dem Richtlinienentwurf soll jedoch der Arzt bedenken, daß die Verfügung in der Regel bei guter Gesundheit des späteren Patienten getroffen wurde und „daß die Hoffnung oftmals in ausweglos erscheinenden Lagen wächst.“[632] Zusätzlich sollte die Ernsthaftigkeit der Verfügung geprüft werden. Die Patientenverfügungen sollen zwar keiner zwingenden, bestimmten Form bedürfen, jedoch in der Regel schriftlich abgefaßt werden.
Auch sollen sog. Vorsorgevollmachten getroffen werden können, in denen ein bevollmächtigter Dritter für die Einwilligung in Behandlungen bzw. deren Abbruch im Falle der Einwilligungsunfähigkeit des Patienten bestellt wird. In Fällen des § 1904 BGB soll die Zustimmung des Vormundschaftsgerichtes eingeholt werden. Auch sog. Betreuungsverfügungen mit Wünschen zur Wahl des Betreuers und zur Ausführung der Betreuung sollen möglich sein.[633]

Aufgrund dieser Richtlinien der Bundesärztekammer hat der Arzt zwar konkrete Handlungshilfen, die jedoch, wie oben bereits ausgeführt, weder strafrechtlich verbindlich sind noch aufgrund der Vielzahl medizinischer und juristischer Begriffe für den Einzelfall eindeutige und einheitliche Lösungen bieten.

c. Alternativentwurf eines Gesetzes über Sterbehilfe (AE-Sterbehilfe)[634]
Aus dem Jahr 1986 stammt ein Gesetzesentwurf zur Sterbehilfe, der von einem Arbeitskreis von Professoren des Strafrechts und der Medizin sowie deren Mitarbeitern vorgelegt worden war.
In diesem Gesetzesentwurf waren die speziellen Probleme der Sterbehilfe wie Abbruch oder Unterlassung lebenserhaltender Maßnahmen, leidensmindernde Maßnahmen, die Nichthinderung einer Selbsttötung und die Tötung auf Verlangen geregelt:

---

631 Grundsätze der Bundesärztekammer zur ärztlichen Sterbebegleitung, BtPrax 6/98, 227 f..

632 Grundsätze der Bundesärztekammer zur ärztlichen Sterbebegleitung, BtPrax 6/98, 227 f..

633 Grundsätze der Bundesärztekammer zur ärztlichen Sterbebegleitung, BtPrax 6/98, 227 f..

634 Alternativentwurf eines Gesetzes über Sterbehilfe, in Wolfslast/Conrads, S. 225.

§ 214 Abbruch oder Unterlassung lebenserhaltender Maßnahmen

(1) Wer lebenserhaltende Maßnahmen abbricht oder unterlässt, handelt nicht rechtswidrig, wenn

1. der Betroffene dies ausdrücklich und ernstlich verlangt oder

2. der Betroffene nach ärztlicher Erkenntnis das Bewusstsein unwiederbringlich verloren hat oder im Fall eines schwerstgeschädigten Neugeborenen niemals erlangen wird oder

3. der Betroffene nach ärztlicher Erkenntnis sonst zu einer Erklärung über die Aufnahme oder Fortführung der Behandlung dauernd außerstande ist und aufgrund verlässlicher Anhaltspunkte anzunehmen ist, daß er im Hinblick auf Dauer und Verlauf seines aussichtslosen Leidenszustandes, insbesondere seinen nahe bevorstehenden Tod, diese Behandlung ablehnen würde, oder

4. bei nahe bevorstehendem Tod im Hinblick auf den Leidenszustand des Betroffenen und die Aussichtslosigkeit einer Heilbehandlung die Aufnahme oder Fortführung lebenserhaltender Maßnahmen nach ärztlicher Erkenntnis nicht mehr angezeigt ist.

(2) Abs. 1 gilt auch für den Fall, daß der Zustand des Betroffenen auf einem Selbsttötungsversuch beruht.

§ 214a Leidensmindernde Maßnahmen

Wer als Arzt oder mit ärztlicher Ermächtigung bei einem tödlich Kranken mit dessen ausdrücklichem oder mutmaßlichen Einverständnis Maßnahmen zur Linderung schwerer, anders nicht zu behebender Leidenszustände trifft, handelt nicht rechtswidrig, auch wenn dadurch als nicht vermeidbare Nebenwirkung der Eintritt des Todes beschleunigt wird.

§ 215 Nichthinderung einer Selbsttötung

(1) Wer es unterlässt, die Selbsttötung eines anderen zu hindern, handelt nicht rechtswidrig, wenn die Selbsttötung auf einer frei verantwortlichen, ausdrücklich erklärten oder aus den Umständen erkennbaren ernstlichen Entscheidung beruht.

(2) Von einer solchen Entscheidung darf insbesondere nicht ausgegangen werden, wenn der andere noch nicht 18 Jahre alt ist oder wenn seine freie Willensbestimmung entsprechend §§ 20, 21 StGB beeinträchtigt ist.

§ 216 Tötung auf Verlangen
(1) Ist jemand durch das ausdrückliche und ernsthafte Verlangen des Getöteten zur Tötung bestimmt worden, so ist auf Freiheitsstrafe von sechs Monaten bis zu fünf Jahren zu erkennen.
(2) Das Gericht kann unter den Voraussetzungen von Abs. 1 von Strafe absehen, wenn die Tötung der Beendigung eines schwersten, vom Betroffenen nicht mehr zu ertragenden Leidenszustandes dient, der nicht durch andere Maßnahmen behoben oder gelindert werden kann.
(3) Der Versuch ist strafbar.

Der Entwurf enthielt also - wie bereits teilweise die ärztlichen Standesrichtlinien - die Möglichkeit, von lebenserhaltenden Maßnahmen abzusehen, wenn dies dem erklärten oder mutmaßlichen Willen des Betroffenen entspricht, bei irreversibel Bewußtlosen sowie bei unmittelbarer Todesnähe des Betroffenen, wenn die ärztliche Behandlung nach ärztlicher Erkenntnis aussichtslos ist. Lebensverkürzende Maßnahmen sollten – wie bereits allgemein anerkannt - nicht rechtswidrig sein, wenn diese Maßnahmen der Leidensminderung dienen und die Lebensverkürzung nur unbeabsichtigte Nebenfolge ist.
Die Nichthinderung der Selbsttötung sollte erstmals in der Form konkret geregelt werden, daß Straffreiheit für die Nichthinderung einer freiverantwortlichen Selbsttötung festgeschrieben wird. Erstmalig sollte auch normiert werden, daß in Ausnahmefällen bei aktiver Tötung auf Verlangen von Strafe abgesehen werden kann, wenn bei schwersten, schwer zu ertragenden und nicht anders behebbaren oder linderbaren Leiden das Leben bzw. der Leidenszustand beendet wird.
Dieser Entwurf wurde zwar nicht Gesetz, er wird jedoch teilweise als Leitlinie für die ärztliche Behandlung Sterbender/Sterbewilliger angesehen.[635]

3. Strafrechtliche Beurteilung der Sterbehilfe - Grundsätze in Rechtsprechung und Literatur

Aufgrund dessen, daß spezialgesetzliche Regelungen zur Sterbehilfe in der Bundesrepublik Deutschland nicht existieren, sind im Einzelfall die strafrechtlichen Regelungen der allgemeinen Tötungsdelikte (§§ 211 ff. StGB) und insbesondere die Tötung auf Verlangen, § 216 StGB, heranzuziehen. Aufgrund des

635 Schönke/Schröder-Eser, StGB, 26. Aufl., Vorbem §§ 211 ff. Rz. 32b.

Mangels an spezialgesetzlichen Regelungen und der fehlenden Rechtsverbindlichkeit der standesrechtlichen Richtlinien haben Rechtsprechung und die juristische Literatur sog. allgemeine Sterbehilfeprinzipien entwickelt, die überwiegend anerkannt sind. Diese sollen hier kurz aufgezeigt werden.

Die allgemeinen Grundsätze differenzieren zunächst hinsichtlich der verschiedenen Fallgruppen. In zeitlicher Hinsicht wird zwischen der Hilfe *nach* Beginn des Sterbevorgangs, der sog. Hilfe im bzw. beim Sterben, und der Hilfe *vor* der eigentlichen Sterbephase, der sog. Hilfe zum Sterben, unterschieden. Weiterhin wird hinsichtlich aktiver und passiver Sterbehilfe sowie direkter und indirekter Sterbehilfe differenziert, wobei sowohl die direkte als auch die indirekte Sterbehilfe in der Regel als Fälle der aktiven Sterbehilfe behandelt werden.

a. Aktive Sterbehilfe

Aktive (direkte) Sterbehilfe ist die stärkste Form der Sterbehilfe, die gezielt auf die Herbeiführung einer Lebensverkürzung durch aktives Tun gerichtet ist. Ein aktives Tun mit der Folge der Lebensverkürzung ist selbst dann strafrechtlich relevant, wenn der Zeitraum der Lebensverkürzung als gering anzusehen ist. Nach herrschender Meinung ist die direkte Form der aktiven Sterbehilfe grundsätzlich unzulässig. Selbst wenn der Patient/das Opfer mit der Lebensverkürzung/-beendigung einverstanden ist bzw. diese sogar fordert, ist aktive Sterbehilfe strafbar. Die Tötung auf Verlangen des Getöteten wirkt sich nach § 216 StGB lediglich hinsichtlich des Strafmaßes mildernd aus.[636]

Erst recht im Bereich der Hilfe zum Sterben, soweit die Tötung hier als Mittel der Schmerzbeseitigung oder als „Erlösung" von Leid und Leben gedacht ist, ist die aktive Sterbehilfe gem. §§ 211, 212 und bei Tötung auf Verlangen gem. § 216 strafbar.[637]

Die Unzulässigkeit der direkten aktiven Tötung betrifft somit sowohl die Hilfe im als auch die Hilfe zum Sterben.

---

636 Arzt, JR 1986, 309 f.; LK-Jähnke, StGB, 11. Aufl., Vorbem. § 211 ff. Rz. 6, 14 m.w.N.; Otto, Jura 1999, 434, 441 f.; Schmaltz, S. 18; Schönke/Schröder-Eser, StGB, 26. Aufl., §§ 211 ff. Vorbem Rz. 24; Tröndle/Fischer, StGB, 51. Aufl., Vor § 211 Rz. 16; BGHSt 37, 376, 379.

637 Kutzer, NStZ 1994, 110, 111; Laber, S. 191; Schmaltz, S. 18; Schönke/Schröder-Eser, StGB, 26. Aufl., §§ 211 ff. Vorbem Rz. 25 m.w.N.; SK-Horn, StGB, Loseblattsammlung, § 212 Rz. 26d; Tröndle/Fischer, StGB, 51. Aufl., Vor § 211 Rz. 16 m.w.N..

Teilweise wird jedoch in der strafrechtlichen Literatur erörtert, ob entgegen der Strafbarkeitsandrohung des § 216 StGB ein Patient, der an einer unheilbaren Krankheit mit starken Schmerzen leidet, auf sein ausdrückliches Verlangen hin vom behandelnden Arzt straffrei aktiv getötet werden darf. Einige Auffassungen verweisen diesbezüglich auf sog. Gewohnheitsrecht, wonach unter der Ärzteschaft die Vornahme aktiver Tötungshandlungen nicht als strafwürdiges Unrecht angesehen werde.[638] Weiterhin wird vertreten, daß für das ärztliche Handeln eine Rechtfertigung gem. § 34 StGB in Betracht kommen könne. Dies soll dann der Fall sein, wenn in der konkreten Situation die Achtung der menschlichen Würde der Achtung des menschlichen Lebens vorrangig sei, weil der die Tötung Verlangende so starke körperliche und seelische Qualen leidet, welche nicht mehr durch Behandlung, sondern nur noch durch den Tod abwendbar sind.[639] Auch wird ganz allgemein auf die Konfliktlage zwischen Lebensverkürzung und Leidensverlängerung hingewiesen und die Möglichkeit eines entschuldigenden oder übergesetzlichen Notstandes oder des Absehens von Strafe erörtert.[640] Überwiegend wird jedoch die Zulässigkeit der aktiven Tötung, insbesondere seitens der Ärzteschaft, auch in diesen Fällen abgelehnt.[641]

Die aktive Sterbehilfe wurde auch beim sog. 3. Karlsruher Verfassungsgespräch am 23.5.2003 sowie auf dem deutschen Ärztetag 2003 kontrovers diskutiert. Im Verfassungsgespräch sprach sich beispielsweise Prof. Eser für eine „vorsichtige Liberalisierung" der Sterbehilfe aus, in deren Rahmen § 216 StGB neu geregelt werden sollte. Hiernach sollte die Tötung auf Verlangen (ähnlich der Fristenregelung in § 218a Abs. 1 StGB) zwar rechtswidrig aber bei Vorliegen bestimmter Umstände oder Voraussetzungen straflos sein. Diese Auffassung wurde von mehreren Gesprächsteilnehmern als aktzeptabel angesehen.

---

638 Wimmer, FamRZ 75, 438, 439.

639 Herzberg, NJW 1986, 1635, 1639 ff.; Nomos-Neumann, StGB, Loseblattsammlung, Vor § 211 Rz. 127; Otto, Jura 1999, 434, 441.

640 Alternativentwurf eines Gesetzes zur Sterbehilfe, in Wolfslast/Conrads, S. 225 f.; Eser, in Auer/Menzel/Eser, S. 75, 90 ff.; Hanack, MedR 1987, 96, 97; Nomos-Neumann, StGB, Loseblattsammlung, Vor § 211 Rz. 127, wonach in Fällen extremen Leidens des Moribunden eine aktive Sterbehilfe gem. § 34 StGB gerechtfertig sein soll; Schönke/Schröder-Eser, StGB, 26. Aufl., Vorbem §§ 211 ff. Rz. 25; Tröndle, ZStW 99 (1987), 25, 41 f..

641 Arzt, JR 1986, 309, 313 f.; Koch, in Holderegger, S. 297, 299 f.; LK-Jähnke, StGB, 11. Aufl., Vor § 211 Rz. 14; Schönke/Schröder-Eser, StGB, 26. Aufl., Vorbem §§ 211 ff. Rz. 25 m.w.N.; Tröndle/Fischer, StGB, 51 Aufl., Vor § 211 Rz. 16 m.w.N.; BGHSt 37, 376, 379.

Die Gegenauffassung sieht in einer derartigen Liberalisierung ein falsches Signal für die Gesellschaft und befürchtet einen Dammbruch zur Freigabe der Sterbehilfe.
Einigkeit besteht jedoch insoweit, als die Hospizbewegung und Palliativmedizin weiterentwickelt und gefördert werden sollen. Auch ist man sich einig, daß die Freigabe der Sterbehilfe wie in den Niederlanden in Deutschland nicht gewollt ist, sondern vielmehr ein eigenes Modell entwickelt werden müßte. In diese Richtung ging auch die Diskussion auf dem deutschen Ärztetag.[642]

b. Indirekte Sterbehilfe

Bei der sog. indirekten Sterbehilfe handelt es sich als Unterfall zur aktiven (direkten) Sterbehilfe um eine vergleichsweise schwächere Form. Als indirekte Sterbehilfe bezeichnet man die medizinisch gebotene schmerzlindernde Behandlung, die als Nebenfolge eine Lebensverkürzung bewirken kann. Diese Lebensverkürzung muß jedoch unbeabsichtigt sein, d.h. die Möglichkeit der Lebensverkürzung kann zwar als mögliche oder unvermeidbare Folge der Behandlung erkannt und in Kauf genommen werden. Die Lebensverkürzung darf jedoch nicht das Ziel des ärztlichen Handelns sein. Liegen diese Voraussetzungen vor, wird das Handeln des Arztes überwiegend als straflos angesehen. Umstritten ist jedoch die dogmatische Begründung für die rechtliche Zulässigkeit der indirekten Sterbehilfe.[643]
Teilweise wird diesbezüglich vertreten, daß den ärztlichen Handlungen mit der vorrangigen Intention der Schmerzlinderung bereits die Tötungsrelevanz fehle und dementsprechend schon der objektive Tatbestand eines Tötungsdeliktes nicht vorliege. Die Verkürzung eines schmerzhaften Lebens soll insofern nicht

642 Badische Zeitung vom 26.5.2003, S. 2; PAoL-Forum, http://www.forenshop.net/cgi-bin/forenserver/foren/F_0074/cutecast.pl?forum=5&thre;http://www.karlsruhe.de/Aktuell/Stadtzeitung03/sz2201.htm.

643 Laber, S. 199; LK-Jähnke, StGB, 11. Aufl., Vor § 211 Rz. 15; Nomos-Neumann, StGB, Loseblattsammlung, Vor § 211 Rz. 97; Otto, Jura 1999, 434, 440; Schmaltz, S. 19; nach Schönke/Schröder-Eser, StGB, 26. Aufl., Vorbem §§ 211 ff. Rz. 26 m.w.N. sind derartige Fallkonstellationen jedoch nach dem Stand der heutigen Schmerztherapie wohl eher selten; SK-Horn, StGB, Loseblattsammlung, § 212 Rz. 26e; Tröndle/ Fischer, StGB, 51. Aufl., Vor § 211 Rz. 17 m.w.N.; nach BGHSt 42, 301, 304 f. hat in diesen Fällen „die Ermöglichung eines Todes in Würde und Schmerzfreiheit gem. dem erklärten oder mutmaßlichen Patientenwillen" Vorrang vor der „Aussicht, unter schwersten, insbesondere sog. Vernichtungsschmerzen noch kurze Zeit länger leben zu müssen." Eine klare Aussage zur dogmatischen Begründung seines Ergebnisses trifft der BGH jedoch nicht.

vom Schutzzweck des Tötungsverbots erfaßt werden.[644] Nach der Gegenauffassung muß auf die Grundsätze des rechtfertigenden Notstandes gem. § 34 StGB zurückgegriffen werden. Nach dieser Auffassung legitimiere die Achtung der menschlichen Würde die lebensverkürzende Schmerzlinderung, wenn insbesondere Schmerz, Qual und Pein das Bewußtsein des Patienten überlagere.[645] Auch wird vertreten, daß der Arzt bei beabsichtigter Schmerzlinderung ohne Tötungsvorsatz handle bzw. dieser dem Arzt nur schwerlich nachzuweisen sei.[646]

c. Passive Sterbehilfe

Als schwächste Form strafrechtlich relevanter Sterbehilfe wird die sog. passive Sterbehilfe angesehen, bei der die Lebensverkürzung durch Verzicht auf künstlich lebensverlängernde Maßnahmen eintritt. Hierbei erfaßt die passive Sterbehilfe sowohl den Verzicht hinsichtlich der Aufnahme einer lebensverlängernden Behandlung als auch die Einstellung einer bereits begonnenen Behandlung, mithin den Behandlungsabbruch. Insofern ist es also für die rechtliche Beurteilung gleichgültig, ob ein Behandlungsverzicht oder ein Behandlungsabbruch vorliegt, denn soweit der Arzt von dem Beginn bzw. der Aufnahme einer Behandlung absehen darf, muß er sie auch beenden dürfen und umgekehrt. Unerheblich ist dabei auch, ob die Sterbehilfe durch Verzicht auf eine künstliche lebensverlängernde Behandlung, durch Abbruch einer lebensverlängernden Behandlung oder durch Nichtbehandlung zwischenzeitlich auftretender (sog. interkurrenter) Krankheiten erfolgt. Davon unberührt besteht jedoch die Pflicht, in jedem Fall die Grundernährung und Basispflege, wie Körperpflege, Schmerzlinderung, Freihalten der Atemwege und Flüssigkeitszufuhr etc., aufrecht zu erhalten.[647]

---

644 Herzberg, NJW 1996, 3043, 3048 f.; LK-Jähnke, StGB, 11. Aufl., Vor § 211 Rz. 16; Tröndle, ZStW 99 (1987), 25, 30.

645 Kutzer, NStZ 1994, 110, 114 f.; Lackner/Kühl-Kühl, StGB, 24. Aufl., Vorb. § 211 Rz. 7; Nomos-Neumann., StGB, Loseblattsammlung, Vor § 211 Rz. 98; Otto, Jura 1999, 434, 440 f.; Schönke/Schröder-Eser, StGB, 26. Aufl., Vorbem §§ 211 ff. Rz. 26 m.w.N.; SK-Horn, StGB, Loseblattsammlung, § 212 Rz. 26e.

646 Bockelmann, S. 25, 69 f.; Engisch, in FS Bockelmann, S. 519, 532 f.; Schmitt, JZ 1979, 462, 467.

647 Kutzer, NStZ 1994, 110, 113; Laber, S. 212; Schmaltz, S. 23 f.; Schönke/Schröder-Eser, StGB, 26. Aufl., Vorbem §§ 211 ff. Rz. 31; Tröndle/Fischer, StGB, 51. Aufl., Vor § 211 Rz. 18.

Die passive Sterbehilfe als Unterlassungsdelikt wird von vornherein nur dann strafrechtlich relevant, wenn bei Aufnahme oder Fortführung der Behandlung der Todeseintritt (wenn auch nur kurzzeitig) hinausgezögert werden kann und der Arzt als Garant i.S.v. § 13 StGB zur Lebensverlängerung verpflichtet ist. In den Bereich der passiven Sterbehilfe fallen aber auch die Fälle, bei denen Angehörige aufgrund natürlicher Verbundenheit zum Herbeirufen ärztlicher Hilfe verpflichtet und damit Garanten gem. § 13 StGB sein können.
Die passive Sterbehilfe ist auch in der täglichen medizinischen Praxis von besonderer Bedeutung und wohl im Vergleich zur aktiven direkten und indirekten Sterbehilfe weitaus häufiger problematisch.[648]

aa. Passive Sterbehilfe als Hilfe im bzw. beim Sterben

Relativ unproblematisch ist die passive Sterbehilfe im Bereich der Hilfe im oder beim Sterben, d.h. wenn das Grundleiden unumkehrbar (irreversibel) ist und die Krankheit bereits einen tödlichen Verlauf genommen hat, so daß innerhalb kurzer Zeit mit dem Todeseintritt zu rechnen ist. Ist der Betroffene zu diesem Zeitpunkt bei Bewußtsein und wünscht die passive Sterbehilfe ist diese zulässig, sog. einverständlicher Behandlungsabbruch.[649]
Wünscht er die Weiterbehandlung, so muß diese gewährt werden. Andernfalls macht sich der Arzt eines Tötungsdeliktes strafbar.[650]
Kann der Betroffene sich nicht mehr äußern, tritt insbesondere ein irreversibler Bewußtseinsverlust ein, ist der mutmaßliche Wille zu ermitteln. Erfolgt die passive Sterbehilfe dann nachweislich im mutmaßlichen Einverständnis des Betroffen, so wird sie als rechtlich zulässig angesehen. Erst wenn weder der tatsächliche noch der mutmaßliche Wille des Betroffenen ermittelbar ist, trifft der Arzt die maßgebliche Entscheidung, insbesondere auch zum Behandlungsabbruch bzw. -verzicht, wenn ein Schmerzlinderungsbedürfnis besteht und es dem Arzt nur darum geht die Schmerzen zu lindern.[651] Besteht jedoch wegen Bewußtlosigkeit kein Schmerzlinderungsinteresse des Betroffenen entscheidet der Arzt

---

648 Laber, S. 212 f.; Otto, Jura 1999, 434, 437; Schönke/Schröder-Eser, StGB, 26. Aufl., Vorbem §§ 211 ff. Rz. 27.

649 Kutzer, NStZ 1994, 110; Laber, S. 189, 217; Nomos-Neumann, StGB, Loseblattsammlung, Vor § 211 Rz. 107; Otto, Jura 1999, 434, 437; Schmaltz, S. 24 f.; Schönke /Schröder-Eser, StGB, 26. Aufl., Vorbem §§ 211 ff. Rz. 28; Tröndle/Fischer, StGB, 51. Aufl., Vor § 211 Rz. 23.

650 Laber, S. 217; Otto, Jura 1999, 434, 437.

651 Eser, FS Narr, S. 47, 59; Schmaltz, S. 26 f.; Schönke/Schröder-Eser, StGB, 26. Aufl., Vorbem §§ 211 ff. Rz. 28 f..

unter Beachtung des Ziels des ärztlichen Auftrags, insbesondere der Lebenserhaltungspflicht, und nach Abwägung der widerstreitenden Interessen, primär das Recht auf einen menschenwürdigen Tod. Dabei ist jedoch allgemein anerkannt, daß die Lebenserhaltungspflicht des Arztes dort endet, wo jegliche Reaktions- und Kommunikationsfähigkeit unwiderruflich erloschen ist. Auch in diesen Fällen soll also passive Sterbehilfe zulässig sein.[652]

Beachtlich ist insofern eine Entscheidung des LG Ravensburg[653], welcher die Erkrankung der Betroffenen an amyotropher Lateralsklerose (ALS) zugrunde lag. Bei dieser unheilbaren Erkrankung kommt es zu degenerativen Erkrankungen der Nervenzellen, in deren Folge Lähmungen der Gliedmaßen, Sprachstörungen und Schluckbeschwerden auftreten. Im Endstadium der Krankheit tritt der Tod infolge Atemlähmung ein. In dem, vom LG Ravensburg zu beurteilenden Fall war die Krankheit bei der Betroffenen so weit fortgeschritten, daß ihre Gliedmaßen gelähmt waren und die künstliche Nahrungsaufnahme nur noch unter Problemen, teilweise mit Erstickungsanfällen, möglich war. Das Sprachvermögen war zerstört, die Betroffene konnte nur noch lallen. Die Betroffene hatte sich nach Kenntnis der Erkrankung und Information des Verlaufs und des Todes jedoch zuvor mehrfach dahingehend geäußert, daß sie im Falle der Atemlähmung nicht künstlich beatmet werden wolle. Die Betroffene wurde bei Eintritt dieser Situation dann zunächst entgegen ihrem Willen beatmet, bis ihr Ehemann durch Abschalten des Beatmungsgerätes die Beatmung beendete, woraufhin die Betroffene verstarb. Das LG Ravensburg hat den Ehemann der Betroffenen freigesprochen, weil ein ärztlicher einverständlicher Behandlungsabbruch oder -verzicht in unmittelbarer Todesnähe zulässig sei und dies hinsichtlich des Selbstbestimmungsrechts und der Menschenwürde der Betroffenen auch für einen die Behandlung abbrechenden Dritten gelten müße. Das LG hat insoweit ausgeführt: „daß ein unweigerlich dem Tode geweihter Mensch, der aus eigener Kraft nicht mehr weiterleben kann und dessen „Lebensverlängerung“ mit Hilfe technischer Geräte unzweifelhaft nur eine Verlängerung des Sterbevorgangs bedeutet, verlangen kann, daß solche Maßnahmen unter-

---

652 Eser, FS Narr, S. 47, 59; Laber, S. 216 f.; Nomos-Neumann, StGB, Loseblattsammlung, Vor § 211 Rz. 120; Otto, Jura 1999, 434, 437; Schmaltz, S. 22; Schönke /Schröder-Eser, StGB, 26. Aufl., Vorbem §§ 211 ff. Rz. 29; SK-Horn, StGB, Loseblattsammlung, § 212 Rz. 26c; Tröndle/Fischer, StGB, 51. Aufl., Vor § 211 Rz. 23 f.; Wessels/Hettinger, BT 1, § 1 Rz. 35 f..

653 LG Ravensburg MedR 1987, 196.

bleiben oder abgebrochen werden. Jemand, der diesem Verlangen nachkommt, gleichgültig, ob durch Unterlassen oder aktives Tun, tötet nicht (auf Verlangen), sondern leistet Beistand im Sterben."[654] Die Kammer hat dabei offen gelassen, ob bei dem dem Urteil zugrunde liegenden Fall schon die Tatbestandsmäßigkeit einer Tötung verneint werden muß („wofür vieles spricht"). Sie kam aber zu dem Ergebnis, daß „in dem hier zu beurteilenden konkreten Fall der ernsthafte Todeswunsch des im Sterben liegenden Menschen, dessen Tod nur noch mit Hilfe technischer Geräte künstlich und ohne jegliche Hoffnung auf ein auch nur kurzfristiges Leben aus eigener Kraft hinausgezögert werden kann, einen Rechtfertigungsgrund für das Handeln des Angekl." darstellte, „der eine Strafbarkeit nach § 216 I StGB ausschließt."[655]

bb. Passive Sterbehilfe als Hilfe zum Sterben

Problematischer sind hingegen die Fälle, in den zwar eine irreversible Krankheit vorliegt, der eigentliche Sterbeprozeß jedoch noch nicht begonnen hat. Diesbezüglich wird hinsichtlich der Zulässigkeit passiver Sterbehilfe zwischen verschiedenen Fallvarianten differenziert, so daß auch hier differenzierende Ausführungen erforderlich sind.

(1) Einverständlicher Behandlungsabbruch als Hilfe zum Sterben

Auch vor Beginn des eigentlichen Sterbevorgangs aber infauster Krankheitsprognose ist allgemein anerkannt, daß ein Verlangen des Patienten, lebensverlängernde Maßnahmen zu beenden bzw. keine weiteren Maßnahmen einzuleiten, den Arzt binden. Der Arzt soll sich dabei also nicht über den Willen des Betroffenen hinwegsetzen dürfen. Der geäußerte Wille des Betroffenen soll auch dann beachtlich bleiben, wenn dieser das Bewußtsein verliert oder einwilligungsunfähig wird.[656]

Soweit ein ausdrücklich erklärter Wille des Betroffenen nicht zu ermitteln ist, muß wiederum auf den mutmaßlichen Willen zurückgegriffen, mithin der hypothetische Wille ermittelt werden. Der hypothetische Wille ist dabei aufgrund einer Abwägung und objektiv-sorgfältigen Prüfung aller Umstände des Falles zu ermitteln. Dabei können frühere schriftliche oder mündliche Äußerungen,

---

654 LG Ravensburg a.a.O. S. 198.

655 LG Ravensburg a.a.O. S. 198.

656 Kutzer, NStZ 1994, 110, 114; Nomos-Neumann, StGB, Loseblattsammlung, Vor § 211 Rz. 107; Otto, Jura 1999, 434, 437 f.; SK-Horn, StGB, Loseblattsammlung, § 212 Rz. 26b.

religiöse Überzeugungen, persönliche Wertvorstellungen oder ähnliches herangezogen werden. Hierbei ist jedoch zu beachten, daß auf allgemeine Wertvorstellungen zurückzugreifen sein kann, was zu Interessenkollisionen führen kann. Insbesondere sind im Zweifel in die Abwägung einfließende persönliche Wertvorstellungen des Arztes, der Angehörigen oder sonstiger dritter Personen kritisch zu bewerten.
Ist ein derartiger mutmaßlicher Wille festgestellt worden, so ist dieser wie der ausdrücklich geäußerte Wille verbindlich.
Liegen keine weiteren Anhaltspunkte für einen mutmaßlichen Willen zum Behandlungsabbruch oder -verzicht vor, so soll davon auszugehen sein, daß der mutmaßliche Wille mit dem übereinstimmt, was als vernünftig und normal angesehen wird. Grundsätzlich soll hierbei dem Lebensschutz Vorrang eingeräumt werden; in dubio pro vita. Je nach Einzelfall soll jedoch der Arzt auch in diesen Fällen nicht verpflichtet sein, jedes Leben zu verlängern, so daß in Ausnahmefällen der Behandlungsabbruch bzw. -verzicht zulässig sein soll.[657]

Der BGH hat in dem sog. Kemptener Urteil[658] diesbezüglich strenge Anforderungen an die Voraussetzungen für die Annahme eines mutmaßlichen Einverständnisses für einen Behandlungsabbruch gestellt. In dem der Entscheidung zugrunde liegenden Fall war die 72-jährige Betroffene irreversibel schwerst cerebralgeschädigt, seit mehr als zwei Jahren nicht mehr ansprechbar, geh- und stehunfähig. Sie reagierte auf optische, akustische und Druckreize mit Gesichtszuckungen und Knurren. Vitalfunktionen waren vorhanden, Anzeichen für Schmerzempfinden bestanden nicht. Die Ernährung erfolgte über eine Magensonde. Diese Ernährung sollte im Einvernehmen des behandelnden Arztes mit dem Sohn der Betroffenen abgebrochen bzw. nach Ende einer Nahrungsflasche nicht fortgesetzt werden. Der Betroffenen sollte lediglich Tee verabreicht werden, was in zwei bis drei Wochen zum ihrem Tod geführt hätte. Das Amtsgericht/Vormundschaftsgericht untersagte die beabsichtigte Vorgehensweise. Die Betroffene wurden von einem anderen Arzt weiter versorgt und behandelt. Sie verstarb später infolge eines Lungenödems. Arzt und Sohn wurden angeklagt. Der BGH hat in seiner Entscheidung zu diesem Fall ausgeführt:

---

657 Lackner/Kühl-Kühl, StGB, 24. Aufl., Vor § 211 Rz. 8; Nomos-Neumann, StGB, Loseblattsammlung, Vor § 211 Rz. 113 ff.; Otto, Jura 1999, 434, 438 f.; Tröndle/Fischer, StGB, 51. Aufl., Vor § 211 Rz. 24; Wessels/Hettinger, BT 1, § 1 Rz. 39; a.A. LK-Jähnke, StGB, 11. Aufl., Vor § 211 Rz. 17 ff., 20c.

658 BGHSt 40, 257 – sog. Kemptener Urteil.

„ Im vorliegenden Fall hatte der Sterbevorgang noch nicht eingesetzt. ... Eine Sterbehilfe im eigentlichen Sinne lag deshalb nicht vor. ... Auch wenn dieser Vorgang in der Literatur bereits als Sterbehilfe im weiteren Sinne bezeichnet wird und ein solcher Behandlungsabbruch bei entsprechendem Patientenwillen als Ausdruck seiner allgemeinen Entscheidungsfreiheit und des Rechts auf körperliche Unversehrtheit grundsätzlich anzuerkennen ist, sind doch an die Annahme des *mutmaßlichen* Willens erhöhte Anforderungen zu stellen. ... An die Voraussetzungen für die Annahme eines solchen mutmaßlichen Einverständnisses des entscheidungsunfähigen Patienten sind – im Interesse des Schutzes menschlichen Lebens – in tatsächlicher Hinsicht allerdings strenge Anforderungen zu stellen. Entscheidend ist der mutmaßliche Wille des Patienten im Tatzeitpunkt, wie er sich nach sorgfältiger Abwägung aller Umstände darstellt. Hierbei sind frühere mündliche oder schriftliche Äußerungen des Kranken ebenso zu berücksichtigen wie seine religiöse Überzeugung, seine sonstigen persönlichen Wertvorstellungen, seine altersbedingte Lebenserwartung oder das Erleiden von Schmerzen. ... Lassen sich auch bei der gebotenen sorgfältigen Prüfung konkrete Umstände für die Feststellung des individuellen mutmaßlichen Willens des Kranken nicht finden, so kann und muß auf Kriterien zurückgegriffen werden, die allgemeinen Wertvorstellungen entsprechen. Dabei ist jedoch Zurückhaltung geboten; im Zweifel hat der Schutz menschlichen Lebens Vorrang vor persönlichen Überlegungen des Arztes, eines Angehörigen oder einer anderen beteiligten Person. Im Einzelfall wird die Entscheidung naturgemäß auch davon abhängen, wie aussichtslos die ärztliche Prognose und wie nahe der Patient dem Tode ist: je weniger die Wiederherstellung eines nach allgemeinen Vorstellungen menschenwürdigen Lebens zu erwarten ist und je kürzer der Tod bevorsteht, um so eher wird ein Behandlungsabbruch vertretbar erscheinen.“[659]

Die Verurteilungen des behandelnden Arztes und des Sohnes, der gleichzeitig der Betreuer der Betroffenen war, wurden vom BGH aufgehoben und zur erneuten Verhandlung und Endscheidung zurückverwiesen.

---

659 BGH a.a.O. S. 260 u. 263.

Der BGH hat in seiner Entscheidung vom 17.3.2003[660], in der es primär um die Frage der vormundschaftsgerichtlichen Zustimmung bei Abbruch lebensverlängernder Maßnahmen ging, zur Problematik des mutmaßlichen Willens weiterhin ausgeführt, daß der mutmaßliche Wille des Betroffenen dann heranzuziehen ist, wenn eine frühere Willenskundgebung des Betroffenen nicht bekannt ist. Die Maßgeblichkeit des mutmaßlichen Willens soll jedoch dann enden, wenn ein Betreuer bestellt wird, weil insofern „mit der Bestellung des Betreuers ... die rechtliche Handlungsfähigkeit des Betroffenen wiederhergestellt" sei.[661] In dem dem BGH zugrunde liegenden Fall begehrte der Betreuer die Einstellung der künstlichen Ernährung des Betroffenen.

(2) Einseitiger Behandlungsabbruch als Hilfe zum Sterben

Wesentlich problematischer und damit umstrittener ist die Zulässigkeit der passiven Sterbehilfe vor Beginn des Sterbevorgangs bei fehlendem ausdrücklichen oder mutmaßlichen Willen des Betroffenen.

Diesbezüglich wird vertreten, daß ein Behandlungsabbruch oder -verzicht nur dann in Betracht kommen könne, wenn weitere Lebensverlängerungsmaßnahmen entweder faktisch unmöglich oder für den Patienten oder den Arzt normativ unzumutbar sind.

Unmöglichkeit der Lebensverlängerung soll diesbezüglich jedoch nur dann vorliegen, wenn die zur Lebenserhaltung notwendigen Mittel, wie Geräte, Medikamente oder Personal nicht vorhanden sind. Allein die Nichtbehebbarkeit des Grundleidens soll nicht ausreichen können. So lange die medizinisch-technische Verlängerung des Lebens möglich ist, soll die passive Sterbehilfe vor Beginn des eigentlichen Sterbevorgang nur zulässig sein, wenn die Lebensverlängerung unzumutbar ist. Wann ein solche Unzumutbarkeit vorliegt, ist wiederum umstritten.[662]

Teilweise soll Unzumutbarkeit bei „Sinnlosigkeit" weiterer Bemühungen vorliegen oder sich nach der „Schicksalhaftigkeit" bzw. der „Natürlichkeit des To-

---

660 BGH NJW 2003, 1588 f. - zu den Einzelheiten der Entscheidung sh. unten d. Die Entscheidung eines Betreuers bzw. des Vormundschaftsgerichtes. – Unter Verweis auf diese BGH-Entscheidung hat das LG Heilbronn in seinem Urteil vom 03.09.03, NJW 2003, 3783 den mutmaßlichen Willen einer Wachkomapatientin zum Behandlungsabbruch bejaht und hierbei allein auf die – „mehr oder weniger konkreten" - Berichte der nächsten Angehörigen und weiterer Zeugen abgestellt.

661 BGH a.a.O. S. 1589.

662 Laber, S. 231 ff.; Schönke/Schröder-Eser, StGB, 26. Aufl., Vorbem §§ 211 ff. Rz. 29.

des" richten. Auch wird vertreten, daß wiederum auf das Ziel des ärztlichen Auftrags, nämlich auf die Lebenserhaltungspflicht abzustellen ist. Hiernach soll die Grenze der ärztlichen Heil- bzw. Lebenserhaltungspflicht jedoch dann erreicht und entsprechend ein Behandlungsabbruch zulässig sein, wenn die Erhaltung oder Ermöglichung menschlicher Selbstverwirklichung infolge des unwiderruflichen Verlusts jeglicher Kommunikations- und Reaktionsfähigkeit nicht mehr möglich ist. Hinsichtlich des Verlusts der Reaktions- und Kommunikationsfähigkeit soll es dabei nicht auf das sprachliche Vermögen, sondern vielmehr auf jede sinnliche Wahrnehmungsmöglichkeit ankommen. Insbesondere wird auch ein Verstoß gegen die Menschenwürde und das Recht auf einen menschenwürdigen Tod bei Weiterbehandlung des Betroffenen als Grenze der ärztlichen Lebenserhaltungspflicht angesehen.[663]

Problematisch ist auch die Frage, ob bei Unverhältnismäßigkeit von Aufwand und potentiellen Erfolg ein einseitiger Behandlungsabbruch zulässig sein soll. Fraglich ist hierbei, ob dem Lebenserhaltungsinteresse des Betroffenen die Interessen anderer bzw. der Allgemeinheit entgegengesetzt werden können.

Stellt sich dieses Problem in Form der Prioritätenfrage, d.h. die vorhandenen medizinischen Behandlungsmöglichkeiten reichen nicht für alle Patienten, so haben sich diesbezüglich bereits allgemein anerkannte Grundsätze entwickelt. Soweit mehrere Patienten gleichzeitig der nur beschränkt vorhandenen Behandlung bedürfen, hat der Arzt ein sog. Auswahlermessen. Hierbei hat er den zu erwartenden Erfolg bei den Patienten zu vergleichen und darf den Patienten mit der positivsten Heilungsprognose zur Behandlung auswählen. Hat dagegen bereits ein Patient die Behandlung bekommen und tritt zeitlich später ein weiterer Patient hinzu, der ebenfalls dieser Behandlung bedarf, so kann bei dem ersten Patient nicht ohne weiteres die einmal begonnene Behandlung abgebrochen werden, weil bei dem zweiten Patienten bessere Erfolgschancen bestehen. Insoweit hat der erste Patient Vorrang, sog. Prioritätsprinzip.

Geht es hingegen nicht um konkret fehlende medizinische Kapazitäten werden in der medizinischen Praxis wohl zunehmend familiär-soziale oder wirtschaftliche Interessen sowie Nützlichkeitserwägungen bei der Entscheidung hinsichtlich eines Behandlungsabbruchs oder -verzichts berücksichtigt. Aufgrund dieser Tendenzen in der medizinischen Praxis wird im juristischen Schrifttum auf die

---

663 Laber, S. 240 ff.; Lackner/Kühl-Kühl, StGB, 24. Aufl., Vor § 211 Rz. 8; Merkel, S. 294 ff.; Nomos-Neumann, StGB, Loseblattsammlung, Vor § 211 Rz. 120; Schönke/Schröder-Eser, StGB, 26. Aufl., Vorbem §§ 211 ff. Rz. 29; a.A. LK-Jähnke, StGB, 11. Aufl., Vor § 211 Rz. 17 ff., 20c.

grundsätzliche Unzulässigkeit der Berücksichtigung derartiger Interessen Dritter oder finanzieller Interessen verwiesen.[664]

d. Die Entscheidung eines Betreuers bzw. des Vormundschaftsgerichtes

Umstritten und ungeklärt ist die Frage, inwieweit bei nicht ermittelbarem mutmaßlichen Willen des Betroffenen die Entscheidung eines Betreuers bzw. die Genehmigung für dessen Entscheidung durch das Vormundschaftsgericht einzuholen und gegebenenfalls für den behandelnden Arzt verbindlich ist. Maßgeblich hierfür könnte § 1904 BGB sein:

§ 1904 Genehmigung des Vormundschaftsgerichts bei ärztlichen Maßnahmen

I. Die Einwilligung des Betreuers in eine Untersuchung des Gesundheitszustandes, eine Heilbehandlung oder einen ärztlichen Eingriff bedarf der Genehmigung des Vormundschaftsgerichts, wenn die begründete Gefahr besteht, daß der Betreute aufgrund der Maßnahme stirbt oder einen schweren und länger dauernden gesundheitlichen Schaden erleidet. Ohne die Genehmigung darf die Maßnahme nur durchgeführt werden, wenn mit dem Aufschub Gefahr verbunden ist.

II. Absatz 1 gilt auch für die Einwilligung eines Bevollmächtigten. Sie ist nur wirksam, wenn die Vollmacht schriftlich erteilt ist und die in Absatz 1 Satz 1 genannten Maßnahmen ausdrücklich umfasst.

Ausgangspunkt dieser Diskussion war das sog. Kemptener Urteil[665]. In seiner Entscheidung hatte sich der BGH – wie bereits ausgeführt - vornehmlich mit den erhöhten Anforderungen an die Bejahung eines mutmaßlichen Willens zum Behandlungsabbruch zu beschäftigen. Eher nebenbei, als obiter dictum, hatte der BGH jedoch ausgeführt, daß die Zustimmung des Sohnes und Pflegers (seit 1.9.1992 Betreuer) der Betroffenen zum Behandlungsabbruch unwirksam war, weil er „die notwendige Genehmigung des Vormundschaftsgerichtes nicht eingeholt hatte.“[666] Nach Ansicht des BGH war die maßgebliche Regelung, § 1904 BGB, zwar nicht direkt anwendbar, da diese nach ihrem Wortlaut nur aktive ärztliche Behandlungsmaßnahmen, nicht jedoch einen todbringenden Behand-

---

664 Laber, S. 246 ff. hält jedoch in Ausnahmefällen die Berücksichtigung wirtschaftlicher Aspekte für zulässig; LK-Jähnke, StGB, 11. Aufl., Vor § 211 Rz. 19; Schönke/Schröder-Eser, StGB, 26. Aufl., Vorbem §§ 211 ff. Rz. 30.

665 BGHSt 40, 257.

666 BGH a.a.O. S. 262.

lungsabbruch erfaßt. „Nach ihrem Sinn und Zweck muß sie jedoch in Fällen der Sterbehilfe jedenfalls dann - erst recht - entsprechend anzuwenden sein, wenn die ärztliche Maßnahme in der Beendigung besteht und der Sterbevorgang noch nicht unmittelbar eingesetzt hat. Wenn schon bestimmte Heileingriffe wegen ihrer Gefährlichkeit der alleinigen Entscheidungsbefugnis des Betreuers entzogen sind, muß dies um so mehr für Maßnahmen gelten, die eine ärztliche Behandlung beenden sollen und mit Sicherheit binnen kurzem zum Tode des Kranken führen."[667]

Diese BGH-Entscheidung wurde stark kritisiert und wird teilweise bis heute auch nicht von den Instanzgerichten[668] „befolgt". Erst seit 1998, seit dem Beschluß des OLG Frankfurt am Main vom 15.7.1998[669] im Rahmen eines Betreuungsverfahrens, geht eine Tendenz dahin, daß die Zivilgerichte die Auffassung des BGH übernehmen[670] und eine vormundschaftsgerichtliche Genehmigung der Einwilligung eines Betreuers in den Behandlungsabbruch in ent-

---

667 BGH a.a.O. S. 262.

668 AG Hanau BtPrax 1997, 82; LG Augsburg NJW 2000, 2363; LG Frankfurt FamRZ 2000, 1184; LG München NJW 1999, 1788; Schmaltz, S. 29 m.N..

669 OLG Frankfurt NJW 1998, 2747.

670 LG Duisburg NJW 1999, 2744; OLG Düsseldorf NJW 2001, 2807 bejaht die Anwendbarkeit des § 1904 BGB wenn der Wille des nicht bewußtlosen Patienten, der sich aber nicht eindeutig äußern kann, eindeutig, d.h. hinsichtlich eines Behandlungsabbruchs, feststellbar ist. In dem zugrunde liegenden Fall war jedoch ein eindeutiger Patientenwille für einen Behandlungsabbruch nicht festzustellen.; OLG Frankfurt NJW 2002, 689 hält dennoch eine klare gesetzgeberische Lösung für erforderlich; OLG Karlsruhe/Freiburg NJW 2002, 685 stellt klar, daß die Entscheidung nach § 1904 BGB nicht anstelle des Betroffenen getroffen werde, sondern lediglich dessen Willen zur Durchsetzung verholfen werden soll, was auch zum Aufgabenkreis des Betreuers gehöre. Die gerichtliche Genehmigung sei insofern eine präventive Kontrolle des Betreuers, die eine hohe Gewähr dafür biete, daß der Patientenwille richtig ermittelt wurde und dementsprechend keine Strafverfolgung drohe. Die Einwilligung in einen Behandlungsabbruch und die entsprechende gerichtliche Genehmigung könnten nur dann erteilt werden, wenn ein Zustand krankhaft bedingter Entscheidungsunfähigkeit mit infauster Prognose (hier sog. apallisches Syndrom - Wachkoma) vorliege und ein mutmaßlicher Wille des Betroffenen zum Behandlungsabbruch feststellbar sei (so auch schon LG Duisburg, a.a.O.). Im Gegensatz zur bisherigen Rechtsprechung zur Ermittlung des mutmaßlichen Willens hat das OLG Karlsruhe/Freiburg aber einen Rückgriff auf allgemeine Wertvorstellungen abgelehnt.; Lackner/Kühl-Kühl, StGB, 24. Aufl., Vor § 211 Rz. 8 - Das OLG München NJW 2003, 1743 hat in seiner Entscheidung zur Mitwirkungspflicht eines Pflegeheimes bzw. von Pflegekräften an einer gewünschten Sterbehilfe offen gelassen, ob eine vormundschaftsgerichtliche Entscheidung erforderlich ist, weil sich eine derartige Verpflichtung nicht aus dem Heimvertrag ergeben könne und die Pflegekräfte aufgrund ihrer Gewissensfreiheit (Art. 1, 2, und 4 GG) die Mitwirkung verweigern könnten. Hieran könne auch eine Zustimmung des Vormundschaftsgerichtes nichts ändern.

sprechender Anwendung des § 1904 BGB fordern. In dem Fall, der dem OLG Frankfurt zur Entscheidung vorlag, war die fast 85-jährige Betroffene in einem Zustand anhaltender Bewußtlosigkeit (Koma) und hatte ihre Bewegungs- und Kommunikationsfähigkeit vollständig eingebüßt. Die Tochter der Betroffenen war zur Betreuerin bestellt worden und beantragte beim Vormundschaftsgericht die Genehmigung, die Sondenernährung einzustellen. Das Amtsgericht hatte die Genehmigung noch ausdrücklich entgegen der Entscheidung des BGH im sog. Kemptener Urteil abgelehnt. Das OLG hat die Angelegenheit zurückverwiesen mit der Begründung, daß § 1904 BGB entsprechend anwendbar sei.[671]

Dies wird jedoch nach wie vor in der strafrechtlichen Literatur teilweise kritisiert, weil für eine Analogie die planwidrige Regelungslücke fehle. Mit der Einführung des Betreuungsrechtsänderungsgesetzes im Jahr 1998 habe der Gesetzgeber zwar die Fälle der Sterbehilfe gesehen, sie aber dennoch nicht der Regelung des § 1904 BGB unterworfen. Zudem unterschieden sich die Fallkonstellationen insofern wesentlich, als die Maßnahmen i.S.d. § 1904 BGB dem Zweck der Lebenserhaltung dienten und die Maßnahmen im Rahmen der Sterbehilfe gerade nicht.[672]
Offen bleibt aber sowohl bei der Bejahung der Entscheidungsbefugnis des Betreuers hinsichtlich eines Behandlungsabbruchs als auch bei Annahme der Erforderlichkeit der vormundschaftsgerichtlichen Genehmigung wie sich dies strafrechtlich auswirkt.[673]

Der BGH hatte sich nunmehr in seiner Entscheidung vom 17.3.2003[674] primär mit der Frage der vormundschaftsgerichtlichen Zustimmung bei Abbruch le-

---

671 OLG Frankfurt NJW 1998, 2747.

672 Dodegge, NJW 2000, 2704, 2709 f. m.w.N., kritisiert jedoch lediglich die zusätzliche Erforderlichkeit der Genehmigung durch das Vormundschaftsgericht und vertritt die Auffassung, daß der Betreuer im Rahmen seines Aufgabenkreises der Gesundheitsfürsorge selbständig über einen Behandlungs- oder Ernährungsabbruch entscheiden kann; Laufs, NJW 1998, 3399; Nickel, MedR 1998, 520.

673 Nickel, MedR 1998, 520; nach Nomos-Neumann, StGB, Loseblattsammlung, Vor § 211 Rz. 112, 130 ff. ist jedoch eine Einwilligung des Betreuers bzw. deren gerichtliche Genehmigung dann nicht erforderlich, wenn eine Patientenverfügung existiert; Schönke/Schröder-Eser, StGB, 26. Aufl., Vorbem §§ 211 ff. Rz. 28; Uhlenbruck, MedR 1992, 134, 138 ff. hält auch die Entscheidung eines Bevollmächtigten zu einem Behandlungsabbruch des Betroffenen für bindend.

674 BGH NJW 2003, 1588, 1591 ff.. - zu den Ausführungen des BGH zu den Patientenverfügungen sh. nachfolgend Patientenverfügungen.

bensverlängernder Maßnahmen zu befaßen. In dem der Entscheidung zugrundeliegenden Fall handelte es sich um einen Betroffenen mit sog. apallischen Syndrom, mit dem keinerlei Kontaktaufnahme möglich ist und die Ernährung über eine PEG-Sonde erfolgt. Der Betroffene hatte früher eine schriftliche Verfügung dahingehend getroffen, daß er bei Vorliegen bestimmter gesundheitlicher Voraussetzungen (irreversible Bewußtlosigkeit etc.) nicht intensivmedizinisch behandelt werden wolle, insbesondere wollte er nicht ernährt werden. Der zum Betreuer bestellte Sohn des Betroffenen hatte vom zuständigen Amtsgricht die Einstellung der Ernährung verlangt. Das AG lehnte diesen Antrags mangels Rechtsgrundlage ab, die hiergegen gerichtete Beschwerde wurde vom LG zurückgewiesen. Das OLG Schleswig wollte die weitere Beschwerde zurückweisen, sah sich jedoch durch die oben genannte Rechtsprechung, insbesondere des OLG Frankfurt, daran gehindert. Das OLG Schleswig war entgegen dieser Rechtsprechung nämlich der Auffassung, daß eine Entscheidung des Betreuers nicht der vormundschaftsgerichtlichen Zustimmung bedürfe, weil § 1904 BGB nicht anwendbar sei und hatte die Angelegenheit dem BGH zur Entscheidung vorgelegt.

Der BGH hat in seiner Entscheidung dem OLG insoweit Recht gegeben, als es ebenfalls nicht § 1904 BGB als Rechtsgrundlage für das Erfordernis einer vormundschaftsgerichtlichen Genehmigung anerkannt hat. So bestehen nach Auffassung des BGH bereits Zweifel an einer für die analoge Anwendung der Regelung erforderliche planwidrige Regelungslücke. Zudem fehle es an der „Gleichheit der Problemlage", weil es bei § 1904 BGB um den Schutz heilungsfähiger Patienten vor dem Einsatz riskanter medizinischer Mittel gehe, was mit der medizinischen Betreuung unheilbar Kranker nicht vergleichbar sei. Auch soll sich aus § 1904 BGB kein allgemeiner Grundsatz herleiten lassen.

Der BGH ist jedoch der Auffassung, daß sich eine vormundschaftsgerichtliche Prüfungsbefugnis aufgrund richterlicher Rechtsfortbildung des Betreuungsrechts ergibt. Eine Vorfrage dieser Prüfung soll die Frage der medizinischen Indikation einer Behandlung sein, welche vom Arzt getroffen wird und demnach nicht der Entscheidungskompetenz des Vormundschaftsgerichts unterliegen soll. Die Verweigerung einer nach Auffassung des Arztes medizinisch indizierten Maßnahme durch einen Betreuer soll demnach erst mit Zustimmung des Vormundschaftsgerichtes Wirksamkeit erlangen können. Das Vormundschaftsgericht treffe dabei keine eigene Entscheidung, sondern überprüfe das Verhalten des Betreuers auf seine Rechtmäßigkeit hin. Demnach muß das Gericht „der Entscheidung des Betreuers gegen eine solche Behandlung zustimmen, wenn feststeht, daß die Krankheit des Betroffenen einen irreversiblen tödlichen Verlauf genommen hat und die ärztlicherseits angebotene Behandlung dem früher erklärten und fortgeltenden Willen des Betroffenen, hilfsweise dessen (individuell-)mutmaßlichen Willen widerspricht."[675] Verweigert das Vormundschaftsgericht seine Zustimmung zur Entscheidung des Betreuers, so ersetzt die gerichtliche Entscheidung die für die medizinische Behandlung erforderliche Einwilligung des Betreuers.

Das Zustimmungserfordernis des Vormundschaftsgerichts soll dabei „dem Schutz des Betroffenen in seinen Grundrechten auf Leben, Selbstbestimmung und Menschenwürde in ausgewogener Weise Rechnung tragen"[676] und gleichzeitig den Betreuer vor unzumutbaren Belastungen durch Entscheidungen über lebensverlängernde Maßnahmen schützen. Das vormundschaftsgerichtliche Verfahren soll dabei auch die strafrechtlichen Grenzen des Betreuerhandelns klären und demnach „vor dem Risiko einer abweichenden strafrechtlichen ex-post-Beurteilung" schützen.[677]

Der BGH hat daher dem Rechtsmittel stattgegeben und die Sache zur erneuten Behandlung und Entscheidung zurückverwiesen. Das AG hat demnach zu prüfen, ob die Verweigerung der Zustimmung zur Weiterbehandlung (/-ernährung) durch den Betreuer rechtmäßig ist.[678]

Deutsch[679] hat den Beschluß des BGH als „sachlich richtigen ersten Schritt" begrüßt, weil durch ihn die Rechtseinheit hinsichtlich des Zustimmungserfordernisses des Vormundschaftsgerichtes für Behandlungsabbrüche gefördert werde. Gleichzeitig erhob er jedoch Bedenken bezüglich Umfang und Begründung des Beschlußes, insbesondere ob der ärztlichen Kompetenz zur Entscheidung über die medizinische Indikation einer Behandlung. Weiterhin bliebe auch die genaue Entscheidungsgrundlage des Vormundschaftsgerichtes offen und

675 BGH a.a.O. S. 1593.

676 BGH a.a.O. S. 1593.

677 BGH a.a.O. S. 1593.

678 Eine weiteres Problem bei Zustimmung des Vormundschaftsgerichts zum Behandlungsabbruch dürfte dann die Möglichkeit sein, daß sich die beteiligten Ärzte und/ oder Pflegekräfte weigern, den Behandlungsabbruch vorzunehmen. Diese Weigerung soll nach Auffassung des OLG München NJW 2003, 1743 (sh. auch oben Fn. 670) rechtlich zulässig sein, weil mangels Regelungen im Heimvertrag und aufgrund der verfassungsrechtlich garantierten Gewissensfreiheit keine Mitwirkungspflicht an einer gewünschten Sterbehilfe besteht. - Zur Kritik dieser Entscheidung sh. Uhlenbruck, NJW 2003, 1710.

679 Deutsch, NJW 2003, 1567.

werde sich dementsprechend erst in der Praxis bewähren müßen. Insgesamt bereitet Deutsch jedoch die Eröffnung eines weiteren Bereichs des sog. Verfassungszivilrechts (neben Kind als Schaden u.a.) Sorge.

e. Patientenverfügungen

Patientenverfügungen/-testamente sind vorsorgliche Anordnungen von Patienten für den Fall des späteren Verlusts oder der Beeinträchtigung der Willensbildung bzw. Willensäußerung, insbesondere hinsichtlich späterer intensivmedizinischer lebensverlängernder Maßnahmen. Werden zusätzlich Bestimmungen über eine Person getroffen, die die künftigen sterbebezogenen Entscheidungen anstelle des Betroffenen treffen soll, liegt eine sog. Vorsorgevollmacht vor. Enthält die Patientenverfügung Anordnungen hinsichtlich künftiger Betreuung, so handelt es sich um eine sog. Betreuungsverfügung.[680]

Soweit derartige Anordnungen lediglich lebensverlängernde Maßnahmen für den Bereich des bereits begonnenen Sterbevorgangs und unmittelbar bevorstehenden Todes betreffen, stimmen sie in der Regel mit den allgemeinen Behandlungsgrundsätzen der Hilfe im oder beim Sterben überein, so daß ihnen insofern keine eigenständige Bedeutung beigemessen wird.[681]

Werden jedoch in den Anordnungen Vorgaben für den Bereich der Hilfe zum Sterben gemacht, ist umstritten, in welchem Rahmen die entsprechenden Verfügungen zu beachten bzw. heranzuziehen sind, insbesondere ob diese für den Arzt verbindlich sind.

Gegen eine Verbindlichkeit bzw. maßgebliche Beachtlichkeit wird vorgebracht, daß die Patientenverfügungen in der Regel im Zustand der Gesundheit abgefaßt würden, so daß im Falle der Krankheit nicht darauf zurückgegriffen werden könne. Dem wird entgegengehalten, daß derartige Entscheidungen durchaus antizipiert getroffen werden können, insbesondere auf der Grundlage umfassender Informationen oder der Kenntnis lebensbedrohlicher Krankheiten. Wenn keine Zweifel an der Wirksamkeit der Vereinbarung bestehen, soll daher die Verfügung für den Arzt bzw. seinen Behandlungsauftrag nach teilweise vertretener Ansicht[682] bindend sein.

---

680 Nomos-Neumann, StGB, Loseblattsammlung, Vor § 211 Rz. 108.

681 Tröndle/Fischer, StGB, 51. Aufl., Vor § 211 Rz. 22.

682 Arzt, JR 1986, 309, 312 f. differenziert jedoch die Bindungswirkung je nach Fallgruppe - z.B. bei Verletzten oder Kranken mit dem Risiko empfindlicher Einbußen an Lebensqualität soll ein bei Gesundheit entstandenes Patiententestament nicht einmal

Zumindest muß jedoch der Arzt eine Patientenverfügung bei der Ermittlung des mutmaßlichen Patientenwillens bei fehlendem tatsächlichen Willen heranziehen; insofern wird den Patientenverfügungen zumindest eine Indizfunktion zuerkannt.[683]

Der BGH hat in seiner Entscheidung vom 17.3.2003[684] zur Frage der vormundschaftsgerichtlichen Zustimmung bei Abbruch lebensverlängernder Maßnahmen auch zur Frage der Patientenverfügungen Stellungen genommen. In dem zugrundeliegenden Fall hatte der Betroffene vor Eintritt des Zustands des apallischen Syndroms eine Patientenverfügung dergestalt getroffen, daß er im Fall irreversibler Bewußtlosigkeit, schwerster Dauerschäden des Gehirns oder des dauernden Ausfalls lebenswichtiger Funktionen des Körpers oder im Endstadium einer zu Tode führenden Krankheit keine Intensivbehandlung, keine künstliche Beatmung, keine Bluttransfusionen, die Ernährungseinstellung und allenfalls angst- und schmerzlindernde Maßnahmen wünsche.

Für diesen Fall hat der BGH den Vorrang einer Patientenverfügung bejaht, so daß ein (individuell-)mutmaßlicher Wille des Betroffenen nicht weiter zu ermitteln war. Insoweit hat der BGH ausgeführt, daß die Verfügung „als Ausdruck des fortwirkenden Selbstbestimmungsrechts, aber auch der Selbstverantwortung des Betroffenen den Betreuer (bindet)“.[685] Etwas anderes könne nach Ansicht des BGH nur dann gelten, wenn sich der Betroffene erkennbar von seiner früheren Verfügung distanziert oder sich die Sachlage nachträglich erheblich geändert hätte. Das Vorliegen einer Patientenverfügung soll aber nicht das Erfordernis der vormundschaftsgerichtlichen Zustimmung zum Betreuerhandeln ent-

---

Indizwirkung haben; Füllmich, NJW 1990, 2301 f.; nach Nomos-Neumann, StGB, Loseblattsammlung, Vor § 211 Rz. 109 ff. sind Patientenverfügungen infolge des hohen Ranges des Selbstbestimmungsrechts des Patienten bindend, als Voraussetzungen werden einfache Schriftform und Einwilligungsfähigkeit gefordert; allzu strenge inhaltliche Anforderungen sollten nicht gestellt werden, da die Verfügungen auslegungsfähig und -bedürftig seien; Sternberg-Lieben, NJW 1985, 2734, 2737 f.; Uhlenbruck, MedR 1992, 134, 136 ff., 141 hält auch die Entscheidung eines Bevollmächtigten des Betroffenen für einen Behandlungsabbruch für bindend.

683 Lackner/Kühl-Kühl, StGB, 24. Aufl., Vor § 211 Rz. 8; Münchener Kom.-Schneider, StGB, 2003, Vor §§ 211 ff. Rz. 126 differenziert hinsichtlich Bindungs- oder Indizwirkung dahingehend, ob die Patientenverfügung auf die konkrete Situation genau zutrifft; nur in diesem Fall soll eine Bindungswirkung zu bejahen sein; Schönke /Schröder-Eser, StGB, 26. Aufl., Vorbem §§ 211 ff. Rz. 28; Tröndle/Fischer, StGB, 51. Aufl., Vor § 211 Rz. 22a; BGHSt 40, 257, 263 - sog. Kemptener Urteil.

684 BGH NJW 2003, 1588, 1591 - zu den Einzelheiten der Entscheidung sh. oben d. Die Entscheidung eines Betreuers bzw. des Vormundschaftsgerichtes.

685 BGH a.a.O. S. 1591

behrlich machen. Vielmehr werde so die gerichtlich verbindliche Feststellung ermöglicht, daß die Behandlung bzw. der Behandlungsabbruch dem in einer Patientenverfügung geäußerten Willen entspricht.

Nach dem Willen der Bundesjustizministerin Zypries sollen Patientenverfügungen nunmehr gesetzlich abgesichtert werden. Die Ministerin kündigte an, daß bis zum Frühsommer 2004 eine Expertengruppe diesbezügliche Eckpunkte erarbeiten und gegebenenfalls Empfehlungen hinsichtlich gesetzlicher Regelungen unterbreiten würde. Ziel dieser Initiative soll sowohl die Absicherung der Durchsetzung des Patientenwillens als auch die Gewährung von Rechtssicherheit für die Ärzte sein.[686] Eine entsprechende Arbeitsgruppe hat sich am 08.09.03 unter Leitung des Vorsitzenden Richters am BGH a.D. Kutzer konstituiert. Dieser Arbeitsgruppe gehören neben je zwei Mitgliedern aus der Justiz- und Gesundheitsministerkonferenz der Länder Interessenvertreter der Patienten, der Wohlfahrtspflege, der Hospizbewegung und der Ärzteschaft sowie ein Medizinethiker und je ein Vertreter der beiden großen deutschen Kirchen an.[687] Zudem arbeitet derzeit auch eine Arbeitsgruppe der Enquete-Kommission „Recht und Ethik der modernen Medizin“ an Vorschlägen und Leitlinien zur Rechtswirkung von Patientenverfügungen.[688]

f. Technischer Behandlungsabbruch

Der sog. technische Behandlungsabbruch erfaßt die Handlungen zum Abschalten von medizinischen Geräten, insbesondere das Abschalten von Respiratoren. Hinsichtlich dieser Maßnahmen besteht jedoch insofern Einigkeit, als im Ergebnis kein Unterschied zum medikamentösen oder therapeutischen Behandlungsabbruch bestehen kann. Sind die letztgenannten Behandlungsabbrüche zulässig, so muß unter denselben Voraussetzungen auch ein technischer Behandlungsabbruch zulässig sein.[689]

Umstritten ist wiederum die dogmatische Begründung der Zulässigkeit, weil im Gegensatz zum medikamentösen oder therapeutischen Behandlungsabbruch nicht lediglich der Beginn oder die Fortführung einer Behandlung unterlassen

---

686 Badische Zeitung v. 09.09.2003, S. 2; Badische Zeitung v. 14.04.2004, S. 2.

687 NJW-aktuell, NJW 39/2003, S. XIV.

688 Badische Zeitung vom 14.04.2004, S. 2.

689 LK-Jähnke, StGB, 11. Aufl., Vor § 211 Rz. 18; Merkel, S. 241 ff.; Nomos-Neumann, StGB, Loseblattsammlung, Vor § 211 Rz. 123; Schmaltz, S. 27 f.; Schönke/Schröder-Eser, StGB, 26. Aufl., Vorbem §§ 211 ff. Rz. 32.

wird. Vielmehr wird durch das Abschalten der Geräte aktiv gehandelt, was im Verhältnis zu § 216 StGB als problematisch angesehen wird.
Teilweise wird auch das Abschalten von Geräten als ein Unterlassen weiterer Lebensverlängerung behandelt. Die Gegenauffassung lehnt dies ab, verneint jedoch entweder die Tatbestandsmäßigkeit oder die Rechtswidrigkeit des Tuns. Weiterhin wird vertreten, daß eine Pflichtenkollision das Tun entschuldige.[690]
Soweit die erforderlichen Voraussetzungen für einen zulässigen technischen Behandlungsabbruch vorliegen, soll dieser nicht nur für den behandelnden Arzt, sondern auch für sonstiges Krankenpflegepersonal oder Dritte (Angehörige) ohne strafrechtliche Verfolgung möglich sein, da mangels Lebenserhaltungspflicht keine Lebensschutzinteressen verletzt würden.[691]

g. Teilnahme am Suizid

Soweit die §§ 211-216, 222 StGB die Tötung eines anderen Menschen voraussetzen, erfüllt der Suizident keinen Straftatbestand; die Selbsttötung ist mithin straflos. Gleiches gilt für die Teilnahme an einer Selbsttötung, wenn diese auf einer freien und eigenverantwortlichen Entscheidung des Suizidenten beruhte, weil es an einer tatbestandsmäßigen und rechtswidrigen Haupttat i.S.d. §§ 11 Abs. 1 Nr. 5, 26, 27 StGB mangelt.
Unter Umständen kann jedoch durch das Fördern, Veranlassen oder Nichtverhindern einer Selbsttötung eine Strafbarkeit wegen mittelbarer Täterschaft, Täterschaft durch Unterlassen bei Bestehen einer Garantenpflicht oder wegen unterlassener Hilfeleistung in Betracht kommen. Dies wird vorliegend im Rahmen der Sterbehilfeproblematik beispielsweise relevant, wenn der Arzt oder ein (garantenpflichtiger) Dritter dem Sterbewilligen die zur Tötung erforderlichen Mittel beschafft, darreicht bzw. nach Einnahme derartiger Mittel oder eigenmächtiger Abschaltung von Geräten durch den Sterbewilligen (mit Eintritt der Bewußtlosigkeit oder des Verlusts der Reaktions- und Handlungsfähigkeit) keine lebensrettenden Maßnahmen einleitet.

---

690 LK-Jähnke, StGB, 11. Aufl., Vor § 211 Rz. 18; Merkel, S. 241 ff.; Schmaltz, S. 27 f.; Schönke/Schröder-Eser, StGB, 26. Aufl., Vorbem §§ 211 ff. Rz. 32; SK-Horn, StGB, Loseblattsammlung, § 212 Rz. 26; Wessels/Hettinger, BT 1, § 1 Rz. 37.

691 Lackner/Kühl-Kühl, StGB, 24. Aufl., Vor § 211 Rz. 8, § 216 Rz. 6; Schönke /Schröder-Eser, StGB, 26. Aufl., Vorbem §§ 211 ff. Rz. 32; Wessels/Hettinger, BT 1, § 1 Rz. 37; LG Ravensburg MedR 1987, 196.

Fehlt es bereits an einer ernst gemeinten und frei verantwortlichen Willensentscheidung des Suizidenten, so stellt nach herrschender Auffassung das Nichtverhindern des Suizids bei einem Garanten eine Tötung durch Unterlassen dar, wenn die Möglichkeit der Erfolgsabwendung bestand. Die Gabe von tödlichen Mitteln kann in diesem Fall als Fremdtötung in mittelbarer Täterschaft strafbar sein.[692]

aa. Beurteilung der Beteiligung an einer Selbsttötung in der strafrechtlichen Literatur

Problematischer ist die Strafbarkeitsbeurteilung dann, wenn von einem frei von Willensmängeln, unbeeinflußten und freiverantwortlichen Selbsttötungsentschluß auszugehen ist, wobei dabei schon problematisch sein kann, wann Freiverantwortlichkeit vorliegt. Hier besteht in der strafrechtlichen Literatur Einigkeit insoweit, als aufgrund der fehlenden Strafbarkeit der Selbsttötungsteilnahme sowohl für Garanten als auch für Nichtgaranten die Mitverursachung des Todes (durch Tun oder Unterlassen) zumindest im Rahmen der Tötungsdelikte nicht strafrechtlich relevant sein soll.[693] Dies soll selbst dann gelten, wenn der Sterbewillige bereits das Bewußtsein und damit die Herrschaft über das weitere Geschehen verloren hat, wenn eine frühere aktive Beteilung als

692 Schönke/Schröder-Eser, StGB, 26. Aufl., Vorbem §§ 211 ff. Rz. 37, 40; SK-Horn, StGB, Loseblattsammlung, § 212 Rz. 14, § 216 Rz. 10; Tröndle/Fischer, StGB, 51. Aufl., Vor § 211 Rz. 11 f.; Wessels/Hettinger, BT 1, § 1 Rz. 51, 54 f.

693 Eine andere Frage betrifft nach VG Karlsruhe NJW 1988, 1536 die Berechtigung der Polizei, die Tötung eines Menschen zu verhindern, unabhängig davon, ob eine Straftat, ein Unglücksfall oder eine straflose Selbsttötung vorliegt. In dem der Entscheidung zugrundeliegenden Fall wollte eine querschnittsgelähmte Frau sterben, die nur noch Kopf, Mund und Zunge bewegen konnte. Über ein Infusionsgerät sollte anstelle der sonst üblichen Traubenzuckerlösung eine tödlich wirkende Narkoselösung zugeführt werden, was die Betroffene selbständig durch Betätigung des Infusionsgerätes mit ihrer Zunge hätte durchführen können. Die Polizei untersagte dem „Helfer“, der die Narkoselösung in das Infusionsgerät leiten sollte, die „Sterbehilfe“ unter Androhung eines Zwangsgeldes. Widerspruch und Klage gegen die polizeiliche Untersagungsverfügung blieben erfolglos. Ausweislich der Urteilsbegründung ständen bei der Beteiligung Dritter an einer Selbsttötung deren Strafbarkeit und damit eine Gefahr für die öffentliche Sicherheit in Frage. Ob in dem konkreten Fall keine Strafbarkeit vorliegt, sei für die Frage der Gefährdung der öffentlichen Sicherheit irrelevant. Die Kritik in der strafrechtlichen Literatur hatte das VG zwar zur Kenntnis genommen, aber in seiner Begründung auf die bisherige Rechtsprechung verwiesen. - Spickhoff, NJW 2003, 1701, 1709 kritisiert diese Entscheidung als „rechtspolitisch fragwürdig“.

Teilnahme am Suizid straflos wäre und eine etwaige Sinnesänderung des Sterbewilligen nicht ersichtlich ist.[694]

Streitig ist jedoch, ob damit auch die Strafbarkeit wegen unterlassener Hilfeleistung, § 323c StGB, entfällt. Problematisch ist bereits, ob die Selbsttötung einen „Unglücksfall" i.S.d. § 323c StGB darstellt, was nach teilweise vertretener Auffassung ab Eintritt der Hilfsbedürftigkeit des Suizidenten bejaht wird. Hinsichtlich der Zumutbarkeit der Hilfeleistung soll dann jedoch dahingehend differenziert werden, daß bei klarem und stetigem Sterbewillen des Betroffenen, insbesondere bei dem Ziel Krankheitsqualen zu beenden, die Zumutbarkeit der Hilfeleistung verneint wird. Nach der Gegenauffassung liegt bei derartigen Fällen schon kein „Unglücksfall" vor.[695]

bb. Beurteilung der Beteiligung an einer Selbsttötung in der Rechtsprechung

Die Rechtsprechung war zunächst bestrebt, die Beteiligung an einem Suizid weitgehend strafrechtlich zu erfassen, weil der Tötungswille des Suizidenten nicht als maßgeblich angesehen wurde.[696] In der Folgezeit war eine teilweise Loslösung von dieser strengen Ausrichtung zu verzeichnen, wobei eine einheitliche Richtung nur schwer erkennbar ist.

Derzeit ist wohl davon auszugehen, daß die Rechtsprechung zu dieser Problematik insgesamt widersprüchlich ist, was die eigenen Ausführungen des BGH (im sog. Fall Wittig, sh. nachfolgend)[697] belegen: „Die Rechtsprechung hat bisher kein in sich geschlossenes rechtliches System entwickelt, nach dem die

---

694 Lackner/Kühl-Kühl, StGB, 24. Aufl., Vor § 211 Rz. 12, 14 f.; LK-Jähnke, StGB, 11. Aufl., Vor § 211 Rz. 24; Münchener Kom.-Schneider, StGB, 2003, Vor §§ 211 ff. Rz. 74 ff.; Nomos-Neumann, StGB, Loseblattsammlung, Vor § 211 Rz. 74 ff.; Schönke/Schröder-Eser, StGB, 26. Aufl., Vorbem §§ 211 ff. Rz. 41; Wessels/Hettinger, BT 1, § 1 Rz. 57.

695 Arzt, JR 1986, 309, 313; Lackner/Kühl-Kühl, StGB, 24. Aufl., § 323c Rz. 2, 7; LK-Spendel, StGB, 11. Aufl., § 323c Rz. 54; Nomos-Neumann, StGB, Loseblattsammlung, Vor § 211 Rz. 79; Nomos-Seelmann, StGB, Loseblattsammlung, § 323c Rz. 26; Schönke/Schröder-Eser, StGB, 26. Aufl., Vorbem §§ 211 ff. Rz. 42 f.; SK-Horn, StGB, Loseblattsammlung, § 323c Rz. 8; Tröndle/Fischer, StGB, 51. Aufl., Vor § 211 Rz. 12, § 323c Rz. 3a; Wessels/Hettinger, BT 1, § 1 Rz. 60 ff..

696 BGHSt 2, 150, 156 f.; 6, 147, 153 f. – bereits BGHSt 13, 162, 167 sah in der ausdehnenden Anwendung des Täterbegriffs in BGHSt 2, 150 die Gefahr ungleicher Rechtsanwendung entgegen des Gesetzes, da, „die Förderung fremder Selbsttötung durch Handeln als Beihilfe zu einer nicht mit Strafe bedrohten Haupttat straflos, ihre Förderung durch Unterlassen dagegen unter Umständen als Tötung in Täterschaft strafbar wäre", hatte aber über einen anders gelagerten Sachverhalt (kein „Sterbehilfesachverhalt") zu entscheiden.

697 BGHSt 32, 367 – Fall Wittig.

strafrechtliche Beurteilung der unterschiedlichen Fallgruppen, die sich bei aktiver oder passiver Beteiligung Dritter an den verschiedenen Stadien eines frei verantwortlich ins Werk gesetzten Selbstmords ergeben, stets sachgerecht und in sich widerspruchsfrei vorgenommen werden kann."[698]

(1) Fall Wittig[699]
Der BGH hat in diesem sog. Fall Wittig einen Freispruch des LG Krefeld bestätigt. Bei Eintreffen des behandelnden Arztes war die Suizidentin bereits bewußtlos und befand sich durch die von ihr eingenommenen Mittel bereits in einem Vergiftungszustand, aus dem sie im Falle der Lebensrettung irreparable schwere Schäden davongetragen hätte. In Anbetracht dieser Situation und der Tatsache, daß die Betroffene wiederholt geäußert hatte, nicht in einem Krankenhaus, Pflegeheim etc. intensiv-medizinisch behandelt werden zu wollen, kam der BGH zu dem Ergebnis, daß bei der Abwägung zwischen dem Selbstbestimmungsrecht des Patienten und der Verpflichtung zum Lebensschutz im zugrundeliegenden Fall die Nichtbehandlung durch den Arzt zulässig gewesen war und dementsprechend kein Tötungsdelikt, hier § 216 StGB, vorliegt. Zwar hat der BGH das Vorliegen eines Unglücksfalles i.S.v. § 323c StGB bejaht, jedoch die Zumutbarkeit der Hilfeleistung im Rahmen der ärztlichen Gewissensentscheidung hinsichtlich der Beachtung des Selbstbestimmungsrechts des Patienten abgelehnt.

(2) Fall Hackethal[700]
Im sog. Fall Hackethal litt die 70jährige Betroffene seit 1977 an Krebs und mußte sich von 1978 bis 1982 aufgrund eines Gesichtsbasilioms bis zu 15 Operationen unterziehen. Sie hielt ihren Zustand für aussichtslos, war depressiv und äußerte vielfach gegenüber ihrer Hausärztin und anderen behandelnden Ärzten, daß sie nicht mehr leben wolle, weil sie starke Schmerzen habe und ihr Leben nicht mehr lebenswert sei. Der Todeswunsch der Betroffenen hatte sich 1983/84 verstärkt, nachdem diese wiederum zunächst ambulant und später stationär behandelt werden musste und mit einer Besserung des Gesundheitszustandes nicht mehr zu rechnen war. Der Zustand der Betroffenen verschlechterte sich täglich. Die behandelnden Ärzte besorgten aufgrund des Wunsches

698 BGH a.a.O. S. 371.
699 BGHSt 32, 367 - Fall Wittig.
700 OLG München JZ 1988, 201 - Fall Hackethal.

der Betroffenen eine tödlich wirkende Giftdosis und übergaben diese der Betroffenen, welche nach Einnahme des Giftes verstarb. Das OLG München hat hier eine Strafbarkeit nach § 216 StGB wegen strafloser Beihilfe zum Suizid in Form der Besorgung des Giftes verneint, weil „die eigenverantwortlich gewollte und verwirklichte Selbsttötung nicht den Tatbestand eines Tötungsdelikts" erfüllt, „so daß ohne Rücksicht auf die Lauterkeit des Motivs nicht als Anstifter oder Gehilfe bestraft werden kann, wer sich lediglich hieran beteiligt."[701] Auch das Vorliegen eines Tötungsdelikts wegen unterlassener ärztlicher Hilfsmaßnahmen nach Einnahme des Giftes durch die Betroffene hat das OLG München abgelehnt. Insbesondere wurde auch der Übergang der Tatherrschaft auf den behandelnden Arzt nach Eintritt der Bewußtlosigkeit der Betroffenen abgelehnt, weil die tatsächliche Möglichkeit der Erfolgsverhinderung nicht feststellbar war. Weiterhin hat das OLG ausgeführt, daß selbst dann, wenn man die Möglichkeit der Erfolgsver-hinderung annehmen würde, eine Strafbarkeit ausscheide, weil der Angeklagte „bei der gegebenen Situation strafrechtlich nicht verpflichtet war, den Tod der freiverantwortlich handelnden Suizidentin zu verhindern."[702] Selbst wenn von einer Garantenpflicht des Arztes auszugehen sei – so das OLG -, wäre eine Strafbarkeit abzulehnen, weil der Arzt gem. § 34 StGB gerechtfertigt oder zumindest nicht schuldhaft gehandelt habe. Hinsichtlich einer Strafbarkeit gem. § 323c StGB hat das OLG München wie schon der BGH im sog. Fall Wittig das Vorliegen eines Unglücksfalles bejaht, aber aufgrund der außergewöhnlichen Umstände - freiverantwortliches Handeln der Suizidentin bis zum Schluß, schwerste und unheilbare Erkrankung, fortgeschrittenes Krankheitsstadium mit unerträg-lichen Schmerzen, Leiden der Suizidentin unter Entstellung und „Abschluß" mit dem Leben - die Erforderlichkeit einer Hilfeleistung i.S.d. § 323c StGB abgelehnt, weil die vermeintliche Hilfe in diesem Fall „lediglich zu einer inhumanen Quälerei geführt" hätte.[703] Weiterhin sollte auch der einer Hilfeleistung entgegenstehende Wille der Suizidentin ausnahmsweise beachtlich sein.

---

701 OLG München a.a.O. S. 201.

702 OLG München a.a.O. S. 203.

703 OLG München a.a.O. S. 206.

(3) Sonstige BGH-Entscheidungen

In einer anderen Entscheidung hat der BGH[704] jedoch eine straflose Beihilfe zum Selbstmord abgelehnt, weil der „Helfende" nach Eintritt der Bewußtlosigkeit des Betroffenen, diesem zum Tode „verholfen" hatte, indem er ihm weitere tödlich wirkende Injektionen verabreichte, die der Betroffene sich infolge der Bewußtlosigkeit nicht mehr, wie beabsichtigt, selbst injizieren konnte. Der BGH hat in diesem Fall aufgrund des früher geäußerten Tötungsverlangens eine Strafbarkeit aus § 216 StGB bejaht.

Demgegenüber hat der BGH[705] einen Nichtarzt freigesprochen, der seinen Freund keiner ärztlichen Behandlung zuführte, weil dieser es so wollte und der infolge dessen verstarb. In einem anderen Fall, in dem es nicht um Sterbehilfe ging, hat hingegen der BGH[706] eine Strafbarkeit wegen Tötung durch Unterlassen der Selbstmordverhinderung bejaht.

In einer weiteren Entscheidung des BGH[707] zur Suizidbeteiligung wurde die Strafbarkeit einer fahrlässigen Mitverursachung einer Selbsttötung verneint.

Im Falle der „Selbsttötung" einer vollständig gelähmten Betroffenen hat das OLG Düsseldorf[708] die Strafbarkeit des Angeklagten, der der Betroffenen ein Gift verabreicht hatte, wegen Totschlags verneint, weil dieser den freiverantwortlichen Selbsttötungswillen der Betroffenen geachtet und sich diesem Willen untergeordnet habe. Eine Strafbarkeit gem. § 323c StGB wurde unter Hinweis auf die fehlende Zumutbarkeit der Hilfeleistung abgelehnt.

In einer neueren Entscheidung des BGH[709] wurde (zwar) eine straflose Beihilfe zur Selbsttötung bejaht, jedoch der Angeklagte wegen unerlaubter Einfuhr und Überlassung verschreibungspflichtiger Betäubungsmittel verurteilt. In diesem Fall hatte der Angeklagte Betäubungsmittel nach Deutschland eingeführt und einem unheilbar Schwerstkranken zum freien Suizid überlassen. Der BGH begründete seine Entscheidung damit, daß die Straflosigkeit einer Beihilfe zum Selbstmord keine Strafbarkeitsbeschränkung für Betäubungsmitteldelikte begründe. Der Strafausspruch des LG Berlin wurde jedoch vom BGH insoweit geändert, als lediglich eine Verwarnung mit Strafvorbehalt erfolgte, weil der

---

[704] BGH NJW 1987, 1092.

[705] BGH NStZ 1983, 117.

[706] BGH NJW 1960, 1821.

[707] BGHSt 24, 342.

[708] OLG Düsseldorf NJW 1973, 2215.

[709] BGH NJW 2001, 1802.

Angeklagte in der Absicht, einen schwer und unheilbar Kranken zum Suizid zu verhelfen, altruistisch handelte, humanes Engagement bewies und die Gefährdung Unbeteiligter relativ gering war.

cc. Übereinstimmende Auffassung in Rechtsprechung und Literatur

Insgesamt besteht aber in Rechtsprechung und Literatur zumindest im Ergebnis Einigkeit, daß die Hilfe im oder zum Sterben durch Nichtverhinderung oder Fördern bzw. Hilfeleistung bei einer Selbsttötung im Einzelfall gerade bei schwer kranken Patienten unter bestimmten Umständen straflos sein kann.
Zu beobachten ist aber bzgl. der Problematik der möglichen Strafbarkeit von Sterbe- bzw. Selbsttötungshelfern - wie teilweise schon beim Schwangerschaftsabbruch - ein sog. Sterbehilfetourismus. So sollen im Jahr 2002 allein in der Schweiz 75 Deutsche unter Mithilfe einer Züricher Sterbehilfeorganisation Suizid begangen haben. Insgesamt 940 deutsche Mitglieder soll diese Sterbehilfeorganisation haben, die „im Fall der Fälle" in der Schweiz ihrem Leben ein Ende setzen wollen.[710]

III. Regelungen/Handhabung der Sterbehilfe und insbesondere der Neugeboreneneuthanasie in der Deutschen Demokratischen Republik

In der DDR existierten zur Problematik der Sterbehilfe allgemein und damit auch zur Neugeboreneneuthanasie im Besonderen - ebenso wie in der Bundesrepublik - keinerlei verbindliche Regelungen. Insbesondere waren im Strafgesetzbuch der DDR diesbezüglich lediglich die vorsätzliche Tötung (Mord, Totschlag gem. §§ 112, 113 StGB DDR), die Verletzung der Pflicht zur Hilfeleistung (§ 119 StGB DDR) und die Verletzung der Obhutspflicht (§ 120 StGB DDR) geregelt.[711] Auch verbindliche Richtlinien sonstiger Institutionen oder berufsständischer Organisationen gab es nicht. Teilweise sollen jedoch die „Richtlinien zur Sterbehilfe" der Schweizerischen Akademie der Medizinischen Wissenschaften von 1977 auch von den Medizinern in der DDR beachtet worden sein. Rechtsprechung zur Sterbehilfe ist ebenfalls nahezu unbekannt.[712]

---

710 Badische Zeitung v. 17.03.2003, S. 3 und v. 20.8.2003, S. 4.

711 Auszug aus dem Strafgesetzbuch der DDR in der Neufassung vom 14.12.1988, in Eser/Koch, Materialien zur Sterbehilfe, S. 206.

712 Eser/Koch, Materialien zur Sterbehilfe, S. 197.

1. Aktive Sterbehilfe

Die gezielte Lebensverkürzung wurde nach der überwiegenden Auffassung in der strafrechtlichen Literatur der DDR als Tötungsdelikt behandelt. Dies selbst dann, wenn die Tötungshandlung dem ausdrücklichen Willen des Getöteten entsprach. Ein Straftatbestand im Sinne des § 216 StGB BRD „Tötung auf Verlangen“ gab es nicht,[713] ein Tötungsverlangen des Opfers konnte aber als privilegierter Tötungstatbestand, als Totschlag, berücksichtigt werden.[714]
In einem bekannt gewordenen Fall wurde dennoch ein Arzt lediglich wegen Totschlags verurteilt, obwohl er ohne ausdrückliches Verlangen des Opfers, dieses durch Medikamenteninjektion tötete, um „den Patienten von seinem Leiden zu befreien“. Der Patient hat auf etwa 80 % der Hautoberfläche Verbrennungen 2. und 3. Grades erlitten, hatte offensichtlich große Schmerzen und zeigte Anzeichen von Erstickungsangst.[715]
Als Sonderfall der aktiven Sterbehilfe wurde jedoch die sog. indirekte Sterbehilfe als zulässig angesehen.[716]

2. Passive Sterbehilfe

Umstritten war auch in der DDR die Zulässigkeit der sog. passiven Sterbehilfe. Teilweise wurden auch Maßnahmen der passiven Sterbehilfe ausnahmslos als Tötungsdelikte qualifiziert. Die Mehrheit der DDR-Autoren befürwortete jedoch die Zulässigkeit eines Behandlungsabbruchs, wenn es lediglich um eine „Sterbensverlängerung“ für eine kurze oder qualvolle Zeit ging oder die bestehende Krankheit der Wiedererlangung eines bewußten Umweltbezugs mit hoher Wahrscheinlichkeit entgegenstand.[717]

---

713 Der Straftatbestand der Tötung auf Verlangen war mit Einführung eines neuen Strafgesetzbuches im Jahr 1968 entfallen, sh. Reis, EuGRZ 1987, 277, 281.

714 Eser/Koch, Materialien zur Sterbehilfe, S. 198; Lammich, MedR 1987, 90, 92 f.; Reis, EuGRZ 1987, 277, 281.

715 Eser/Koch, Materialien zur Sterbehilfe, 209.

716 Eser/Koch, Materialien zur Sterbehilfe, S. 198 f.; Lammich, MedR 1987, 90, 92 f..

717 Eser/Koch, Materialien zur Sterbehilfe, S. 199 f.; Lammich, MedR 1987, 90, 93 f..

3. Neugeboreneneuthanasie

a. Abwägungsentscheidung

Bei der Behandlungsentscheidung über schwergeschädigte Neugeborene wurde die Auffassung vertreten, daß eine Abwägung der widerstreitenden Interessen erforderlich sei, wenn ein Überleben über eine längere Zeit unmöglich oder die Schädigung so schwer war, daß keine Möglichkeit zum Aufbau sozialer Beziehungen bestanden hätte und sich die Existenz des Kindes dementsprechend als schwerwiegende Belastung für die betroffene Familie und die Gesellschaft darstellte. Insofern wurde ein Behandlungsabbruch als zulässig angesehen, wenn die Vitalfunktionen des Neugeborenen nur mit technischen Mitteln ersetzt werden konnten und ein Überleben nur mit schweren Defektzuständen zu erwarten war. Dies galt auch, wenn eine Lebensverlängerung nur für Stunden oder Tage möglich gewesen wäre oder nicht einmal eine minimale Kommunikationsfähigkeit des Kindes zu erwarten war und dementsprechend die Realisierung des personellen Lebens ausgeschlossen erschien. Sozialökonomische oder bevölkerungspolitische Gründe sollten keine Rolle spielen.[718]

b. Entscheidungskompetenz

Hinsichtlich der Entscheidungskompetenz zur Behandlung geschädigter Neugeborener wurde überwiegend die Auffassung vertreten, daß die Entscheidung im wesentlichen dem Arzt obliege. Dadurch, daß die Eltern in eine schwere Konfliktsituation gerieten, sei es unbillig, ihnen die Entscheidung „aufzubürden". Zudem habe man auch die psychische Situation der Mutter im Wochenbett zu berücksichtigen.

Angedacht wurde auch die Möglichkeit einer Mehrheitsentscheidung im „Kollektiv der Neugeborenen-Intensivtherapiestation". Dies wurde jedoch abgelehnt, weil innerhalb des Kollektivs einer Station die Auffassungen kaum differierten und aufgrund der belastenden Aufgaben auf der Station auch Ressentiments hinsichtlich der Anwendung bzw. Durchführung aller medizinisch möglichen Maßnahmen ohne jegliche Differenzierung nach der Konstitution des Kindes und dessen Zukunftsprognosen bestünden. Bevorzugt wurde daher die Festlegung der Entscheidungskompetenz auf den erfahrensten Mediziner, der

---

718 Eser/Koch, Materialien zur Sterbehilfe, S. 202; Grauel/Heller, in Körner/Seidel/Thom, S. 94, 98 ff.; Krause/Körner/Schneider, in Körner/Seidel/Thom, S. 106, 113 ff.; Lammich, ROW 1986, 287, 295 f..

eventuell Spezialisten konsultieren und im übrigen seine Entscheidung mit den Stationsmitarbeitern abstimmen sollte.[719]

Hinsichtlich der Belastungen für die Eltern eines geschädigten Kindes wurde eine umfassende staatliche bzw. gesellschaftliche Unterstützung gefordert.[720]

IV. Spezielle Problematik der Neugeboreneneuthanasie

1. Verfassungsrechtliche Vorgaben

Auch hinsichtlich geschädigter Neugeborener wird zunächst vom Grundsatz des absoluten Lebensschutzes ausgegangen. Insofern kann also auf die Ausführungen zu den allgemeinen Sterbehilfeprinzipien und dem Ausgangspunkt des Lebensschutzes (sh. oben D II 1.) verwiesen werden. Die Neugeboreneneuthanasie wird dementsprechend zwar nicht durch verfassungsrechtliche Regelungen legitimiert, aber auch nicht grundsätzlich verboten. Die Tötung oder das Sterbenlassen eines Neugeborenen ist somit zunächst ebenfalls ein Angriff auf das Leben ebenso wie die Tötung/das Sterbenlassen eines Erwachsenen.

Insbesondere enthält auch die verfassungsrechtliche Literatur keine einheitliche Auffassung zur verfassungsrechtlichen Beurteilung dieser Problematik. Teilweise[721] werden hinsichtlich der Neugeboreneneuthanasie lediglich die Schwierigkeit der Problematik und die Begrenztheit des Rechts konstatiert. Nach anderer Auffassung[722] muß ein Angriff auf das Leben von Neugeborenen grundsätzlich strafrechtlich geahndet werden, es sei denn, daß nach dem Urteil mehrerer Ärzte eine Überlebenschance des Neugeborenen mit absoluter Sicherheit ausgeschlossen werden kann. Gerade bei den Fällen der geschädigten Neugeborenen bestehe demnach die Gefahr, daß zwischen lebenswerten und nicht lebenswerten Leben, insbesondere im Hinblick auf spätere Kosten und Unbequemlichkeiten, unterschieden werde. Dies widerspreche jedoch der verfas-

---

719 Grauel/Heller, in Körner/Seidel/Thom, S. 94, 101 ff.; Krause/Körner/Seidel, in Körner/Seidel/Thom, S. 105, 113, 115.

720 Grauel/Heller, in Körner/Seidel/Thom, S. 94, 101 ff.; Krause/Körner/Seidel, in Körner/Seidel/Thom, S. 105, 113, 115.

721 Dreier, GG, 1996, Bd. I, Art. 1 Abs. 1 Rz. 93.

722 V. Mangoldt/Klein/Starck-Starck, GG, 4. Aufl., Bd. 1, Art. 2 Abs. 2 Rz. 198.

sungsrechtlichen Wertung des Lebensschutzes durch das Grundgesetz. Insbesondere soll auch die oft als Rechtfertigung herangezogene Überlegung, daß nur die Errungenschaften des medizinischen Fortschritts die Lebenserhaltung von Neugeborenen ermögliche, was bis dato (technisch noch) nicht möglich war, kein Argument dafür sein, die durch den Fortschritt zur Verfügung stehenden Mittel und Kenntnisse nicht zu nutzen. Eine weitergehende Auffassung[723] stellt wie schon bei der Problematik der allgemeinen Sterbehilfe darauf ab, daß der Lebensschutz keine absolute Priorität habe, sondern vielmehr alle beteiligten Rechtsgüter und legitimen Interessen abzuwägen wären. Gleichzeitig wird aber festgestellt, daß dies insbesondere bei der Früheuthanasie zu schwierigen Wertungsproblemen führen könne. Auch sei bei der Früheuthanasie die Problematik von der allgemeinen Sterbehilfe-problematik insofern zu unterscheiden, als die medizinischen Maßnahmen nicht das Leben künstlich verlängerten, sondern bereits zur Hilfe ins Leben notwendig seien. Dementsprechend sei zunächst von einer grundsätzlichen Hilfspflicht für das Neugeborene auszugehen. Nur bei absoluter Lebensunfähigkeit und in den Fällen, bei denen mit einer Wahrnehmungs- oder Kommunikationsfähigkeit nicht gerechnet werden könne, sollen Ausnahmen zulässig sein. Letztlich wird die Entscheidungskompetenz beim Gesetzgeber gesehen, wobei aufgrund des Lebensschutzes ein durch den Gesetzgeber vorgegebenes Verfahren so ausge-staltet sein soll, daß die für die Entscheidung zu treffenden Feststellungen objektiviert werden.

2. Gesetzliche oder sonstige Regelungen der Neugeboreneneuthanasie

Ebensowenig wie für die allgemeine Sterbehilfe keine spezial- oder einfachgesetzlichen Regelungen existieren, gibt es auch für die Neugeboreneneuthanasie keine speziellen gesetzlichen Normen. Insofern bleibt es also bei den strafrechtlichen Regelungen der §§ 211, 212 StGB als Maßstab.
Jedoch wurden von verschiedenen Gremien und medizinischen Gesellschaften bzw. Verbänden zur Behandlung geschädigter Neugeborener Richtlinien entworfen bzw. Empfehlungen gegeben.

---

723 Isensee/Kirchhof, Bd. VI Freiheitsrechte, § 218 Rz. 47, 50.

a. Sog. Einbecker Empfehlungen 1986[724]

Zunächst wurden im Rahmen eines Expertengesprächs im Juni 1986 (1. Einbecker Expertengespräch) Empfehlungen durch die Deutsche Gesellschaft für Medizinrecht (DGMR) zu den „Grenzen der ärztlichen Behandlungspflicht bei schwerstgeschädigten Neugeborenen" entworfen.

Hierin wurde zunächst der Wert des menschlichen Lebens unabhängig von sozialer Wertigkeit, körperlichem Zustand oder geistiger Verfassung als höchstrangig herausgestellt mit der Folge, daß die Lebenserhaltung vorrangige ärztliche Aufgabe und der Staat zum Lebensschutz verpflichtet sei. Die gezielte Lebensverkürzung eines Neugeborenen durch aktive Maßnahmen wurde als Verstoß gegen die Rechts- und ärztliche Berufsordnung angesehen. Der Arzt sollte jedoch nicht in jedem Fall zur Ausschöpfung sämtlicher Behandlungsmöglichkeiten verpflichtet sein, weil die Behandlungspflicht auch durch human-ethische Kriterien und durch den Heilauftrag des Arztes begrenzt werden könne. Die Behandlungspflicht sollte danach (V. der Empfehlungen) entfallen, wenn:

1. das Leben dadurch nicht auf Dauer erhalten werden kann, sondern nur der sichere Tod hinausgezögert wird,
z.B. bei schwerem Dysraphie-Syndrom,[725] inoperablen Herzfehler;
2. es trotz der Behandlung ausgeschlossen ist, daß das Neugeborene jemals die Fähigkeit zur Kommunikation mit der Umwelt erlangt,
z.B. schwere Mikrozephalie,[726] schwerste Hirnschädigungen;
3. die Vitalfunktionen des Neugeborenen auf Dauer nur durch intensivmedizinische Maßnahmen aufrechterhalten werden können,
z.B. bei Ventilationsstörungen[727] ohne Heilungsaussicht, Nierenfunktionsstörungen ohne Heilungsaussicht.

Insbesondere sollte für den Arzt auch dann ein Beurteilungsspielraum bestehen, wenn eine Behandlung dem Neugeborenen nur ein Leben mit schwersten, nicht

---

724 Grenzen der ärztlichen Behandlungspflicht bei schwerstgeschädigten Neugeborenen, sog. Einbecker Empfehlungen 1986, MedR 1986, 281.

725 Roche, Lexikon Medizin: allgemein vielfältige Mißbildungen ... allgemein als Wirbelsäulenmißbildungen mit mehr oder minder ausgeprägten Teilmißbildungen des Rückenmarks ... kombiniert mit weiteren Skelettmißbildungen ... .

726 Roche, Lexikon Medizin: abnorme Kleinheit des Kopfes infolge primärer Fehlentwicklungen des Gehirns und vorzeitigen Schlußes des Schädelnähte.

727 Roche, Lexikon Medizin: gesteigerte oder verminderte Lungenventilation.

behebbaren Schäden wie zum Beispiel bei schwersten Hirnschädigungen ermöglichen würde, wenn die Behandlungspflicht nicht schon nach V. der Empfehlungen entfallen war. Der Arzt sollte sich hierbei an der Behandlungspflicht Erwachsener mit vergleichbaren Schädigungen orientieren. Gleiches sollte dann gelten, wenn multiple Schäden vorliegen, die in ihrer Summe ebenso schwer wiegen. Eine abschließende Auflistung sämtlicher Fallgestaltungen war nach Ansicht der Experten nicht möglich. Allein die Existenz einer Schädigung, die nicht den genannten Schweregraden entspricht, wie zum Beispiel caudale Dysplasie[728] oder Mongolismus[729] sollten keinen Behandlungsabbruch rechtfertigen können. Die Eltern/Sorgeberechtigten sollten in die Überlegungen des Arztes miteinbezogen werden, ansonsten sollten sich ihre Rechte und Pflichten nach den gesetzlichen Regelungen richten.

b. Sog. Einbecker Empfehlungen, revidierte Fassung, 1992[730]

Anfang der 90iger Jahre war eine geänderte Fassung der Einbecker Empfehlungen aufgrund der fortgeschrittenen Diskussionen und aus Anlaß von Unstimmigkeiten hinsichtlich der Einbecker Empfehlungen von 1986 notwendig geworden. Die Revision der Empfehlungen wurde von Arbeitsgruppen der Akademie für Ethik in der Medizin, der Deutschen Gesellschaft für Kinderheilkunde und der Deutschen Gesellschaft für Medizinrecht erarbeitet.

In einer Präambel wurde zunächst bestimmt, daß die Empfehlungen als Orientierungshilfe bei der Entscheidungsfindung und der Beratung für eine vom jeweiligen Arzt zu verantwortenden Behandlungssituation zu verstehen seien. An der Festschreibung des Ranges des Lebensschutzes wurde festgehalten, ebenso an der Unzulässigkeit aktiver Eingriffe in das Leben eines Neugeborenen.

Auch die Begrenzung der Behandlungspflicht durch ethische Kriterien und den Heilauftrag des Arztes wurde beibehalten, wobei die Fälle des Wegfalls der Behandlungspflicht im Vergleich zu den Empfehlungen von 1986 allgemeiner formuliert wurden. Eine Behandlung soll demnach (V. der Empfehlungen) nicht geboten sein, wenn

---

728 Roche, Lexikon Medizin: Fehlbildung des Skeletts in Folge gestörter formaler Gewebs- und Organentwicklung.

729 Roche, Lexikon Medizin: Down-Syndrom - geistige Behinderung unterschiedlichen Ausmaßes und eine Reihe körperlicher Merkmale.

730 Grenzen ärztlicher Behandlungspflicht bei schwerstgeschädigten Neugeborenen, sog. Einbecker Empfehlungen, revidierte Fassung, 1992, MedR 1992, 206.

... nach dem aktuellen Stand der medizinischen Erfahrungen und menschlichem Ermessen das Leben des Neugeborenen nicht auf Dauer erhalten werden kann, sondern ein in Kürze zu erwartender Tod nur hinausgezögert wird.

Weiterhin soll dem Arzt aufgrund begrenzter Prognosesicherheit ein Beurteilungsspielraum zustehen, insbesondere wenn dem Neugeborenen nur ein Leben mit äußerst schweren Schäden ermöglicht würde, für die keine Besserungsmöglichkeit besteht. Zudem soll der Arzt im Rahmen seines ethischen Auftrags prüfen, ob nicht die Belastung durch die Behandlung die zu erwartende Hilfe übersteigt und damit der Sinn der Behandlung ins Gegenteil verkehrt wird. Auch sollte in Erweiterung der Empfehlungen von 1986 in Bezug auf die Eltern und Sorgeberechtigten Einvernehmen mit allen Betroffenen angestrebt werden.

c. Alternativentwurf eines Gesetzes über Sterbehilfe (AE-Entwurf)

Auch in dem aus dem Jahre 1986 stammenden alternativen Gesetzesentwurf zur (allgemeinen) Sterbehilfe war eine Regelung für die Behandlung geschädigter Neugeborener enthalten. Gem. § 214 Abs. 1 Nr. 2 des Entwurfs (Abbruch oder Unterlassung lebenserhaltender Maßnahmen) soll ein Behandlungsabbruch nicht rechtswidrig sein, wenn

der Betroffene nach ärztlicher Erkenntnis das Bewußtsein unwiederbringlich verloren hat oder im Fall eines schwerstgeschädigten Neugeborenen niemals erlangen wird oder ...

d. Richtlinien der Bundesärztekammer von 1998[731]

In den Grundsätzen der Bundesärztekammer zur ärztlichen Sterbebegleitung sind ebenfalls Anregungen zur Behandlung geschädigter Neugeborener enthalten. Unter „II. Verhalten bei Patienten mit infauster Prognose“ wird in den Absätzen 2 und 3 wie folgt ausgeführt:

Bei Neugeborenen mit schwersten Fehlbildungen oder schweren Stoffwechselstörungen, bei denen keine Aussicht auf Heilung oder Besserung besteht, kann nach hinreichender Diagnostik und im Einvernehmen mit den Eltern eine lebenserhaltende Behandlung, die ausgefallene oder ungenügende Vitalfunk-

731 BÄK, Grundsätze der Bundesärztekammer zur ärztlichen Sterbebegleitung, BtPrax 6/98, 227.

tionen ersetzt, unterlassen oder nicht weitergeführt werden. Gleiches gilt für extrem unreife Kinder, deren unausweichliches Sterben abzusehen ist und für Neugeborene, die schwerste Störungen des Gehirns erlitten haben. Eine weniger schwere Schädigung ist kein Grund zur Vorenthaltung oder zum Abbruch lebenserhaltender Maßnahmen, auch dann nicht, wenn Eltern dies fordern. Ein offensichtlicher Sterbevorgang soll nicht durch lebenserhaltende Therapie künstlich in die Länge gezogen werden.
Alle diesbezüglichen Entscheidungen müssen individuell erarbeitet werden. Wie bei Erwachsenen gibt es keine Ausnahmen von der Pflicht zu leidensmindernder Behandlung, auch nicht bei unreifen Frühgeborenen.

Die Bundesärztekammer befürwortet somit den Behandlungsabbruch bzw. -verzicht bei Neugeborenen, wenn der Sterbevorgang bereits eingesetzt hat. Bei der Frage der Behandlung vor Einsetzen des Sterbevorgangs soll dies nur unter bestimmten Voraussetzungen (infauste Prognose, hinreichende Diagnostik und Einvernehmen mit den Eltern) und nur bei schwersten Fehlbildungen möglich sein. Die Leidensminderungspflicht soll ausnahmslos bestehen.

Im Entwurf der Richtlinie von 1997[732] war zwar noch die folgende Formulierung enthalten:

Bei Neugeborenen mit schwersten kogenitalen Fehlbildungen, die nur dank des fortdauernden Einsatzes außergewöhnlicher technischer Hilfsmittel am Leben gehalten werden können, darf nach Rücksprache mit den Eltern von der erstmaligen oder anhaltenden Anwendung solcher Hilfsmittel abgesehen werden.
Aufgrund der fehlenden Konkretisierung der unbestimmten Begriffe der außergewöhnlichen technischen Hilfsmittel, des Zeitumfangs für „fortdauernd" und der schwersten Fehlbildungen wurde diese Formulierung wohl nicht in die Richtlinie von 1998 übernommen bzw. in die oben dargestellte Form abgeändert.[733]

---

732 Entwurf einer Richtlinie der Bundesärztekammer zur ärztlichen Sterbebegleitung und den Grenzen zumutbarer Behandlung, http://uni-rostock.de/fakult/medfak/remed/sterb bgl.htm.

733 Tolmein, MedR 1997, 534, 537 f..

3. Anwendbarkeit der allgemeinen Sterbehilfeprinzipien auf die Behandlung schwerstgeschädigter Neugeborener

Mangels spezieller gesetzlicher Regelungen und infolge der rechtlichen Unverbindlichkeit medizinischer Leitsätze und Richtlinien könnten die allgemeinen Sterbehilfeprinzipien entsprechend auch auf die Problematik der Neugeboreneneuthanasie angewendet werden bzw. anzuwenden sein. Fraglich ist, inwieweit dies überhaupt möglich und sinnvoll ist.

Die überwiegende Auffassung in der strafrechtlichen Literatur geht davon aus, daß die allgemeinen Prinzipien der erlaubten Sterbehilfe grundsätzlich auch für die Problematik der Neugeboreneneuthanasie gelten, die besonderen Probleme dieser Fälle jedoch gerade nicht mit den allgemeinen Prinzipien gelöst werden können.[734]

a. Aktive Sterbehilfe

Soweit die aktive Sterbehilfe beim Erwachsenen von der herrschenden Auffassung als unzulässig angesehen wird, soll dies auch für Neugeborene gelten. Es bestehe auch kein Unterschied zwischen Erwachsenem und Neugeborenem, der hier eine andere Schlußfolgerung für die Neugeboreneneuthanasie rechtfertigen könne. Aktive Sterbehilfe wird demnach also auch bei geschädigten Neugeborenen überwiegend als unzulässig angesehen.[735]

b. Indirekte Sterbehilfe

Die indirekte Sterbehilfe ist als Unterfall der aktiven Sterbehilfe zulässig, wenn die Maßnahme auf Leidensminderung gerichtet und die Lebensverkürzung lediglich unbeabsichtigte Nebenfolge ist. Liegen diese Voraussetzungen vor, so soll die indirekte Sterbehilfe auch bei Neugeborenen zulässig sein.[736]

---

734 Lackner/Kühl-Kühl, StGB, 24. Aufl., Vor § 211 Rz. 5; LK-Jähnke, StGB, 11. Aufl., Vor § 211 Rz. 20d; Nomos-Neumann, StGB, Loseblattsammlung, Vor § 211 Rz. 124; Tröndle/Fischer, StGB, 51. Aufl., Vor § 211 Rz. 25.

735 Eser, FS Narr, S. 47, 55; Kaufmann, JZ 1982, 481, 483; Laber, MedR 1990, 182, 184; LK-Jähnke, StGB, 11. Aufl., Vor § 211 Rz. 20d; Münchener Kom.-Schneider, StGB, 2003, Vor §§ 211 ff. Rz. 131; SK-Horn, StGB, Loseblattsammlung, § 212 Rz. 26d – a.A. Merkel, S. 578 ff. (im Einzelnen sh. unten D V 10 a ee.).

736 Eser, FS Narr, S. 47, 55; Holschneider, ArztR 1998, 97, 100; Lackner/Kühl-Kühl, StGB, 24. Aufl., Vor § 211 Rz. 5; LK-Jähnke, StGB, 11. Aufl., Vor § 211 Rz. 20d; Tröndle/Fischer, StGB, 51. Aufl., Vor § 211 Rz. 25 - nach Kaufmann, JZ 1982, 481, 483 und Laber, MedR 1990, 182, 184 soll jedoch die indirekte Sterbehilfe im Rahmen der Früheuthanasie in der Praxis kaum eine Rolle spielen.

c. Passive Sterbehilfe

Hinsichtlich der passiven Sterbehilfe ist wiederumg zwischen einverständlichem und einseitigem Behandlungsabbruch zu differenzieren.

aa. Einverständlicher Behandlungsabbruch

Von vornherein problematisch ist bei Neugeborenen ein einverständlicher Behandlungsabbruch, weil diese entweder schon nicht in der Lage sind, einen Behandlungs- oder Nichtbehandlungswillen zu bilden oder zumindest nicht in der Lage sind, ihren Willen zu artikulieren. Es handelt sich also im Vergleich zur Sterbehilfe beim Erwachsenen um einen sog. Einwilligungsunfähigen.
Dadurch, daß das Neugeborene auch von Anfang an nicht fähig ist, seinen Willen zu äußern, kann auch kein mutmaßlicher Wille herangezogen werden.[737] Fraglich ist daher, ob und inwieweit der Wille der Eltern oder sonstiger Personen maßgeblich sein kann. Soweit jedoch diese Personen eine Entscheidung treffen, kann dies aufgrund der Höchstpersönlichkeit des betroffenen Rechtsguts „Leben“ von vornherein nur eine Fremdbestimmung sein.[738]
Nach Hanack[739] ist jedoch das Motiv des ärztlichen Handelns und dementsprechend die das Handeln bestimmende Indikation maßgeblich für die Zulässigkeit des einverständlichen Behandlungsabbruchs oder -verzichts. Daher liege bei gleicher Motivation und Indikation der Behandlung bzw. Nichtbehandlung statt der „Vernichtung lebensunwerten Lebens“ zulässige Sterbehilfe vor, wenn dem Patienten die Einsichtsfähigkeit fehle. Es gehe allein um die ärztliche Abwägung bei „verlöschendem Leben“, die gerade bei Neugeborenen zu keinem anderen Ergebnis als bei einem Erwachsenen führen dürfe.

Ein einverständlicher Behandlungsabbruch im Sinne der allgemeinen Sterbehilfeprinzipien ist also nach überwiegender Ansicht bei einem Neugeborenen in keinem Fall möglich. Die allgemeinen Grundsätze zum einverständlichen Be-

---

737 Eser, FS Narr, S. 47, 53 f., 57; LK-Jähnke, StGB, 11. Aufl., Vor § 211 Rz. 20d; Münchener Kom.-Schneider, StGB, 2003, Vor §§ 211 ff. Rz. 131; Tolmein, MedR 1997, 534, 536 - nach Lachwitz, BtPrax 1998, 208 f., hat das Neugeborene einen natürlichen Willen, der beim Schreien, der Nahrungsaufnahme oder beim Atmen als „natürlicher Lebenswille“ ernst zu nehmen sei und nicht durch die Konstruktion eines mutmaßlichen Willens ignoriert werden dürfe.

738 Eser, FS Narr, S. 47, 57; Holschneider, ArztR 1998, 91, 100; Münchener Kom.-Schneider, StGB, 2003, Vor §§ 211 ff. Rz. 131; Saati, S. 92 f..

739 Hanack, MedR 1985, 33, 36.

handlungsabbruch oder -verzicht stellen somit für die Fälle der Neugeboreneneuthanasie keinen Lösungsansatz dar.

bb. Einseitiger Behandlungsabbruch

Dementsprechend wird also der sog. einseitige Behandlungsabbruch um so wichtiger, der jedoch bereits bei der allgemeinen Sterbehilfeproblematik nicht unumstritten ist bzw. keinen einheitlichen Kriterien unterliegt.

Insofern müßte also zumindest die Schädigung eines Neugeborenen mit den Ausfallerscheinungen des moribunden Erwachsenen oder des Erwachsenen mit infauster Prognose (irreversibler Bewußtseinsverlust sowie Verlust jeglicher Reaktions- und Kommunikationsfähigkeit) verglichen werden, soweit in diesen Fällen unter bestimmten Umständen passive Sterbehilfe zulässig sein kann.

Bei welcher Art von Schäden des Neugeborenen eine Vergleichbarkeit mit den Fällen des zulässigen einseitigen Behandlungsabbruchs beim Erwachsenen vorliegt bzw. allgemein die Früheuthanasie zulässig sein soll, ist jedoch eine nicht nur medizinisch und juristisch schwierige Problematik, deren Handhabung größtenteils ungeklärt[740] oder umstritten[741] ist.

Insbesondere die Fälle der Neugeborenen, die sich nicht in unmittelbarer Todesnähe befinden und deren Lebenszeit, unter Umständen mit schweren Schäden und Schmerzen, beschränkt ist, können durch die allgemeinen Prinzipien nicht hinreichend erfaßt werden; sh. auch die oben unter D I 2., Medienwirksame Beispiele der Neugeboreneneuthanasie in der Praxis, aufgeführten Fälle.

Die Anwendung der Grundsätze zum einseitigen Behandlungsabbruch ist somit ebenfalls nicht problemlos bzw. alle Fallgruppen der Problematik erfaßend möglich.

---

740 LK-Jähnke, StGB,11. Aufl., Vor § 211 Rz. 20d; Nomos-Neumann, StGB, Loseblattsammlung, Vor § 211 Rz. 124; Tröndle/Fischer, StGB, 51. Aufl., Vor § 211 Rz. 25.

741 Laber, MedR 1990, 182, 186 ff.; Schönke/Schröder-Eser, StGB, 26. Aufl., Vorbem §§ 211 ff. Rz. 32a will die Anforderungen an die Lebenserhaltungspflicht des Kindes an der Übernahme der Verantwortung für das geschädigte Kind durch die Gesellschaft messen; LK-Jähnke, StGB, 11. Aufl., Vor § 211 Rz. 20d geht zunächst von der Gleichwertigkeit allen Lebens aus und will einen Behandlungsverzicht nur dann zulassen, wenn eine Existenz des Kindes auf der Intensivstation allein unter Anwendung einer Apparatemedizin möglich oder die Erlangung der Kommunikationsfähigkeit beim Kind ausgeschlossen ist; Nomos-Neumann, StGB, Loseblattsammlung, Vor § 211 Rz. 124 will die „kreatürlichen Lebensinteressen" des Kindes den Schmerzen und Behinderungen gegenüberstellen.

Zu den Einzelheiten der verschiedenen Auffassungen hinsichtlich der Voraussetzungen einer zulässigen Neugeboreneneuthanasie sh. unten V. Lösungsansätze für die Behandlung geschädigter Neugeborener.

Insgesamt ist also festzustellen, daß die allgemeinen Sterbehilfeprinzipien gerade für die problematischen Fälle der Neugeboreneneuthanasie keine befriedigenden Lösungsmöglichkeiten bieten. Insbesondere konnten auch die Grundsätze der Suizidbeteiligung sowie die Beachtlichkeit von Patientenverfügungen mangels eigenständigem Willen bzw. dessen Artikulierung bei Neugeborenen von vornherein keine Lösungsansätze bieten.

4. Erforderlichkeit erweiterter Sterbehilfeprinzipien für schwerstgeschädigte Neugeborene

Aufgrund der unzureichenden Übertragbarkeit der allgemeinen Sterbehilfeprinzipien auf die maßgeblichen Fälle der Neugeboreneneuthanasie stellt sich die Frage, ob die allgemeinen Prinzipien zu erweitern sind oder ob diese eine abschließende Begrenzung der Sterbehilfe oder Lebenserhaltungspflicht darstellen.

a. Argumente gegen eine Erweiterung

Gegen eine Erweiterung der Sterbehilfeprinzipien für schwerstgeschädigte Neugeborene spricht wohl primär die „Vernichtung lebensunwerten Lebens" während der NS-Zeit in Deutschland von 1933 bis 1945, in der körperlich und geistig geschädigte Menschen im Rahmen der sog. deutschen Rassenhygiene getötet wurden.[742]

Weiterhin soll auch der Schritt zur Selektion von Neugeborenen mit weniger gravierenden Schädigungen nicht mehr weit sein, um nur noch leistungsstarken und den gesellschaftlichen Anforderungen entsprechenden Kindern eine Lebensberechtigung zuzusprechen. Insofern besteht wohl durchaus die Gefahr sog. „gesellschaftsnützlicher Eugenik". Zu leicht könnten durch die erweiterte Zulässigkeit eines Behandlungsabbruchs bzw. -verzichts Missbrauchsmöglichkeiten bzw. Raum für fragwürdige Entscheidungen eröffnet werden.[743] Zudem bestehen Bedenken, inwieweit einer Gesellschaft, „die sich allen möglichen Luxus leistet", ein „moralisches Recht" zustehen kann, „sich dieser Menschen zu entledigen - und dies möglichst schon bei ihrer Geburt -, nur weil deren Pflege Geld und Opferbereitschaft erfordern".[744] (Weitere, insbesondere ethisch-

---

742 Sh. oben B V. Drittes Reich.

743 Eser, FS Narr, S. 47, 62.

744 Kaufmann, JZ 1982, 481, 484 f..

philosophische, Argumentationen gegen die erweiterte Zulässigkeit der „Neugeboreneneuthanasie" sollen in Anbetracht des Umfangs und des Fachbereichs dieser Dissertation nicht erörtert werden.[745])

b. Argumente für eine Erweiterung

Demgegenüber bedarf aber das - gerade erörterte - Problem der fehlenden Rechtsgrundsätze für die Behandlung schwerstgeschädigter Neugeborener infolge der nicht ausreichenden allgemeinen Sterbehilfeprinzipien in der Praxis einer Lösung. Insbesondere soll der Unterschied zwischen der allgemeinen Sterbehilfe als Hilfe für den Moribunden zu einem „sanften" Tod und der Neugeboreneneuthanasie, bei der gerade auch die Belastungen für die Familie und die Gesellschaft verhindert werden, besondere Maßstäbe für die spezielle Problematik der Neugeboreneneuthanasie erforderlich machen.[746]

Weiterhin ist zu bedenken, daß gerade durch fehlende Grundsätze bzw. gesetzliche Regelungen Mißbräuche möglich sind, sofern man bereits heute von einer weit verbreiteten Praxis ausgeht, in der geschädigte Neugeborene ohne Kenntnis der Öffentlichkeit bzw. verantwortlicher Institutionen nicht behandelt werden.[747] Insofern würden verbindliche Regelungen dem Schritt zur fragwürdigen „Kindesauslese" vorbeugen können.

Zudem dürfen auch die Greueltaten der NS-Zeit nicht zu einer Tabuisierung der Problematik führen, insofern hier ein drängendes gesellschaftspolitisches Problem besteht, welches einer Lösung bedarf.[748] Die Eltern und behandelnden Ärzte stehen nämlich nicht nur vor einer schweren persönlichen bzw. moralischen Entscheidung, sondern auch vor dem Problem, von der Gesellschaft nicht unterstützt zu werden. Hinzu kommt, daß sich die Betroffenen teilweise in einem „rechtsfreien Raum" bewegen und so die Gefahr besteht, strafrechtlich belangt zu werden oder zumindest einem staatsanwaltlichem/polizeilichem Ermittlungsverfahren ausgesetzt zu sein. Auch der Verweis auf die Rechtsprechung dürfte auf Dauer keine adäquate Lösung sein, soweit das Strafrecht

---

745 Sh. hierzu die ausführlichen Darstellungen bei Merkel, Viertes Kapitel S. 389 ff.; Zimmermann, §§ 9 ff. S. 203 ff..

746 Stellungnahme des Vorstandes der Bundesvereinigung Lebenshilfe für geistig Behinderte e.V., S. 4; nach Eser, FS Narr, S. 47, 62, sollen jedoch insbesondere die tiefgreifenden Bedenken für das Lebensverständnis der Gesellschaft bedacht werden.

747 Kaufmann, JZ 1982, 481; Laber, MedR 1990, 182; Lemburg, in Hohenhauer, S. 3; Merkel, JZ 1996, 1145 f..

748 Kaufmann, JZ 1982, 481 f..

als handlungsleitendes Recht dem Bürger als Orientierung dienen soll. Den betroffenen Eltern und Ärzten ist es daher nicht zuzumuten, sich mit der teilweise widersprüchlichen und insgesamt nicht einheitlichen Rechtsprechung oder gar mit der juristischen Literatur auseinanderzusetzen.[749]
Zwar kann gerade das Strafrecht mit seinem imperativen Charakter nicht als „Allheilmittel" für diese Probleme angesehen werden; aber angesichts der bestehenden Rechtsunsicherheit erscheint eine gesetzgeberische Reform oder richterliche Rechtsfortbildung geradezu erforderlich, wobei speziell im Rahmen einer gesetzgeberischen Reform die gesamte Problematik ärztlicher Heilbehandlungen bzw. des Medizinrechts mitgeregelt werden könnten.
Insbesondere existieren auch keine allgemeinen Grundsätze der Rechtsprechung zur strafrechtlichen Beurteilung der Fälle von Neugeboreneneuthanasie, wie unter D I., Zur Aktualität der Problematik, aufgezeigt,. Die strafrechtliche Literatur hat jedoch verschiedene Vorschläge und Kriterien entwickelt, in welcher Situation die Lebenserhaltungspflicht bei geschädigten Neugeborenen eingeschränkt sein kann.[750]

Wie eine gesetzliche Regelung aussehen könnte bzw. welche Kriterien die strafrechtliche Literatur als maßgeblich erachtet und die gegebenenfalls bis zum Erlaß einer gesetzlichen Regelung auch von der Rechtsprechung herangezogen werden könnten, sollen im weiteren näher erörtert werden.

5. Zusammenfassung und Anmerkungen

Betrachtet man Umfang und Ausmaß der Diskussionen und die Anzahl der Gerichtsentscheidungen wird offensichtlich, daß die spezielle Problematik der Neugeboreneneuthanasie bisher im Vergleich zur allgemeinen Sterbehilfeproblematik verhältnismäßig wenig Beachtung gefunden hat. Auch die Diskussion zur speziellen Problematik der Schwangerschaftsabbrüche wegen embryopathischer Indikation erscheint demgegenüber umfangreicher.
Dementsprechend ist auch ein einheitliches Konzept bzw. eine in Grundsätzen übereinstimmende Auffassung zur Problematik der Neugeboreneneuthanasie, an

[749] Eser, JZ 1986, 786, 794.

[750] Hanack, MedR 1985, 33, 36 ff.; Hennies, ArztR 1998, 102, der jedoch die allgemeinen Behandlungsgrundsätze unter Beachtung der Besonderheit der Minderjährigkeit anwenden will; Jähnke, S. 99, 105; v. Loewenich, MedR 1985, 30 ff.; Ulsenheimer, MedR 1994, 425, 427 ff..

der sich die Betroffenen (Eltern, Ärzte, Juristen etc.) orientieren könnten, bisher nur schwer erkennbar. Jedoch scheint die Problematik, insbesondere aufgrund der aktuellen Ereignisse und Diskussionen immer mehr Interesse auf sich zu ziehen und einen breiteren Raum in den Debatten einzunehmen.
Dies ist m.E. auch erforderlich, weil allein die Betrachtung der allgemeinen Sterbehilfeprinzipien keine ausreichenden und der speziellen Problematik der Neugeboreneneuthanasie gerecht werdenden Lösungen bietet. Insofern kann auch nicht den Auffassungen, die eine Erweiterung der allgemeinen Sterbehilfegrundsätze für Neugeborene ablehnen, gefolgt werden, weil eben die Konfliktsituationen mit schwerst geschädigten Neugeborenen immer wieder auftreten und in Anbetracht der medizinischen und diagnostischen Möglichkeiten und Fortschritte auch weiterhin auftreten werden, einer Lösung bedürfen.

V. Lösungsansätze für die Behandlung geschädigter Neugeborener

Im Rahmen der - im Vergleich zu anderen Rechtsproblemen - noch überschaubaren Literatur zur Neugeboreneneuthanasie bzw. zur Lösung der Neugeborenenproblematik werden verschiedene Ansätze vertreten. Ein grundlegender Konsens für ein konkretes Konzept mit einheitlichen Kriterien bzw. für einen Regelungsvorschlag ist jedoch (noch) nicht zu verzeichnen.

1. Faktische Unmöglichkeit

Als relativ unproblematisch werden in der Literatur die Fälle angesehen, in denen eine Lebenserhaltung bzw. -verlängerung nicht möglich ist. Soweit die personellen Voraussetzungen nicht vorliegen und/oder keine apparativen Möglichkeiten zur Lebenserhaltung existieren, kann mangels tatsächlicher Möglichkeiten bzw. situativer Gegebenheiten keine Behandlungspflicht bestehen.[751] Besteht ein Versorgungsengpaß, d.h. die vorhandenen personellen und/oder technischen Möglichkeiten reichen nicht für mehrere, die Möglichkeiten gleichzeitig benötigende Patienten, so soll dem behandelnden Arzt ein Auswahlermessen zustehen. Werden die medizinischen Maßnahmen nicht gleichzeitig von den Patienten benötigt, soll auch hier der Prioritätsgrundsatz gelten. Eine einmal begonnene Behandlung darf demnach nicht wegen dem späteren Hinzutreten

[751] Eser, FS Narr, S. 47, 57 f.; Everschor, S. 238 f.; Hanack, MedR 1985, 33, 36; Kaufmann, JZ 1982, 481, 485; Laber, MedR 1990, 182, 186; Ulsenheimer, MedR 1994, 425, 427.

eines weiteren Patienten (mit besseren Überlebenschancen oder weniger schweren Schädigungen) abgebrochen werden.[752]

Gemeint sind hier jedoch ausdrücklich nicht die Fälle, bei denen zwar das Grundleiden/die Schädigung nicht behoben, jedoch der Todeszeitpunkt hinausgeschoben werden kann. Derartige Fälle, bei denen insbesondere die Lebensverlängerung mit entsprechenden technischen Geräten möglich ist, werden unter der Frage der normativen Zumutbarkeit erörtert. [753] Nach Hanack besteht jedoch auch dann, wenn lediglich unter Zuhilfenahme der technischen Intensiv-Medizin, der Eintritt des Todes verzögert werden kann, keine Pflicht, „die äußersten Mittel der Medizin einzusetzen, also einen „Kampf bis zum letzten Atemzug" zu führen".[754] Hanack geht nämlich bei dieser Fallkonstellation davon aus, daß eine Lebensfähigkeit des Neugeborenen nicht oder nicht mehr gegeben ist. Auch für Jähnke[755] ist das Kriterium der Lebensfähigkeit maßgeblich für die Frage einer Behandlungspflicht. Nach seiner Auffassung besteht ebenfalls bei „einem im Gang befindlichen Sterbevorgang", der nicht mehr aufgehalten werden kann, keine Pflicht dies zu versuchen bzw. das Grundleiden zu behandeln. Jähnke geht sogar so weit, eine biologisch selbständige Existenz des Neugeborenen zu fordern. Nach seiner Ansicht endet nämlich die Behandlungspflicht des Arztes, wenn die medizinische Technik ohne absehbare zeitliche Begrenzung Lebenserhaltungsfunktionen übernimmt.

Als Unterfall der faktischen Unmöglichkeit werden die Fälle einer medizinischen Indikation angesehen, soweit das Neugeborene die ärztliche Behandlung/Operation nicht überleben, die Behandlung keine Besserung der Beschwerden bringen würde oder schwerwiegendere Beeinträchtigungen, als bereits durch die vorliegende Behinderung bestehen, verursacht würden. Dies soll auch dann gelten, wenn keine medizinischen Standardmaßnahmen bzw. durch die ärztliche Wissenschaft anerkannten Behandlungsmethoden existieren,

---

752 Eser, FS Narr, S. 47, 58; Everschor, S. 451 ff.; Ulsenheimer, MedR 1994, 425, 427.

753 Im Einzelnen dazu später sh. Kaufmann, JZ 1982, 481, 485; Laber, MedR 1990, 182, 186 ff.; Ulsenheimer, MedR 1994, 425, 427.

754 Hanack, MedR 1985, 33, 36.

755 Jähnke, S. 99, 100 f., 103; so auch Holschneider, ArztR 1998, 97, 100; Saati, S. 181; Schlund, ArztR 1991, 109, 111; ablehnend Eser, FS Narr, S. 47, 58, weil keinerlei Maßstäbe existieren, ob und welche Lebenserwartung ausreichend sei.

da der behandelnde Arzt nicht zu medizinischen Experimenten bei der Behandlung von Patienten verpflichtet ist bzw. sein soll.[756]

2. Normative Unzumutbarkeit

Als weiteres Kriterium für die Begrenzung der Behandlungspflicht bei geschädigten Neugeborenen wird die normative Unzumutbarkeit der Verpflichtung zur Lebenserhaltung genannt, wobei die Maßstäbe für die Bejahung der Unzumutbarkeit streitig sind bzw. differieren.

a. Vergleich mit allgemeinen Sterbehilfegrundsätzen

Teilweise wird diesbezüglich auf die Fälle der Erwachsenensterbehilfe verwiesen, bei denen der Sterbevorgang bereits unwiderruflich eingesetzt hat und bei Abwägung des Lebenserhaltungsinteresses einerseits und dem Schmerzlinderungsinteresse andererseits das Schmerzlinderungsinteresse überwiegt. Insofern soll auch beim Neugeborenen eine derartige Abwägung möglich sein, wenn die Lebensverlängerung nur noch für einen kurzen Zeitraum möglich ist. Besteht kein Schmerzlinderungsinteresse, soll der Sinn des ärztlichen Heilauftrags maßgeblich sein. Dieser wird zunehmend dahingehend interpretiert, daß der Arzt die psychischen und physischen Voraussetzungen für eine personale Selbstverwirklichung des Patienten zu schaffen habe. Aufgrund dieser ärztlichen Handlungsintention soll die Behandlungspflicht bei Erwachsenen jedenfalls dort enden, wo aufgrund des unwiderruflichen Verlusts jeglicher Reaktions- und Kommunikationsfähigkeit keine Selbstwahrnehmungs- bzw. –verwirklichungsmöglichkeit mehr besteht. Dies wird spätestens bei nachweislich irreversiblen Bewußtseinsverlust angenommen.[757]

Für Neugeborene wird dementsprechend eine Behandlungspflicht abgelehnt, wenn diese bewußtlos zur Welt kommen und mit an Sicherheit grenzender Wahrscheinlichkeit feststeht, daß sie nie das Bewußtsein erlangen werden. Gleiches soll auch bei Neugeborenen gelten, die ohne höhere Hirnfunktionen zur Welt kommen. Diesbezüglich wird jedoch gefordert, daß erwiesen sei, daß das

---

756 Eser, FS Narr, S. 47, 58; Everschor, S. 248 bezeichnet dies jedoch nicht als faktische, sondern bedingte oder subjektive Unmöglichkeit; Jähnke, S. 99, 102; Ulsenheimer, MedR 1994, 425, 427.

757 Eser, FS Narr, S. 47, 59.

das Neugeborene nie das Bewußtsein erlangen wird bzw. daß keine höheren Hirnfunktionen existieren.[758]

Nach Kaufmann[759] darf jedoch diesbezüglich nicht auf die Selbstwahrnehmung bzw. Selbstverwirklichung abgestellt werden, weil dies eine unzulässige Bewertung des Lebens sei. Er will allein auf die Sinnlosigkeit weiterer ärztlicher Bemühungen in Verbindung mit dem Heilauftrag des Arztes abstellen. Im Ergebnis kommt er aber bei den Fällen von Neugeborenen, bei denen mit der Erlangung der Wahrnehmungs- und Kommunikationsfähigkeit nicht gerechnet werden kann, zu derselben Folge einer Begrenzung der Behandlungspflicht. Everschor[760] weist hinsichtlich der Praktikabilität des Kriteriums Bewusstseinserlangung/höhere Hirnfunktion darauf hin, daß bereits das Kriterium des Hirntodes bei Neu- und Frühgeborenen problematisch sei. Bei Neugeborenen müßten demnach 72 Stunden bis zur Feststellung des Hirntodes abgewartet werden, bei Frühgeborenen sei der Hirntod überhaupt nicht meßbar, so daß gerade der irreversible Bewußtseinsverlust kaum diagnostizierbar sei und damit das Aufstellen derartiger Kriterien durchaus fraglich.

Teilweise[761] wird auch empfohlen, die Entscheidung über das Vorliegen der Voraussetzungen der normativen Unzumutbarkeit durch eine kollektive Beratung, wenn nicht gar durch eine zwingende kollektive Entscheidung abzusichern.

b. Unterschiedliche, zum Teil wertungsoffene/unbestimmte Kriterien

Im Rahmen der normativen Unzumutbarkeit wird auch diskutiert, ob die „Sinnlosigkeit weiterer Bemühungen“ für die ärztliche Entscheidung maßgeblich sein kann, was jedoch aufgrund der Wertungsoffenheit dieses Kriteriums abgelehnt wird. Insofern wird auch die Bedeutung der „Schicksalhaftigkeit“ oder „Natürlichkeit“ des Sterbevorgangs wegen unbestimmter und rechtlich nicht objektivierbarer Begrifflichkeiten abgelehnt. Eine Differenzierung bei der Entscheidung über eine Behandlung jeweils danach, ob eine außergewöhnliche oder ge-

---

758 Eser, FS Narr, S. 47, 59 f.; Hanack, MedR 1985, 33, 36; Holschneider, Dt. Ärztebl. 86 (1989), C-1856, C-1858; Laber, MedR 1990, 182 f., 187 f.; LK-Jähnke, StGB, 11. Aufl., Vor § 211 Rz. 20d; Ulsenheimer, MedR 1994, 425, 427.

759 Kaufmann, JZ 1982, 481, 485 f..

760 Everschor, S. 290, 315.

761 Eser, FS Narr, S. 47, 60; Hanack, MedR 1985, 33, 38.

wöhnliche Lebenserhaltungsmaßnahme erforderlich ist, wird ebenfalls abgelehnt, weil auch diese Differenzierung hinsichtlich ihrer Praktikabilität zu kompliziert und immer abhängig vom jeweiligen Stand der Medizin sei.[762]

Auch wird vertreten, daß eine Unzumutbarkeit der Behandlung für den Arzt nur vorliegen könne, wenn er sich in einer Notstandssituation befindet, beispielsweise wenn ein geschädigtes und ein nichtgeschädigtes Neugeborenes ein und derselben Behandlung bedürfen. Die Unzumutbarkeit der Behandlung für das Neugeborene selbst, soll sich nach dem individuellen Leidenszustand des Neugeborenen richten, was jedoch nur schwer beurteilt werden könne.[763]

Weiterhin wird eine Unzumutbarkeit ärztlicher Behandlung gegenüber dem Neugeborenen angenommen, wenn infolge schwerster, nicht behebbarer Schäden die Vitalfunktionen des Neugeborenen nur mit intensivmedizinischen Mitteln bzw. Maßnahmen und nur für kurze Zeit, teilweise unter Inkaufnahme weiterer Schädigungen aufrecht erhalten werden können. Insofern solle man „der Natur ihren Lauf lassen".[764]

3. Begrenzte Lebenserwartung

Als weiteres Kriterium für eine Begrenzung der Lebenserhaltungspflicht bei geschädigten Neugeborenen wird die begrenzte Lebenserwartung diskutiert. Übereinstimmende Auffassungen sind jedoch auch hier nicht zu verzeichnen.

Bei der Erstellung der Prognose, daß das Leben eines geschädigten Neugeborenen nicht auf Dauer, sondern lediglich für eine bestimmte Zeitspanne erhalten werden kann, wird teilweise hinsichtlich der Art der Lebensspanne differenziert. Insofern wird zwischen den Fällen unterschieden, bei denen die verbleibende Lebenszeit ohne oder mit relativ geringen Beschwerden oder Leiden verbunden ist und denjenigen Fällen, bei denen schwerwiegende Leiden die (verkürzte) Lebenszeit zusätzlich beeinträchtigen.[765] Teilweise wird auch darauf abgestellt, ob die Lebenszeit durch einen qualvollen Tod bzw. qualvollen Sterbeprozeß

---

762 Everschor, S. 259 ff.; Kaufmann, JZ 1982, 481, 485; Laber, MedR 1990, 182, 187.

763 Lachwitz, BtPrax 1998, 208 f..

764 Holschneider, Dt. Ärztebl. 86 (1989), C-1856, C-1858; Ulsenheimer, MedR 1994, 425, 427.

765 Hanack, MedR 1985, 33, 37; Jähnke, S. 99, 108; v. Loewenich, MedR 1985, 30 f..

beendet wird[766] oder ob während der Lebenszeit eine existenzielle Abhängigkeit von einem Arzt bzw. von medizinisch-technischen Geräten besteht[767].

Insoweit wird vertreten, daß bei einer beschwerdefreien Lebenszeit bzw. mit nur geringfügigen Beschwerden ohne existenzielle Abhängigkeit von Ärzten bzw. medizinischen Geräten ein Behandlungsabbruch oder -verzicht nicht gerechtfertigt sein könne. Aufgrund der unbestimmten und ungewißen Maßstäbe für die Beurteilung einer begrenzten Lebenserwartung dürfe auch eine geringe Lebensspanne nicht zu einem verminderten Lebensschutz führen. Die Zulässigkeit eines Behandlungsabbruchs komme nur dann in Betracht, wenn während der verbleibenden Lebensspanne weitere schwerwiegende medizinische Eingriffe oder intensivmedizinische Behandlungen zur Herstellung von Vitalfunktionen erforderlich wären. [768]

Wird die begrenzte Lebenserwartung von „Plagen überwuchert", d.h., daß die verbleibende Lebenszeit in keinem Verhältnis zu den Leiden und Beschwerden während dieser Zeit steht, soll die Behandlungspflicht begrenzt sein. Insbesondere soll hierbei unbeachtlich sein, ob die verbleibende Lebensspanne Monate oder Jahre beträgt.[769] Hanack[770] nennt insofern die inoperablen Fälle des angeborenen Steißbein-Teratoms[771], der angeborenen schwersten Ventilationsstörungen[772] und das Potter-Syndrom[773], bei denen keine Behandlungspflicht bestehen soll. Problematischer sind nach seiner Auffassung die Fälle mit einer

---

766 Hanack, MedR 1985, 33, 37.

767 Jähnke, S. 99 f., 108.

768 Jähnke, S. 99 f., 103.

769 Everschor, S. 388 f.; Hanack, MedR 1985, 33, 37; Jähnke, S. 99, 108; v. Loewenich, MedR 1985, 30 f. fordert jedoch eine genaue Diagnostik und konkrete Kenntnisse der Behandlungsmöglichkeiten; offen gelassen Eser, FS Narr, S. 47, 58.

770 Hanack, MedR 1985, 33, 37 f..

771 Roche, Lexikon Medizin: Teratom: teratogener (Mißbildungen erzeugender) Tumor, Wundergeschwulst: in Keimdrüsen, an Körperpolen und in Leibeshöhlen.

772 Roche, Lexikon Medizin: gesteigerte oder verminderte Lungenventilation.

773 Roche, Lexikon Medizin: ... angeborene reno-faziale Dysplasien (Fehlbildungen) ... mit Hypertelorismus (überweiter Abstand zwischen 2 Organen, i.e.S. der der Augen), Epikanthus (Lidfalte), breiter Nasenwurzel, tiefsitzenden, schüsselförmigen Ohrmuscheln; ferner Nierendys- oder -agenesie (Fehlen der Nieren oder Nierenmißbildungen), Skelett- und Genitalmißbildungen, Kehlkopf-, Ösophagus- (angeborenes Hemmungsmißbild, i.S. völliger Undurchgängigkeit der Speiseröhre), Analatresie (angeborenes Fehlen der Afteröffnung ... oft kombiniert mit Fehlbildungen des Darms) ... .

Lebensspanne ohne Beschwerden, aber verbunden mit einem qualvollen Sterbeprozeß, beispielsweise bei einer Zystinose[774]. Bei diesen Fällen sei im Vergleich zur Sterbehilfe bei Erwachsenen mit vergleichbaren Krankheiten zu berücksichtigen, daß das Neugeborene erst durch die ärztliche Behandlung auf „seinen problematischen Lebensweg geschickt wird".[775] Insofern sollen nach einer abwägenden Betrachtung, insbesondere hinsichtlich des Leidens im Sterbeprozeß, im Zweifel auch bei diesen Fällen der Behandlungspflicht Grenzen gesetzt sein. Am kritischsten beurteilt Hanack jedoch die Fälle, bei denen die verbleibende Lebensspanne nicht durch zusätzliches Leid oder Beschwerden, sondern allein durch die Behinderung geprägt ist, wie beispielsweise im sog. Freiburger Fall[776]. Er ist jedoch der Auffassung, daß die Grenzen der ärztlichen Behandlungspflicht in der ärztlichen Praxis wohl leichter erkennbar seien. Insgesamt sei auch nur das Leid des Neugeborenen maßgeblich. Die Belastungen bzw. das Leid der Eltern/Familie erfordere eine sozialpolitische Betrachtung, was Hanack als zu weitgehend ansieht.

4. Unverhältnismäßigkeit von Aufwand und Erfolg (Kosten-Nutzen-Analyse)

Als wohl zunehmend gewichtigeres Problem bei der Entscheidung über einen Behandlungsabbruch oder -verzicht wird die Frage angesehen, welche Rolle das Verhältnis von Aufwand und Erfolg, und insbesondere die Kostenintensität, einnehmen darf.

Bei dieser Problematik geht es nämlich gerade nicht um die Interessen des Neugeborenen, sondern um externe Interessen, insbesondere der Allgemeinheit. Die Problematik wurde bisher weitgehend tabuisiert, rückt aber heute immer mehr in den Vordergrund und soll bereits in der Praxis der Krankenhäuser und Kliniken durchaus entscheidungserheblich sein.[777]

---

774 Roche, Lexikon Medizin: Cystinose: Cystinspeicherkrankheit: autosomal-rezessiv erbliche, enzymopathische Speicherkrankheit mit Anreicherung von Cystin v.a. ... im Knochenmark, Leber, Milz, Lymphknoten sowie in der Niere und im Auge ... ; infantile Form: mit fortschreitender ... Nierenschädigung (führt zu ... Rachitis, Zwergenwuchs).

775 Hanack, a.a.O., S. 37.

776 Zum sog. Freiburger Fall sh. D I 2 Fall b.: sog. Rollstuhlkind ohne funktionierende Blasen- und Mastdarmkontrolle.

777 Eser, FS Narr, S. 47, 61 f.; Everschor, S. 431, 433; Ulsenheimer, MedR 1994, 425, 428.

a. Auffassung Eser

Eser[778] vermutet diesbezüglich, daß hinsichtlich vordringlicherer Behandlungsbedürfnisse und aufgrund der Berücksichtigung familiärer, sozialer und wirtschaftlicher Faktoren in der Gesellschaft zunehmend die Vorstellung bestehe, daß auch die Entscheidung über Lebenserhaltung bzw. -verlängerung einer umfaßenden Abwägung unterliege. Insofern bestehe wohl nach Eser auch die Ansicht, daß der Einzelne lediglich einen nach den Umständen angemessenen Anspruch auf Behandlung habe und nicht von der Gesellschaft alle technisch möglichen Maßnahmen verlangen könne. Aufgrund der mangelnden Praktikabilität eines Anspruchs auf umfassende Behandlung jedes Menschen geht auch Eser von einer von vornherein existenten, immanenten Begrenzung der Behandlungspflicht aus[779], wobei die Abwägung der Kriterien einer derartigen Begrenzung bzw. die Prioritätenwahl rechts- und sozialpolitisch hochbrisant sei. Nach der Ansicht von Eser sind aber „die tiefgreifenden Konsequenzen zu bedenken, die sich für das Lebensverständnis einer Gesellschaft ergeben müßten, wenn das Recht auf Leben mit dessen Gesellschaftsnützlichkeit enden oder überhaupt erst beginnen würde."[780]

b. Auffassung Kaufmann

Nach Kaufmann[781] scheidet eine Begrenzung der Behandlungspflicht aufgrund der Unverhältnismäßigkeit von Aufwand und möglichem Erfolg von vornherein aus. Nach seiner Ansicht verbieten sich derartige Überlegungen, soweit das Neugeborene eine Lebenschance hat, weil es in Wahrheit gerade nicht um eine „Pflegeökonomie" gehe, sondern um die Abschätzung des Lebenswertes des Neugeborenen. Insofern befände man sich aber in dem „verbotenen Bereich der Tötung sog. „lebensunwerten Lebens"".[782] Kaufmann erkennt zwar den Aufwand für Pflege und Behandlung behinderter Menschen an, nach seiner Ansicht habe „aber eine Gesellschaft, die sich allen möglichen Luxus leistet", „keinerlei

778 Eser, FS Narr, S. 47, 61 f..

779 Ebenso: Regenbrecht, Münch. med. Wschr. 113 (1973), 601, 603, der die wirtschaftlichen Gesichtspunkte als „natürliche Grenzen" außerhalb der individuellen Situation des Kranken bezeichnet, die in Extremsituationen eine Rolle spielen dürfen; Ulsenheimer, MedR 1994, 425, 428, zögert jedoch, „der Relativierung des Lebensschutzes durch materielle Erwägungen ... zuzustimmen".

780 Eser, FS Narr, S. 47, 62.

781 Kaufmann, JZ 1982, 481, 484 f.; so auch Laber, MedR 1990, 182, 188; Lachwitz, BtPrax 1998, 208, 210.

782 Kaufmann, a.a.O., S. 484.

moralisches Recht, sich dieser Menschen zu entledigen - und dies möglichst schon bei ihrer Geburt -, nur weil deren Pflege Geld und Opferbereitschaft erfordern. Diese Pflegefälle sind der Preis, der für den Fortschritt der Medizin zu zahlen ist, ...".[783]

c. Auffassung Everschor

Auch Everschor[784] setzt sich mit der Frage der Unverhältnismäßigkeit als „rechtlich zum größten Teil noch ungeklärt" auseinander. Sie vertritt die Auffassung, daß die „Solidargemeinschaft der Beitragszahler" Einfluß dahingehend haben muß, daß die finanziellen Ressourcen sinnvoll genutzt werden. Im konkreten Fall sollen jedoch die primären Interessen des Kindes, die Entscheidung der Eltern sowie die Frage der Machbarkeit einer Behandlung maßgeblich sein, „weniger rein finanzielle Interessen" und „erst recht nicht wirtschaftliche Argumente seitens Dritter". Konkret stellt Everschor fest, daß bei einem moribunden Erwachsenen regelmäßig gefragt werde, „ob sich ein hoher finanzieller Aufwand überhaupt „lohnt", um sein Leben noch über einen kurzen Zeitraum hinweg zu verlängern". Diese Frage sei nach ihrer Auffassung auch berechtigt, so daß dementsprechend auch bei einem sterbenden Neugeborenen diese Frage zulässig sei. Hinsichtlich nicht moribunder, schwerstgeschädigter Neugeborener sollen wirtschaftliche Aspekte im Rahmen der den Eltern zuzugestehenden Entscheidungsgrenzen Berücksichtigung finden.

d. Auffassung Münchener Kommentar

Nach Schneider[785] dürfen „Drittinteressen ökonomischer oder gesellschaftsnützlicher-eugenischer Art" keine Rolle spielen.

5. Wahrung der Menschenwürde

Auch das Kriterium der Menschenwürde wird im Rahmen der Begrenzung der ärztlichen Behandlungspflicht bei Neugeborenen herangezogen, weil bereits mit der Geburt das Neugeborene Menschenwürde besitzt.[786]

---

783 Kaufmann, a.a.O., S. 484 f..

784 Everschor, S. 453 ff., 459 ff..

785 Münchener Kom.-Schneider, StGB, 2003, Vor §§ 211 ff. Rz. 131.

786 Jarass/Pieroth-Jarass, GG, 6. Aufl., Art. 1 Rz. 6; v. Mangoldt/Klein/Starck-Starck, GG., 4. Aufl., Band 1, Art. 1 Rz. 17 ff.; v. Münch/Kunig-Kunig, GG, 5. Aufl., Art.1 Rz. 14.

a. Auffassung Eser

Nach Eser[787] kann zur Wahrung der Menschenwürde ein Behandlungsabbruch nicht nur berechtigt, sondern sogar geboten sein. Dies soll der Fall sein, wenn das Neugeborene lediglich als „Objekt medizinischer Kunstfertigkeit am Leben erhalten wird oder wo die Hinauszögerung des Todeseintritts lediglich finanziellen Interessen der Angehörigen oder des Krankenhauses, wie etwa dessen Belegungsinteresse, dient."[788] Eine Verletzung der Menschenwürde soll jedoch nicht schon allein aufgrund der Behinderungen bzw. dann nicht vorliegen, wenn das Neugeborene von technischen Geräten abhängig ist.

b. Auffassung Kaufmann

Für Kaufmann[789] spielt das Kriterium der Menschenwürde bei den Fällen der Früheuthanasie keine bedeutende Rolle, weil ein Leben mit Behinderungen an sich nicht menschenunwürdig ist bzw. eine derartige Behauptung, eine Beleidigung aller Menschen sei, die mit Behinderungen leben. Die möglichen Fälle, bei denen das Neugeborene aufgrund medizinwissenschaftlicher oder finanzieller Interessen als Objekt behandelt wird[790], betreffen - nach Kaufmann - nicht die eigentliche Problematik der Neugeboreneneuthanasie. Zudem sollte das Kriterium im Rahmen der Neugeboreneneuthanasie nur sehr vorsichtig angewendet werden, weil es eventuell als Vorwand dienen könnte, „um unter der Flagge der Menschlichkeit das menschlich Gebotene zu unterlassen".[791]

c. Auffassung Everschor

Everschor[792] bezeichnet Neu- und Frühgeborene als „Objekt einer lebensverlängernden Behandlung", wenn diese lediglich „dahinvegetieren" und dennoch intensivmedizinisch behandelt werden. Hier gebiete es die Menschenwürde („normativ verstandene Unmenschlichkeit"), die lebensverlängernden Maßnahmen zu beenden. Eine „Verobjektivierung" soll insbesondere dann vorlie-

787 Eser, FS Narr, S. 47, 60 f.; so auch Ulsenheimer, MedR 1994, 425, 427 f..

788 Eser, FS Narr, S. 47, 61.

789 Kaufmann, JZ 1982, 481; so auch Ulsenheimer, MedR 1994, 425, 428.

790 Nach Laber, MedR 1990, 182, 188 sind diese Fälle bei der Neugeboreneneuthanasie schon praktisch kaum denkbar; er will jedoch einen Behandlungsverzicht unter Beachtung der Menschenwürde dann zulassen, wenn nachweislich dem Neugeborenen ein bewußtes und umweltbezogenes Leben nicht möglich sein wird, d.h. in den Fällen des irreversiblen Bewußtseinsverlustes.

791 Kaufmann, a.a.O., S. 485.

792 Everschor, S. 405 ff..

gen, wenn finanzielle Interessen der Angehörigen bzw. der Klinik oder medizinische Versuche und Forschungen im Vordergrund stehen. Leidensmindernde Maßnahmen sowie Maßnahmen auf ausdrücklichen Wunsch der Eltern sollen jedoch nicht gegen die Menschenwürde verstoßen, soweit sie keine Schmerzen und Qualen verursachen. Jedoch befürwortet auch Everschor einen behutsamen Umgang mit dem Kriterium der Menschenwürde, um Mißbräuche und eine ausweitende Anwendung der Früheuthanasie unter Berufung auf die Menschenwürde zu vermeiden.

6. Mitleid

Diskutiert wird auch, ob Mitleid als Begrenzung der Behandlungspflicht herangezogen werden kann.

a. Auffassung Kaufmann

Kaufmann[793] erörtert das Mitleidskriterium für extreme Ausnahmefälle, bei „erheblich mißgestalteten Kindern, Monstern und Geistigtoten", weil bei derartigen Fällen der Arzt vor schweren Entscheidungen und Gewissenskonflikten stehen könne. Die Tötung bzw. das Sterbenlassen dieser Neugeborenen beruhe aber auf der Bewertung des Lebens dieser Neugeborenen, was grundsätzlich unzulässig sei, insbesondere gebe es auch keine rationalen Kriterien für die Bewertung des Lebens. Weiterhin wäre auch eine Begrenzung derartiger Entscheidungen auf wenige Fälle nicht möglich, so daß die Gefahr bestehe, daß die „Vernichtung lebensunwerten Lebens" allgemein als zulässig angesehen werde.

Letztlich sei aber auch zu fragen, wem das Mitleid eigentlich gelte. Soweit Neugeborene selber kaum leiden, werde hier auch kein Mitleid mit dem Neugeborenen vorliegen (können). Bei Mitleid mit dem späteren Leben des Neugeborenen verweist Kaufmann darauf, daß auch Behinderte in der Regel „ganz gerne leben, jedenfalls viel lieber als der geistig gesunde Depressive."[794] Daher gelte das Mitleid häufig denjenigen, die mit den geschädigten Neugeborenen/ Behinderten zusammenleben. Insofern handele es sich zumeist um „Egoismus im Mantel des Humanismus", wovor das Leben ebenfalls geschützt werden müsse. Dementsprechend hält es Kaufmann für erforderlich, um das „Tabu des

793 Kaufmann, JZ 1982, 481.

794 Kaufmann, a.a.O., S. 487; so auch Carstensen, HÄB 9/92, 321, 322; Lemburg, S. 1, 4, wonach insbesondere geistige Behinderte für sich selbst ein glückliches und zufriedenes Leben führen.

Todes brechen (zu) wollen, daß, „wir zuerst einmal wieder lernen (müssen), mit dem Phänomen der *Behinderung* ins reine zu kommen."[795] Die Rechtfertigung des Sterbenlassens aus Mitleid sei daher verboten.

b. Auffassung Jähnke

Nach Jähnke[796] beruht die teilweise vorgebrachte Argumentation, daß bei einem Neugeborenen anders als bei einem Erwachsenen zu berücksichtigen sei, daß dem Neugeborenen erst durch den ärztlichen Eingriff das Leben mit Behinderungen ermöglicht werde, auf Mitleid bzw. menschlichen und eventuell religiösen Empfindungen. Diese Kriterien entsprechen nach seiner Auffassung keinesfalls der Gesetzeslage und sollen dementsprechend bei der rechtlichen Betrachtung der Problematik unbeachtlich sein. Insbesondere bergen jedoch nach Jähnke derartige Erwägungen die Gefahr der Willkürlichkeit, so daß er es geradezu für „gefährlich" hält, „kollektives Mitleid zum zentralen Inhalt juristischer Argumentation zu machen", weil sonst „der Zeitgeist ... daraus sehr schnell weitergehende Forderungen ableiten" könnte.[797]

c. Auffassung Laber

Auch Laber[798] lehnt die Anerkennung einer Behandlungsgrenze aus Mitleid ab, weil dieses Mitleid letztendlich eine Bewertung des Lebens als nicht mehr lebenswert darstelle. Die auf Mitleid basierende Entscheidung eines Arztes sei demnach eine anmaßende Bewertung des Lebens des Patienten, wobei es „nicht um den Nutzen des Lebens für den Patienten selbst, sondern um dessen Nutzen für die Gesellschaft"[799] gehe. Eine derartige Entscheidung dürfe jedoch der Arzt, auch nicht im Rahmen von Mitleid treffen, insbesondere seien auch Mitleidserwägungen und gesellschaftsnützige Erwägungen nur schwer voneinander zu trennen.

---

795 Kaufmann, a.a.O., S. 487.

796 Jähnke, S. 99.

797 Jähnke, a.a.O., S. 102.

798 Laber, MedR 1990, 182, 185.

799 Laber, a.a.O., S. 185.

d. Auffassung Everschor

Everschor[800] möchte ein mögliche Anerkennung des Mitleidskriteriums allein auf Mitleid mit dem Kind begrenzen, erörtert das Kriterium aber insbesondere im Rahmen der Zulässigkeit der aktiven Sterbehilfe. Die Interessen der Gesellschaft seien unbeachtlich und die der Eltern in einem „wohlverstandenen Rahmen“ zu würdigen. Insgesamt hält sie jedoch die Anerkennung des Mitleidskriteriums für fraglich, da subjektive Empfindungen nicht objektivierbar seien und zudem große Mißrauchsmöglichkeiten eröffnet würden. Dementsprechend lehnt auch sie die Anerkennung von Mitleid als Kriterium sowohl bei der aktiven Sterbehilfe als auch im Rahmen eines Behandlungsverzichts ab.

7. Entscheidungskompetenz

Bisher wurde die Frage, wer eigentlich die Entscheidung zum Behandlungsabbruch oder -verzicht trifft bzw. treffen soll, nur im Rahmen der Gesamtproblematik der Behandlungsgrenzen bei schwerstgeschädigten Neugeborenen und nicht als eigenständiges Problem erörtert. Als Entscheidungsträger kommen primär der behandelnde Arzt und/oder die Eltern des Neugeborenen in Betracht. Weiterhin könnte man auch eine gerichtliche oder behördliche/institutionelle Entscheidung oder die Entscheidung eines Gremiums als erforderlich ansehen.

a. Regelungen außerhalb des Strafrechts

Hinsichtlich einer möglichen Entscheidungskompetenz der Eltern sollen kurz die grundrechtlichen und zivilrechtlichen Elternrechte sowie standesrechtliche Regelungen aufgezeigt werden.

aa. Grundgesetz

Gem. Art. 6 Abs. 2 des Grundgesetzes haben die Eltern das verfassungsrechtlich geschützte Recht zur Pflege und Erziehung ihres Kindes: *„Pflege und Erziehung der Kinder sind das natürliche Recht der Eltern und die zuvörderst ihnen obliegende Pflicht. Über ihre Betätigung wacht die staatliche Gemeinschaft.“* Ein ausdrückliches Recht zur Zustimmung bzw. Verweigerung einer medizinischen Behandlung wird hierdurch nicht gegeben. Insbesondere läßt sich nach einer Ansicht im verfassungsrechtlichen Schrifttum, die Entscheidung über le-

---

800 Everschor, S. 420 ff..

bensbeendende Maßnahmen nicht dem allgemeinen Verständnis für „Pflege und Erziehung" zuordnen.[801]

bb. Bürgerliches Gesetzbuch

Gem. § 1626 BGB obliegt den Eltern die elterliche Sorge für die Person (Personensorge) und für das Vermögen (Vermögenssorge) des Kindes. Nach § 1631 Abs. 1 BGB umfaßt die Personensorge *„insbesondere die Pflicht und das Recht, das Kind zu pflegen, zu erziehen, zu beaufsichtigen und seinen Aufenthalt zu bestimmen."* Die elterliche Sorge ist gem. § 1627 BGB *„zum Wohle des Kindes"* auszuüben und umfaßt gem. § 1629 BGB auch die Vertretung des Kindes. Die Frage ärztlicher Behandlungen ist im Bürgerlichen Gesetzbuch nur insoweit geregelt, als gem. § 1631c BGB den Eltern die Einwilligung in eine Sterilisation des Kindes untersagt ist; ein Ergänzungspfleger gem. § 1909 BGB ist nicht zu bestellen. Insofern wird hier die elterliche Entscheidungsbefugnis eindeutig begrenzt. Zudem ist gem. § 1666 BGB im Falle der Gefährdung des *„körperlichen, geistigen oder seelischen Wohls des Kindes ... durch mißbräuchliche Ausübung der elterlichen Sorge"* eine Entscheidung des Familiengerichts erforderlich. Das Gericht kann diesbezüglich auch *„Maßnahmen mit Wirkung gegen einen Dritten treffen"*, § 1666 Abs. 4 BGB.

Im Rahmen des Betreuungsrechts für Volljährige wegen psychischer Krankheit oder körperlicher, geistiger oder seelischer Behinderung ist gem. § 1904 BGB für *„eine Untersuchung des Gesundheitszustandes, eine Heilbehandlung oder einen ärztlichen Eingriff"* des Betreuten die Genehmigung des Vormundschaftsgerichts erforderlich, *„wenn der begründete Verdacht besteht, daß der Betreute aufgrund der Maßnahme stirbt oder einen schweren oder länger dauernden gesundheitlichen Schaden erleidet."* Eine Sterilisation des Betreuten kann gem. § 1905 BGB mit Einwilligung des Betreuers durchgeführt werden, wenn die Voraussetzungen des § 1905 Abs. 1 Nr. 1 bis 5 BGB vorliegen. Auch diese Einwilligung des Betreuers bedarf der Genehmigung des Vormundschaftsgerichts.

cc. Einbecker Empfehlungen

Die sog. Einbecker Empfehlungen zu den Grenzen ärztlicher Behandlungspflicht bei schwerstgeschädigten Neugeborenen von 1992[802] enthalten nur zum Teil Ausführungen hinsichtlich der Entscheidungskompetenz:

---

801 V. Münch/Kunig-Coester-Waltjen, GG, 5. Aufl., Art. 6 Rz. 67.

... VI.
Angesichts der in der Medizin stets begrenzten Prognosesicherheit besteht für den Arzt ein Beurteilungsrahmen für die Indikation von medizinischen Behandlungsmaßnahmen, insbesondere, wenn diese dem Neugeborenen nur ein Leben mit äußerst schweren Schädigungen ermöglichen würden, für die keine Besserungschancen bestehen. Es entspricht dem ethischen Auftrag des Arztes, zu prüfen, ob die Belastung durch gegenwärtig zur Verfügung stehende Behandlungsmöglichkeiten die zu erwartende Hilfe übersteigt und dadurch der Behandlungsversuch ins Gegenteil verkehrt wird.

...

VIII.
1. Die Eltern/Sorgeberechtigten sind über die bei ihrem Kind vorliegenden Schäden und deren Folgen sowie über die Behandlungsmöglichkeiten und deren Konsequenzen aufzuklären. Sie sollen darüber hinaus durch Beratung und Information in den Entscheidungsprozeß mit einbezogen werden.
2. In den Prozeß der Entscheidungsfindung gehen auch die Erfahrungen der mit der Betreuung und Pflege des Kindes betrauten Personen mit ein.
3. Gegen den Willen der Eltern/Sorgeberechtigten darf eine Behandlung nicht unterlassen oder abgebrochen werden.
Verweigern die Eltern/Sorgebrechtigten die Einwilligung in ärztlich gebotene Maßnahmen oder können sie sich nicht einigen, so ist die Entscheidung des Vormundschaftsgerichts einzuholen.

...

b. Literaturmeinungen

aa. Auffassungen in der zivilrechtlichen Literatur

Das zivilrechtliche Schrifttum enthält zur Entscheidungskompetenz der Eltern hinsichtlich lebensbeendender Maßnahmen des Kindes kaum problemspezifische Ansichten. Allgemein anerkannt ist, daß die Personensorge die Sorge für die Gesundheit des Kindes und damit auch die Sorge für die ärztliche Betreuung umfaßt. Im Rahmen der medizinischen Betreuung wird dann der Mißbrauch des Sorgerechts erörtert, wenn die Zustimmung zu lebenserhaltenden Maßnahmen wegen der Zugehörigkeit zu einer Religionsgemeinschaft verweigert wird.[803]

---

802 Einbecker Empfehlungen, revidierte Fassung 1992, MedR 1992, 206.

803 Hohloch, Familienrecht, Rz. 888; Münchener Kommentar-Olzen, BGB, 4. Aufl., Bd. 8, § 1666 Rz. 77; Palandt-Diederichsen, BGB, 63. Aufl., § 1626 Rz. 15, § 1666 Rz. 25; Soergel-Strätz, BGB, 12. Aufl., Bd. 8, § 1631 Rz. 3; § 1666 Rz. 21.

Teilweise wird die Problematik der Entscheidung über lebensverlängernde Maßnahmen bei „unheilbar kranken Kindern“ gesehen, jedoch nicht näher bzgl. der Problematik der Neugeboreneneuthanasie erörtert.[804]

bb. Auffassungen in der strafrechtlichen Literatur

(1) Auffassung Ulsenheimer u.a.

Ulsenheimer[805] teilt zunächst die möglichen Fallkonstellationen in verschiedene Kategorien ein und differenziert diesbezüglich hinsichtlich der Einigkeit bzw. Uneinigkeit zwischen Arzt und Eltern des Neugeborenen hinsichtlich einer Behandlungsentscheidung.

Demnach sollen die Fälle unproblematisch sein, bei denen sowohl der Arzt als auch die Eltern die Behandlung/Weiterbehandlung des Neugeborenen befürworten, weil die Grenzen der Behandlungspflicht nicht erreicht sind. Weil die Behandlung/Weiterbehandlung einen Eingriff in die Gesundheit des Kindes darstelle, sei -wie bei allen ärztlichen Eingriffen- eine Einwilligung erforderlich. Da das Neugeborene jedoch nicht einwilligungsfähig sei und auch mangels früherer Einwilligungsfähigkeit kein mutmaßlicher Wille ermittelt werden könne, sollen nach überwiegender Auffassung die gesetzlichen Vertreter, insbesondere die Eltern, aber auch Vormund, Pfleger etc. zur Einwilligungserteilung in den Gesundheitseingriff berechtigt sein. Der Arzt habe die Eltern umfassend aufzuklären (Aufklärungskompetenz) und diese hätten zum Wohle des Kindes in die Behandlung, die Operation etc. einzuwilligen (Einwilligungskompetenz).[806]

---

804 Gernhuber/Coester-Waltjen, Lehrbuch des Familienrechts, § 57 IX 4; nach Palandt-Diederichsen, BGB, 63. Aufl., § 1626 Rz. 15 ist die Einwilligung in die Beendigung lebenserhaltender Maßnahmen nach einem Unfall des Kindes Teil des Sorgerechts, für eine vormundschaftliche Genehmigung fehle nach einer Entscheidung des OLG Brandenburg NJW 2000, 2361 die gesetzlich Grundlage; in seiner Entscheidung in NJW 2000, 2361 hatte das OLG Brandenburg über den Antrag einer Mutter an das Familiengericht auf Zustimmung zur Einstellung lebenserhaltender Maßnahmen bezüglich eines Kindes zu entscheiden, welches nach einem Badeunfall seit 4 ½ Jahren im Koma lag, künstlich ernährt und beatmet wurde. Das OLG hat eine gerichtliche Zustimmung abgelehnt, weil eine gesetzliche Grundlage für eine derartige Zustimmung nicht existiere, die analoge Anwendung entsprechender Vorschriften sei mangels Vorliegen der Voraussetzungen einer Analogie nicht möglich. Ausführungen dahingehend, ob dementsprechend die Mutter die Entscheidung allein treffen könne, machte das OLG jedoch nicht.

805 Ulsenheimer, S. 111, 113 ff..

806 So auch Eser, FS Narr, S. 47, 53 f.; Hennies, ArztR 1998, 102; Holschneider, ArztR 1998, 97, 100.

Sind Arzt und Eltern übereinstimmend der Auffassung, daß das Neugeborene nicht behandelt bzw. die bereits begonnene Behandlung abgebrochen werden soll, so soll nach Ulsenheimer die Zustimmung der Eltern zum Behandlungsabbruch rechtlich irrelevant sein.[807] Die Eltern hätten in dieser Situation kein Recht, „über das Leben oder den Tod ihrer Kinder zu entscheiden".[808] Maßgeblich sei allein, ob in der konkreten Situation die Grenzen der ärztlichen Behandlungspflicht erreicht seien. Besteht nämlich keine Behandlungspflicht, dürfe der Arzt auf eine Behandlung verzichten. Die Zustimmung der Eltern soll dementsprechend nicht erforderlich sein und wäre insofern auch kein Fall der Gefährdung des Kindeswohls, so daß keine Entscheidung des Vormundschaftsgerichtes gem. § 1666 BGB erforderlich sei.[809] Liegen die Voraussetzungen für eine Begrenzung der Behandlungspflicht nicht vor, so muß das Neugeborene behandelt werden, die Nichtbehandlung stelle einen Totschlag(sversuch) durch Unterlassen dar. In dieser Situation soll auch das Kindeswohl gefährdet sein, so daß das Vormundschaftsgericht zu einer Entscheidung berechtigt sein soll.

Für die Fälle der fehlenden Übereinstimmung zwischen Arzt und Eltern zur Behandlung des Kindes sollen nach Ulsenheimer die Fälle praxisrelevant sein, bei denen der Arzt eine gebotene Behandlung/Weiterbehandlung/Operation durchführen will, die Eltern sich aber gegen derartige Maßnahmen aussprechen. Hier stelle die Verweigerung der Eltern, die für ärztliche Heileingriffe erforderliche Einwilligung zu erteilen, eine Gefährdung des Kindeswohls dar, so daß eine Entscheidung des Vormundschaftsgerichtes einzuholen sei. Im Falle der Notwendigkeit einer schnellen Entscheidung (Eilbedürftigkeit) soll die Behandlung durch den Arzt aufgrund Notstands (§ 34 StGB), Nothilfe (§ 32 StGB) oder aufgrund der Grundsätze der Geschäftsführung ohne Auftrag gerechtfertigt sein, wobei der Arzt nur auf „Notmaßnahmen" beschränkt sein soll.[810]

Praktisch kaum relevant sollen nach Ulsenheimer die Fälle sein, bei denen der Arzt die Weiterbehandlung/Behandlung abbrechen will, die Eltern jedoch „die volle Ausschöpfung der medizinischen Behandlungsmöglichkeiten wünschen", obschon die Grenzen der ärztlichen Behandlungspflicht erreicht sind. Hier soll die verweigerte Zustimmung in den Behandlungsabbruch oder -verzicht weder rechtlich beachtlich sein noch eine Entscheidung des Vormundschaftsgerichtes

---

807 So auch Holschneider, ArztR 1998, 97, 100.

808 Ulsenheimer, a.a.O., S. 115.

809 So auch Hanack, MedR 1985, 33, 38.

810 So auch Eser, FS Narr, S. 47, 53 f., wobei ggfls. gem. § 1909 BGB ein Pfleger bestellt werden soll; Hennies, ArztR 1998, 102 f.; Holschneider, ArztR 1998, 97, 100.

erforderlich machen. Soweit nämlich keine Behandlungspflicht besteht, sei der Behandlungsabbruch strafrechtlich nicht relevant und das Kindeswohl nicht gefährdet.[811] Die aus Art. 6 GG resultierenden Elternrechte sollten jedoch vom Arzt beachtet werden, so daß Ulsenheimer in diesen Fällen eine Entscheidung des Vormundschaftsgerichtes befürwortet, um eine „neutrale Instanz" einzuschalten.[812] In der Praxis soll auch die Verlegung des Neugeborenen in ein anderes Klinikum/zu einem anderen Arzt die Problematik entschärfen bzw. entscheide sich kaum ein Arzt gegen den ausdrücklichen Willen der Eltern für die Durchsetzung eines Behandlungsabbruchs. Insofern wird insbesondere den Ärzten geraten, „gegen den Willen der Eltern im Zweifel auf die Behandlung nicht zu verzichten".[813]

Ob jedoch die tatsächlichen Voraussetzungen für eine Begrenzung der ärztlichen Behandlungspflicht vorliegen, soll nach Ulsenheimer allein der Arzt entscheiden; ihm soll aufgrund seiner Sachkunde, Erfahrungen und seines ärztlichen Gewissens ein Beurteilungsermessen zustehen.

(2) Auffassung Eser und Ulsenheimer hinsichtlich einer Kollektiventscheidung
Nach Eser[814] ist bei der Entscheidung über einen Behandlungsabbruch im Falle des Fehlens höherer Gehirnfunktionen bzw. der Nichterlangbarkeit des Bewußtseins zusätzlich eine kollektive Beratung zumindest zu empfehlen, „wenn nicht sogar geboten". Ulsenheimer[815] befürwortet die Einbeziehung eines Gremiums in die Beratung zur Entscheidungsfindung, welches sich aus mehreren Personen verschiedener Fachdisziplinen zusammensetzt.

(3) Auffassung Hanack
In den unsicheren Fällen, bei denen zweifelhaft ist, ob die ärztliche Behandlungspflicht im konkreten Fall begrenzt ist, soll nach Hanack[816] das Vormundschaftsgericht angerufen werden, weil es fragwürdig sei, „der Entscheidung des Arztes den Vorrang einzuräumen".

811 So auch Hanack, MedR 1985, 33, 38.

812 So auch Hennies, ArztR 1998, 102 f..

813 Ulsenheimer, a.a.O., S. 118; so auch Hanack, MedR 1985, 33, 38.

814 Eser, FS Narr, S. 47, 59 f.; so auch v. Loewenich, MedR 1985, 30, 33 befürwortet die Entscheidung mehrerer kompetenter Therapeuten.

815 Ulsenheimer, MedR 1994, 425, 428.

816 Hanack, MedR 1985, 33, 38.

(4) Auffassung Tolmein

Tolmein[817] ist hingegen der Auffassung, daß bei der Forderung der Eltern nach einem Behandlungsabbruch oder -verzicht grundsätzlich zu unterstellen sei, daß eine derartige Entscheidung nicht dem Kindeswohl entspricht, weil grundsätzlich das Leben und nicht der Tod zum Wohle des Kindes sei. Da jedoch auch Tolmein das Bedürfnis anerkennt, daß in bestimmten Situationen das Neugeborene nicht jeder medizinisch möglichen Maßnahme zugeführt werden muß, fordert er unter Verweis auf die Regelung des § 1904 BGB in diesen Fällen die Anwendung des § 1666 BGB. Dementsprechend soll also die Entscheidung des Vormundschaftsgerichtes erforderlich sein.

(5) Auffassung Hennies

Nach Hennies[818] ist hingegen die Einwilligung der Eltern sowohl für eine Behandlung des Neugeborenen als auch für einen Behandlungsabbruch oder –verzicht erforderlich. Verweigern die Eltern die Einwilligung in eine vom Arzt als lebensnotwendig angesehene Behandlung, so müße dieser das Vormundschaftsgericht anrufen. Ein Behandlungsabbruch gegen den Willen der Eltern soll selbst dann nicht zulässig sein, „wenn der Arzt sicher ist, dem Kind nicht mehr helfen zu können."[819] In diesen Fällen soll es auch zweifelhaft sein, ob das Kindeswohl gefährdet ist, weil die Eltern ja die Behandlung des Kindes fordern. Insofern soll es auch keiner Entscheidung des Vormundschaftsgerichtes bedürfen, es sei denn, daß „der weitere Verlauf der Krankheit für das Kind mit medizinisch nicht behebbarem Leid verbunden ist."[820]

(6) Übereinstimmende Auffassungen Kaufmann, Jähnke, Lemburg und Laber hinsichtlich einer (alleinigen) ärztlichen Entscheidungskompetenz

Kaufmann[821] vertritt demgegenüber die Auffassung, daß dem Arzt bei der Beurteilung der Frage, ob die Grenzen der Behandlungspflicht erreicht sind, ein Ermessensspielraum zustehe, welcher jedoch an rechtliche Normen gebunden sei und hinsichtlich von Ermessensmißbräuchen juristischer Kontrolle unterliege. Unter Umständen soll jedoch der Arzt verpflichtet sein, „Spezialisten (Kinder-

817 Tolmein, MedR 1997, 534, 536.

818 Hennies, ArztR 1998, 102 f.; so auch Saati, S. 182.

819 Hennies, a.a.O., S. 102.

820 Hennies, a.a.O., S. 103.

821 Kaufmann, JZ 1982, 481.

arzt) sowie den Neugeborenen-Notdienst"[822] hinzuzuziehen. Auch Jähnke[823] befürwortet eine ärztliche Entscheidung, weil dieser allein „im Umgang mit menschlichem Leid und mit dem Tod die Erfahrung hat, die zu verantwortlichem Handeln befähigt."[824] Der Arzt soll sich jedoch bei seiner Ermessensentscheidung an juristisch vorgegebenen Maßstäben orientieren. Auch Lemburg[825] befürwortet allein die ärztliche Entscheidungskompetenz, weil dieser Erfahrung im Umgang mit Neugeborenen habe und emotional nicht so stark betroffen sei wie die Eltern des Neugeborenen. Insbesondere seien die Eltern „in der Extremsituation nach der Geburt eines gefährdeten Kindes unfähig, klar zu denken, abzuwägen und sich richtig zu entschließen".[826] Die Kindeseltern könnten einerseits übertrieben optimistisch andererseits voller Angst sein, wobei auch „persönliche Bequemlichkeit", „Mitleid der Öffentlichkeit" oder „finanzielle Vorteile" eine Rolle spielen könnten. Zudem wollen nach Lemburg in der überwiegenden Zahl der Fälle, die Kindeseltern die Entscheidung über einen Behandlungsabbruch überhaupt nicht treffen bzw. erwarteten eine Entscheidung vom behandelnden Arzt. Die Kindeseltern seien insofern oft überhaupt nicht entscheidungsfähig. Auch nach Laber[827] hat der behandelnde Arzt die Entscheidung der Eltern unberücksichtigt zu lassen. Der Arzt entscheide mithin allein unter Beachtung der Zielsetzung des ärztlichen Auftrags, um keine sachfremden Motive wie Mitleid mit der Gesellschaft oder den Eltern, Bewertung des Lebens des Kindes oder finanzielle Folgen in die Entscheidung mit einfließen zu lassen.

(7) Auffassung Heinemann

Heinemann[828] analysiert zunächst den Prozeß der Entscheidungsfindung, um im zweiten Schritt dem jeweiligen Prozeßabschnitt eine Entscheidungsperson zuzuordnen. Die ersten Schritte des Entscheidungsprozeßes - „Feststellung der Schäden und ihres Ausmaßes, Bestimmung der Therapiemöglichkeiten, Einschätzung von Nutzen und Risiken der Therapiemöglichkeiten" - sollen unzweifelhaft vom Arzt vorzunehmen sein. Bei den nachfolgenden Prozeßschritten -

---

822 Kaufmann, a.a.O., S. 486 f..

823 Jähnke, S. 99; so auch Schlund, ArztR 1991, 109, 111.

824 Jähnke, a.a.O., S. 109.

825 Lemburg, in Hohenhauer, S. 1, 5, 8.

826 Lemburg, a.a.O., S. 5.

827 Laber, MedR 1990, 182, 186 f..

828 Heinemann, S. 254 ff., 264 f..

„Wertung des Zustands, der sich möglicherweise mit der ärztlichen Behandlung erzielen läßt bzw. ohne Behandlung eintreten wird; Wertung der Belastungen, die mit einer ärztlichen Behandlung verbunden sind; Abwägung zwischen Vorzügen und Nachteilen der Behandlung“ - soll dem Arzt ein Beurteilungsspielraum zustehen, der jedoch durch den einwilligungsfähigen Patienten überprüft bzw. kontrolliert werde. Diese Abwägungen und Wertungen sollen auf einer normativen Ebene erfolgen und am Maßstab des Patientenwohls ausgerichtet sein. Im Falle der Neugeborenen hingegen, bei denen eine Kontrolle des Arztes durch den Patienten nicht erfolgen könne, habe die Entscheidung der Eltern Vorrang vor einer ärztlichen Entscheidung. Dies folge bereits zwingend aus dem grundgesetzlich garantierten Elternrecht. Die Eltern seien aber verpflichtet, zum Wohle des Kindes zu handeln und dürften ihre Entscheidungskompetenz nicht mißbrauchen. Insofern dürfe auch eine von der ärztlichen Auffassung abweichende Elternmeinung nicht automatisch als sorgerechtsmißbräuchlich angesehen werden. Für den Arzt soll es jedoch möglich sein, „durch umfassende Aufklärung die Basis für eine Entscheidungsfindung zu vermitteln und ihnen (den Eltern, Anm. d. Verf.) eine Orientierung anhand seiner eigenen Entscheidung zu ermöglichen“.

8. Geburtsgewicht - Spezialproblem der Frühgeburten

Als weiteres Kriterium bei der Beurteilung der Grenzen der ärztlichen Behandlungspflicht wird das Gewicht des Neugeborenen diskutiert. Diese Diskussion ist jedoch eng mit der Problematik der sog. Frühgeburten verbunden und soll insofern lediglich kursorisch behandelt werden. Dies auch deshalb, weil die Problematik der Frühgeburten (Schwangerschaftsalter von weniger als 37 Schwangerschaftswochen, vor der 28. Schwangerschaftswoche - sog. extreme Frühgeburt[829]) teilweise insofern eine andere ist, als die Schädigung bzw. der Umfang der Schädigung des Kindes in der Regel zunächst noch nicht feststeht bzw. pränatal nicht diagnostiziert wurde, sondern vielmehr aufgrund des geringen Gewichts und des frühen Geburtsstadiums eine gewisse Schädigungswahrscheinlichkeit besteht, die sich jedoch nicht realisieren muß. Zudem können gerade durch die intensivmedizinische Behandlung von Frühgeburten Schädigungen erst verursacht werden bzw. zusätzliche, weitere Schäden eintreten.

---

829 Heinemann, S. 37, 267.

a. Medizinische Entwicklung bei der Behandlung von Frühgeburten

In den sechziger Jahren hatten Frühgeborene mit einem Geburtsgewicht unter 1500 Gramm kaum Überlebenschancen und 60-70 % der Überlebenden waren erheblich geschädigt, so daß teilweise dieses Gewicht als Behandlungsgrenze angesehen wurde. Bis heute haben sich die Behandlungsmöglichkeiten für Frühgeborene so weit fortentwickelt, daß Kinder mit einem Geburtsgewicht zwischen 500-750 Gramm teilweise erfolgreich behandelt werden. Bei Kindern mit einem Geburtsgewicht unter 1000 Gramm soll heute eine 50 %ige Überlebenschance mit einer Schädigungsrate von lediglich 30 % bestehen.[830]

b. Problem der Feststellung des Geburtsgewichts

Soweit auf das Geburtsgewicht des Neugeborenen abgestellt werden soll, bestehen bereits hinsichtlich der genauen Erfassung des Gewichts Bedenken. Es existieren nämlich keine konkreten Regelungen oder Richtlinien wie das Gewicht zu ermitteln ist: mit oder ohne Nabelschnur bzw. Nabelschnurklemme, vor oder nach Urin- oder Stuhlabgang. Dies kann jedoch in dem Bereich der Neu- bzw. Frühgeburten unter 1000 Gramm durchaus relevante Auswirkungen haben.[831]

c. Zusammenhang zwischen Geburtsgewicht und Grenzen der Behandlungspflicht

Die Festsetzung einer Gewichtsgrenze als maßgeblich für die Entscheidung über einen Behandlungsabbruch oder -verzicht wird jedoch überwiegend als willkürlich angesehen, weil für den Zusammenhang zwischen Lebensfähigkeit oder Schädigungsrate und einem bestimmten Geburtsgewicht keine wissenschaftlichen Erkenntnisse existieren. Die Ablehnung eines derartigen Kriteriums wird auch damit begründet, daß in Anbetracht des medizinischen Fortschritts zunehmend Kinder mit immer geringerem Geburtsgewicht erfolgreich behandelt wurden und werden und diese Erfolge auch nur durch stetige Forschung und Unterschreitung gesetzter Grenzen möglich geworden sind.

Insofern soll vielmehr der Reifegrad des Kindes maßgeblich sein, der abhängig von der Austragungszeit, also dem Schwangerschaftsalter ist, dessen Konkre-

---

830 Everschor, S. 332 ff.; Heinemann, S. 37 f., 267 f.; v. Loewenich, S. 194 ff. mit diagraphischen Auswertungen von Untersuchungen und Statistiken; Zimmermann, S. 66 f..

831 Eser, FS Narr, S. 47, 60; Everschor, S. 335 ff. betrachtet das Geburtsgewicht jedoch als Orientierungshilfe; v. Loewenich, MedR 1985, 30, 31.

tisierung aber wiederum Probleme bereitet.[832] Mit der Problematik der Frühgeburten hat sich auch die Arbeitsgemeinschaft der Wissenschaftlichen Medizinischen Fachgesellschaften (AWMF), bestehend aus der Deutschen Gesellschaft für Gynäkologie und Geburtshilfe, der Deutschen Gesellschaft für Kinderheilkunde und Jugendmedizin, der Deutschen Gesellschaft für Perinatale Medizin und der Gesellschaft für Neonatologie und Pädiatrische Intensivmedizin, beschäftigt. Die diesbezüglichen sog. AWMF-Leitlinien in Form von Empfehlungen zur Behandlung von Frühgeburten an der Grenze der Lebensfähigkeit richten sich auch nicht am Geburtsgewicht, sondern am Schwangerschaftsalter aus. Vor der Entscheidung über einen Behandlungsverzicht soll jedoch geprüft werden, ob das vorgeburtlich festgestellte Schwangerschaftsalter dem Zustand des Kindes und somit dem mit dem Schwangerschaftsalter zusammenhängenden Reifegrad entspricht. Entsprechend der Empfehlungen sollen Frühgeburten vor der 22. Schwangerschaftswoche nicht lebensfähig sein und daher nicht behandelt, sondern im Sterben betreut werden. Bei Frühgeburten von der 22. bis zur 24. Schwangerschaftswoche steige zwar die Überlebenschance deutlich von 10 auf 50 % an, 20 - 30 % der überlebenden Kinder litten jedoch an schweren körper-lichen und geistigen Behinderungen, so daß bei der Entscheidung über einen Behandlungsabbruch oder -verzicht auch die mütterlichen bzw. elterlichen Interessen zu berücksichtigen seien. Frühgeburten nach der 24. Schwanger-schaftswoche sollen demnach mit Kindern jedes Alters gleichzusetzen sein, weil eine Überlebenschance von 60 - 80 % bestehe. Zwar sollten auch hier die mütterlichen bzw. elterlichen Interessen beachtet werden, „bei Kindern ohne lebensbedrohliche Gesundheitsstörungen sollte grundsätzlich versucht werden, die Vitalfunktionen zu erhalten". Hinsichtlich der Frühgeburten mit angeborenen oder perinatal erworbenen Gesundheitsstörungen geben die Richtlinien folgende Empfehlung:

„Bei Frühgeborenen mit schwersten angeborenen oder perinatal erworbenen Gesundheitsstörungen ohne Aussicht auf Besserung des Zustandes ist in Abhängigkeit von ihrem Grad und der dadurch bedingten Änderung der Lebenschance zu prüfen, ob im Interesse des Kindes die intensivmedizinischen Maßnahmen eingeschränkt werden sollten, auch wenn dadurch der Tod vorzeitig eintreten sollte. Ist zur erkennen, daß das Kind sterben wird, sollten die Eltern

832 Eser, FS Narr, S. 47, 60; Everschor, S. 335 ff., 341; Jähnke, S. 99, 105 f.; Lemburg, in Hohenhauer, S. 1, 5 f.; v. Loewenich, MedR 1985, 30, 31 f.; Ulsenheimer, MedR 1994, 425, 426 f..

Unterstützung erhalten, ihr Kind bis zum Tode selbst zu begleiten und bestatten zu lassen."[833]

d. Zusammenhang zwischen Sterblichkeitsrate und Schädigungsrate
Als zusätzliches Problem bei der Behandlung von Frühgeburten wird die sog. Schädigungsrate angesehen. Mit der zunehmenden Behandlung von Kindern mit immer geringerem Geburtsgewicht wird nämlich die Vermutung geäußert, daß umgekehrt proportional zum Sinken der Sterblichkeitsrate, die Schädigungsrate der „immer früher Geborenen" steigen wird bzw. bereits gestiegen ist.[834] Demgegenüber verweist v. Loewenich[835] auf eine Mehrzahl sorgfältiger Studien, die diese Vermutungen widerlegen würden.

9. Differenzierung zwischen geschädigten Neugeborenen einerseits und geschädigten Föten andererseits

Teilweise wird im Rahmen der Diskussion um die Neugeboreneneuthanasie auch die Regelung der embryopathischen Indikation in § 218a Abs. 2 StGB herangezogen, wonach bei Lebens- oder Gesundheitsgefahr für die Schwangere ein (geschädigter) Fötus bis zum Beginn der Geburt „abgetrieben" werden kann, sog. Schwangerschaftsabbrüche im Spätstadium. Insofern darf die Schwangerschaft selbst dann noch (strafrechtlich zulässig) beendet werden, wenn der Fötus sich bereits in einem Stadium befindet, in dem er außerhalb des Mutterleibes (u.U. als Frühgeburt) lebensfähig wäre und auch behandelt werden müßte. Diskutiert wird daher, ob die Geburt eine so maßgebliche Zäsur darstellt, die die unterschiedliche strafrechtliche Beurteilung rechtfertigen kann.

a. Unzulässigkeit der Differenzierung
Insofern wird unter Verweis auf den genannten Widerspruch vertreten, daß „auch die fundamentale Frage nach den Grenzen der ärztlichen Behandlungspflicht am Anfang des Lebens (wird) neu überprüft werden müssen. ... Würden wir konsequent handeln, müßten wir die pränatale Euthanasie auch postnatal

833 AWMF-Richtlinien, Frühgeburt an der Grenze der Lebensfähigkeit des Kindes, AWMF-Leitlinien-Register Nr. 024/019, http://www.uni-duesseldorf.de/awmf/ll/pneon-19htm; Everschor, S. 343 f..

834 Everschor, S. 333 Fn. 367; Lemburg, in Hohenhauer, S. 1, 5 f.; Merkel, S. 537; Mieth, S. 47, 49 ff..

835 V. Loewenich, S. 194, 196.

erlauben oder die gesetzlichen Regelungen, wie sie in den Einbecker Empfehlungen ihren Niederschlag gefunden haben, auf die gesamte Schwangerschaft ab der Nidation anwenden. ...“ Insoweit wird also eine einheitliche Regelung bzw. einheitliche Handhabung in der Praxis gefordert.[836]
Schmitt[837] sieht in der der differenzierten Behandlung zugrundeliegenden Unterscheidung zwischen dem Rechtsgut „Embryo“ und dem Rechtsgut „Mensch“ eine Fiktion, da es sich „um dasselbe Rechtsgut in verschiedenen Entwicklungsstufen“[838] handle. Dementsprechend sei die unterschiedliche strafrechtliche Behandlung auf Dauer nicht haltbar. Er diskutiert dann die verschiedenen Möglichkeiten der Harmonisierung der differierenden strafrechtlichen Regelungen, wobei er die Beseitigung der eugenischen Indikation (§ 218 a StGB alte Fassung) ablehnt, weil allein diese „nicht nur auf die Belange der Mutter bzw. der Eltern Rücksicht nimmt, sondern auch auf die des ungeborenen Kindes.“[839] Weiterhin lehnt Schmitt auch die entgegengesetzte Möglichkeit ab, „die eugenische Indikation durchlaufend von der Empfängnis bis zu einem Zeitpunkt kurz nach der Geburt als strafausschließend anzuerkennen“, weil dies „ein weiterer großer Schritt in eine bedenkliche Richtung“ sei, „der keineswegs empfohlen werden kann.“[840] Eine dritte Möglichkeit der Behandlung der Fälle der Neugeboreneneuthanasie im Rahmen der sog. passiven Euthanasie soll mangels Einwilligung bzw. Einwilligungsfähigkeit des Neugeborenen nicht möglich sein. Insoweit kommt Schmitt zu dem Ergebnis, daß der Konfliktsituation des Arztes und der Eltern im Rahmen des geltenden Rechts Rechnung getragen werden könne. Hierbei sollten sämtliche strafrechtlichen Milderungsgründe berücksichtigt werden, die bei den Eltern zu einer Strafaussetzung zur Bewährung führen können und bei dem Arzt „lediglich“ zu einer Bestrafung wegen Totschlags aus § 213 StGB. Soweit somit die strafrechtliche Situation insbesondere für den Arzt ungünstig ist, gelangt Schmitt zu dem Ergebnis, daß dies „nicht einmal unberechtigt“ sei, „da die Situation der Eltern weit schwerer und schwieriger ist als die der Ärzte.“[841]

[836] Holschneider, ArztR 1998, 97 f., 100 f..
[837] Schmitt, FS Klug, S. 329, 332 ff..
[838] Schmitt, a.a.O., S. 332.
[839] Schmitt, a.a.O., S. 332.
[840] Schmitt, a.a.O., S. 332 f..
[841] Schmitt, a.a.O., S. 338.

b. Zulässigkeit der Differenzierung

Die Gegenauffassung[842] geht davon aus, daß die Geburt eine beachtliche und damit maßgebliche Zäsur darstellt und insofern „das intrauterine Leben eine andere Wertung haben muß als extrauterines, neugeborenes Leben.“[843]

Auch wird vertreten, daß die pränatale Diagnostik im Rahmen des Schwangerschaftsabbruchs immer „unschärfer sein wird als die postnatale“ Diagnostik, was nicht im Interesse des Patienten sei. Ein Schwangerschaftsabbruch wird insofern nur dann befürwortet, wenn an der infausten Prognose kein Zweifel besteht. In unsicheren pränatalen Diagnostikfällen könne jedoch der Schwangerschaftsabbruch nicht die „bessere Lösung“ gegenüber der postnatalen Diagnostik sein.[844] Everschor[845] führt insofern zwar aus, daß bei qualifizierten Ultraschallbedingungen bereits in der 14. Schwangerschaftswoche 75 % aller möglichen, pränatal diagnostizierbaren Schäden erkennbar seien. Jedoch stünden der Diagnostik kaum Therapiemöglichkeiten gegenüber, so daß die Gefahr bestehe, daß die pränatale Diagnostik als „vorgeburtliches Euthanasieprogramm“ in Verruf gerate. Ebenso bestehe die Gefahr, daß die prä- und postnatalen Therapiemöglichkeiten nicht weiterentwickelt und -erforscht würden, weil der Schwangerschaftsabbruch als „Allheilmittel“ betrachtet wird. Auch sei eine frühe Diagnostik unzuverlässig und praktisch kaum realisierbar, weil dafür eine möglichst frühzeitige Überweisung der Schwangeren von ihrem Gynäkologen an ein spezielles Diagnose-Zentrum erfolgen müßte. Diese Erwägungen führen auch nach Everschor dazu, daß die pränatale Diagnostik mit anschließendem Schwangerschaftsabbruch keine Alternative zum Behandlungsabbruch darstellen kann. Insbesondere sei durch die pränatale Diagnostik keine grundsätzliche Verhinderung geschädigter Neugeborener möglich, so daß die Konfliktlage des Behandlungsabbruchs nicht vermieden würde. Gleiches gelte auch für die Frage der Alternativität der Präimplantationsdiagnostik im Vergleich zum Behandlungsabbruch.

Eser[846] warnt „vor allem auch unter Berücksichtigung des erleichterten Schwangerschaftsabbruches“ vor der erkennbaren Tendenz „einer Auflockerung des Lebensschutzes“ insofern, „als die rein biologisch-quantitative Lebens-

842 Eser, FS Narr, S. 47, 52 f.; Lemburg, in Hohenhauer, S. 1, 3.

843 Lemburg, a.a.O., S. 3.

844 V. Loewenich, MedR 1985, 30, 33.

845 Everschor, S. 370 ff..

846 Eser, FS Narr, S. 47, 62.

verlängerung immer mehr von einer personal-qualitativen Lebensbetrachtung verdrängt wird."[847] Hier bestände die Gefahr, daß sich der Gedanke der Sterbehilfe in gesellschaftsnützliche Eugenik wandle und der Schritt zur „Vernichtung lebensunwerten Lebens" gegangen werde.

Überwiegend wir also die Geburt als maßgebliche Zäsur und damit auch als ausreichender Rechtfertigungsgrund für die unterschiedliche Behandlung von Föten und Neugeborenen angesehen. Insbesondere wird auch eine Übertragung bzw. erweiterte Anwendung der Regelungen zum Schwangerschaftsabbruch auf einen gewissen Zeitraum nach der Geburt wegen der damit verbundenen Lockerung des Lebensschutzes überwiegend abgelehnt.

c. Neuere Lösungsansätze

aa. Auffassung Everschor

Everschor[848] behandelt den Vergleich eines (postnatalen) Behandlungsverzichts wegen schwerer Schädigungen mit der embryopathischen Indikation zum Schwangerschaftsabbruch im Rahmen einer sog. normativen Unzumutbarkeit. Hierbei stellt sie fest, daß nicht jede Schädigung, die einen Schwangerschaftsabbruch rechtfertige, zu einem Behandlungsabbruch berechtige. Sie erörtert dann - in Anlehnung an Schmitt - die beiden rechtlichen Möglichkeiten des ersatzlosen Wegfalls der embryopathischen Indikation einerseits oder der zeitlichen Ausdehnung der embryopathischen Indikation bis zu einem Zeitpunkt kurz nach der Geburt andererseits.
Hierbei lehnt Everschor den Weg der Streichung der embryopathischen Indikation ab, weil eine Austragungspflicht im Falle eines geschädigten Föten wegen der physischen, psychischen und sozialen Notlagen aufgrund der seelischen Belastungen der Schwangeren unzumutbar wäre. Zudem bestände auch die Gefahr des sog. Abtreibungstourismus. Auch der zweite Weg der Anwendung der Vorschriften der embryopathischen Indikation bis kurz nach der Geburt wird von Everschor abgelehnt, weil dies aufgrund der verschiedenen Intentionen der Handlungen (Schwangerschaftsabbruch - Interessen der Schwangeren, Tod des Kindes nicht primär beabsichtigt; Behandlungsabbruch - Interessen des Kindes, Tod beabsichtigt) nicht realisierbar sei. Als weiteres Problem einer möglichen

847 Eser, a.a.O., S. 62.

848 Everschor, S. 346 ff..

Angleichung erörtert Everschor die Frage, ob eine erlaubte pränatale Tötung auch postnatal erlaubt sei.[849]
Eine problemlösende Angleichung von embryopathischer Indikation und Behandlungsabbruch ist ihr ebenfalls nicht möglich.

bb. Auffassung Merkel

Merkel[850] behandelt den Zusammenhang zwischen Schwangerschaftsabbruch wegen embryopathischer Indikation und Behandlungsabbruch aufgrund schwerster Schäden anhand der speziellen Problematik der „Lebendgeburten" nach einem Schwangerschaftsabbruch wegen embryopathischer Indikation (sog. Oldenburger und sog. Zittauer Fall - sh. oben C II 4 a und b, C III 4 c und D I 2 d).
Hierbei bearbeitet Merkel insbesondere die Frage der ärztlichen Garantenstellung. Wenn die Schwangere sich zu einem (zulässigen) Schwangerschaftsabbruch gem. § 218a Abs. 2 StGB entschlossen habe, seien sich Arzt und Patientin darüber einig, daß das Kind sterben solle, dies sei gerade das Ziel derartiger Schwangerschaftsabbrüche. Eine Garantenstellung des Arztes aufgrund freiwilliger Übernahme der Behandlung des nach der Abtreibungshandlung noch lebenden Kindes durch den Arzt sei daher nach Merkel nicht zu begründen. Auch eine Garantenpflicht aus Ingerenz sei nicht möglich, weil schon zweifelhaft sei, „ob allein eine „Entbindung", die als legale Tötungshandlung gegen den Föten geplant und eingeleitet worden ist, anschließend ohne sinnfällige Paradoxie als Begründung einer Pflicht zur Erhaltung seines Lebens reklamiert werden kann". Soweit nämlich die Voraussetzungen des § 218a Abs. 2 StGB vorliegen, läge kein objektiv pflichtwidriges Vorverhalten i.S.d. Ingerenz vor. Hinsichtlich der möglichen Begründung einer Garantenstellung aufgrund eines Rechtsgutswechsel vom Föten zum Menschen durch die Geburt, hält Merkel die herrschende Meinung der Gleichwertigkeit der beiden Rechtsgüter für nicht stringent, weil ansonsten die rechtliche Zulässigkeit eines Schwangerschaftsabbruchs im konkreten Fall auch die Erlaubnis zum Behandlungsabbruch begründen müßte, was zweifelsfrei nach der herrschenden Meinung gerade nicht möglich ist.[851]

---

849 Everschor, S. 346 ff..

850 Merkel, S. 222 ff..

851 Merkel, S. 222 ff..

Nach Merkel müsse daher am formellen Wechsel der rechtlichen Bewertungen zwischen den §§ 218 ff. StGB und §§ 211 ff. StGB angesetzt werden, weil das verfassungsrechtlich garantierte Tötungsverbot gegenüber einem geborenen Menschen „so evident" sei. Diesbezüglich soll nach Merkel auch das Geflecht zwischen dem hohen Rang des Lebensschutzes und den „sozialen Institutionen, in denen dieser Schutz unter jeweils spezifischen Gesichtspunkten organisiert wird", inbesondere die „(Real-)Institution Klinik bzw. ärztliche Versorgung" zu berücksichtigen sein.[852] Merkel befürwortet dementsprechend die Begründung einer ärztlichen Behandlungspflicht über eine Konstruktion in zwei Schritten. Demnach soll als erster Schritt der Schwangerschaftsabbruch in Form der Geburt die Verbindung der Sphäre der Kindesinteressen mit der Klinik als Institution darstellen. Weil bis zur Geburt die mütterlichen Interessen vorrangig waren, habe sich nunmehr, als zweiter Schritt, der rechtliche Status des Neugeborenen geändert und die Folge des rechtmäßigen Schwangerschaftsabbruchs tangiere nunmehr das Tötungsverbot. Die vorherige Zulässigkeit der tödlichen Erfolgsherbeiführung sei damit beendet, so daß der Arzt Garant für die mögliche Abwendung dieses Erfolges werde. Der „Geschmack der Widersprüchlichkeit" sei dabei hinzunehmen und könne insbesondere „nicht dadurch bereinigt werden, daß dem geborenen Kind ein Teil der normativen Garantie des Lebensschutzes - der durch positive Garantiepflichten gesicherte - entzogen wird". Damit sei nach Merkel aber „nicht gesagt, daß es (das Neugeborene, Anm. der Verf.) nun mit allen verfügbaren Mitteln am Leben erhalten werden muß ...". Das Neugeborene müße wie jedes andere Neugeborene betrachtet werden, die „Zulässigkeit eines postnatalen Vollendens der Abtreibung, egal ob es durch Handeln oder Unterlassen geschieht", sei jedoch nicht möglich.[853]

Merkel vertritt hinsichtlich der Lösung der Problematik Neugeboreneneuthanasie einen völlig eigenen, neuen umfassenden Lösungs- bzw. Gedankenansatz, der nachfolgend dargestellt werden soll.

---

852 Merkel, S. 236.

853 Merkel, S. 236 ff., 238.

10. Neue Konzepte in der strafrechtlichen Literatur

a. Habilitationsschrift Merkel

aa. Betrachtung von und Schlußfolgerungen aus bestehenden Lösungsansätzen

In seiner Habilitationsschrift „Früheuthanasie: rechtsethische und strafrechtliche Grundlagen ärztlicher Entscheidungen über Leben und Tod in der Neonatalmedizin“ hat sich Merkel zunächst umfassend mit den bestehenden strafrechtlichen Lösungen bzw. Lösungsansätzen auseinandergesetzt.[854] Dabei ist er zu folgendem Ergebnis gelangt: „Das Resümee am Ende dieser Analyse ist ernüchternd: Keine der bislang vorgetragenen strafrechtlichen Konstruktionen zur Legitimation der passiven Euthanasie kann überzeugen.“[855] Nach Merkels Auffassung fehle den jeweiligen Lösungen insbesondere die akzeptable Begründung, das Fundament tragender Gründe, was bei der Vielzahl der unterschiedlichen Fallkonstellationen zu Fehlentscheidungen führen könne und daher nicht akzeptabel sei. Haupteinwand und damit Grundlage des Lösungsansatzes von Merkel ist, daß „zum einen ... die normativ (ethische) Grundfrage nicht deutlich gestellt“ werde und „zum anderen (und deshalb) ... die spezifisch rechtlichen Möglichkeiten des Umgangs damit und der Antworten darauf unerörtert“ blieben. Die Grundfrage ist nach Merkel demnach: „Soll der individuelle Patient, über dessen Behandlung zu entscheiden ist, *besser nicht mehr leben*, und ggf. warum nicht.“ Aus dieser Grundfrage resultiert dann folgende Frage: „Aus welchen sonstigen Gründen sollte man ihn denn sterben lassen dürfen ?“.[856] Merkel geht dann sehr umfangreich normtheoretischen und moralphilosophischen Überlegungen[857] nach, die ihn zu einem völlig neuartigen Lösungsansatz führen.

bb. Grundlagen

Als Substrat seiner normtheoretischen und moralphilosophischen Überlegungen kommt Merkel zu folgendem Ausgangspunkt einer Sterbehilfeentscheidung:

---

854 Merkel, Zweites und Drittes Kapitel, S. 93 ff..

855 Merkel, S. 386.

856 Merkel, S. 386 f..

857 Merkel, Viertes Kapitel, S. 391 ff. - die Ausführungen Merkels zu den normtheoretischen und moralphilosophischen Grundlagen sollen hier - aufgrund der lediglich überblicksartigen Darstellung der neuen Lösungsvorschläge - nicht wiedergegeben werden.

„Moralisch geboten ist bei jeder neonatologischen Sterbehilfeentscheidung eine Abwägung der Überlebens- und der Sterbensinteressen des Neugeborenen.“[858] Das allgemein formulierte Abwägungsverbot für das Rechtsgut Leben gilt nach Merkels Lösungsansatz für die vorliegende Problematik nicht, weil es nur im Kontext des § 34 StGB sinnvoll sei, wenn sich die Interessen mehrerer Personen gegenüberstehen. Im Rahmen der bei der Neugeboreneneuthanasie maßgeblichen Abwägung innerhalb der Interessenssphäre eines Menschen, des Neugeborenen, sei daher das Abwägungsverbot nicht anwendbar. Die Berechtigung aller Sterbehilfeentscheidungen bei Einwilligungsunfähigen beruhe daher ausschließlich auf der „Bewertung des jeweils konkreten Lebens nach Kriterien seiner erwartbaren Quantität und Qualität.“ Insbesondere sagt Merkel in aller Deutlichkeit, es gebe „keinen anderen Maßstab, der sinnvoll, moralisch akzeptabel und rechtlich haltbar wäre“. Insbesondere verdrängten die bisherigen Lösungsansätze diese Frage bzw. verschleierten sie bei der Aufstellung von „objektiven“ Entscheidungskriterien.[859]
Grundlegend stellt Merkel jedoch ausdrücklich klar, daß zwischen dem „Schutz des Rechts auf Leben“ und dem „Schutz (allein) des biologischen Lebens“ differenziert werden muß. Der „Schutz des Rechts auf Leben“ soll „ausnahmslos für jedes (geborene) menschliche Leben jeder Quantität und Qualität“ gelten, der „Schutz (allein) des biologischen Lebens“ müße aber „dort enden, wo er dem Inhaber eines Lebens unter Verletzung seiner fundamentalsten Interessen *aufgezwungen* würde, also dort, wo die konkrete Beschaffenheit (Quantität und Qualität) dieses Lebens ein überwiegendes Sterbensinteresse zweifelsfrei macht.“[860] Diese Grundüberlegungen setzt dann Merkel wie folgt ins Strafrecht um.

cc. Rechtsdogmatische Begründung

Nach Merkels Auffassung ist bei den derzeitigen gesetzlichen Regelungen § 34 StGB zwar nicht die Ideallösung, aber die „einzige verfügbare Norm des StGB, die es einerseits gestattet, die notwendigen ethischen Überlegungen jeder Euthanasieentscheidung in strafrechtlichen Kategorien zu formulieren, und es

---

858 Merkel, S. 523.

859 Merkel, S. 526.

860 Merkel, S. 526 f..

andererseits schwer macht, die dabei zentralen normativen Erwägungen zu verdunkeln."[861]

Zunächst müßte für eine Rechtfertigung eines Behandlungsabbruchs nach § 34 StGB eine „gegenwärtige Gefahr" vorliegen, was in den bei der Problematik der Neugeboreneneuthanasie beachtlichen Fällen schwerer Schädigungen des Neugeborenen zweifelsfrei erfüllt sein dürfte. Schwierig sei hier aber die Berücksichtigung der Unsicherheiten/Ungenauigkeiten der medizinischen Diagnostik, weil die Gefahr ein gewisses Gewicht haben müße, um eine vorsätzliche tödliche Notstandshilfe zu rechtfertigen. Diesbezüglich bevorzugt Merkel die sog. individualisierte prognostische Strategie, wonach versucht wird, sowohl die strikte Behandlung in jedem Fall als auch den sofortigen Abbruch einer Behandlung aufgrund statistischer negativer Erhebungen als Handlungsalternativen zu vermeiden. Vielmehr sollte nach Merkel zunächst so viel wie möglich prognostisch maßgebliches Material (einschließlich Statistiken) für das (konkrete) Neugeborene gesammelt werden, um dann im Rahmen einer Abwägung eine entsprechende Entscheidung treffen zu können. Dabei soll bereits ein geringer Wahrscheinlichkeitsgrad einer Schädigung ausreichen, um dem Arzt die Abwägungsmöglichkeit im Rahmen des § 34 StGB zu eröffnen, weil es nicht sinnvoll sei, bereits die Annahme einer Notstandslage durch zu hohe Anforderungen zu erschweren.

Die eigentlichen Problemfälle müßen nach Merkel im Rahmen der Abwägung gelöst werden. Daher sei dem Arzt für die Feststellung der Notstandslage im Rahmen der diagnostischen Unsicherheiten ein relativ großer Beurteilungsspielraum einzuräumen. Dies gelte jedoch keinesfalls für die Interessenabwägung selbst.[862]

Liegen demnach die Voraussetzungen für die Annahme einer Notstandslage vor, stehe man „unmittelbar vor dem Zentrum der Entscheidungsprobleme", wobei es primär „um die Kollision von Lebens- und Sterbensinteressen des Neugeborenen selbst" gehe.[863] Dieser Interessenabwägung stünden auch nicht die bisher in der Problemdiskussion geltend gemachten Einwendungen entgegen. Insbesondere der Einwand der Diskriminierung von Behinderten greife deshalb nicht, weil die Entscheidung contra vitam durch ein überwiegendes Sterbeinteresse gerechtfertigt werde und nicht durch die Behinderung oder

---

861 Merkel, S. 528.

862 Merkel, S. 534 ff..

863 Merkel, S. 543.

Schädigung an sich. Die Ermittlung eines konkreten individuellen Interesses enthalte gerade kein Urteil über vergleichbare lebende Personen. Zudem seien die Neugeborenen auch nicht mit Behinderten an sich vergleichbar, so daß gerade das Diskriminierungsargument für ein Verbot des Behandlungsabbruchs bei geschädigten Neugeborenen diese diskriminiere, weil mit der Begründung der Interessen lebender Behinderter (Drittinteressen) eine unbedingte „Überlebenspflicht" des Neugeborenen ohne Ansicht seiner eigenen konkreten Situation und Interessen konstituiert würde.[864]

dd. Inhalt und Durchführung einer umfassenden Interessenabwägung

Die maßgeblichen Elemente der Interessenwägung sollen nach Merkel Lebensinteressen, Lebensqualität und Sterbensinteressen sein, wobei gerade die Prognose/Betrachtung der Lebensqualität unverzichtbar sei, um die Frage nach dem Lebensinteresse sinnvoll beantworten zu können. Maßgeblich soll hier die vom Neugeborenen erlebte und erlebbare Lebensqualität sein, nicht jedoch die Qualität, die andere Menschen dem Leben des Neugeborenen geben. Als objektive Übel, die eine negative Lebensqualität begründen können, sollen Schmerzen und schweres Leid, mithin eine quälende Existenz anzuerkennen sein. Dem Einwand der Unbestimmtheit dieser Begriffe hält Merkel entgegen, daß jede der Handlungsalternativen - Behandlung oder Behandlungsabbruch/-verzicht - dieser Unbestimmtheit unterliege. Insbesondere sei gerade die Argumentation, mangels Nachempfindbarkeit subjektiver Interessen keine Entscheidung über einen Behandlungsabbruch treffen zu können, bereits eine Entscheidung, so daß schon rein tatsächlich eine Entscheidungspflicht bestehe.[865]

Als Maßstab für die Ermittlung der Lebensqualität soll nach Merkel nicht die gesunde, „normale" Entwicklung eines Menschen herangezogen werden, weil dies die Gefahr der Berücksichtigung externer Interessen berge. Insofern fehle auch einem Geschädigten die Vergleichsmöglichkeit seines Lebens mit dem Leben eines gesunden Menschen, so daß er seine Schädigungen/Behinderungen anders wahrnehme und empfinde. Dennoch erkennt auch Merkel an, daß ein „sozusagen authentisches Urteil aus der Innenperspektive des Neugeborenen" nicht möglich sei, sondern vielmehr die Abwägung unvermeidbar aus dem

864 Merkel, S. 543 ff..

865 Merkel, S. 552 ff..

Blickwinkel eines „rationalen Erwachsenen“ erfolgen würde.[866] Dennoch solle versucht werden, die Qualität des gesamten, erwartbaren Lebens ohne persönliche oder „normale“ Überlegungen der abwägenden Person zu ermitteln. Dabei sollen gerade die körperlich vermittelten Empfindungen des Neugeborenen sowie die Lebensdauer zu berücksichtigen sein.[867]

Ebenfalls beachtlich seien die mit einer möglichen lebenserhaltenden Behandlung zusammenhängenden Belastungen und Leiden (sog. iatrogene Leiden). Führen belastende Therapiemaßnahmen zu einem Behandlungserfolg in Form einer Lebenserhaltung des Kindes für eine wesentliche Zeitspanne über die Dauer der Behandlung hinaus, so soll die starke Belastung des Kindes während der Therapie an dem überwiegenden Lebensinteresse des Kindes nichts ändern können. Andererseits sollte jedoch bei der Entscheidung versucht werden, die konkreten Belastungen der Therapie für das Neugeborene zu ermitteln, weil die intensivmedizinische Behandlung nicht nur als leidvoll, sondern teilweise auch als „unerträglich grausam“ angesehen werde. Insofern soll hier wiederum dem Arzt auch im Rahmen der Interessenabwägung ein normativer Beurteilungsrahmen zustehen, weil eine genaue Klärung der einzelnen Entscheidungskriterien derzeit noch nicht möglich sei. Im Fall „Andrew Stinson“ (sh. oben D I 2 c.) kommt Merkel hinsichtlich der Berücksichtigung sog. iatrogener Leiden zu der Feststellung, daß nach Beginn der intensivmedizinischen Behandlung die zusätzlich (durch die Behandlung) verursachten Gesundheitsschäden und damit die Verletzung der kindlichen Interessen durchaus offensichtlich waren. Zwar war die Behandlungsaufnahme unmittelbar nach der Geburt nach Auffassung Merkels geboten, nicht jedoch das Abwarten des Sterbens infolge der Behandlung. Vielmehr hätten die Ärzte hier im Rahmen des ihnen zustehenden Beurteilungsrahmens mit Erfahrung, Augenmaß und humaner Sensibilität eine frühere Entscheidung zum Behandlungsabbruch treffen müßen.[868]
Weiterhin erörtert Merkel auch die mögliche Berücksichtigung der sozialen Prognose des Neugeborenen, weil dieses häufig gerade nicht im normalen Familienverband, sondern in Behindertenzentren, teilweise ohne ausreichende Pflege, Betreuung oder Zuwendung aufwachsen würde bzw. müßte. Dabei sieht Merkel durchaus die bestehenden Unzulänglichkeiten hinsichtlich der Betreu-

866 Merkel, S. 558.

867 Merkel, S. 557 ff..

868 Merkel, S. 560 ff., 567 f..

ung der geschädigten Kinder, die gerade zu einer schweren Beeinträchtigung der für die Abwägung maßgeblichen Lebensqualität führen können. Die soziale Prognose aber als beachtlich für das Überwiegen der Sterbensinteressen anzuerkennen, stellt nach seiner Auffassung eine Akzeptanz der Unzulänglichkeiten und Ungerechtigkeiten des sozialen Systems dar, die einer Verbesserung dieser Verhältnisse gerade entgegenstünden.[869] Ebenfalls unbeachtlich sollen ästhetische Kriterien sein, da ansonsten ein „gefährlicher und auch sonst wohl anstößiger Spielraum eröffnet wäre."[870]

Beachtlich bei der Interessenabwägung kann nach Merkel auch die zukünftige Entstehung von Leiden sein, beispielsweise bei Krankheiten, die erst nach einer gewissen Lebensspanne ausbrechen und dann (teilweise qualvoll) zum Tode führen. In diesen Fällen soll es sowohl auf die Dauer der leidensfreien Zeit als auch auf das Ausmaß der Schmerzen und Qualen in der Leidenszeit in Relation zur Dauer der leidensfreien Zeit ankommen. Konkrete Maßstäbe gebe es jedoch nicht. Aber auch hier sei wiederum zu berücksichtigen, daß sich die Empfindungen des Neugeborenen anders darstellen können, als sie von einem „rationalen Erwachsenen" vermutet werden.[871]
Nach umfassender Abwägung der widerstreitenden Lebens- und Sterbensinteressen des Neugeborenen kann somit nach Merkel ein Behandlungsabbruch oder -verzicht, mithin die passive Sterbehilfe zulässig sein.
Die passive Sterbehilfe in Form der Nichtbehandlung sog. interkurrenter Krankheiten soll, wenn die Interessensabwägung ein überwiegendes Sterbensinteresse ergibt und die Nichtbehandlung keine die Abwägung verändernde Belastung darstellt, zulässig sein.[872] „Das Benützen der frühestmöglichen Gelegenheit" soll diesbezüglich nicht nur möglich, sondern sogar geboten sein.[873]

869 Merkel, S. 568 ff..

870 Merkel, S. 573.

871 Merkel, S. 573 ff. - „Entscheidend für die Abwägung muß jedoch ein Gedanke sein, ... : Die Frage, wie qualvoll die Existenz in dem absolut starren Gefängnis des eigenen Körpers für den darin Eingeschlossenen ist, mag sich für ein Kind, daß niemals etwas anderes gekannt hat, ganz anders darstellen als für Menschen, die ... zuvor „die Freuden der Bewegungsfreiheit kennengelernt" haben." (S. 577).

872 Merkel, S. 601 ff..

873 Merkel, S. 603.

ee. Aktive Euthanasie

Hinsichtlich der überwiegend als zulässig angesehenen indirekten aktiven Sterbehilfe und dem Verbot der direkten aktiven Sterbehilfe ist Merkel der Auffassung, daß ein absolutes Verbot der direkten aktiven Sterbehilfe allein aufgrund einer anderen Motivation des Arztes rechtlich nicht begründbar sei. Eine objektiv richtige Abwägung der Lebens- und Sterbensinteressen würde allein durch eine Motivdifferenz mit entsprechender Handlung nicht objektiv unrichtig. Insbesondere könne auch die für ein direktes aktives Tötungsverbot herangezogene Begründung des höheren „Unwertgehaltes" nicht überzeugen, weil je nach Fallgestaltung der Unwertgehalt nicht allein von der Handlung, sondern von den aus der Handlung resultierenden Folgen abhängig sei, insbesondere von Ausmaß und Zeit des Leidens infolge der jeweiligen Tötungshandlung.[874] Primär entscheidend soll daher nach Merkel sein, „ob das Leiden des Kindes in jenen ... (aktiv verhinderten) Wochen so gravierend gewesen wäre, daß *dieser* konkrete Todeserfolg (der aktive Todeserfolg, Anm. des Verf.), nicht nur der *andere*, spätere, den die passive Sterbehilfe bewirkt hätte, gerechtfertigt werden kann."[875] In Wahrheit gehe es - so Merkel - auch nicht um die Unwertdifferenz zwischen Handlung und Unterlassung, sondern vielmehr um ein „Tabuinteresse der Allgemeinheit am Unterbleiben aktiver Tötungen".[876] Dieses Tabuinteresse resultiere aus einem allgemein höheren Bedrohungsgefühl gegenüber aktiven Tötungen, was jedoch bereits für Garanten gem. § 13 StGB gerade nicht strafrechtlich abgedeckt sei. Das Tabuinteresse müße zwar bei der Abwägung eine Rolle spielen, dürfe aber keinesfalls zu einem grundsätzlichen Verbot der aktiven Sterbehilfe führen. Maßgeblich sei das „konkrete Gewicht des kindlichen Sterbensinteresses", so daß bei einem Überwiegen des Sterbensinteresses gegenüber jeglicher Zeitspanne des Überlebens nach Merkel eine direkte aktive Tötung zulässig sein müße. Soweit hierfür klare Voraussetzungen definiert werden, besteht auch nach Merkel keine Mißbrauchs- oder Dammbruchgefahr.[877]

Zusammenfassend kommt Merkel zu dem Ergebnis, „daß die zulässige Sterbehilfe bei Neugeborenen ausschließlich auf das passive Sterbenlassen beschränkt zu bleiben hat, sofern nicht gerade diese Form der Lebensbeendigung eine er-

874 Merkel, S. 578 ff., 580.

875 Merkel, S. 580.

876 Merkel, S. 582.

877 Merkel, S. 582 ff. - zur Mißbrauchs- und Dammbruchgefahr auch S. 595 ff..

hebliche Verletzung der Interessen des Kindes mit sich bringen müßte. In den allermeisten Fällen auch schwerer angeborener Schädigungen dürfte das *nicht* der Fall sein. ... Solange diese Interessen nicht eindeutig und dringend die *schnellstmögliche* Lebensbeendigung fordern, ist eine aktive Euthanasie nicht zulässig."[878] Ein möglicher Anwendungsfall der zulässigen aktiven Sterbehilfe („moralische Gebot der schnellen aktiven Tötung") bei Neugeborenen sei der unter D I 2 e. dargestellte Fall eines Kindes mit schwerster Hautkrankheit. Ein weiterer Falltypus soll nach Merkel die „Lebendgeburt" nach einem Schwangerschaftsabbruch sein, wenn zweifelsfrei feststeht, daß das Kind nur wenige Stunden leben wird, „über die ersten Stunden der Geburt hinaus nicht lebensfähig ist". Hinsichtlich dieser Problematik vertritt Merkel auch die Auffassung, daß bei Spätaborten „die einzig vernünftig und moralisch akzeptable Lösung eine vorherige intrauterine Tötung des Fetus" sei. Damit werde zwar die Diskrepanz zwischen der Straflosigkeit des Schwangerschaftsabbruchs und der Strafbarkeit des (anschließenden) Behandlungsabbruchs innerhalb weniger Stunden offensichtlich, „der moralische Selbstbetrug sinnfällig".[879] Maßgeblich seien aber allein die kindlichen Interessen, insbesondere sei gerade die künstlich eingeleitete Frühgeburt eine schwere Belastung für das Kind, die im Hinblick auf die Intention der Tötung des Kindes auch sinnlos sei. Aufgrund der Schmerzempfindlichkeit des Föten solle ein intrauteriner Fetozid jedoch nur nach vorheriger Narkotisierung durchgeführt werden.[880]

Der Zulässigkeit der aktiven Tötung im Einzelfall soll jedoch keine entsprechende Rechtspflicht des Arztes gegenüberstehen. Der Arzt dürfe nämlich nicht entgegen seinem Gewissen („subjektive Tabuschranke") zu einer Handlung gezwungen werden; gem. § 12 Abs. 1 des Familienplanungsgesetzes müße auch kein Arzt bei einer Abtreibung mitwirken. Bei einer solchen Konfliktsituation solle die Betreuung an einen anderen Arzt delegiert werden bzw. dürfte in Kliniken mit neonatologischen Intensivzentren eine derartige Konfliktsituation gar nicht erst entstehen.[881]

---

878 Merkel, S. 586 f..

879 Merkel, S. 593.

880 Merkel, S. 587 ff., 592 f..

881 Merkel, S. 594 f..

ff. Pflicht zum Behandlungsabbruch oder -verzicht

Soweit Merkel von der rechtlichen Zulässigkeit eines Behandlungsabbruchs ausgeht, erörtert er damit zusammenhängend die Möglichkeit einer rechtlichen Verpflichtung zum Behandlungsabbruch und ein „Widerspruchsrecht“ der Eltern. Bei überwiegendem Sterbeinteresse sei zumindest ein moralisches Gebot zum Behandlungsabbruch evident, weil eine weitere Lebenserhaltung gerade die Interessen des Kindes verletze. Merkel vertritt die Auffassung, daß auch die Wahrung der Sterbeinteressen einer strafrechtlich geschützten Pflicht entspreche, weil bei Weiterbehandlung/Weiterleben des Kindes der Tatbestand der Körperverletzung erfüllt sei. Es bestehe insoweit ein rechtlicher Entscheidungszwang in Form einer entweder-oder-Entscheidung.[882]

gg. Entscheidungskompetenz/Abwägungskompetenz

Soweit das Überwiegen des Lebens- oder Sterbeinteresses für die Behandlung oder einen Behandlungsabbruch maßgeblich sein soll, kann nach Merkel den Eltern kein Bestimmungsrecht zukommen. Sie haben nach Merkel kein Recht, über Leben oder Tod des Kindes zu entscheiden.

Trotz dieses eindeutigen Ergebnisses hinsichtlich des Ausschlußes einer elterlichen Entscheidungskompetenz befürwortet aber auch Merkel den Vorschlag Hanacks, bei einem der ärztlichen Entscheidung entgegenstehenden Elternwillen, eine Entscheidung des Vormundschaftsgerichtes einzuholen. Das Vormundschaftsgericht soll demnach als unabhängige Kontrollinstanz fungieren, müsse aber ebenfalls seine Entscheidung an der Abwägung der kindlichen Interessen ausrichten.[883] Aufgrund der vielfältigen diagnostischen und abwägungstechnischen Unsicherheiten ist Merkel der Ansicht, daß die Abwägungsentscheidung „keinesfalls von einem einzelnen Arzt allein getroffen werden“ sollte.[884] Es sollten weitere kompetente Experten, das zuständige Pflegepersonal sowie medizinethisch und -rechtlich erfahrene Experten in die Abwägungsentscheidung mit einbezogen werden. Dabei vertritt Merkel jedoch die Auffassung, daß die letzte Verantwortlichkeit nicht auf ein Gremium oder insbesondere eine Ethikkommission übertragen werden sollte, weil er

882 Merkel, S. 604 ff..

883 Merkel, S. 606 ff., wonach die in der strafrechtlichen Literatur oft vertretene Auffassung, „die Behandlung nicht gegen den Willen der Eltern abzubrechen“, nicht richtig sein könne, weil bei überwiegendem Lebensinteresse dem Willen der Eltern zum Behandlungsabbruch nicht gefolgt werden dürfe, so daß dies auch nicht im umgekehrten Fall des überwiegenden Sterbeinteresses gelten könne.

884 Merkel, S. 608.

Ethikkommission übertragen werden sollte, weil er befürchtet, daß die „behandelnden Ärzte schwerlich bereit wären, solche Entscheidungen als verbindlich von seiten eines Gremiums zu akzeptieren, daß nicht unmittelbar mit den klinischen Problemen der Behandlung selbst befaßt wäre."[885] Insofern könne nach seiner Ansicht einem Gremium in Form der Ethikkommissionen nur eine beratende Funktion mit Empfehlungskompetenz zukommen. Das Gremium könne Leitlinien für typische Problemkonstellationen entwickeln und das medizinische Fachpersonal entsprechend schulen.[886]

hh. Abschließende Gedanken

Seinen Lösungsweg abschließend, hält Merkel nochmals fest, daß die bisherigen strafrechtsdogmatischen Überlegungen zur Lösung der Neugeborenenproblematik unbefriedigend seien. Die Ermittlung und Begründung konkreter Einzelfallösungen sei jedoch auch keine spezifisch strafrechtliche Aufgabe, sondern eine der medizinischen Ethik. Für eine medizinethische Entscheidung sei aber § 34 StGB der rechtliche Rahmen, innerhalb dessen die maßgeblichen Abwägungen getroffen werden könnten. Resümierend sei die primäre Aufgabe des Arztes/ Neonatologen im Problembereich der Neugeboreneneuthanasie, „nicht die Lebenserhaltung, sondern die *bestmögliche Hilfe* für seinen Patienten. Er ist in erster Linie weder Heiler noch Lebensschützer, sondern Helfer."[887]

b. Promotionsschrift Everschor

Everschor befürwortet in ihrer Dissertation „Probleme der Neugeboreneneuthanasie und der Behandlungsgrenzen bei schwerstgeschädigten Kindern und ultrakleinen Frühgeborenen aus rechtlicher und ethischer Sicht" eine gesetzgeberische Lösung des gesamten Themenkomplexes „Früheuthanasie" und „Grenzen der ärztlichen Behandlungspflicht", wobei nach ihrer Auffassung die einem neuen Gesetz zugrundeliegende Diskussion auch im Kontext der Problematik des Schwangerschaftsabbruchs geführt werden sollte.

---

885 Merkel, S. 609.

886 Merkel, S. 608 f., wonach aber in Deutschland die Erfahrungen von Ethikkommissionen in amerikanischen Klinikzentren „als Anregung verstanden und ernstgenommen werden" sollten.

887 Merkel, S. 637 ff., 639.

aa. Lösungsansatz Krankheitskatalog

Hinsichtlich möglicher Regelungen zur Behandlung schwerstgeschädigter Neugeborener erörtert Everschor unter dem Stichwort der normativen Unzumutbarkeit den schon teilweise vertretenen Ansatz eines sog. Krankheitskatalogs, um eine einheitliche Handlungsweise innerhalb der Ärzteschaft sicherzustellen. Hiergegen wendet sie jedoch ein, daß aufgrund neuer Operationstechniken und Behandlungsmöglichkeiten eine laufende Überarbeitung eines derartigen Katalogs erforderlich wäre. Gegen einen Krankheitskatalog spräche auch, daß die Erscheinungsformen kindlicher Schädigungen zu unterschiedlich und vielfältig seien, so daß eine abschließende Erfassung aller Krankheitsbilder in einem Katalog nicht möglich sei bzw. die Erscheinungsformen nicht den Krankheiten im Katalog zugeordnet werden könnten. Für die im Katalog nicht erfaßten schweren Fälle wäre die daraus resultierende Behandlungspflicht dann unzumutbar. Zudem mißachte eine Entscheidung allein anhand eines Kataloges die Spezialität jedes Einzelfalles, insbesondere familiäre Aspekte, die für das Wohl des Kindes von maßgeblichem Einfluß seien sowie den Elternwillen. Everschor lehnt daher die Erstellung eines Krankheitskatalogs mangels Praktikabilität ab.[888]

bb. Lösungsansatz Kindeswohl

Nach Everschor soll das Kindeswohl das maßgebliche Kriterium für die Entscheidung über einen Behandlungsabbruch oder -verzicht sein.

Bei der Betrachtung des Kindeswohls sollen nach Everschor sowohl die physische als auch die psychische Konstitution des Kindes eine Rolle spielen, insbesondere Schmerzfreiheit, Mobilität, Motorik, andere Lebensaktivitäten, körperliches und geistiges Wohlbefinden, emotionaler Zustand und Verhältnis zur Umwelt. Die Diagnose und Prognose der Schädigung sowie deren Therapiemöglichkeiten sollen dabei in Relation zu den Leiden und Schmerzen des Kindes betrachtet werden. Absolute Grenze der Behandlungspflicht sei der Hirntod, eine weitere Grenze soll die Lebensunfähigkeit bilden und zwar in der Form, daß für das Kind keine Überlebenschance ohne Verbindung zur Mutter besteht, ohne daß der Arzt dies beheben kann. Wenn eine medizinische Behandlung möglich ist, soll hinsichtlich der Dauer der Behandlung und zusätzlicher Hilfsbedürftigkeit differenziert werden.[889]

---

888 Everschor, S. 376 ff..

889 Everschor, S. 380 ff..

Beachtlich soll nach Everschor auch das mögliche soziale Umfeld des Kindes sein, was im Rahmen der Ermittlung des hypothetischen Willens des Kindes erfolgen soll. Hierbei sollen die Interessen der Eltern mit denen des Kindes abgewogen werden, wobei die Kindesinteressen grundsätzlich höherrangig sein sollen.[890]

Hinsichtlich der medizinischen Voraussetzungen für einen Behandlungsabbruch will Everschor auf die Schwere der Schädigung und deren Auswirkungen auf das Kind bzw. auf dessen Lebensführung abstellen.
Maßgeblich soll dabei nach Everschor die Fähigkeit des Kindes zur Eigenständigkeit und Entfaltung sein, was anhand der selbständigen Ausführung alltäglicher personenbezogener Lebensverrichtungen (Körperhygiene, Nahrungsaufnahme, Motorik, Mobilität und Kommunikation) sowie der fehlenden dauerhaften Hilfsbedürftigkeit hinsichtlich medizinischer und pflegerischer Hilfe von Dritten gemessen werden soll. Der Fähigkeit zur Eigenständigkeit und Entfaltung soll insbesondere nicht entgegenstehen, wenn es sich um eine vorübergehende Betreuung oder normale Beaufsichtigung des Kindes wegen eingeschränkter Fähigkeiten handelt, soweit diese auch kompensiert werden können (z.B. durch einen Rollstuhl). Gegenteiliges gelte aber, wenn das Kind dauerhaft zur Erhaltung von Vitalfunktionen von Apparaten abhängig sei. Eine schwere Schädigung soll nach Everschor beispielsweise dann vorliegen, wenn drei der fünf oben genannten Lebensverrichtungen durch das Kind nicht ausgeführt werden können.[891] Insofern bildet Everschor auch beispielhafte Fallgruppen, bei denen ein Behandlungsabbruch möglich sein soll. Bei infauster Prognose mit einer Todeswahrscheinlichkeit noch innerhalb des sog. extrauterinen Frühjahrs, d.h. bis zu 1 ½ Jahren, sei ein Behandlungsabbruch möglich, wenn wiederholt massive chirurgische Eingriffe erforderlich sind, um die Fähigkeit zur Eigenständigkeit und Entfaltung zu erreichen (Klinikaufenthalte mit schlechten/ unsicheren Therapiechancen, z.B. bei Transplantationen). Gleiches gelte bei dauerhafter Abhängigkeit von intensivmedizinischer Hilfe zur Erhaltung der Vitalfunktionen und bei schweren geistigen Störungen, aufgrund dessen die Schäden nicht kompensiert werden können (z.B. bei schweren, ausgedehnten

890 Everschor, S. 384 f..
891 Everschor, S. 384 ff.

Hirnblutungen). Zu beachten sei zudem gerade das Ausmaß von Schmerzen bei lediglich kurzfristiger Lebensverlängerung.[892]

cc. Entscheidungskompetenz

Hinsichtlich der Entscheidungskompetenz befürwortet Everschor zunächst aufgrund der Komplexität der medizinischen Materie einen Beurteilungsspielraum des Arztes. Dieser habe jedoch die Eltern bei ihrer Entscheidungsfindung lediglich zu unterstützen. Die Letztentscheidungsbefugnis soll also nach Everschor bei den Eltern liegen, wobei eine überregionale Ethikkommission, zusammengesetzt aus Experten verschiedener Fachbereiche, als Kontrollinstitution fungieren sollte. Zur Wahrnehmung dieser Kontrollfunktion soll eine Meldepflicht für Entscheidungen über einen Behandlungsabbruch oder -verzicht festgeschrieben werden.

Bei der elterlichen Entscheidung dürften diese neben den Kindesinteressen auch ihre eigenen Interessen mitberücksichtigen, maßgeblich sei jedoch das Kindeswohl.[893]

dd. Regelungsvorschlag

Zusammenfassend vertritt Everschor die Auffassung, daß grundsätzlich jeder Kranke Anspruch auf Hilfe habe und insbesondere die Höhe der Kosten unbeachtlich seien. Unter bestimmten Voraussetzungen soll jedoch ein Behandlungsabbruch oder -verzicht zulässig sein, so daß der Arzt in diesen Fällen nicht alle denkbaren medizinischen und technischen Möglichkeiten einsetzen müße. Aktive Tötungen lehnt Everschor jedoch mit Verweis auf das Selbstbestimmungsrecht des Patienten ab, weil nur dieses eine aktive Tötung rechtfertigen und im Fall des Neugeborenen von diesem nicht ausgeübt werden könne.[894]

Zur Verdeutlichung der Vorstellungen Everschors siehe den nachfolgend dargestellten Entwurf eines Regelungsvorschlags:[895]

---

892 Everschor, S. 387 ff..

893 Everschor, S. 379 ff..

894 Everschor, S. 480 ff..

895 Everschor, S. 476 ff..

§ 217a Grenzen der ärztlichen Behandlungspflicht bei schwerstgeschädigten Kindern und ultrakleinen Frühgeborenen

Abs. 1

Der Arzt, der eine lebenserhaltende Maßnahme aufgrund der Einwilligung der Eltern bzw. anderer sorgeberechtigter Dritter abbricht oder auf die Einleitung einer solchen Maßnahme verzichtet, handelt nicht schuldhaft, wenn das Kind schwerstgeschädigt ist.

Abs. 2

Eine schwere Schädigung im Sinne des Abs. 1 liegt vor, wenn

a) das Kind die Fähigkeit zur Eigenständigkeit und Entfaltung nicht erlangen wird, weil es

1. vor Erreichen dieser Fähigkeit sterben wird oder

2. nicht ohne dauerhafte apparative Hilfe existieren kann oder

3. aufgrund schwerer geistiger Störungen nicht in der Lage ist, vorhandene Schäden zu kompensieren

b) das Kind ein Leben mit großen Schmerzen führen wird.

Abs. 3

Die Fähigkeit zur Eigenständigkeit und Entfaltung im Sinne des Abs. 2 setzt voraus, daß

1. das Kind fähig ist, personenbezogene Lebensverrichtungen selbständig auszuüben

2. es nicht dauerhaft auf die Hilfe Dritter angewiesen ist und

3. seine Vitalfunktionen nicht auf Dauer von apparativer Hilfe abhängig sind.

Die in Nr. 2 und Nr. 3 angesprochene Dauer ist dabei am extrauterinen Frühjahr zu messen; d.h. die entsprechende personelle oder apparative Hilfe ist dann dauerhaft, wenn sie diesen Zeitraum überschreitet.

Abs. 4

Frühgeborene brauchen vom Arzt nicht am Leben erhalten werden, wenn

a) ihr geringes Geburtsgewicht die Prognose zuläßt, daß sie die Fähigkeit zur Eigenständigkeit und Entfaltung nicht erreichen und bzw. oder ein Leben mit großen Schmerzen führen werden oder

b) sie neben dem geringen Geburtsgewicht zusätzliche angeborene oder perinatal erworbene schwere Schäden aufweisen und zu erwarten ist, daß sie die Fähigkeit zur Eigenständigkeit und Entfaltung nicht erreichen und bzw. oder ein Leben mit großen Schmerzen führen werden.

Die Abs. 2 und 3 gelten insoweit entsprechend.

Abs. 5

Die Basisversorgung ist auch nach dem Abbruch der lebensverlängernden Maßnahme bzw. bei ihrem Verzicht bis zum Eintritt des Todes des Kindes weiterzuführen.

Abs. 6

Der behandelnde Arzt ist nicht verpflichtet, Unzumutbares vorzunehmen. Unzumutbarkeit in diesem Sinne liegt vor, wenn

1. das Kind offensichtlich lebensunfähig ist; Lebensunfähigkeit bedeutet, daß das Kind nach seiner Geburt nicht in der Lage ist zu überleben und dieser Zustand nicht behoben werden kann.

2. nicht genügend personelle bzw. apparative Hilfe zur Verfügung steht.

Ist der Arzt aus den oben genannten Gründen nicht in der Lage, eine entsprechende Behandlung einzuleiten, entfällt dadurch aber nicht seine Pflicht, dem Kranken Hilfe zu leisten. Die Basisversorgung ist bis zum Eintritt des Todes des Kindes sicherzustellen.

Abs. 7

Eine mögliche Lebensverkürzung des kranken Kindes kann in Kauf genommen werden, wenn sie ein unvermeidbarer Nebeneffekt einer schmerzlindernden Therapie ist und sein Schmerzlinderungsinteresse im Vordergrund steht.

§ 217b Entscheidungskompetenz

Abs. 1

Die Eltern bzw. andere sorgerechtsberechtigte Dritte besitzen nach Aufklärung durch den behandelnden Arzt die Entscheidungsbefugnis über den Behandlungsverzicht bzw. Behandlungsabbruch gem. § 217a Abs. 1 bis 4. Ihre Entscheidung gegen das Leben ist unbeachtlich, sofern das Kind nicht schwerstgeschädigt im Sinne des § 217a Abs. 1 ist.

Abs. 2

Die Entscheidung ist der zuständigen überregionalen Ethikkommission zu melden.

Ist die Entscheidung von Arzt und Eltern übereinstimmend getroffen worden, so kann die zuständige Ethikkommission die von den Eltern getroffene und vom Arzt gebilligte Entscheidung dahingehend überprüfen, ob die Voraussetzungen des § 217a eingehalten worden sind.

Besteht zwischen Arzt und Eltern über den Fortgang bzw. die Einstellung der Behandlung gem. § 217a hingegen keine Einigkeit, so überprüft die zuständige überregionale Ethikkommission, ob von den Eltern die in § 217a genannten

Voraussetzungen beachtet worden sind. Im Falle des Mißbrauchs der Eltern entscheidet die zuständige überregionale Ethikkommission anstelle der Eltern.

11. Zusammenfassung und Anmerkungen

Ebenso wie bei der Diskussion zur Lösung der Problematik des Schwangerschaftsabbruchs wegen embryopathischer Indikation einschließlich Spätabbrüchen sind auch bei der Diskussion zur Problematik der Neugeboreneneuthanasie vielfältige Lösungsvorschläge und Ansichten zu verzeichnen.

Das teilweise diskutierte Merkmal der faktischen Unmöglichkeit ist m.E. für die Entscheidung über die Behandlung eines schwerst geschädigten Neugeborenen relativ untauglich. Insofern ist zwar den Auffassungen zuzustimmen, wonach keine Behandlungspflicht bestehen soll, wenn die apparativen, medizinischen, personellen oder sonstigen Möglichkeiten zur Lebenserhaltung des Föten nicht vorhanden sind bzw. aufgrund des Prioriätsprinzips nicht ausreichen. Die problematischen Fällen werden jedoch erst dann offensichtlich, wenn eben durchaus weitere medizinische Behandlungen möglich sind, sich aber in Anbetracht der Konstitution und des Leidens des Neugeborenen die Frage nach der „Sinnhaftigkeit bzw. Notwendigkeit“ weiterer Behandlungen stellt. Die maßgebliche Frage, die die Problematik stellt, lautet ja gerade: Müssen wirklich alle medizinischen und medizintechnischen Möglichkeiten ausgeschöpft werden?

Das unter verschiedenen Kriterien diskutierte Merkmal der normativen Unzumutbarkeit kann ebenfalls nicht als Lösung der Problematik angesehen werden. Den Auffassungen, die hier auf vergleichbare Fälle der Erwachsenensterbehilfe, bei denen der Sterbeprozeß bereits eingesetzt hat, verweisen und Neugeborene, die bewußtlos zur Welt gekommen sind und mit an Sicherheit grenzender Wahrscheinlichkeit nie das Bewußtsein erlangen werden oder bei Neugeborenen, die ohne höhere Gehirnfunktionen zur Welt gekommen sind, nicht intensivmedizinisch behandeln wollen, ist zunächst zuzugestehen, daß sie hier zu einer einheitlichen Lösung im Vergleich zu moribunden Erwachsenen gelangen. Andererseits erscheint die exakte Feststellung und Prognose der Bewusstseinserlangung/höhere Gehirnfunktion nicht unproblematisch. Weiterhin hat bei den hier gemeinten Problemfällen der Neugeboreneneuthanasie der Sterbeprozeß in der Regel noch nicht begonnen, so daß hier bei genauerer Betrachtung die Kri-

terien der allgemeinen Sterbehilfeprinzipien – wie bereits erörtert - gerade nicht passen bzw. zur Lösung der Problematik nicht ausreichen.
Es ist daher festzustellen, daß hinsichtlich des Kriteriums der normativen Unzumutbarkeit eine Übereinstimmung der Auffassungen nur dahingehend besteht, daß bei irreversiblen Bewußtseinsverlust bzw. bei fehlender Wahrnehmungs- und Kommunikationsfähigkeit keine Behandlungspflicht bestehen soll. Diese Maßstäbe wurden jedoch bereits bei der Anwendbarkeit allgemeiner Sterbehilfeprinzipien auf die Behandlung geschädigter Neugeborener herangezogen und als zulässige Kriterien für einen Behandlungsabbruch bzw. -verzicht angesehen, so daß sie insofern keine neuen (für die Neugeboreneneuthanasie speziellen) Lösungsansätze darstellen.[896]
Die weiteren unter dem Merkmal der normativen Unzumutbarkeit diskutierten Kriterien wie „Sinnlosigkeit weiterer ärztlicher Bemühungen", „Schicksalhaftigkeit oder Natürlichkeit des Sterbevorgangs" sind als solche zu unbestimmt, als daß sie als objektiver Maßstab für eine einheitliche Rechtsanwendung herangezogen werden könnten. Gleiches gilt auch für die Überlegung, „der Natur ihren Lauf (zu) lassen".
Insgesamt bleibt aber festzuhalten, daß sich auch hinsichtlich der Behandlung geschädigter Neugeborener die Interpretation und damit die praktische Durchführung des ärztlichen Heilauftrags dahingehend geändert hat, daß nicht bzw. nicht primär der naturwissenschaftlich-technische Erfolg, sondern das menschliche Gesamtwohl als humane Aufgabe des Arztes maßgeblich ist bzw. sein soll. Insofern wurde wohl bereits der Übergang von einer „biologisch-quantitativen zur personal-qualitativen Lebensauffassung" vollzogen.[897]

Äußerst umstritten und problematisch ist das Kriterium einer nur begrenzten Lebenserwartung. Hier läßt sich bereits kaum ermitteln, welcher Zeitraum zu begrenzt/zu kurz für die Bejahung einer Behandlungspflicht ist. Noch schwerer läßt sich dann die entsprechende Fixierung eines Zeitraums begründen. Erschwert wird diese Argumentation zusätzlich durch die Einbeziehung der Konstitution des Neugeborenen/Kindes während der begrenzten Lebenszeit. Insofern läßt sich kaum einheitlich bestimmen bzw. beurteilen, wann eine „mit Plagen überwucherte" Lebenszeit, ob ein qualvoller Tod oder Sterbeprozeß bevor-

896 Sh. D IV 3 c bb. Einseitiger Behandlungsabbruch.

897 Jähnke, S. 99, 103; Laber, MedR 1990, 182, 187; Saati, S. 180; Schmitt, FS Klug, S. 329, 334.

steht. Hierbei erscheint es auch aufgrund der Unbestimmtheit in der Praxis schwer realisierbar, die Lebenszeit zu den erwarteten Beschwerden und Leiden ins Verhältnis zu setzen, um eine entsprechende Behandlungsentscheidung treffen zu können. Insbesondere ist bei diesen eine Abwägung fordernden Auffassungen nicht ausreichend ersichtlich, welche Person anhand welcher konkreten Kriterien diese Abwägungsentscheidung treffen soll.

Die mögliche Berücksichtigung des finanziellen Aufwandes für eine alle medizinisch-technischen Möglichkeiten umfassende Behandlung wird in jüngster Zeit in Anbetracht der Finanzsituation der Krankenkassen und des Sozialwesens allgemein immer aktueller und findet dementsprechend auch in der Problemdiskussion der Neugeboreneneuthanasie zunehmend Berücksichtigung bzw. wird mittlerweile offen erörtert.
Überwiegend wird jedoch in Anbetracht der Bedeutung eines Anerkennens wirtschaftlicher Erwägungen bei der Behandlungsentscheidung die Zulässigkeit einer sog. Kosten-Nutzen-Analyse abgelehnt. Weiterhin wird übereinstimmend gefordert, daß die Eltern geschädigter Kinder stärker finanziell von der Gesellschaft unterstützt werden müssen. Den Eltern sollen dementsprechend kostengünstigere Heimplätze zur Verfügung gestellt werden bzw. sollte die häusliche Pflege und Betreuung durch Eltern/Verwandte und/oder Pflegepersonal gewährleistet bzw. u.a. finanziell unterstützt werden.[898]
Die Diskussion zur Zulässigkeit materieller Erwägungen muß jedoch m.E. geführt und insbesondere zur Verdeutlichung bzw. zur Kenntnis der genauen Ziele der Befürworter einer Kosten-Nutzen-Analyse enttabuisiert werden. Zudem erscheint auch m.E. ein Recht jeder Person auf umfassende ärztliche, medizinisch-technische Behandlung ohne Berücksichtigung der damit gewonnen Lebenszeit nur schwer praktikabel. Eine Abwägung der Kosten mit der Lebensqualität der betroffenen Person darf aber auch nach der hier vertretenen Auffassung nicht erfolgen.

---

[898] Schönke/Schröder-Eser, StGB, 26. Aufl., Vorbem. §§ 211 ff. Rz. 32a will die Forderung nach strenger Handhabung der Lebenserhaltungspflicht von der Übernahme der Folgenlast eines behinderten Kindes durch die Gesellschaft abhängig machen; Everschor, S. 461, 484 f.; Regenbrecht, Münch. med. Wschr. 113 (1973), 601, 603; Schmitt, FS Klug, S. 329, 338 f. - Krause/Körner/Schneider, in Körner/Seidel/Thom, S. 106, 113 forderten in der DDR die finanzielle Unterstützung der betroffenen Familien, weil es „sozialökonomische Gründe für einen Therapieverzicht ... im sozialistischen Gesundheitswesen nicht geben darf".

Das Argument der Achtung der Menschenwürde erscheint m.E. aufgrund seiner weiten und verschiedenen Auslegungsmöglichkeiten für die Behandlungsentscheidung hinsichtlich geschädigter Neugeborener ebenfalls nicht praktikabel. Es ist jedoch den Auffassungen zuzustimmen, die nach der Entscheidung für einen Behandlungsabbruch oder -verzicht unter Verweis auf die Menschenwürde des Neugeborenen fordern, dieses mit der sog. Basispflege (Wärme- und Flüssigkeitszufuhr, Ernährung und Freihalten der Atemwege) zu versorgen bzw., soweit dies möglich ist, die Behandlung stufenweise abzubauen.[899]
Entsprechendes gilt auch für das erörterte Mitleids-Kriterium, welches aufgrund der ihm innewohnenden Subjektivität keinesfalls zu einer einheitlichen Behandlung der Problemfälle führen kann.

Neben der Festlegung der Kriterien/Voraussetzungen für einen Behandlungsabbruch oder -verzicht ist die Frage der Entscheidungskompetenz für die Problemlösung als besonders bedeutsam anzusehen. Diese Frage wird ebenfalls kontrovers diskutiert und insbesondere nicht einheitlich beantwortet. Übereinstimmungen bestehen jedoch insoweit, als der behandelnde Arzt und die Eltern des Neugeborenen versuchen sollten, eine einvernehmliche Entscheidung zu finden, um Konflikte zu vermeiden.[900]
Der Auffassung Ulsenheimers ist insoweit zuzugestehen, daß die Fälle hinsichtlich einer Strafverfolgung wohl unproblematisch sind, in denen Einigkeit zwischen dem behandelnden Arzt und den Kindeseltern besteht. Andererseits kann jedoch dieses Einvernehmen zwischen den lediglich Drittbetroffenen sicherlich nicht allein maßgeblich sein. Selbst wenn nämlich sowohl der Arzt als auch die Eltern einen Behandlungsabbruch befürworten und entsprechend durchführen, kann dieser, soweit die Voraussetzungen hierfür nicht vorliegen, nicht rechtlich zulässig sein bzw. nicht durch das Einvernehmen von Arzt und Eltern zulässig werden. Ulsenheimer läßt insofern, wie andere Autoren auch, allein den behandelnden Arzt bestimmen, ob die Voraussetzungen für einen Behandlungsabbruch vorliegen, was m.E. nicht sachgerecht ist. In den Situationen, in denen keine Übereinstimmung von Arzt und Eltern erzielt werden kann, soll ebenfalls die Auffassung des Arztes entscheidungserheblich sein. Ulsenheimer empfiehlt jedoch zusätzlich eine Art Fachkommission in die Beratung mit einzubeziehen.

899 Eser, FS Narr, S. 47, 61; Hanack, MedR 1985, 33, 38; Kaufmann, JZ 1982, 481, 487.

900 Heinemann, S. 264 Fn. 155; Hennies, ArztR 1998, 102 f.; Ulsenheimer, MedR 1994, 425, 428.

Die Einbeziehung eines Gremiums bei der Entscheidungsfindung wird auch von anderen Autoren gefordert, was m.E. gegenüber einer Alleinentscheidungskompetenz des behandelnden Arztes vorzugswürdig erscheint. Dies gilt auch hinsichtlich einer Alleinentscheidungskompetenz der Kindeseltern, wie sie teilweise befürwortet wird. Der Auffassung, die eine gerichtliche, insbesondere vormundschaftsgerichtliche Entscheidung favorisiert, ist entgegen zu halten, daß dieser Weg aufgrund der Zeitdauer von Gerichtsverfahren wenig effektiv erscheint und in der Praxis wohl allein zu einer (nach)gerichtlichen Kontrolle der ärztlichen und/oder elterlichen Entscheidung führen würde. Zudem wäre eine gerichtliche Entscheidung m.E. wohl auch einseitig zu Lasten der erforderlichen medizinisch-ärztlichen Kompetenzen. Soweit das Gericht ein ärztliches Sachverständigengutachten einholen und auf dieses seine Entscheidung stützen würde, erscheint es überlegenswert, statt dessen ein interdisziplinär besetztes Gremium entscheiden zu lassen.

Die Festlegung eines bestimmten Geburtsgewichts wird überwiegend nicht als Kriterium für die Entscheidung über einen Behandlungsabbruch angesehen. Auch nach meinem Dafürhalten sollte vielmehr der Reifegrad des Kindes bzw. das Schwangerschaftsalter bei der Geburt des Kindes bei der Entscheidung über eine Behandlung oder einen Behandlungsabbruch Berücksichtigung finden.

In Anbetracht der zumindest teilweise vergleichbaren Interessenlagen bzw. der insoweit gleichen Ausgangsgrundlage eines geschädigten Lebens erscheint die Frage nach der Zulässigkeit und Begründung der Differenzierung zwischen geschädigten Föten (§ 218a Abs. 2 StGB) und geschädigten Neugeborenen (§§ 211, 212 StGB) durchaus berechtigt.
Die Auffassungen, die auch für Neugeborene eine dem § 218a Abs. 2 StGB vergleichbare Regelung fordern, übersehen jedoch, daß im Fall eines zulässigen Schwangerschaftsabbruchs das Zurückstehen des Lebensschutzes des Föten nur durch das Überwiegen der mütterlichen Interessen aufgrund der Verbundenheit von Frau und Fötus gerechtfertigt wird. Diese Art der Verbundenheit wird jedoch mit der Geburt des Kindes aufgelöst und kann insofern ohne Bruch der Argumentation nicht mehr als Rechtfertigung dienen. Ein Ausweitung der Regelungen der §§ 212, 211 StGB auf den vorgeburtlichen Bereich käme einer Streichung des § 218a Abs. 2 StGB in Form der embryopathischen Indikation gleich und würde die Rechte und Interessen der Frau unzulässig verkürzen, so daß dies m.E. nicht ernstlich in Erwägung gezogen werden kann. Die Schluß-

folgerung Schmitts, wonach der Widerspruch bzw. die Divergenz bei der Behandlung der Föten und Neugeborenen zwar nicht berechtigt sei, jedoch hingenommen werden müsse, kann nicht überzeugen. Insbesondere erscheint es nicht vertretbar, daß sich sowohl der Arzt als auch die Eltern einer Strafverfolgung ausgesetzt sehen müssen, die lediglich die Möglichkeit von Strafmilderung bereithält.
Insofern ist also den Auffassungen zuzustimmen, wonach die Geburt eine maßgebliche Zäsur für die (medizinische und strafrechtliche) Behandlung von Föten und Neugeborenen darstellt und insofern die unterschiedliche Intensität/Art und Weise des (strafrechtlichen) Lebensschutzes rechtfertigt.

Teilweise völlig neue Lösungsansätze der Problematik enthalten die neueren Monographien von Everschor und insbesondere die von Merkel.
Dem Resümee Merkels, daß die bestehenden und bisher vorgeschlagenen Lösungen nicht überzeugen, kann grundsätzlich zugestimmt werden. Der Ansatz seiner Überlegungen, die Überlebens- und Sterbensinteressen des Neugeborenen gegeneinander abzuwägen, wurde so bisher wohl nicht vertreten bzw. nicht so deutlich formuliert, überzeugt jedoch durch seine Ehrlichkeit. Merkel sagt direkt, welche Überlegungen eigentlich hinter der Entscheidung über einen Behandlungsabbruch stehen. Problematisch erscheint indes die Praktikabilität des Merkelschen Lösungsansatzes, soweit nämlich ein (gesunder) Dritter die ureigensten Interessen des (kranken) Neugeborenen abwägen soll. Dieser soll zwar die Maßstäbe nicht anhand eines gesunden, „normalen" Menschen anlegen, sondern aus dem Blickwinkel und/oder der Gefühlswelt eines (geschädigten) Neugeborenen. Insoweit verkennt jedoch auch Merkel nicht, daß dieser Abwägung Grenzen gesetzt sind. Dennoch verfolgt Merkel seinen Lösungsansatz konsequent weiter, so daß auch seine Argumente zur Zulässigkeit der aktiven Euthanasie in Ausnahmefällen überzeugen können. Gleiches gilt auch für seine Ausführungen zur Pflicht zum Behandlungsabbruch, wenn die Sterbensinteressen überwiegen. Einzig die Erörterungen Merkels zur Entscheidungs-/Abwägungskompetenz vermögen m.E. nicht zu überzeugen, soweit Merkel zwar nicht die alleinige Entscheidung des Arztes befürwortet, jedoch die Entscheidung durch ein Gremium, insbesondere Ethikkommissionen ablehnt, weil der Arzt eine solche Entscheidung schwerlich akzeptieren würde. Er ordnet daher einem Gremium lediglich eine Beratungsfunktion zu. Allein die möglicherweise fehlende Akzeptanz einer institutionellen Entscheidung durch den Arzt kann jedoch m.E. zur Begründung einer Alleinentscheidungskompetenz

nicht ausreichen, da dies einem Zirkelschluß gleichkäme. Soweit man nämlich die Auffassung vertritt, daß eine Institution/ein Gremium aufgrund bestimmter Voraussetzungen/Vorteile entscheidungsbefugt sein soll und dies entsprechend gesetzlich regelt, muß sich der jeweilige Arzt daran halten. Die Inakzeptanz durch einen Arzt kann hier keinesfalls dazu führen, daß ihm die alleinige Entscheidungskompetenz übertragen wird. Dies widerspräche auch dem Grundkonzept der strafrechtlichen Regelungen, wenn diese wegen fehlender Akzeptanz bei Einzelnen gestrichen würden. Zusammenfassend erscheinen die Grundsätze des Lösungsansatzes von Merkel m.E. so überzeugend, daß diese bei der weiteren, gegebenenfalls auch gesetzgeberischen Erörterung nicht unbeachtet bleiben dürfen.
An dem Lösungskonzept von Everschor ist m.E. zunächst überzeugend, daß dieses den gesamten Themenkomplex Früheuthanasie und Grenzen ärztlicher Behandlungspflicht umfaßt und nach ihrer Ansicht zusammen mit der Problematik des Schwangerschaftsabbruchs erörtert werden sollte. Soweit Everschor die Erstellung eines Krankheitskatalogs ablehnt, kann dem nach meinem Dafürhalten nicht unbedingt gefolgt werden (im Einzelnen dazu später). Das für Everschor maßgebliche Kriterium des Kindeswohls kann zumindest vom Ansatz her mit den Überlegungen Merkels zur Abwägung von Lebens- und Sterbensinteressen des Neugeborenen verglichen werden, als allein die kindlichen Interessen im Vordergrund stehen. Everschor macht unter dem Kriterium des Kindeswohls konkrete Ausführungen, wie dieses zu ermitteln sein soll. Dabei erscheinen die von Everschor geforderten Fähigkeiten, welche das Kind haben soll, um eine Behandlungspflicht zu normieren, m.E. stark aus der Sicht des gesunden, „normalen“ Dritten geprägt. Problematisch erscheint auch, den Kindeseltern die alleinige Entscheidungskompetenz zu zubilligen, die auch eigene Interessen mit berücksichtigen können sollen. Ob die von Everschor vorgeschlagene überregionale Ethikkommission als Kontrollinstanz ihre Aufgaben in Anbetracht des wohl erforderlichen Zeitaufwandes überhaupt erfüllen kann, ist zweifelhaft. Dem Lösungskonzept insgesamt ist aber insoweit zuzugestehen, daß es im Gegensatz zum Ansatz Merkels aufgrund der konkret formulierten Voraussetzungen für eine Behandlungspflicht, praxistauglicher erscheint und von Everschor bereits in Form eines Gesetzesvorschlags präsentiert wird.

Zusammenfassend ist zu konstatieren, daß in der überwiegenden Literatur zumindest eine einheitliche Auffassung dahingehend vertreten wird, daß „die

Diagnosesicherung ... stets oberstes Gebot“ sein soll.[901] Dementsprechend sollte auch nach meinem Dafürhalten zunächst alles zur Lebenserhaltung Erforderliche getan werden, um weitere Schädigungen bzw. Nachteile des Kindes durch verzögerte Behandlung zu vermeiden. Erst wenn eine klare Diagnostik möglich und auch durchgeführt ist, sollte die Entscheidung getroffen werden, ob die Behandlung abgebrochen bzw. auf weitere Maßnahmen verzichtet wird.[902] Dies insbesondere auch deshalb, weil die Abgabe einer zukünftigen Prognose ohne gewisse zeitliche Beobachtung und genaue Diagnostik nahezu unmöglich ist und zudem bei Neugeborenen in der Vergangenheit Erfolge verzeichnet werden konnten, die vorher nicht zu erwarten waren. Auch sollte die Möglichkeit der Entwicklung weiterer Therapiemaßnahmen nicht unberücksichtigt gelassen werden, weil auch diesbezüglich stetig Fortschritte zu verzeichnen sind.[903]
Gerade die neueren Konzepte von Everschor und Merkel sollten jedoch bei der weiteren Diskussion auf jeden Fall berücksichtigt werden. Insbesondere erscheint es m.E. überlegenswert, vom Ansatz der Abwägung der Lebens- und Sterbensinteressen auszugehen und dementsprechend konkrete Kriterien/Anforderungen in einer gesetzlichen Regelung zu fixieren.

Die Verfasserin selbst vertritt folgenden Gedankenansatz:
Im Zusammenhang mit der befürworteten Problemlösung bei Schwangerschaftsabbrüchen wegen embryopathischer Indikation müßte es nach meinem Dafürhalten aufgrund der fortgeschrittenen Entwicklung in der Medizin (Diagnostik und Therapie) möglich sein, eine Art Katalog mit bestimmten Krankheitsbildern/Schädigungen/Mißbildungen und entsprechenden Therapie-/Behandlungsmöglichkeiten sowie Zukunftsprognosen und Überlebenschancen zu erstellen. Anhand eines derartigen Katalogs, der von Spezialisten/Expertenkommissionen der verschiedenen medizinischen Fachrichtungen (primär Humangenetiker, Neonatologen, Pädiater etc.) erarbeitet werden müßte, sollte dann ein Gremium entscheiden, bei welchem Krankheitsbild ein Behandlungsabbruch überhaupt in Betracht kommen kann, weil die Summe der Beeinträchtigungen so groß ist, daß sie sich mit dem Leben in Form von Reaktion, Kommunikation, Wahrnehmung der Umwelt, Wohlbefinden etc. nicht mehr

901 Hanack, MedR 1985, 33, 38; Kaufmann, JZ 1982, 481, 486; Laber, MedR 1990, 181, 188.

902 Eser, FS Narr, S. 47, 60; v. Loewenich, MedR 1985, 30, 32; ders., S. 194, 197.

903 Jähnke, S. 99, 105; Kaufmann, JZ 1982, 481, 486.

vereinbaren läßt, bzw. bei welchen Katalogbeschreibungen ein Behandlungsabbruch von vornherein ausscheidet. Bei dieser Entscheidung sollte durchaus der Merkelsche Ansatz der Abwägung von Lebens- und Sterbensinteressen des Neugeborenen Anwendung finden. Diesem Gremium sollte aufgrund der hohen Verantwortung seiner Entscheidungen und deren weitreichenden Auswirkungen auf die gesamte Gesellschaft Experten der verschiedenen Disziplinen Medizin (hier wiederum Spezialisten der speziell betroffenen Fachbereiche Neonatologie, Humangenetik, Pädiatrie etc.), Rechtswissenschaft, Ethik/Philosophie und Religion angehören. Überlegenswert wäre an dieser Stelle auch, die bereits existierenen interdisziplinär zusammengesetzten Ethikkommissionen heranzuziehen.

Ein derartiger Katalog müßte dann in Anbetracht der teilweise rasanten Fortschritte und Entwicklungen in der Medizin einer stetigen Kontrolle unterliegen, um neue Diagnoseverfahren, Therapie- und Operationsmethoden berücksichtigen zu können. Weiterhin müßte der Katalog auch Raum für vergleichbare, nicht katalogisierte Fälle lassen, um möglichst alle Situationsmöglichkeiten zu erfassen. Dieser Katalog einschließlich der Kommissionsentscheidung zur Behandlungspflicht müßte in Form eines Gesetzes oder standesrechtlicher Regelungen für den behandelnden Arzt verbindlich festgeschrieben werden und dementsprechend gerichtlich überprüfbar sein. Sollte ein Krankheits- oder Schädigungsbild vorliegen, welches nicht zugeordnet werden kann bzw. sollten sonstige Unsicherheiten bestehen, so soll m.E. auch in diesen Fällen nicht der behandelnde Arzt allein die Behandlungsentscheidung treffen. Hier sollte vielmehr der behandelnde Arzt zusammen mit einem Juristen die Entscheidung treffen, weil in dieser Situation die Entscheidungsaufgabe allein darin besteht, das vorliegende Krankheitsbild einschließlich der Therapiemöglichkeiten und Zukunftsdiagnosen zu betrachten und darzustellen (Aufgabe des Mediziners), diese Darstellung den Katalogbeschreibungen gegenüber zu stellen und zu vergleichen (Aufgabe Beider) und danach zu prüfen, ob die konkret bestehende Situation unter die Fälle der Behandlungspflicht subsumiert werden kann (Aufgabe des Juristen).

Wenn tatsächlich die Erstellung eines Krankheitskatalogs nicht möglich sein sollte, so müßte m.E. wiederum ein (wie oben aus Juristen, Medizinern, Ethikern, Religionsvertretern zusammengesetztes) Gremium oder eine bereits existierende interdisziplinäre Ethikkommission eine entsprechende Einzelfallentscheidung treffen. Hierbei sollte insbesondere der Ansatz Merkels zur Abwägung von Lebens- und Sterbensinteressen maßgeblich sein. Eine Alleinentscheidungskompetenz einer Person kann m.E. der Bedeutung des Lebensschutzes nicht gerecht werden.

VI. Regelungen der Sterbehilfe, insbesondere bei schwerstgeschädigten Neugeborenen, in den Niederlanden, Österreich und der Schweiz

1. Niederlande

a. Definition und Verständnis der Euthanasie
In den Niederlanden wurde bis heute die überwiegende Diskussion zum Komplex Sterbehilfe unter dem Begriff „Euthanasie" geführt. Dabei wird jedoch - im Gegensatz zur Diskussion in Deutschland - nicht jede Form von Sterbehilfehandlungen vom Begriff der Euthanasie erfaßt bzw. in der niederländischen Euthanasiedebatte erörtert.
Zwar war die Terminierung auch in den Niederlanden zunächst umstritten, jedoch hat sich seit 1985 die von der Staatskommission Euthanasie verfaßte Definition durchgesetzt, wonach Euthanasie ein „absichtlich lebensbeendendes Handeln durch eine andere als die betroffene Person, auf deren ausdrückliche Bitte hin" ist. Die Euthanasie-Diskussion wurde damit in den Niederlanden überwiegend auf lebensbeendende ärztliche Maßnahmen auf Verlangen des Betroffenen beschränkt, weil bei diesen Betroffenen das Selbstbestimmungsrecht zu beachten sei. Hierzu zählt auch der sog. medizinisch assistierte Suizid.[904]

Die Nichteinleitung oder Beendigung sog. medizinisch sinnloser Behandlungen, die Nichteinleitung oder Beendigung einer ärztlichen Behandlung auf Verlangen sowie die auf Schmerzbekämpfung abzielende ärztliche Behandlung, die den Todeseintritt beschleunigt, werden hingegen in den Niederlanden als sog. normales medizinisches Handeln („normaal medisch handelen") bezeichnet und sind somit für die in großer Öffentlichkeit geführte niederländische Euthanasie-Debatte irrelevant. Damit entfällt auch in den Niederlanden die in Deutschland übliche Differenzierung zwischen aktiver/passiver und direkter/indirekter Sterbehilfe. Insofern soll es dem ärztlichen Selbstverständnis widersprechen, medizinisch sinnlose Behandlungen, die für den Patienten ohne vorhersehbaren Nutzen sind, zu beginnen oder fortzusetzen. Ebenso wird die Schmerzlinderung als ärztliche Pflicht angesehen, unabhängig davon, ob hiermit eine Lebensver-

[904] De Groot, BtPrax 6/2001, 223, 224; Gordijn, KritV 2001, 457; Reuter, S. 5 f..

kürzung verbunden ist. Auf die in Deutschland erforderliche vorrangige Intention des Arztes der Schmerzlinderung kommt es in den Niederlanden nicht an. Die lebensbeendenden Handlungen ohne Verlangen des Betroffenen werden in den Niederlanden als eigenständiges Problem, außerhalb der in großem Umfang geführten Euthanasie-Debatte behandelt.[905]

b. Allgemeine Entwicklung der Euthanasie (aktive Sterbehilfe auf Verlangen) bis zur gesetzlichen Neuregelung, in Kraft seit 01.04.2002

Auch in den Niederlanden gab es zunächst - wie in Deutschland - keine speziellen Regelungen zur Sterbehilfe, so daß auf die allgemeinen Regelungen im niederländischen Strafgesetzbuch zurückzugreifen ist. Im niederländischen Strafrecht sind seit je her in Art. 293 nlStGB die Tötung auf Verlangen, in Art. 294 nlStGB die Beihilfe zum Selbstmord, in Art. 287 nlStGB Totschlag und in Art. 289 nlStGB Mord geregelt. Lebensbeendende Maßnahmen waren somit zunächst verboten.[906]

aa. Rechtsfortbildung durch Rechtsprechung und medizinische Institutionen

Im Rahmen der Beschränkung der Euthanasie-Debatte auf lebensbeendende Handlungen auf Verlangen des Betroffenen entwickelte sich in rechtsfortbildender Rechtsprechung eine tatsächliche Praxis dahingehend, daß (aktive) Sterbehilfe auf Verlangen durch einen Arzt aufgrund eines Notstandes gerechtfertigt sein konnte. Dies war in der Regel dann der Fall, „wenn nach wissenschaftlich zu verantwortender ärztlicher Erkenntnis und in der medizinischen Ethik geltenden Normen die Pflicht des Arztes, das Leiden des Patienten zu erleichtern“, die ärztliche Pflicht, das Leben zu erhalten, überwog. Insofern wurden von der Rechtsprechung Kriterien für die ärztliche Sorgfaltspflicht entwickelt, wonach die aktive Sterbehilfe auf Verlangen straflos war, wenn ein freiwilliger, wohlerwogener und dauerhafter Sterbewunsch geäußert wurde, der Patient aussichtslos, unerträglich und dauerhaft, aber nicht notwendig körperlich litt. Der das Leben beendende Arzt mußte einen zweiten Arzt konsultiert und die das Leben beendende Handlung sorgfältig ausgeführt haben.[907]

---

905 Hubben, in Gordijn/ten Have, S. 267, 268 ff. kritisiert jedoch die Einordnung lebensbeendender Maßnahmen ohne Verlangen als normales ärztliches Handeln; Kimsma/van Leeuven, in Gordijn/ten Have, S. 71, 77 ff.; Reuter, S. 5 f..

906 Scholten, in Eser/Koch, Materialien zur Sterbehilfe, S. 453, 455 f., 471.

907 De Groot, BtPrax 6/2001, 223, 225 f.; Hubben, in Gordijn/ten Have, S. 267, S. 277 ff.; Reuter, S. 15 ff.; Sagel-Grande, ZStW 111, 742, 744 f.; Scholten, in Eser/Koch, Ma-

In diese Richtung gingen auch die sog. Positionspapiere des Präsidiums der Königlich Niederländischen Gesellschaft zur Förderung der Heilkunde (KNMG), worin zwar keine ausdrücklichen Standards für lebensbeendende Maßnahmen enthalten waren, jedoch Anhaltspunkte zur Handhabung der nach Auffassung der KNMG strafrechtlich nicht verfolgungswürdigen aktiven, ärztlichen Sterbehilfe. Auch die ärztlichen Disziplinargerichte der Niederlande hatten sich den Leitsätzen der strafrechtlichen Rechtsprechung weitgehend angeschlossen, so daß auch hinsichtlich der ärztlichen Berufspflichten die ärztliche Sterbehilfe als zulässig angesehen wurde.[908]

bb. Strafverfolgungspraxis

Maßgeblich für die allgemeine Entwicklung zur Zulässigkeit der aktiven Sterbehilfe auf Verlangen war jedoch vor allem die Strafverfolgungspraxis der Staatsanwaltschaften. In der niederländischen Strafprozeßordnung gelten das Opportunitätsprinzip und das Verfolgungsmonopol uneingeschränkt, so daß ein relativ weiter Handlungsspielraum für die Strafverfolgungsbehörden besteht, der zu regional unterschiedlichen Verfolgungspraxen führen kann. Um hiergegen für die Fälle der ärztlichen Euthanasie Abhilfe zu schaffen, beschloß 1981 die Versammlung der Generalstaatsanwälte (VVPG) auf Weisung des damaligen Justizministers, die Fälle der ärztlichen Euthanasie an die VVPG weiterzuleiten, um auf dieser nationalen Ebene eine Entscheidung dahingehend treffen zu können, ob im Einzelfall Anklage erhoben wird oder eine Einstellungsentscheidung ergeht. Dabei sollte auf die von der Rechtsprechung erarbeiteten Kriterien zurückgriffen werden. 1985 wurde dann die Verfolgungsrichtlinie dahingehend geändert, daß an Stelle der VVPG nunmehr die Bezirksstaatsanwaltschaften die Einstellungsentscheidungen zu treffen hatten. Aufgrund einer gemeinsamen Vereinbarung der Ärztevereinigung KNMG mit dem Justizministerium im Jahr 1990 wurde für die Euthanasie (einschließlich des ärztlich assistierten Suizids) ein sog. Meldeverfahren eingeführt. Hiernach mußten Euthanasiefälle dem zuständigen Leichenbeschauer gemeldet werden, der diese Meldung und ggfls. einen eigenen Bericht an die Staatsanwaltschaft weiterleitete. (Dieses Meldeverfahren wurde dann 1994 per Gesetz festgeschrieben,

---

terialien zur Sterbehilfe, 453, 456 ff.; Zimmermann-Acklin, in Holderegger, S. 351, 354.

908 Gordijn, in Gordijn/ten Have, S. 303, 315; de Groot, BtPrax 6/2001, 223, 227; Sagel-Grande, ZStW 111, 742, 747 f.; Reuter, S. 50 ff., 63 ff.; Scholten, in Eser/Koch, Materialien zur Sterbehilfe, S. 453, 463 f..

sh. nachfolgend cc. Gesetzesinitiativen und Gesetzesänderungen). 1991 wurde dann eine einheitliche Verfolgungsrichtlinie der Staatsanwaltschaft und Polizei erlassen, welche konkret das Bearbeitungsschema der gemeldeten Fälle aktiver Euthanasie festlegte. Danach mußte der behandelnde Arzt einen zusätzlichen Bericht abliefern, ebenso der amtsärztliche Leichenbeschauer. Der Staatsanwalt hatte dann mit Hilfe dieser Berichte über die Abgabe einer Unbedenklichkeitserklärung zur Leichenüberführung zu entscheiden.[909]
Die so in den Niederlanden existierende Praxis, daß bei Feststellung eines Gesetzesverstoßes durch eine staatliche Behörde von einer Strafverfolgung abgesehen werden kann und daß die Behörde Orientierungen dahingehend abgibt, daß bei bestimmten Gesetzesverstößen und bestimmten Bedingungen keine Strafverfolgung eingeleitet wird, stellt eine besondere Art der Duldung dar und wird in den Niederlanden „gedogen" genannt. Im Gegensatz zu anderen Duldungsformen liegt hier die Besonderheit in der vorherigen Erklärung des Absehens von Strafverfolgung für bestimmte Fälle.[910]

cc. Gesetzesinitiativen und Gesetzesänderungen
Die Kluft zwischen dem Gesetz - Verbot lebensbeendender Maßnahmen auf Verlangen - und der Praxis - Zulässigkeit ärztlicher lebensbeendender Maßnahmen auf Verlangen - führte zu zahlreichen Gesetzesinitiativen.
Bereits 1978 wurde eine entsprechende Debatte im Parlament geführt, in deren Folge eine Untersuchungskommission zum Thema Euthanasie, später als sog. Staatskommission, eingesetzt wurde. Im Jahr 1984 wurde ein linksliberaler Gesetzesentwurf (sog. Wessel-Tuinstra-Entwurf) eingebracht, wonach in Art. 293 nlStGB (Tötung auf Verlangen) ein besonderer Rechtfertigungsgrund (entsprechend der tatsächlichen Praxis und der in der Rechtsprechung entwickelten Kriterien) normiert werden sollte. Der Entwurf wurde jedoch vom Staatsrat abgelehnt bzw. bis zum Abschlußbericht der Staatskommission ausgesetzt. Der danach geänderte Wessel-Tuinstra-Entwurf von 1985 wurde von der Koalitionsregierung von Christdemokraten („Christen Democratisch Appe'l" - CDA) und Liberalen („Volkspartij voor Vrijheid en Democratie" - VVD) abgelehnt, welche 1986 einen sog. Probeentwurf des Ersten Kabinetts Lubbers vorlegte. Dieser Probeentwurf stimmte im Wesentlichen mit dem Wessel-Tuinstra-Entwurf

909 Reuter, S. 99 ff.; Scholten, in Eser/Koch, Materialien zur Sterbehilfe, S. 453, 462 f..
910 Gordijn, in Gordijn/ten Have, S. 303, 304 f. - zum Ursprung der „gedogen" in den Niederlanden sh. S. 312 ff.; ders., KritV 2001, 457 f..

überein, forderte jedoch zusätzlich eine konkrete Todeserwartung des Betroffenen, wohingegen nach dem geänderten Wessel-Tuinstra-Entwurf eine aussichtslose Notsituation ausreichen sollte. Der Staatsrat lehnte jedoch sowohl den Probeentwurf als auch eine weitere geänderte Fassung des Wessel-Tuinstra/Kohnstamm-Entwurfs ab, weil die maßgeblichen Rechtsbegriffe in den Entwürfen für die ärztliche Praxis zu unbestimmt seien. Eine neue Koalitionsregierung von CDA und VVD legte dann im Dezember 1987 einen neuen Gesetzesentwurf unter Beachtung der Kritik des Staatsrates zu den früheren Entwürfen vor, sog. Gesetzesentwurf des Zweiten Kabinetts Lubbers. Dieser Entwurf wurde jedoch von Anfang an von allen Seiten kritisiert. Daher wurde die weitere Beratung der Gesetzesentwürfe 1990 erneut ausgesetzt und ein weiterer Kommissionsbericht der sog. Remmelink-Kommission (genannt nach dem niederländischen Strafrechtler Prof. Mr. J. Remmelink, Generalstaatsanwalt beim „Hoge Raad" und Leiter der Kommission) angefordert.[911]

1991 legte dann die vom Dritten Kabinett Lubbers eingesetzte sog. Remmelink-Kommission ihre Studie zur aktiven ärztlichen Sterbehilfe auf Verlangen vor. Ausweislich dieser Studie wurde bei 130.000 Todesfällen im Jahr 1990 insgesamt in ca. 49.000 Fällen eine ärztliche Entscheidung am Lebensende des Patienten getroffen. Auffallend war dabei, daß von den ca. 49.000 Fällen lediglich 2300 Fälle aktive Sterbehilfe auf Verlangen und 400 Fälle den medizinisch assistierten Suizid betrafen. Die weitaus größere Anzahl der Fälle war bei ärztlichen Entscheidungen zu verzeichnen, die nicht die eigentlichen Euthanasiefälle in der niederländischen Diskussion darstellten. 22.500 Fälle betrafen einen Behandlungsabbruch oder –verzicht ohne Verlangen, ebenso viele Fälle wurden im Rahmen von Schmerz- und Symptomtherapien registriert. Besonders beachtlich war jedoch die Auflistung von 1000 Fällen, in denen eine aktive Lebensbeendigung ohne Verlangen des Patienten, d.h. ohne deren Einverständnis erfolgte. Gerade diese Befunde führten im weiteren zu einer verstärkten Aufmerksamkeit der Debatte auf die Fälle, die von der öffentlichen Euthanasie-Debatte (entsprechend der engen Definition der Euthanasie in den Niederlanden) nicht erfaßt werden.[912]

---

911 Hubben, in Gordijn/ten Have, S. 267, 272 ff.; Reis, ZfL 1994, 42 ff.; Reuter, S. 71 ff.; Sagel-Grande, ZStW 111, 742, 745 ff.; Scholten, in Eser/Koch, Materialien zur Sterbehilfe, S. 453, 464 ff..

912 Kimsma/van Leeuwen, in Gordijn/ten Have, S. 71, 82 ff.; Reuter, S. 119 ff.; Zimmermann-Acklin, in Holderegger, S. 351, 355 ff..

Eine weitere Studie („Second Nationwide Study") aus den Jahren 1995/96 führte zu der Feststellung, daß die Fälle der aktiven Sterbehilfe zugenommen hatten (1995: 3200 Fälle), die des medizinisch assistierten Suizids gleich geblieben waren. Dies konnte auch nur teilweise mit dem Ansteigen der gesamten Sterbezahl erklärt werden. Gestiegen waren aber auch die Fälle des Behandlungsabbruchs/-verzichts ohne Verlangen (27.5000 Fälle) und der Schmerz- und Symptomtherapie (23.000 Fälle). Die Anzahl der Fälle der aktiven Sterbehilfe ohne Verlangen war mit 1000 Fällen gleich geblieben.[913]
Eine Studie aus dem Jahr 2000 berichtete von 2123 gemeldeten aktiven Tötungshandlungen einschließlich medizinisch assistierten Suizid im Jahr 2000.[914]

Am 1.6.1994 trat dann ein Gesetz zur Änderung des Art. 10 des Gesetzes über das Bestattungswesen in Kraft, wonach nunmehr das bis zu diesem Zeitpunkt in Richtlinien geregelte Meldeverfahren in einem Gesetz festgeschrieben wurde und eine allgemeine Regierungsverordnung das Verfahren und insbesondere die Ausgestaltung der Formulare des amtsärztlichen Leichenbeschauers für die Staatsanwaltschaft in Form eines Standardberichtes regelte. Zudem wurde aufgrund einer Empfehlung der Remmelink-Kommission das Meldeverfahren auch auf Fälle aktiver Sterbehilfe ohne Verlangen, d.h. bei einwilligungsunfähigen Patienten ausgedehnt, weil auch deren Überprüfbarkeit gewährleistet sein sollte.[915]
Insgesamt war jedoch in Beobachtung des Gesetzes eine geringe Meldebereitschaft der Ärzte zu verzeichnen, was im Hinblick auf die gesellschaftliche Akzeptanz und die Mißbrauchsmöglichkeiten stark kritisiert wurde.[916]
Am 1.11.1998 ist dann eine Abänderung der Regierungsverordnung sowie eine ministerielle Regelung zur Einrichtung regionaler Prüfungskommissionen in Kraft getreten. Die Änderungen der Regierungsverordnung waren begrenzt, der Standardbericht wurde von einem sog. Musterbericht abgelöst. Weiterhin wurde das bis dato einheitliche Meldeverfahren nunmehr hinsichtlich der Lebens-

913 De Groot, BtPrax 6/2001, 223, 229; Zimmerman-Acklin, in Holderegger, S. 351, 355 ff..

914 De Groot, BtPrax 6/2001, 223, 229.

915 Gordijn, KritV 2001, 457, 459 f.; ders., in Gordijn/ten Have, S. 303, 315 ff. auch mit Einzelheiten zum Meldeverfahren; Hubben, in Gordijn/ten Have, S. 267, 274; Reuter, S. 127 ff., 161 ff..

916 De Groot, BtPrax 6/2001, 223, 227; Gordijn, KritV 2001, 457, 460; Kimsma/van Leeuwen, in Gordijn/ten Have, S. 71, 85 f.; Reuter, S. 190 ff..

beendigung ohne Verlangen und der Lebensbeendigung mit Verlangen zweigeteilt. Neuartig war jedoch die Einrichtung von regionalen Prüfungskommissionen für lebensbeendende Maßnahmen auf Verlangen, bestehend aus einem Arzt, Ethiker und vorsitzenden Juristen, die zunächst das ärztliche Handeln auf dessen Sorgfalt hin überprüfen sollten. Das Überprüfungsergebnis wurde dann an den Bezirksstaatsanwalt und den Inspektor für Gesundheitspflege übermittelt. Nur soweit nach Auffassung der Kommission die Regeln der ärztlichen Sorgfalt nicht eingehalten waren, wurde der Bezirksstaatsanwalt um Nachprüfung des Falles ersucht. Für lebensbeendende Maßnahmen ohne Verlangen soll eine zentrale (nationale) multidisziplinär zusammengesetzte Kommission Gutachten für die Oberste Staatsanwaltschaft erstellen. Das Kollegium der Oberstaatsanwälte sollte dann im Einvernehmen mit dem Justizminister über die Einleitung einer Strafverfolgung entscheiden.[917]

dd. Gesetzliche Neuregelung

Seit dem 1.4.2002 ist in den Niederlanden das am 28.11.2000 im Parlament und am 10.4.2001 im Senat gebilligte „Gesetz zur Überprüfung von Lebensbeendigung auf Verlangen und Hilfe bei Selbsttötung“ („Wet toetsing levensbeeindiging op verzoek en hulp bij zelfdoding“) in Kraft getreten, welches eine weltweite Aufmerksamkeit erhalten und teilweise große Kritik und Empörung erfahren hat.[918] Durch dieses Gesetz wurden die Regelungen der Art. 293, 394 nlStGB durch Einfügen eines zweiten Absatzes wie folgt geändert:[919]

Art. 293

(1) Wer das Leben eines anderen auf sein ausdrückliches und ernsthaftes Verlangen beendet, wird mit Freiheitsstrafe von bis zu 12 Jahren oder Geldstrafe der fünften Kategorie bestraft.

(2) Nicht strafbar ist die Tat, sofern diese durch einen Arzt begangen wurde, welcher die Sorgfaltsanforderungen des Art. 2 des Gesetzes über die Überprüfung von Lebensbeendigung auf Verlangen und Hilfe bei Selbsttötung eingehal-

---

917 Gordijn, in Gordijn/ten Have, S. 303, 319; Reuter, S. 131 ff.; Sagel-Grande, ZStW 111, 742, 750 ff..

918 Der Spiegel, Heft 21/2001, S. 166 ff.; Der Spiegel, Heft 16/2001, S. 24 ff. - nach Scholten, BtPrax 6/2001, 231 „durfte die niederländische Regelung eigentlich niemanden überraschen“, weil das Gesetz nur der „bereits etablierten Praxis entspricht“; so auch de Groot, BtPrax 6/2001, 223.

919 Gordijn, KritV 2001, 457, 460 ff.; Janssen, ZfL 4/2002, 107, 108; ders., ZRP 2001, 179, 180 f..

ten hat und hiervon bei dem Leichenbeschauer der Gemeinde gemäss Artikel 7, Absatz 2 des Gesetzes über Leichenbestattung Meldung gemacht hat.

Art. 294
(1) Wer einen anderen vorsätzlich zu einem Selbstmord bestimmt, wird, sofern der Selbstmord erfolgt, mit einer Freiheitsstrafe von bis zu drei Jahren oder Geldstrafe der vierten Kategorie bestraft.
(2) Wer einen anderen vorsätzlich bei einem Selbstmord behilflich ist oder ihm die benötigten Mittel dazu beschafft, wird, sofern der Selbstmord erfolgt, mit einer Freiheitsstrafe bis zu drei Jahren oder Geldstrafe der vierten Kategorie bestraft. Art. 293, Absatz 2 findet entsprechende Anwendung.

Die Regelung der zu beachtenden Sorgfaltsanforderungen in Art. 2 des Gesetzes über die Überprüfung von Lebensbeendigung auf Verlangen und Hilfe bei Selbsttötung lautet:[920]

Art. 2 Absatz 1
Die in Abs. 2, Art. 293 NStGB, angesprochenen Sorgfaltsbedingungen beinhalten, daß der Arzt:
a) die Überzeugung erlangt hat, dass ein freies und wohlüberlegtes Verlangen des Patienten nach Tötung vorlag,
b) die Überzeugung erlangt hat, dass der Patient untragbar litt und sich in einem aussichtslosen Zustand befand,
c) den Patienten über seinen Zustand und seine weiteren Aussichten unterrichtet hat,
d) gemeinsam mit dem Patienten zu der Überzeugung gekommen ist, dass angesichts der Situation, in der sich dieser befand, keine akzeptable andere Lösung bestand,
e) wenigstens einen weiteren unabhängigen Mediziner zu Rate gezogen hat, der den Patienten begutachtet und hinsichtlich der Sorgfaltsbedingungen in den Abschnitten a) bis d) ein schriftliches Urteil abgegeben hat, und
f) die Lebensbeendigung oder den MAS mit medizinischer Sorgfalt ausgeführt hat.

---

920 Gordijn, KritV 2001, 457, 460 ff.; Janssen, ZfL 4/2002, 107, 108; ders., ZRP 2001, 179, 180 f..

c. Auswirkungen der Euthanasie-Debatte und Entwicklung der Praxis lebensbeendender Maßnahmen ohne Verlangen

Wie bereits ausgeführt, wurde die Problematik der Sterbehilfe ohne Verlangen, d.h. bei einwilligungsunfähigen Patienten, nicht von der Euthanasie-Debatte erfaßt und dementsprechend auch in der rechtspolitischen Diskussion, insbesondere hinsichtlich einer gesetzlichen Neuregelung, nicht beachtet. Ein Grund für die Beschränkung der Euthanasie-Debatte war dabei die Annahme, daß allenfalls hinsichtlich der Sterbehilfe auf Verlangen ein Konsens zu erzielen sei. In Anbetracht der Ergebnisse der Remmelink-Studie mußte jedoch auch die Sterbehilfe ohne Verlangen thematisiert werden.[921]

Im Rahmen der Diskussion über Sterbehilfe für einwilligungsunfähige Personen wurde von der KNMG zwischen „schwerdefekten Neugeborenen" (zu diesen sh. nachfolgend d.), „Patienten im vegetativen Zustand" und „Patienten mit fortgeschrittener Demenz" differenziert. Lebensbeendende Handlungen an einwilligungsunfähigen Patienten sind nach überwiegender Ansicht gem. der Art. 287, 289 nlStGB wegen Mordes oder Totschlags zu bestrafen und als unnatürliche Todesursachen entsprechend des Gesetzes über das Bestattungswesen der Staatsanwaltschaft bzw. den regionalen Prüfungskommissionen zu melden.[922]

Bereits ein Gesetzesentwurf aus dem Jahr 1985 enthielt eine spezielle Regelung, wonach die absichtliche Lebensbeendigung eines Einwilligungsunfähigen wegen schwerer körperlicher oder geistiger Krankheit mit einer maximalen Freiheitsstrafe von sechs anstatt fünfzehn oder zwanzig Jahren bestraft werden sollte. Hierbei sollte jedoch für den Arzt ein spezieller Rechtfertigungsgrund gelten, wenn das Leben eines nach herrschender medizinischer Erkenntnis unwiderruflich bewußtlosen, aber eigenständig atmenden Patienten sorgfältig beendet und die Behandlung zuvor als medizinisch sinnlos eingestellt wurde. Dieses Regelung wurde jedoch nicht kodifiziert und auch die folgenden Gesetzesentwürfe enthielten keine ähnliche Regelung. Dies jedoch wohl nur deshalb, weil man sich in der politischen Diskussion insofern einig war, als eine derartige Regelung noch verfrüht sei.[923]

---

921 Hubben, in Gordijn/ten Have, S. 267, 271 f.; Reuter, S. 141.

922 Reuter, S. 141 ff..

923 Reuter, S. 152 ff..

Die im Rahmen der Remmelink-Studie und der „Second Nationwide Study" aufgezeigten Fälle der aktiven Sterbehilfe sowie des Behandlungsabbruchs oder -verzichts ohne Verlangen führten in Auswertung der Studien zu verstärkten Diskussionen gerade dieser Problemkonstellationen. Teilweise hat die Remmelink-Kommission dahingehend argumentiert, daß nur in einer kleinen Anzahl der Fälle eine voraussichtliche Lebensdauer von über einem halben Jahr vorgelegen habe oder die ärztliche Entscheidung mit dem Patienten hätte besprochen werden können. In der überwiegenden Mehrheit der Fälle hätte es sich um ernsthaft erkrankte und unheilbare Patienten gehandelt, die offensichtlich schwer litten und ihre Wünsche nicht mehr äußern konnten. Dementsprechend sei es auch nur in wenigen Fällen erforderlich, diese in Zukunft durch strengere Maßstäbe bei der ärztlichen Sorgfaltspflicht zu verhindern. In den übrigen Fällen sei die Lebensbeendigung aufgrund der Qualen des Patienten unvermeidbar gewesen und müsse daher als Sterbebegleitung verstanden werden. Der Arzt befände sich in diesen Fällen ebenso wie bei der Sterbehilfe auf Verlangen aufgrund des unerträglichen Leidens des Patienten in einer Notstandssituation und handle dementsprechend gerechtfertigt.
In dieser Richtung argumentierte auch eine im Auftrag des KNMG-Präsidiums tätige Arbeitsgruppe, die bei Einhaltung bestimmter Sorgfaltspflichten die aktive Sterbehilfe bei Einwilligungsunfähigen für moralisch akzeptabel erklärte.[924]

Die Befunde der Remmelink-Studie führten im Rahmen der gesetzlichen Neuregelungen dazu, daß mit Inkrafttreten des Gesetzes am 1.6.1994 das Meldeverfahren ausdrücklich auf die Fälle der Sterbehilfe ohne Verlangen bzw. an einwilligungsunfähigen Personen ausgedehnt wurde, um die Überprüfbarkeit der ärztlichen Entscheidung in diesen Fällen zu gewährleisten. Dementsprechend wurden auch in das Berichtsformular des behandelnden Arztes entsprechende Fragen zur Sterbehilfe ohne Verlangen aufgenommen.[925]
Weitere gesetzliche Änderungen hinsichtlich der Sterbehilfe ohne Verlangen erfolgten nicht, so daß derartige lebensbeendende Handlungen gem. Art. 287, 289 nlStGB[926] strafbar sind:

---

924 Reis, ZfL 1994, 42, 46; Reuter, S. 154 ff..

925 Reis, ZfL 1994, 42, 45; Reuter, S. 161 ff..

926 Reuter, S. 142 f..

Art. 287 (Totschlag)
Wer vorsätzlich einem anderen das Leben nimmt, wird wegen Totschlags mit Gefängnisstrafe bis zu fünfzehn Jahren oder mit Geldstrafe der fünften Kategorie (bis zu 100.000 Gulden, Ausf. bei Reuter) *bestraft.*

Art. 289 (Mord)
Wer vorsätzlich und mit Vorbedacht einem anderen das Leben nimmt, wird wegen Mordes mit lebenslanger Gefängnisstrafe oder zeitiger bis zu zwanzig Jahren oder Geldstrafe der fünften Kategorie bestraft.

d. Neugeboreneneuthanasie
Einigkeit besteht hinsichtlich der Behandlung geschädigter Neugeborener dahingehend, daß diese von vornherein nicht in die allgemeine Euthanasie-Debatte und -regelung miteinbezogen werden können, da es bei Neugeborenen kein Tötungsverlangen, kein Ersuchen geben kann und auch den Eltern diesbezüglich kein Vertretungsrecht zustehen soll. Somit soll also auch nicht auf ein Ersuchen der Eltern abgestellt werden können.[927]

aa. Ältere Auffassungen in der juristischen und medizinischen Debatte
Speziell über die Behandlung von sog. schwerdefekt neugeborenen Patienten war bereits in den siebziger Jahren in den Niederlanden diskutiert worden. Prof. van den Berg hatte hierbei in einer Veröffentlichung die Auffassung vertreten, daß „eine Ethik des unbedingten Respekts für menschliches Leben im Zeitalter der medizinischen Macht als veraltet" abzulehnen sei. Dementsprechend sollte auch ein bedeutungsloses Leben eines „defekten" Kindes beendet werden dürfen. Auch andere schlossen sich dieser Auffassung an, wonach in der Situation eines ernsthaft geschädigten Neugeborenen gerade nicht der Einsatz aller technisch möglichen Maßnahmen notwendig, sondern ein Behandlungsabbruch bzw. -verzicht sogar geboten sei. Die Anwendung sämtlicher technisch möglicher Behandlungen sei hier gerade nicht medizinisch sinnvoll. Weiterhin wurde vertreten, daß bei der Entscheidung über eine Behandlung des Neugeborenen nicht nur der Sinn der medizinischen Behandlung an sich, son-

927 De Groot, BtPrax 6/2001, 223, 229; Hubben, in Gordijn/ten Have, S. 267, 268 f..

dern auch der Sinn bzw. die Qualität des Lebens des Kindes beurteilt werden sollte.[928]

Die in der Folgezeit zu dieser Diskussion vom Gesundheitsrat eingesetzte Kommission Medizinische Ethik des Gesundheitsrates kam dann auch zu dem Ergebnis, daß die aktive Sterbehilfe bei „schwerdefekten“ Neugeborenen unter engen Voraussetzungen zulässig sei. Eine entsprechende gesetzliche Regelung wurde von der Kommission jedoch abgelehnt, weil eine genaue gesetzliche Fixierung nur schwer möglich und der Ausschluß von Mißbräuchen nahezu unmöglich sei. Dementsprechend fertigte die Regierung auch keinen diesbezüglichen Gesetzesentwurf.[929]

bb. Entwicklungen in der Rechtsprechung

Auch die Rechtsprechung hatte sich mit der Problematik der Neugeboreneuthanasie zu beschäftigen.

In den Jahren 1987 bis 1989 hatte die niederländische Justiz einen Fall (sog. Fall Baby Ross) zu beurteilen, bei dem bei einem Neugeborenen mit Down-Syndrom die lebensnotwendige Operation eines Darmverschlußes nicht durch geführt worden war und infolge dessen das Kind am 17.5.1985 verstarb. Die Eltern hatten die zuvor erteilte Einwilligung zur Operation widerrufen, der von der Staatsanwaltschaft mit dem Sorgerecht betraute Rat des Jugendschutzes (bzw. dessen Sekretär) verweigerte ebenfalls die Zustimmung zur Operation, so daß das Neugeborene infolge der unterbliebenen Operation verstarb. Von der Staatsanwaltschaft wurden Anklagen gegen den Sekretär des Rates für Jugendschutz wegen Totschlags und gegen den Chefarzt der kinderheilkundlichen Abteilung des Krankenhauses wegen unterlassener Hilfeleistung erhoben, gegen die Eltern erfolgte keine Anklageerhebung. Die Angeklagten hatten Rechtsmittel gegen die Anklageerhebung eingelegt, welchen durch das Bezirksgericht Maastricht am 19.3.1987 stattgegeben wurde. Diese Entscheidung wurde später sowohl durch den Gerichtshof 's-Hertogenbosch als auch am 28.4.1989 durch den „Hoge Raad“ bestätigt. Dabei war ausweislich der Entscheidungsgründe bei der Entscheidungsfindung zu beachten, „daß dadurch der Weg zu einem Leben sehr schweren Leidens dieses Kindes - und, was der Gerichtshof mit Nachdruck

928 Croughs, in Hermann/von Lüpke, S. 145 f., 149 ff.; Reuter, S. 170; Verweij, in Gordijn/ten Have, S. 141, 147 ff..

929 Reuter, S. 170 f..

bemerken will, zu einem entsprechenden Leiden der Eltern dieses Kindes eröffnet würde, und zwar zu einem Leiden, das so schwer wiegt, daß von dem Verdächtigen redlicherweise nicht verlangt werden kann, ... daß er diesen Weg dadurch eröffnet, daß er versucht doch noch die Zustimmung zur Operation zu erhalten. Dies gilt selbst dann, wenn durch diese Operation die ebensowenig zu vernachlässigende Möglichkeit besteht, daß dem Kind dieses unerträgliche Leiden erspart bleibt und es gesund wird."[930]

Aus dem Jahr 1995 ist ein Verfahren vor dem Gerichtshof von Amsterdam bekannt, wobei das Verfahren bereits zuvor von der damaligen Justizministerin und der Gesundheitsministerin als Musterprozeß für die „Rechtsentwicklung in Sachen schwerdefekter Neugeborener" angekündigt worden war. Im Laufe des Verfahrens gegen einen Arzt wegen Mordes an einem schwerdefekten Neugeborenen hatten Ärzte als Sachverständige zu beurteilen, ob der Arzt nach wissenschaftlich zu verantwortender ärztlicher Erkenntnis und den in der medizinischen Ethik geltenden Normen aufgrund einer Notstandssituation gerechtfertigt gehandelt habe. Die sachverständigen Ärzte stellten hierbei drei Kriterien auf, wonach eine Rechtfertigung des angeklagten Arztes anzunehmen sein soll. Eine Rechtfertigung sollte nämlich dann zu bejahen sein, wenn keine Möglichkeit einer weiteren medizinisch sinnvollen Behandlung besteht, zudem eine angemessene Schmerz- und Symptombekämpfung nicht möglich ist und im weiteren Umstände wie andauerndes Leid des Neugeborenen vorliegen. Der Gerichtshof Amsterdam kam aufgrund dieser Kriterien zu einer Rechtfertigung des Arztes, insbesondere weil das Kind innerhalb kurzer Zeit (innerhalb eines halben Jahres) verstorben wäre und eine Schmerzbekämpfung zwar möglich gewesen wäre, dies aber nur mit Komplikationen, die „... für die Eltern des Kindes, das Pflegepersonal und für die behandelnden Ärzte äußerst belastend ..." gewesen wäre.[931]

cc. Neuere Auffassungen

Daß die Neugeboreneneuthanasie keinen Einzelfall bzw. kein lediglich theoretisches Problem darstellt, belegt auch eine Studie aus dem Jahr 1995, wonach bei 299 untersuchten Fällen von Kindstod innerhalb des ersten Lebensjahres in

---

930 Croughs, in Hermann/von Lüpke, S. 145, 153 f.; Scholten, in Eser/Koch, Materialien zur Sterbehilfe, S. 453, 457, 487 ff..

931 De Groot, BtPrax 6/2001, 223, 229; Reuter, S. 171 f..

8 % der Fälle der Tod absichtlich durch entsprechende Medikamentierung herbeigeführt worden war. Auch eine Interviewstudie mit Neonatologen und Intensivmedizinern ergab, daß fast die Hälfte der Befragten bereits selbst lebensbeendende Handlungen bei Neugeborenen vorgenommen hatten. Insofern kann wohl auch hinsichtlich der Problematik der Neugeboreneneuthanasie bereits von einer weitgehenden tatsächlichen Akzeptanz ausgegangen werden.[932]

In der neueren Literatur wird die Problematik der Behandlung geschädigter Neugeborener im Rahmen der Suche nach einer sinnvollen medizinischen Behandlungsalternative erörtert. Dabei wird vertreten, daß für den Beginn bzw. die Fortführung einer medizinischen Behandlung diese sowohl einen „günstigen Effekt" (Aussicht auf Heilung, Verbesserung, Erleichterung) zur Folge haben sowie das Verhältnis zwischen dem Effekt und den durch die Behandlung verursachten oder zu erwartenden Beschwerden angemessen sein muß. Soweit kein Behandlungserfolg zu erwarten ist oder zwischen Behandlungsbeschwerden und -erfolg ein Mißverhältnis besteht, soll die Behandlung medizinisch sinnlos sein, so daß sie nicht vorgenommen werden muß. Von der Beurteilung, ob eine Behandlung medizinisch sinnvoll ist, soll jedoch zu unterscheiden sein, ob das Leben des Kindes sinnlos ist bzw. unterhalb eines bestimmten Minimums für menschliches Leben liegt. Eine Beurteilung der Sinnhaftigkeit des Lebens darf jedoch nach Groughs für die Entscheidung der Durchführung einer medizinischen Behandlung kein Beurteilungskriterium sein, weil dies ein unakzeptabler Tabubruch sei und eine Gruppe von Personen (Ärzte) gerade nicht über das Lebensrecht einzelner Personen entscheiden dürfe. Zudem führe diese Art von Lebensqualitätsethik sowohl zu einer „Unterminicrung der medizinischen Sorge für Behinderte" sowie zu einer „Unterminierung des Lebensrechts von Behinderten". Weiterhin weist Croughs darauf hin, daß es „absurd" sei, ein geschädigtes Kind, z.B. ein Kind mit Down-Syndrom infolge der Nichtdurchführung der Operation eines Darmverschlußes (wie im Fall Baby Ross) oder infolge der Nichtbehandlung einer Lungenentzündung sterben lassen zu dürfen und ein Kind mit Down-Syndrom, welches zufälligerweise ohne diese konkreten Defekte oder Erkrankungen zur Welt gekommen war, nicht.[933]

---

932 Zimmermann-Acklin, in Holderegger, S. 351, 363 f..

933 Croughs, in Hermann/von Lüpke, S. 145, 150 ff. auch mit Ausführungen zur Gegenauffassung.

De Groot[934] vertritt die Auffassung, daß auch bei der Behandlung geschädigter Neugeborener beurteilt werden müsse, ob eine Behandlung medizinisch sinnvoll ist. Dabei sei aber zu beachten, daß es sich zwar hierbei „nicht um rein oder objektiv medizinische Urteile, jedoch ständig um Urteile" handele, „die von medizinischen Aspekten bestimmt werden und die an medizinischen Normen geprüft werden können. Sie müssen in einen medizinischen Referenzrahmen hineinpassen."[935] Als Beispiel für eine medizinisch sinnlose Behandlung nennt die Groot den Fall einer Frühgeburt vor der 26. Schwangerschaftswoche.

dd. Ärztliche und politische Forderungen

Im Rahmen des ärztlichen Standesrechts hatte sich auch das Präsidium der Königlich Niederländischen Gesellschaft zur Förderung der Heilkunde (KNMG) mit der speziellen Problematik der Neugeboreneneuthanasie auseinandergesetzt. Soweit im sog. Positionspapier von 1990 noch die aktive ärztliche Sterbehilfe für geschädigte Neugeborene, die trotz schwerer Defekte gewisse Lebenschancen haben, befürwortet wurde, kommt das Positionspapier von 1997 zu einer gegenteiligen Auffassung. Danach sei eine Legalisierung der aktiven Sterbehilfe bei geschädigten Neugeborenen nicht angezeigt, um Konflikte mit „internationalem Recht zu vermeiden".[936] Es wurde jedoch eine Neuregelung der Art. 287, 289 nlStGB befürwortet, wonach über das Merkmal der Widerrechtlichkeit eine Abwägung gerechtfertigter Sterbehilfe ohne Verlangen möglich sein sollte. Der Arzt soll demnach eine Beurteilung dahingehend vornehmen, daß er ein Werturteil über die zukünftige subjektive Lebensqualität des Kindes aufgrund seines prognostizierbaren Gesundheitszustandes trifft. Maßgeblich sollen hierbei Kommunikationsmöglichkeiten, zukünftiges Leiden, das Maß an Eigenständigkeit, Entfaltungsmöglichkeiten sowie die Lebensdauer, insbesondere auch im Vergleich zu Menschen, die mit ähnlichen Erkrankungen entsprechende Einschränkungen ihrer Lebensqualität hätten, sein. Bereits im Jahr 1992 hatte die Vereinigung für Kinderheilkunde ein Positionspapier verabschiedet, wonach weitgehend Konsens darüber bestand, daß in den Fällen defekter Neugeborener der Arzt eine Entscheidung über deren Lebensbeendigung unter Berücksichtigung der zukünftigen Lebensqualität des Kindes treffen müße. Teilweise wurde die Sterbehilfe von Neugeborenen nicht nur als ethisch zu-

934 De Groot, BtPrax 6/2001, 223, 230.

935 De Groot, BtPrax 6/2001, 223, 230.

936 Reuter, S. 178.

lässig angesehen, sondern aufgrund von Mitleid zur Handlung verpflichtend. Ausschlaggebend für die Rechtfertigung des Arztes sollte die Absicht des Arztes sein, Leiden zu lindern.[937]
Im Jahr 1997 empfahl eine Arbeitsgruppe der Justiz- und Gesundheitsministerinnen die Festschreibung eines gesetzlichen Melde- und Prüfverfahrens für die Fälle der Sterbehilfe an geschädigten Neugeborenen. Dabei sollten zur Überprüfung der Rechtmäßigkeit von Sterbehilfehandlungen ähnliche Kriterien wie die von der KNMG für geschädigte Neugeborene befürwortete, herangezogen werden. Um das Leben des Neugeborenen zulässig beenden zu können, mußte dieses unerträglich leiden bzw. mußte diesem ein erniedrigender Tod bevorstehen. Weiterhin durfte keine Behandlungsalternative oder Schmerzbekämpfungsmöglichkeit vorliegen und die Eltern mußten nach umfassender Aufklärung zugestimmt haben. Zusätzlich sollte ein weiterer Arzt hinzugezogen werden und die lebensbeendende Handlung mußte in medizinisch und pharmakologisch verantwortlicher Weise ausgeführt werden. Die lebensbeendende Handlung sollte nachträglich durch eine multidisziplinäre Kommission überprüft werden, weiterhin war beabsichtigt, ein verkürztes Prüfungsverfahren einzuführen.[938]

Die gesetzliche Neuregelung der Art. 293, 294 nlStGB durch das „Gesetz zur Überprüfung von Lebensbeendigung auf Verlangen und Hilfe bei Selbsttötung" findet auf die Problematik der geschädigten Neugeborenen keine Anwndung, da sich die Änderungen nur auf lebensbeendende Handlungen auf Verlangen beziehen.[939]

2. Österreich

a. Gesetzliche Regelungen

Ebenso wie in Deutschland existieren auch in Österreich keine spezifischen strafrechtlichen Regelungen zur Sterbehilfe, so daß die allgemeinen Bestimmungen der strafbaren Handlungen gegen Leib und Leben, §§ 75 ff. öStGB[940], für die vorliegende Betrachtung maßgeblich sind. § 75 öStGB regelt als Grundtatbestand der vorsätzlichen Tötungsdelikte Mord, wobei jeder, der einen an-

937 Croughs, in Hermann/von Lüpke, S. 145, 151 f.; Reuter, S. 173 ff..

938 Reuter, S. 176 ff..

939 De Groot, BtPrax 6/2001, 223, 229.

940 Foregger/Fabrizy, StGB, 7. Aufl., §§ 75 ff..

deren tötet nach österreichischem Strafrecht Mörder ist. Totschlag ist insofern eine Privilegierung zum Mord, als derjenige, der *„sich in einer allgemein begreiflichen heftigen Gemütsbewegung hinreißen läßt, einen anderen zu töten"*, milder bestraft wird.

Die Tötung auf Verlangen ist in Österreich wie folgt geregelt:

§ 77 Tötung auf Verlangen
Wer einen anderen auf dessen ernstliches und eindringliches Verlangen tötet, ist mit Freiheitsstrafe von sechs Monaten bis zu fünf Jahren zu bestrafen.

Im Gegensatz zum deutschen Strafrecht wurde in Österreich - ähnlich wie in den Niederlanden - auch die Beteiligung an einem Suizid gesetzlich geregelt, der Suizid selbst ist nicht strafbar:

§ 78 Mitwirkung am Selbstmord
Wer einen anderen dazu verleitet, sich selbst zu töten, oder ihm dazu Hilfe leistet, ist mit Freiheitsstrafe von sechs Monaten bis zu fünf Jahren zu bestrafen.

Weiterhin unterscheidet sich das österreichische Strafrecht vom deutschen Strafrecht in der Normierung des Selbstbestimmungsrechts des Patienten in § 110 öStGB. Dabei entspricht jedoch diese Regelung der herrschenden Auffassung im deutschen Recht, wonach die ohne Einwilligung des Patienten vorgenommene Heilbehandlung eine Körperverletzung darstellt.

§ 110 Eigenmächtige Heilbehandlung
(1) Wer einen anderen ohne dessen Einwilligung, wenn auch nach den Regeln der medizinischen Wissenschaft, behandelt, ist mit Freiheitsstrafe bis zu sechs Monaten oder mit Geldstrafe bis zu 360 Tagessätzen zu bestrafen.
(2) Hat der Täter die Einwilligung des Behandelten in der Annahme nicht eingeholt, daß durch den Aufschub der Behandlung das Leben oder die Gesundheit des Behandelten ernstlich gefährdet wäre, so ist er nach Abs. 1 nur zu bestrafen, wenn die vermeintliche Gefahr nicht bestanden hat und er sich dessen bei Aufwendung der persönlichen Sorgfalt (§ 6) hätte bewußt sein können.
(3) Der Täter ist nur auf Verlangen des eigenmächtig Behandelten zu verfolgen.

Zudem ist die Unterlassung der Hilfeleistung im öStGB wie folgt geregelt:

§ 95 Unterlassung der Hilfeleistung
(1) Wer es bei einem Unglücksfall oder einer Gemeingefahr (§ 176) unterläßt, die zur Rettung eines Menschen aus der Gefahr des Todes oder einer beträchtlichen Körperverletzung oder Gesundheitsschädigung offensichtlich erforderliche Hilfe zu leisten, ist mit Freiheitsstrafe bis zu sechs Monaten oder mit Geldstrafe bis zu 360 Tagessätzen, wenn die Unterlassung jedoch den Tod eines Menschen zur Folge hat, mit Freiheitsstrafe bis zu einem Jahr oder mit Geldstrafe bis zu 360 Tagessätzen zu bestrafen, es sei denn, daß die Hilfeleistung dem Täter nicht zuzumuten ist.
(2) Die Hilfeleistung ist insbesondere dann nicht zuzumuten, wenn sie nur unter Gefahr für Leib und Leben oder unter Verletzung anderer ins Gewicht fallender Interessen möglich wäre.

Im Gegensatz zu Deutschland existieren aber in Österreich keine standesrechtlichen Richtlinien der Ärzteschaft zur Problematik der Sterbehilfe.[941]

b. Allgemeine Handhabung der Sterbehilfe
aa. Aktive Sterbehilfe
Die sog. aktive Sterbehilfe ist nach herrschender Meinung strafbar. Jedoch kommen gegenüber einer Bestrafung wegen Mordes die Privilegierungen wegen Tötung auf Verlangen oder Totschlags in Betracht. Jedoch ist auch die aktive Sterbehilfe in Form der Mitwirkung am Suizid durch Verschaffung oder Vermittlung tödlich wirkender Substanzen und Medikamente strafbar. Wie in Deutschland auch ist in Österreich die sog. aktive indirekte Sterbehilfe nicht strafbar, wenn primäre Absicht der das lebensverkürzende Mittel verabreichenden Person die Schmerzlinderung ist.[942]

---

941 Dearing/Schwarz, in Eser/Koch, Materialien zur Sterbehilfe, S. 557, 558.

942 Dearing/Schwarz, in Eser/Koch, Materialien zur Sterbehilfe, S. 557, 561; Fischer/Lilie, S. 146; Foregger/Fabrizy, StGB, 7. Aufl., § 75 Rz. 6, 8; Schick, in Bernat (Hrsg.), S. 121, 132 f.; a.A. bzgl. aktiver direkter Sterbehilfe Bertel/Schwaighofer, BT I, §§ 77, 78 Rz. 3, wonach die Tötung eines Menschen in verzweifelter Lage nicht strafbar sein soll, wenn der Sterbewille aufgrund der Situation des „Opfers" für einen „geistig gesunden, normal veranlagten und rechtstreuen Menschen verständlich ist".

bb. Passive Sterbehilfe

Die passive Sterbehilfe bei einem einwilligungsfähigen Patienten ist aufgrund der gesetzlichen Regelung in § 110 öStGB ausdrücklich zulässig. Bei einwilligungsunfähigen Patienten soll der soziale Sinngehalt des Behandlungsabbruchs oder -verzichts maßgeblich für die rechtliche Beurteilung sein. Zu respektieren sei insbesondere die Würde des Menschen gerade im Hinblick auf einen menschenwürdigen bzw. würdevollen Tod.[943]

Im Rahmen der Diskussion um die passive Sterbehilfe soll auch zu berücksichtigen sein, daß in Österreich zwar die Tötung auf Verlangen durch einen Arzt sowie die Mitwirkung eines Arztes am Suizid seines Patienten strafrechtlich sanktioniert wird, dem jedoch die Straflosigkeit der Nichtbehandlung des einwilligungsfähigen Patienten in Beachtung des Selbstbestimmungsrechts gegenübersteht. Der einwilligungsfähige Patient kann sich somit einer lebensrettenden bzw. -verlängernden Behandlung ohne strafrechtliche Konsequenzen für den behandelnden Arzt entziehen. Eine Gleichstellung mit einem Suizid soll ausweislich der amtlichen Erläuterungen zu § 110 Abs. 1 öStGB in derartigen Fallkonstellationen gerade nicht erfolgen. Das Selbstbestimmungsrecht eines Patienten mit lebensgefährlicher Erkrankung oder Behinderung soll damit ausdrücklich anerkannt und geschützt werden.[944]

Sobald jedoch der Patient noch nicht bzw. nicht mehr einwilligungsfähig ist, wird auch in Österreich die Problematik des Behandlungsabbruchs oder -verzichts kontrovers diskutiert. Insofern wird erwogen, entsprechend der allgemeinen vertretungsrechtlichen Bestimmungen in diesen Fällen den gesetzlichen Vertreter entscheiden zu lassen bzw. zuvor einen gesetzlichen Vertreter zu bestellen. Weiter wird dann diskutiert, ob diese Drittentscheidung einer vormundschaftsgerichtlichen Genehmigung bedarf. Hierbei werden die Regelungen in den §§ 282, 273 f., 216 ABGB, wonach wichtige, eine behinderte Person betreffende Entscheidungen des sog. Sachwalters einer Genehmigung des Vormundschaftsgerichtes bedürfen, in entsprechender Anwendung herangezogen. Die vormundschaftsgerichtliche Genehmigung soll insbesondere in den Fällen der sog. Hilfe zum Sterben, d.h. vor Beginn des eigentlichen Sterbeprozeßes erforderlich sein. Hinsichtlich der amtlichen Bestellung eines sog. Sachwalters wird vertreten, daß der Patient noch im Zeitpunkt seiner Einwilligungs- und

---

943 Dearing/Schwarz, in Eser/Koch, Materialien zur Sterbehilfe, S. 557, 561 f.; Fischer/ Lilie, S. 146; Foregger/Fabrizy, StGB, 7. Aufl., § 75 Rz. 7; Schick, in Bernat (Hrsg.), S. 121, 135 ff..

944 Bernat, in Wienke/Lippert (Hrsg.), S. 119, 121 f..

Geschäftsfähigkeit einen sog. Stellvertreter in Gesundheitsangelegenheiten als Unterfall einer sog. Vorsorgevollmacht bestimmen können soll. Bezüglich sog. Patientenverfügungen wird überwiegend vertreten, daß diese bei einer Entscheidungsfindung beachtlich und in Anerkennung des Selbstbestimmungsrechts des Patienten auch für den Arzt bindend seien. Jedoch könnten Fallkonstellationen bestehen, bei denen das Fürsorge- dem Autonomieprinzip entgegenstehe. Diskutiert wird auch, ob ein mutmaßlicher Wille des Patienten Entscheidungsgrundlage sein kann. Insofern soll aber eine Abwägungsentscheidung im Rahmen des rechtfertigenden Notstandes dahingehend zu treffen sein, ob „das menschliche Leben für dessen Träger noch einen Wert besitzt".[945]

c. Sog. Neugeboreneneuthanasie

Hinsichtlich der Behandlung schwerst geschädigter Neugeborener wird auf die allgemeine Handhabung der Sterbehilfe verwiesen. Im Rahmen der Diskussion um die Zulässigkeit der passiven Sterbehilfe wird dabei vertreten, daß eine Pflicht zur Lebensverlängerung dann entfalle, wenn sich bei einem Neugeborenen die Fähigkeit zu einem bewußten Leben nicht entwickeln könne und das Kind auf Dauer nicht lebensfähig sei.[946]

3. Schweiz

a. Allgemeines

Ebenso wie in Deutschland hat sich auch in der Schweiz in den letzten Jahren bzw. Jahrzehnten das ärztliche Grundverständnis bzw. -verhalten dahingehend gewandelt, daß sich die ärztliche Aufgabe nicht allein im Heilen und Reparieren erschöpfe, sondern bei fehlenden Heilungschancen gerade auch die „anspruchsvolle Beschränkung auf Lindern und Begleiten" notwendig sei. Dementsprechend sollten die Gesunderhaltung und die Palliativmedizin als gleichwertige Teile des ärztlichen Heilauftrags anerkannt und als „größere heilkundliche Errungenschaft ... als manche stolze Methode einer schlagzeilenträchtigen Hightech-Spitzenmedizin" angesehen werden.[947]

---

945 Bernat, in Wienke/Lippert (Hrsg.), S. 119, S. 122 ff..

946 Dearing/Schwarz, in Eser/Koch, Materialien zur Sterbehilfe, S. 557, 561 f.; Kienapfel, BT I, Vorbem §§ 75 ff Rz. 22.

947 Nager, Ethik Med 10 (1998), 14 f., 17.

In der gegenwärtigen Diskussion um Sterbehilfe sind insbesondere auch politische Vorschläge zu verzeichnen, die eine Übernahme bzw. Angleichung der Handhabung der Sterbehilfe in der Schweiz nach dem Vorbild der Niederlande fordern. Bereits im Jahr 1994 wurde vom Nationalrat V. Ruffy eine sog. Motion eingereicht, in der die Straffreiheit der Tötung auf Verlangen gefordert wurde. Diese Motion wurde 1996 in abgeschwächter Form eines Postulats auf Überweisung des Plenums des Nationalrates als eine Kammer der gesetzgebenden Bundesversammlung an das Eidgenössische Justiz- und Polizeidepartement übermittelt. Im Auftrag des Justiz- und Polizeidepartements beschäftigte sich daraufhin ab 1998 eine Arbeitsgruppe „Sterbehilfe" mit der Problematik, welche im März 1999 eine mit knapper Mehrheit zustandegekommene Empfehlung abgab, „Art. 114 StGB (Tötung auf Verlangen) um einen Absatz 2 zu erweitern, wonach in extremen Ausnahmefällen von einem Strafverfahren oder einer Bestrafung abgesehen werden muß." Die Empfehlung, „die passive und die indirekte aktive Sterbehilfe ausdrücklich zu regeln", erfolgte einstimmig.[948]
Der Bundesrat als Exekutivorgan verabschiedete jedoch im Juli 2000 entgegen der Empfehlung der Arbeitsgruppe einen Bericht ans Parlament, in dem die Änderung des strikten Verbots der Tötung auf Verlangen abgelehnt wurde. Dieser Bericht soll auch (entgegen der sonst üblichen Vorgehensweise) im Plenum des Parlaments diskutiert werden, um danach eine Expertenkommission für diese Problematik einzusetzen, die dann gegebenenfalls einen entsprechenden Gesetzesentwurf auszuarbeiten hat.[949]

Zudem wurde im Jahr 2000 vom Nationalrat F. Cavalli eine sog. parlamentarische Initiative eingebracht, in der die Straffreiheit der aktiven Sterbehilfe für Ärzte gefordert wird.[950]

b. Gesetzliche Regelungen

aa. Nationale Regelungen

Auch in der Schweiz existiert keine ausdrückliche gesetzliche Regelung für Sterbehilfe allgemein und auch nicht für die sog. Neu- oder Frühgeborenen-

---

[948] Bericht der Arbeitsgruppe Sterbehilfe, www.ofj.admin.ch/themen/stgb-sterbehilfe/b-bericht-d.pdf., S. 46.

[949] Cavalli, in Schwank/Spöndlin, S. 28, 31 f.; Giger, S. 186 ff.; Riklin, in Holderegger, S. 328, 345 ff.; Spöndlin, in Schwank/Spöndlin, S. 19, 24.

[950] Cavalli, in Schwank/Spöndlin, S. 28, 31 f.; Giger, S. 186 ff.; Riklin, in Holderegger, S. 328, 345 ff.; Spöndlin, in Schwank/Spöndlin, S. 19, 24.

euthanasie im besonderen. Die Frage der Zulässigkeit von Sterbehilfe wird vielmehr im Rahmen der strafrechtlichen Würdigung eines Todesfalles beantwortet. Die maßgeblichen strafrechtlichen Regelungen im Schweizerischen Strafgesetzbuch lauten wie folgt:[951]

Art. 111 Vorsätzliche Tötung
Wer vorsätzlich einen Menschen tötet, ohne daß eine der besonderen Voraussetzungen der nachfolgenden Artikel zutrifft, wird mit Zuchthaus nicht unter fünf Jahren bestraft.

Art. 114 Tötung auf Verlangen
Wer aus achtenswerten Beweggründen, namentlich aus Mitleid, einen Menschen auf dessen ernsthaftes und eindringliches Verlangen tötet, wird mit Gefängnis bestraft.

Art. 115 Verleitung und Beihilfe zum Selbstmord
Wer aus selbstsüchtigen Beweggründen jemanden zum Selbstmorde verleitet oder ihm dazu Hilfe leistet, wird, wenn der Selbstmord ausgeführt oder versucht wurde, mit Zuchthaus bis zu fünf Jahren oder Gefängnis bestraft.

Art. 128 Unterlassen der Nothilfe
Wer einem Menschen, den er verletzt hat, oder einem Menschen, der in unmittelbarer Lebensgefahr schwebt, nicht hilft obwohl es ihm den Umständen nach zugemutet werden könnte, wer andere davon abhält, Nothilfe zu leisten, oder sie dabei behindert, wird mit Gefängnis oder mit Buße bestraft.

bb. Kantonale Regelungen
Soweit zwar das schweizerische Bundesrecht keine spezifischen Regelungen zur Sterbehilfe enthält, existieren aber im Kanton Aargau diesbezügliche Regelungen. So wird im Gesundheitsgesetz vom 10.11.1987 in § 54 die Sterbehilfe wir folgt geregelt:

§ 54 Sterbehilfe
(1) Aktive Sterbehilfe ist nicht gestattet.

---

[951] Schweizerisches Strafgesetzbuch vom 21.12.1937, in Eser/Koch, Materialien zur Sterbehilfe, S. 604.

(2) Der Arzt kann die Behandlung beim tödlich erkrankten, nicht mehr urteilsfähigen Patienten einstellen,

a) wenn ein Hinausschieben des Todes für den Sterbenden eine nicht zumutbare Verlängerung des Leidens bedeutet und

b) wenn das Grundleiden mit aussichtsloser Prognose einen irreversiblen Verlauf genommen hat und

c) wenn der Verzicht auf eine Behandlung dem mutmaßlichen Willen des Patienten entspricht.

(3) Der gesetzliche Vertreter und die nächsten Angehörigen sind vom Arzt vor seinem Entscheid anzuhören. Ist der Patient unmündig oder entmündigt, so darf die Behandlung nicht gegen den Willen der Eltern oder des Vormundes eingeschränkt oder abgebrochen werden.

Im Kanton Basel-Land ist in § 17 der Verordnung über die Rechte und Pflichten der Patienten in den kantonalen Krankenanstalten vom 1.11.1988 zumindest ein Recht des Patienten *„auf menschenwürdiges Sterben"* garantiert.[952]

c. Außergesetzliche Regelungen

Weiterhin existieren ähnlich den deutschen standesrechtlichen Richtlinien der Bundesärztekammer in der Schweiz „Medizinisch-ethische Richtlinien für die ärztliche Betreuung sterbender und zerebral schwerst geschädigter Patienten", herausgegeben von der Schweizer Akademie der Medizinischen Wissenschaften (SAMW).

Da sich die SAMW seit vielen Jahren mit der Problematik der Sterbehilfe beschäftigt, stammen die ersten Richtlinien aus dem Jahr 1976. In den Jahren 1981, 1988 und 1993 folgten weitere Ergänzungen und Änderungen der Richtlinien. Die derzeit geltenden Richtlinien wurden vom Senat der SAMW am 24.2.1995 akzeptiert und entsprechend veröffentlicht. [953] (Die Richtlinien der SAMW dienten auch als Grundlage für die Sterbehilferichtlinien der BÄK in Deutschland.)

---

952 Heine, in Eser/Koch, Materialien zur Sterbehilfe, S. 591, 597, 605.

953 Medizinisch-ethische Richtlinien für die ärztliche Betreuung sterbender und zerebral schwerst geschädigter Patienten, NJW 1996, 767.

aa. Regelungen in den Richtlinien des SAMW

Entsprechend der aktuellen Richtlinien von 1995[954] soll grundsätzlich keine ärztliche Behandlungspflicht bestehen

1.3 ... bei Sterbenden, deren Grundleiden einen unabwendbaren Verlauf zum Tode genommen hat, und bei zerebral schwerst Geschädigten.

Weiterhin wird hinsichtlich aktiver Sterbehilfehandlungen folgendes geregelt:

1.4 Auch gegenüber Sterbenden und zerebral schwerst Geschädigten sind aktive Maßnahmen zum Zwecke der Lebensbeendigung verboten.

Im weiteren wird in den Richtlinien zwischen urteilsfähigen und urteils- bzw. äußerungsunfähigen Patienten differenziert.
Bei urteilsfähigen Patienten soll deren Wille hinsichtlich eines Behandlungsabbruchs oder -verzichts zu respektieren sein, wobei ausdrücklich festgehalten ist, daß *„Beihilfe zum Suizid ... kein Teil der ärztlichen Tätigkeit"* ist.
Bei urteils- oder äußerungsunfähigen sowie bewußtlosen Patienten soll der Arzt *„entsprechend der Diagnose und der mutmaßlichen Prognose"* handeln, wobei er *„die zu erwartenden Lebensumstände des Patienten nach seinem besten Wissen und in eigener Verantwortung"* zu beurteilen hat:

3.2. Intensität und Schwere der dem Patienten zugemuteten Eingriffe und Anstrengungen sollen zum mutmaßlichen Behandlungserfolg und zur Lebenserwartung des Patienten in einem medizinisch vertretbaren Verhältnis stehen.
3.3 Bei unbestimmter Prognose ... orientiert sich der Arzt am mutmaßlichen Willen des Patienten ... .
...
3.4 Liegt dem Arzt eine Patientenverfügung vor, die der Patient in einem früheren Zeitpunkt als Urteilsfähiger abgefaßt hat, so ist diese verbindlich ... .

Insbesondere für schwerstgeschädigte Neugeborene enthalten die Richtlinien im Rahmen der urteils- und äußerungsunfähigen Patienten folgende Regelung:

---

954 Medizinisch-ethische Richtlinien für die ärztliche Betreuung sterbender und zerebral schwerst geschädigter Patienten, NJW 1996, 767.

3.5 Bei Neugeborenen mit schweren kogenitalen Fehlbildungen oder perinatalen Läsionen ist die Prognose besonders wichtig. Bei schweren Mißbildungen und perinatalen Schäden des Zentralnervensystems, welche zu irreparablen Entwicklungs-Störungen führen würden, und wenn ein Neugeborenes bzw. ein Säugling nur dank des fortschreitenden Einsatzes außergewöhnlicher technischer Hilfsmittel leben kann, darf nach Rücksprache mit den Eltern von der erstmaligen oder anhaltenden Anwendung solcher Hilfsmittel abgesehen werden.

bb. Verbindlichkeit der Richtlinien der SAMW

Die SAMW als Herausgeber der Richtlinien ist eine privatrechtliche Stiftung, die von den medizinischen und veterinärmedizinischen Fakultäten der Schweiz und dem Dachverband der kantonalen Ärztegesellschaften der Schweiz, „Verbindung der Schweizer Ärzte" (FMH), gegründet wurde. Hauptziel der SAMW ist die Förderung und Zusammenführung der medizinischen Forschung in der Schweiz. In diesem Rahmen beschäftigt sich die SAMW seit über 25 Jahren mit den medizinischen und ethischen Problemen der Sterbehilfe.[955]

Gesetzgebungskompetent ist in der Schweiz als Staatenbund die Bundesversammlung, die aus dem Nationalrat und dem Ständerat (Senat) besteht. Im Rahmen des Bundesrechts sind daher die Richtlinien der SAMW für Arzt und Patient rechtlich unverbindlich. Es handelt sich insofern lediglich um Vereins- bzw. Standesrecht der FMH, dessen Verletzung keine strafrechtlichen Sanktionen zur Folge haben kann. Überwiegend wird den Richtlinien jedoch eine nicht unbedeutende Rolle in der Praxis der Sterbehilfeentscheidungen zuerkannt. Rechtsverbindlichkeit der Richtlinien mit der Folge strafrechtlicher Sanktionsmöglichkeiten bei Verstößen besteht jedoch in den Kantonen, in welchen die kantonalen Rechtsordnungen die Rechtsverbindlichkeit ausdrücklich festlegen bzw. unter Verweisung auf die Richtlinien diese zu einem Bestandteil des kantonalen Rechts erklären. Beispielsweise in den Kantonen Basel-Land, Basel-Stadt, Bern, Luzern, Nidwalden, Zürich und St. Gallen wurden die Sterbehilferichtlinien der SAMW für anwendbar erklärt. Dies wird jedoch teilweise als juristisch bedenklich angesehen und primär, insbesondere für die direkte aktive

955 Medizinisch-ethische Richtlinien für die ärztliche Betreuung sterbender und zerebral schwerst geschädigter Patienten, NJW 1996, 767; Bericht der Arbeitsgruppe Sterbehilfe, www.ofj.admin.ch/themen/stgb-sterbehilfe/b-bericht-d.pdf., S. 14; Honsell, S. 242 ff., 263 ff..

Sterbehilfe, eine Regelung des demokratisch legitimierten Gesetzgebers gefordert.[956]

d. Beurteilung der Sterbehilfe in Rechtsprechung und Literatur

aa. Aktive Sterbehilfe

Nach der herrschenden Auffassung erfüllt die (direkte) aktive Sterbehilfe den Tatbestand der vorsätzlichen Tötung. Aufgrund des Art. 114 StGB Schweiz führt auch die aktive Sterbhilfe auf Verlangen zu einer Bestrafung des „Sterbehelfers". Motivation des Täters sowie ausweglose Situation des Opfers sollen der Strafbarkeit nicht entgegenstehen können. Ebenso soll kein übergeordneter Rechtfertigungsgrund bestehen.[957]

Die sog. indirekte aktive Sterbehilfe, die als Unterfall der aktiven Sterbhilfe angesehen wird, wird auch in der Schweiz überwiegend als zulässig angesehen. Insoweit wird vertreten, daß der Arzt, der um die lebensverkürzende Wirkung des schmerzlindernden Medikamentes wisse, zwar eventualvorsätzlich handelt, es jedoch zu seiner gewohnheitsrechtlichen Berufspflicht gehöre, den Patienten von unerträglichen Schmerzen zu befreien. Dementsprechend sei bei den Fällen der Lebensverkürzung durch Verabreichung schmerzstillender Medikamente der Rechtfertigungsgrund des Art. 32 StGB Schweiz (Rechtfertigung einer Tat, deren Begehung von einer Berufspflicht verlangt wird) zu bejahen. Auch wird vertreten, daß die aktive indirekte Sterbehilfe aufgrund des privatrechtlichen Behandlungsvertrages zwischen Arzt und Patient zulässig sei, da dieser Vertrag auch zur Linderung der Leiden des Patienten verpflichte.[958]

---

956 Bericht der Arbeitsgruppe Sterbehilfe, www.ofj.admin.ch/themen/stgb-sterbehilfe/b-bericht-d.pdf., S. 15; Ernst, in Schwank/Spöndlin, S. 45 f.; Heine, in Eser/Koch, Materialien zur Sterbehilfe, S. 591, 597 ff., 604 ff.; Honsell, S. 243; Marti, Schweizerische Ärztezeitung 2002; 83: Nr. 12, S. 572; Riklin, in Holderegger, S. 328, 331; Spöndlin, in Schwank/Spöndlin, S. 19, 21 f..

957 Bericht der Arbeitsgruppe Sterbehilfe, www.ofj.admin.ch/themen/stgb-sterbehilfe/b-bericht-d.pdf., S. 12 f.; Heine, in Eser/Koch, Materialien zur Sterbehilfe, S. 591, 595; Fischer/Lilie, S. 146 f.; Honsell, S. 316 f.; Marti, Schweizerische Ärztezeitung 2002; 83: Nr. 12, S. 570.

958 Bericht der Arbeitsgruppe Sterbehilfe, www.ofj.admin.ch/themen/stgb-sterbehilfe/b-bericht-d.pdf., S. 13; Heine, in Eser/Koch, Materialien zur Sterbehilfe, S. 591, 595; Fischer/Lilie, S. 146 f.; Honsell, S. 317; Marti, Schweizerische Ärztezeitung 2002; 83: Nr. 12, S. 570 f..

bb. Passive Sterbehilfe

Hinsichtlich der Strafbarkeit der passiven Sterbehilfe kommen sowohl der Tatbestand der vorsätzlichen Tötung (Art. 111 StGB) als auch der Tötung auf Verlangen (Art. 114 StGB) hinsichtlich solcher Personen in Betracht, die als sog. Garanten verpflichtet sind, deliktserfolgsverwirklichende Gefahren abzuwenden oder zu verhindern. Somit kommt also eine Strafbarkeit der behandelnden Ärzte in Betracht, wobei jedoch ihren Hilfeleistungspflichten, insbesondere im Rahmen des Selbstbestimmungsrechts des Patienten, Grenzen gesetzt sein sollen. Diesbezüglich wird zwischen urteilsfähigen und urteilsunfähigen Patienten differenziert.[959]

Einem urteilsfähigen Patienten, der über die infauste Prognose seiner Erkrankung aufgeklärt wurde, soll ein Alleinentscheidungsrecht hinsichtlich des Fortgangs seiner Behandlung in Form eines Behandlungsabbruchs oder -verzichts zustehen. In diesem Fall muß der Arzt dem Verlangen des Patienten Folge leisten, um sich nicht einer Tätlichkeit oder Körperverletzung strafbar zu machen.[960]

Ist ein Patient dauernd bewußtlos oder sonst irreversibel urteilsunfähig und gleichzeitig in unmittelbarer Todesnähe, so soll bei gleichzeitiger Unmündigkeit oder Entmündigung des Patienten sein gesetzlicher Vertreter über einen Behandlungsabbruch oder -verzicht entscheiden. In den übrigen Fällen, in denen kein gesetzlicher Vertreter bestimmt wurde, soll der behandelnde Arzt entsprechend dem mutmaßlichen Willen des Patienten entscheiden. Hierbei sollen jedoch die nahestehenden Bezugspersonen befragt werden, um den mutmaßlichen Willen richtig bestimmen zu können. Der Arzt soll bei seiner Entscheidung jedoch auch die Begleiterscheinungen wie Schmerzen und Leiden berücksichtigen, die die Menschenwürde und die individuelle Persönlichkeit beeinträchtigen können. Insofern soll von einem mutmaßlichen Willen des Patienten zum Behandlungsverzicht auszugehen sein, „wenn er kein bewußtes und umweltbezogenes Leben mit eigener Persönlichkeitsgestaltung mehr führen kön-

---

959 Bericht der Arbeitsgruppe Sterbehilfe, www.ofj.admin.ch/themen/stgb-sterbehilfe/b-bericht-d.pdf., S. 13 f.; Heine, in Eser/Koch, Materialien zur Sterbehilfe, S. 591, 595 f.; Honsell, S. 317 ff.; Marti, Schweizerische Ärztezeitung 2002; 83: Nr. 12, S. 570, 571; Riklin, in Holderegger, S. 328, 331 ff..

960 Bericht der Arbeitsgruppe Sterbehilfe, www.ofj.admin.ch/themen/stgb-sterbehilfe/b-bericht-d.pdf., S. 13 f.; Heine, in Eser/Koch, Materialien zur Sterbehilfe, S. 591, 595 f.; Honsell, S. 317 ff.; Marti, Schweizerische Ärztezeitung 2002; 83: Nr. 12, S. 570, 571; Riklin, in Holderegger, S. 328, 331 ff..

nen wird."[961] Sog. Patientenverfügungen sollen bei der Ermittlung des mutmaßlichen Willens Ausgangspunkt sein, jedoch keine Allgemeinverbindlichkeit besitzen. Bei Vorliegen einer Patientenverfügung sind nach weiteren Anhaltspunkten für einen, der Verfügung entsprechenden Patientenwillen bzw. nach Gegenindizien für eine Änderung des Willens nach Unterzeichnung der Verfügung zu suchen.[962]

cc. Verleitung und Beihilfe zum Selbstmord

Im Gegensatz zur deutschen Beurteilung der Straflosigkeit des Suizids mit daraus folgender Straflosigkeit der Teilnahme am Suizid mangels rechtswidriger Haupttat, ist im schweizerischen Strafgesetzbuch - ebenso wie in Österreich und in den Niederlanden - die Verleitung und Beihilfe zum Suizid strafbar und in der Schweiz in Art. 115 StGB geregelt. Im Gegensatz zu den Suizidbeteiligungsregelungen in den Niederlanden und Österreich ist nach dem schweizerischen StGB die Teilnahme an einem Suizid nur dann strafrechtlich relevant, wenn sie aus „selbstsüchtigen Beweggründen" erfolgt ist.

Art. 115 StGB Schweiz soll auch insofern eine abschließende Regelung zur Suizidbeteiligung enthalten, als neben der direkten Suizidhilfe auch das Unterlassen des Einschreitens oder der Verhinderung der drohenden Todesfolge von Art. 115 StGB erfaßt sein kann. Die Art. 111 ff. StGB sollen hier nicht anwendbar sein, weil sonst der untätige Garant unter Umständen strengeren strafrechtlichen Maßstäben unterliegt, als derjenige, der dem Suizidenten durch die Verschaffung von tödlichen Medikamenten etc. Hilfe leistet. Dementsprechend kommt es also für die Strafbarkeit der Beteiligung an einem Suizid allein auf die Motivation des Täters an.[963]

dd. Neugeboreneneuthanasie

Insbesondere im Rahmen der Neugeboreneneuthanasie verweist die Literatur überwiegend auf Ziff. 3.5 der SAMW-Richtlinien[964], wonach das Neugeborene

---

961 Honsell, S. 320; Rehberg/Schmid, Strafrecht III, S. 14.

962 Bericht der Arbeitsgruppe Sterbehilfe, www.ofj.admin.ch/themen/stgb-sterbehilfe/b-bericht-d.pdf., S. 13 f.; Heine, in Eser/Koch, Materialien zur Sterbehilfe, S. 591, 595 f.; Honsell, S. 317 ff.; Marti, Schweizerische Ärztezeitung 2002; 83: Nr. 12, S. 570, 571; Riklin, in Holderegger, S. 328, 331 ff..

963 Giger, S. 164 f.; Honsell, S. 322 ff.; Riklin, in Holderegger, S. 328, 330 f.; Stratenwerth, Schweizerisches Strafrecht BT I, § 1 Rz. 46 ff..

964 Medizinisch-ethische Richtlinien für die ärztliche Betreuung sterbender und zerebral schwerst geschädigter Patienten, NJW 1996, 767.

bei schwersten Schäden und fortdauernder Abhängigkeit von außergewöhnlichen technischen Hilfsmitteln nach Rücksprache mit den Eltern nicht behandelt werden muß.
Gegenüber dem Neugeborenen sollen die Eltern eine maßgebliche Rolle einnehmen und an der Entscheidung über die Behandlung ihres geschädigten Kindes beteiligt werden. Hinsichtlich der elterlichen Entscheidung über einen Behandlungsabbruch wird zum Teil die Auffassung vertreten, daß die Eltern einen Behandlungsabbruch zwar verweigern, nicht jedoch verlangen können. Die Eltern seien dem Kindeswohl verpflichtet, so daß die Verweigerung der Zustimmung zu einer nach ärztlicher Auffassung notwendigen Behandlung das Kindeswohl gefährde. In diesen, wohl eher seltenen Fällen, soll die Vormundschaftsbehörde gem. Art. 307 ZGB die für den Schutz des Kindes erforderlichen Maßnahmen treffen. Nach der Gegenauffassung kann auch der Behandlungsabbruch oder -verzicht Gegenstand einer Vertretung sein, so daß dem Vormund oder gesetzlichen Vertreter eines Kindes - auch entgegen der ärztlichen Meinung - die Letztentscheidungskompetenz über die Behandlung oder deren Abbruch zustehen soll.[965]
Hinsichtlich der Entscheidungsfindung sollen zwar die allgemeinen Sterbehilfegrundsätze Anwendung finden und anstelle des mutmaßlichen Willens bzw. früherer Willenskundgebungen die Rücksprache mit den Eltern treten. Die konkrete Anwendung der allgemeinen Sterbehilfegrundsätze, insbesondere unter Beachtung der im Vergleich zum moribunden Erwachsenen abweichenden philosophischen, ethischen und emotionalen Probleme, soll jedoch teilweise große Schwierigkeiten bereiten.[966]

Rechtsprechung ist zur Problematik der Neugeboreneneuthanasie in der Schweiz bisher kaum ergangen. Hinsichtlich der Forderung nach einer gesetzgeberischen Lösung wird befürchtet, daß eine Diskussion zur Frage der Mindestvoraussetzungen der körperlichen Integrität für die Bejahung einer Behandlungspflicht ausgelöst werden könnte, welche überwiegend als nutzlos angesehen wird. Insofern wird durchaus bewußt gemacht, daß es bei der Behand-

---

965 Riklin, in Holderegger, S. 328, 335 f., 341 f.; Stettler/Müller, in Bericht der Arbeitsgruppe Sterbehilfe, www.ofj.admin.ch/themen/stgb-sterbehilfe/b-bericht-d.pdf., S. 49 ff..

966 Riklin, in Holderegger, S. 328, 335 f., 341 f.; Stettler/Müller, in Bericht der Arbeitsgruppe Sterbehilfe, www.ofj.admin.ch/themen/stgb-sterbehilfe/b-bericht-d.pdf., S. 49 ff..

lungsentscheidung für ein geschädigtes Neugeborenes gerade nicht um die Frage der Lebensverlängerung eines Moribunden oder einen lediglich problematischen Lebensrest geht. Vielmehr sei bei derartigen Entscheidungen abzuwägen, ob die Schädigungen und die damit zusammenhängenden Lebenschancen (auch bezüglich einer gewissen Lebensqualität) des Kindes den Einsatz außergewöhnlicher technischer Hilfsmittel rechtfertigen. Insoweit sollen nämlich nicht nur die Interessen der Betroffenen Berücksichtigung finden, sondern auch wirtschaftliche/finanzielle Interessen hinsichtlich der möglichen Unverhältnismäßigkeit von personellem und materiellem Behandlungs- und Pflegeaufwand. Aus gesetzgebungspolitischer und -technischer Sicht wird eine entsprechende gesetzliche Regelung als legitim angesehen, wurde aber wohl bisher (konkret für die Neugeboreneneuthanasie) kaum gefordert.[967]

Die schweizerische Literatur hat sich insgesamt bisher, soweit ersichtlich, mit der Problematik der Neugeboreneneuthanasie kaum beschäftigt. Teilweise wird jedoch vertreten, daß nach geltendem Recht aktiv lebensverkürzende Maßnahmen bei Neugeborenen unzulässig sind. Dennoch habe der Arzt einen bestimmten Ermessensspielraum, der ihn von der Verpflichtung befreien könne, sämtliche medizinisch-technischen Möglichkeiten zur Lebensverlängerung einzusetzen.[968] Nach Giger[969] soll nach einem sog. Kommunikationsmodell verfahren werden, wonach „im Falle eines ethisch fundierten rechtlichen Notstands" eine Entscheidung „in einem Meinungsaustausch zwischen Ärzten, Trägern der elterlichen oder vormundschaftlichen Gewalt sowie allenfalls neutralen interdisziplinären Gremien" (z.B. Ethikkommissionen) gefunden bzw. getroffen werden soll.

Interessant ist insofern die Handhabung schwieriger neonatologischer Entscheidungen in der Praxis. Diesbezüglich hat der „Medizin-ethische Arbeitskreis Neonatolgie" des Universitätsklinkums Zürich ein Modell, sog. Züricher Modell, zur Entscheidungsfindung bei Problemfällen erarbeitet, welches in der Kli-

967 Riklin, in Holderegger, S. 328, 335 f., 341 f.; Stettler/Müller, in Bericht der Arbeitsgruppe Sterbehilfe, www.ofj.admin.ch/themen/stgb-sterbehilfe/b-bericht-d.pdf., S. 49 ff..

968 Heine, in Eser/Koch, Materialien zur Sterbehilfe, S. 591, 597; Hangartner, S. 83 f..

969 Giger, S. 72 f..

nikpraxis des Universitätsspitals Zürich seit Frühjahr 1997 angewandt wird und nunmehr veröffentlicht wurde.[970]
Das Züricher Modell fordert bei schwierigen Entscheidungen der Neonatologie (z.B. sehr unreifes Frühgeborenes oder schwer mißgebildetes Kind) ethische Gespräche zwischen den Pflegenden und den Ärzten in Form von Gesprächsrunden. Dabei gibt es einen sog. inneren Kreis, der sich aus Pflegenden und Ärzten zusammensetzt, die das Kind betreuen. Der sog. äußere Kreis beinhaltet medizinisch ausgebildete Mitglieder von Ethikgruppen und ,soweit erforderlich, bestimmte Fachpersonen wie Chirurgen, Seelsorger o.ä.. Die Mitglieder des sog. äußeren Kreises haben jedoch keinen direkten Bezug/Kontakt zu dem betroffenen Kind. Die Gesprächsrunden werden von einer Person moderiert, die ebenfalls keinen direkten Kontakt zu dem Kind hat, jedoch speziell in Gesprächsführung ausgebildet ist und einer Ethikgruppe angehört. Der sog. innere Kreis trifft nach den Gesprächsrunden und einer Güterabwägung die Entscheidung über die Behandlung des Kindes. Der sog. äußere Kreis hat lediglich eine beratende Funktion. Die Eltern des Kindes sollen eine wichtige Rolle spielen, sind jedoch in den Gesprächsrunden nicht zugegen. Sie sollen jedoch umfassend informiert und während der ganzen Zeit durch eine Bezugsperson betreut werden. Auch sollen mit den Eltern die Handlungsmöglichkeiten erörtert und so diese indirekt in die Entscheidungsfindung mit einbezogen werden.[971]
Bei der Entscheidungsfindung selbst werden nach dem sog. Züricher Modell sieben Schritte abgearbeitet. Zunächst muß als Entscheidungsgrundlage der medizinische und pflegerische Sachverhalt umfassend erfaßt werden, wobei auch medizinische Literatur und langjährige klinische Erfahrungswerte berücksichtigt werden sollen. Soweit erforderlich, sollen medizinische Fachpersonen (Neurologen, Genetiker etc.) herangezogen werden, die später im äußeren Kreis vertreten sind. Danach ist in Ermangelung der Ermittlungsmöglichkeit eines mutmaßlichen Willens des Kindes der (zukünftige) Lebenskontext des Kindes zu erfassen. Dabei sollen das persönliche Lebensumfeld, Lebensprognosen und Leiden des Kindes sowie die Unterstützung und Begleitung durch die Eltern und/oder die Gesellschaft, insbesondere die Ressourcen der Familie/Gesellschaft bei chronischen Krankheiten, ermittelt werden. Nachdem die tatsächlichen Entscheidungsgrundlagen vorliegen, wird als Ausgangspunkt für die Entscheidung

970 Medizin-ethischer Arbeitskreis Neonatologie des Universitätsspitals Zürich: An der Schwelle zum eigenen Leben. Lebensentscheide am Lebensanfang bei zu früh geborenen, kranken und behinderten Kindern.

971 Siebenthal/Baumann-Hölzle, in Medizin-ethischer Arbeitskreis, S. 77 ff..

die ethische Situation anhand der vier bioethischen Prinzipien (Autonomie des Patienten, nicht schaden, Gutes tun, Gerechtigkeit) formuliert. Hiernach soll die umfassende ethische Güterabwägung, orientiert an den Fragen der Sterbensverlängerung, des verursachten Leidens, der Chancen auf selbständige Vitalfunktionen sowie der Erwartung zukünftiger Schäden einschließlich der Lebensqualität, erfolgen. Im fünften Schritt sind zunächst drei Behandlungsmöglichkeiten (in der Regel: maximale Behandlung, minimale Behandlung bzw. lediglich Grundversorgung, Mittelweg) zu entwerfen. Im weiteren ist ein gemeinsamer Konsens innerhalb des sog. inneren Kreises zu finden. Danach ist die Betreuung der Eltern festzulegen. Der letzte Schritt ist von der Entscheidungsfindung unabhängig und soll im nachhinein die Entscheidung durch statistische Auswertung der Gesprächsprotokolle sowie regelmäßige Evaluationsrunden überprüfen.[972]

Akutsituationen werden zumeist in den Gesprächsrunden vorbesprochen. Im Zweifelsfall sollen zunächst sämtliche medizinische Möglichkeiten wahrgenommen werden, um später in der oben genannten Form über die Weiterbehandlung zu entscheiden.[973]

Die Eltern sowie der Klinikchef haben ein Vetorecht, so daß auch mit diesen ein Konsens gefunden werden muß, was nach Ansicht des Medizinisch-ethischen Arbeitskreises angemessene Entscheidungen, auch hinsichtlich möglichst geringer Leiden des Kindes, gewährleiste.[974]

Die Meinungen zu den Erfolgen des Züricher Modells sind überwiegend positiv. Es wurde jedoch auch kritisiert, daß oft die Eltern nicht ausreichend beteiligt, insbesondere über ihr Vetorecht nicht informiert wurden. Weiterhin sei problematisch, daß medizinische Studien/Literatur nicht ausreichend berücksichtigt und daher die Entscheidungen zum Teil eher emotional getroffen würden. Insgesamt wird jedoch das Modell aufgrund der individuellen Güterabwägung als bestmögliche Entscheidungsfindung angesehen.[975]

---

972 Siebenthal/Baumann-Hölzle, in Medizin-ethischer Arbeitskreis, S. 77, 81 ff..

973 Siebenthal/Baumann-Hölzle, in Medizin-ethischer Arbeitskreis, S. 77, 80 f..

974 Siebenthal/Baumann-Hölzle, in Medizin-ethischer Arbeitskreis, S. 77, 86 f..

975 Bucher, in Medizin-ethischer Arbeitskreis, S. 107 f.; Rauch, ebenda, S. 109 ff.; Siebenthal, ebenda, S. 113 ff..

4. Zusammenfassung und Anmerkungen

Wie bereits bei der Regelung des Schwangerschaftsabbruchs sind auch die Regelungen der Sterbehilfe (auf Verlangen) in den Niederlanden äußerst liberal und im Vergleich zu den anderen näher betrachteten Ländern am weitreichendsten. Die Problematik der Neugeboreneneuthanasie war im Schatten der Debatte um die rechtliche Zulässigkeit der Sterbehilfe auf Verlangen und deren gesetzliche Fixierung in den Hintergrund gerückt. Dies insbesondere deshalb, weil bereits sehr früh diesbezüglich in den Niederlanden die Auffassung vertreten wurde, daß bei sog. schwerdefekt geborenen Neugeborenen ein Behandlungsabbruch unter Umständen nicht nur zulässig, sondern sogar geboten sei. Demnach soll in Ausnahmefällen auch die aktive Sterbehilfe bei schwerstgeschädigten Neugeborenen zulässig sein. Die konkrete Ausgestaltung bzw. die für einen Behandlungsabbruch erforderlichen Voraussetzungen sind jedoch - wie in Deutschland - auch in den Niederlanden umstritten. Jedoch sind Unterschiede in den jeweiligen Diskussionen dahingehend erkennbar, daß in den Niederlanden häufiger und umfänglicher über die Berücksichtigung von Dritt- sowie finanziellen Interessen sowie die Sinnhaftigkeit und Qualität des betroffenen Lebens diskutiert wird. Auch werden entsprechende Kriterien offen von medizinischen Gruppierungen gefordert bzw. von staatlichen Institutionen empfohlen. Eine gesetzliche Regelung zur Neugeboreneneuthanasie existiert jedoch auch in den Niederlanden (noch) nicht.

Letzteres gilt auch für Österreich, wo im Gegensatz zu den Niederlanden auch keine Regelungen zur Sterbehilfe allgemein existieren. Jedoch haben sich auch in Österreich allgemeine Grundsätze zur Sterbehilfe entwickelt, die zum Teil auf geschädigte Neugeborene angewendet werden sollen. Dementsprechend soll die Behandlungspflicht bei einem Neugeborenen entfallen, wenn bei diesem nicht erwartet werden kann, daß es zu einem bewußten Leben fähig ist bzw. sein wird oder wenn es auf Dauer nicht lebensfähig ist. Eine umfängliche Diskussion zur Problematik der Neugeboreneneuthanasie wurde und wird in Österreich aber wohl (noch) nicht geführt.

In der Schweiz gibt es ebenfalls keine (nationalen) gesetzlichen Regelungen zur Sterbehilfe und insbesondere zur Neugeboreneneuthanasie, obwohl gerade hinsichtlich der Sterbehilfe auf Verlangen in neuerer Zeit rege Diskussionen zu verzeichnen waren. Jedoch existieren standesrechtliche Richtlinien „für die ärztliche Betreuung sterbender und zerebral schwerst geschädigter Patienten“, die auch „Regelungen“ für die Behandlung geschädigter Neugeborener enthalten. Bei irreparablen Entwicklungsstörungen oder Lebensfähigkeit nur aufgrund des Einsatzes außergewöhnlicher technischer Hilfsmittel soll nach den Richtlinien im Einvernehmen mit den Kindeseltern ein Behandlungsabbruch zulässig sein. Dies entspricht wohl auch der in der Diskussion vorherrschenden Auffassung. Die Richtlinien sind zwar rechtlich nicht verbindlich, ihnen wird jedoch eine nicht unbedeutende Rolle in der Praxis zugeschrieben, teilweise wurden sie auch kraft kantonaler Regelungen Bestandteil kantonalen Rechts. Die Diskussion zur Neugeboreneneuthanasie ist jedoch auch in der Schweiz bisher nicht sehr umfangreich.

Rechtsvergleichend ist damit festzustellen, daß auch in den hier näher betrachteten Ländern, ebenso wie in Deutschland, keine speziellen gesetzlichen Regelungen zur Neugeboreneneuthanasie existieren. Die Diskussion zur Neugeboreneneuthanasie steht überall im Schatten der umfänglichen Debatte zur Sterbehilfe allgemein und enthält kaum einheitliche Tendenzen. Einigkeit besteht aber insoweit, als in bestimmten (Ausnahme-)Fällen die Neugeboreneneuthanasie zulässig sein soll. Insgesamt scheint die Praxis jedoch den Debatten voraus geeilt zu sein, soweit wohl tatsächlich die Neugeboreneneuthanasie bereits praktiziert wird.

E. Schlußbetrachtung

Zusammenfassend bleibt zu konstatieren, daß die Handhabung der beiden Problembereiche Neugeboreneneuthanasie und Schwangerschaftsabbruch wegen embryopathischer Indikation, insbesondere im Spätstadium der Schwangerschaft, keinen speziellen gesetzlichen Regelungen unterliegen und daher nach wie vor äußerst umstritten sind.
Einigkeit besteht insoweit, daß gerade zur einheitlichen Behandlung der Problemfälle klare gesetzliche Regelungen erforderlich wären, was insbesondere für die Schwangerschaftsabbrüche befürwortet wird.

Zum Problembereich der embryopathischen Indikation wird überwiegend vertreten, daß Schwangerschaftsabbrüche bei Gesundheitsgefährdungen der Frau auch aufgrund der kindlichen Konstitution möglich sein müssen. Den bei einer

Schwangerschaft ebenfalls betroffenen mütterlichen Interessen gilt es hier im Rahmen einer Abwägung gerecht zu werden. Dies muß auch in einem späten Zeitpunkt der Schwangerschaft möglich sein, wobei die Anforderungen an die Gesundheitsgefährdungen für die Frau mit dem Fortschreiten der Schwangerschaft, insbesondere ab Lebensfähigkeit des Föten außerhalb des Mutterleibes, steigen sollten. Gerade auch weniger gravierende Schädigungen oder Erkrankungen des Kindes sollten von vornherein einem Überwiegen der mütterlichen Interessen entgegenstehen.
Die bereits vorliegenden Lösungsansätze und Gesetzesinitiativen sind Ausdruck der bereits fortgeschrittenen Diskussion und bestärken die Erwartung einer nahenden einheitlichen Lösung der Problematik.

Im Vergleich zur embryopathischen Indikation ist die Diskussion zur Neugeboreneneuthanasie insgesamt noch nicht so weit fortgeschritten, als daß bereits mehrere Gesetzesinitiativen veröffentlicht worden wären. Konkrete Gesetzesvorschläge scheinen sich erst im Rahmen der allgemeinen Sterbehilfe anzubahnen. Dennoch ist gerade auch im Bereich der Neugeboreneneuthanasie eine einheitliche Handhabung der Problemfälle erforderlich.
Dabei ist jedoch im Vergleich zur Lösung der Schwangerschaftsabbruchsproblematik zu beachten, daß bei dieser Problematik, die mütterlichen Interessen und insbesondere auch Interessen Dritter hinter dem Lebensschutzinteresse des Neugeborenen zurückstehen müssen. Auch hier sollte es aber möglich sein, nicht alle möglichen medizinischen Maßnahmen auszuschöpfen bzw. ausschöpfen zu müssen, was jedoch nur im ureigenen Interesse des Neugeborenen möglich sein kann.

Damit ist auch die Frage nach einer einheitlichen Behandlung der beiden Problembereiche dahingehend beantwortet, daß aufgrund der maßgeblichen Zäsur der Geburt und des damit verbundenen Zurücktretens der mütterlichen Interessen hinter die Interessen des Kindes eine Gleichbehandlung der Neugeboreneneuthanasie und der embryopathischen Indikation nicht möglich ist. Jedoch erscheint eine gegenseitige Betrachtung der Problemlösungen angebracht. Soweit nämlich die Krankheit und/oder Behinderung eines Föten so schwer ist, daß sie nach der Geburt die Lebensinteressen des Neugeborenen hinter seinem Sterbeinteressen zurücktreten ließe und damit ein Behandlungsverzicht oder -abbruch zulässig wäre, sollte auch ein Schwangerschaftsabbruch (bei Gesundheitsgefährdung und/oder Verlangen der Frau), insbesondere auch im

Spätstadium der Schwangerschaft, zulässig sein. Der Umkehrschluß, daß dann, wenn ein Schwangerschaftsabbruch zulässig gewesen wäre, auch ein Behandlungsabbruch zulässig sein muß, ist jedoch aufgrund der oben genannten Zäsur gerade nicht möglich.

Hinsichtlich der Entscheidungskompetenz über die Frage der Zulässigkeit eines Schwangerschaftsabbruchs oder Behandlungsabbruchs sollte weder der betroffenen Frau/den Eltern noch dem behandelnden Arzt eine Alleinentscheidungskompetenz zustehen. Die Entscheidung eines interdisziplinär besetzten Gremiums erscheint hierbei am kompetentesten und böte auch die Gewähr dafür, daß keine mißbräuchlichen Einzelfallentscheidungen getroffen werden. Zumindest wird jedoch überwiegend die Alleinentscheidungskompetenz einer Person in Anbetracht der Komplexität der Problematik abgelehnt und eine einvernehmliche Entscheidung zwischen Arzt und Eltern bzw. die Zustimmung eines weiteren Arztes gefordert.

Insgesamt muß also zur Gewährleistung des Lebensschutzes die Aufgabe für die Zukunft darin bestehen, jeweils einheitliche Grundsätze zur Behandlung (schwer) geschädigter Neugeborener und für die Zulässigkeit von Schwangerschaftsabbrüche aufgrund embryopathischer Indikation zu finden und entsprechend gesetzlich zu fixieren, um für Rechtsklarheit zu sorgen und Mißbräuche zu vermeiden.

Als Abschluß der Bearbeitung ist aber darauf hinzuweisen, daß jeden Tag auf den Intensivstationen der Kliniken um das Leben Neugeborener gerungen wird und jedes Jahr eine Vielzahl von geretteten, gesunden oder nicht schwer geschädigten/kranken Neugeborenen die Intensivpflege verlassen.
Für die Kinder aber, die ihr „Menschsein“ niemals vollziehen können/könnten und/oder deren Lebenszeit mit weitreichenden Einschränkungen begrenzt und belastet ist bzw. wäre, muß jedoch die Möglichkeit bestehen, ihnen durch Abbruch der Schwangerschaft oder der Behandlung nach der Geburt zu helfen, sie nicht wider der Natur auf einen Lebensweg voller Plagen und Qualen zu schicken.

Literaturverzeichnis:

Ärzte für das Leben e.V.
Stellungnahme zur sog. Präimplantationsdiagnostik
In: Schmid-Tannwald, Ingolf/Overdick-Gulden, Maria, Vorgeburtliche Medizin zwischen Heilungsauftrag und Selektion
München u.a. 2001

Akademie für Ethik in der Medizin e.V.
Grenzen ärztlicher Behandlungspflicht bei schwerstgeschädigten Neugeborenen - Einbecker Empfehlungen
1. Fassung 1986, MedR 1986, 281
2. revidierte Fassung 1992, MedR 1992, 206

Amelung, Knut
Der Güterschutzgedanke bei Franz v. Liszt
In: Amelung, Knut, Rechtsgüterschutz und Schutz der Gesellschaft. Untersuchungen zum Inhalt und zum Anwendungsbereich eines Strafrechtsprinzips auf dogmengeschichtlicher Grundlage. Zugleich ein Beitrag zur Lehre von der „Sozialschädlichkeit" des Verbrechens
Frankfurt am Main 1972

Amschl, Alfred
Das Verbrechen des Kindsmordes nach österreichischem Recht
In: Gross, Hans (Hrsg.), Archiv für Kriminal-Anthropologie und Kriminalistik, 30. Band
Leipzig 1908

Anmerkungen zum Strafgesetzbuch für das Königreich Baiern. Nach den Protokollen des Königlichen Geheimraths
II. Band
München 1813

Arbeitsgemeinschaft Lebensrecht
Verurteilt „nicht rechtswidrige" Tötung Behinderter vor der Geburt
ZfL 1994, 38

dies.
Erklärung zu der vom Deutschen Bundestag am 29. Juni 1995 verabschiedeten Abtreibungs-Neuregelung
ZfL 1995, 37

Aristoteles (übersetzt von Eugen Rolfes)
Politik
Philosophische Schriften, Bd. 4
Hamburg 1995

Arnold, Klaus
Kind und Gesellschaft in Mittelalter und Renaissance. Beiträge und Texte zur Geschichte der Kindheit
Paderborn 1980

Arzt, Gunter
Recht auf den eigenen Tod ?
JR 1986, 309

Baumann-Hölzle, Ruth/Kind, Christian
Indikationen zur pränatalen Diagnostik: Vom geburtshilflichen Notfall zum genetischen Screening
In: Kettner, Matthias (Hrsg.), Beratung als Zwang
Frankfurt am Main 1998

Becker, Rolf/Holzgreve, Wolfgang/Fuhrmann, Walter/Sperling, Karl (Verf.)
Pränatale Diagnostik und Therapie. Humangenetische Beratung, Äthiologie und Pathogenese von Fehlbildungen; invasive, nichtinvasive und sonographische Diagnostik sowie Therapie in utero
Stuttgart 1995

Beckmann, Rainer
Rechtsfragen zur Präimplantationsdiagnostik
MedR 2001, 169

ders.
Rechtsfragen der Präimplantationsdiagnostik
ZfL 1999, 65

ders.
Arztberuf und Abtreibung. Eine Analyse der Rechtsprechung des BVerfG und der obersten Gerichte
Schriftenreihe der Juristen-Vereinigung Lebensrecht e.V.
Köln Nr. 16 (1999), 17

ders.
Der Wegfall der embryopathischen Indikation
MedR 1998, 155

Beermann, Astrid
Schwangerschaft im Fadenkreuz am Beispiel von Pränataldiagnostik und „Erlanger Fall"
Pfaffenweiler 1997

Benda, Ernst
Verständigungsversuche über die Würde des Menschen
NJW 2001, 2147

Benzenhöfer, Udo
Der gute Tod – Euthanasie und Sterbehilfe in Geschichte und Gegenwart
München 1999

Bernat, Erwin
Rechte des Patienten, Pflichten des Arztes und Entscheidungen an der Grenze zwischen Leben und Tod – ein österreichischer Diskussionsbeitrag
In: Wienke, Albrecht/Lippert, Hans-Dieter (Hrsg.), Der Wille des Menschen zwischen Leben und Sterben – Patientenverfügung und Vorsorgevollmacht. Ausgewählte medizinrechtliche Aspekt
Berlin, Heidelberg 2001

Bertel, Christian/Schwaighofer, Klaus
Österreichisches Strafrecht. Besonderer Teil I §§ 75 –168 StGB
4. Aufl. Wien u.a. 1995

Bertelsmann Lexikon
Band 4 (Deu-Fat)
Gütersloh 1993

Beseler, Georg
Kommentar über das Strafgesetzbuch für die Preußischen Staaten und das Einführungsgesetz vom 14. April 1851
Leipzig 1851

Binding, Karl/Hoche, Alfred
Die Freigabe der Vernichtung lebensunwerten Lebens
Leipzig 1920

Bingler, Theo
Studien zum Elternrecht bei den Naturrechtsphilosophen des 16. und 17. Jahrhunderts
Diss. Freiburg 1960

Blanke, Dieter
Die Kindestötung in rechtlicher und kriminologischer Hinsicht
Diss. Universität Kiel 1966/67

Bleckmann, Albert
Staatsrecht II – Die Grundrechte
Köln 1997

Blümner, Hugo
Die Römischen Privataltertümer
In: v. Müller, Iwan, Handbuch der klassischen Altertumswissenschaften, 4. Bd., 2. Abteilung, 2. Teil
München 1911

Bockelmann, Paul
Strafrecht des Arztes
Stuttgart 1968

Boehmer, Johann Samuel Friedrich
Meditationes in Constitutionem Criminalem Carolinam
Halle/Magdeburg, MDCCLXX
Nachdruck der Ausgabe Halle 1770, 1996

Bonner Kommentar zum Grundgesetz
Dolzer, Rudolf/Vogel, Klaus/Graßhof, Karin (Hrsg.)
Band 1: Einleitung – Art. 5
Loseblattsammlung (Lieferungen 88-110), Heidelberg Stand März 2004

Bucher, Hans-Ulrich
Erfahrungen mit dem Modell
In: Medizin-ethischer Arbeitskreis, An der Schwelle zum eigenen Leben
Berlin u.a. 2002

Büchner, Bernward
Aktuelle Fragen des Lebensschutzes: Tötungspille - Spätabtreibungen
Schriftenreihe der Juristen-Vereinigung Lebensrecht e.V.
Köln Nr. 16 (1999), 9

ders.
Der Fetozid beim Schwangerschaftsabbruch – ärztlich verantwortbar
Schriftenreihe der Juristen-Vereinigung Lebensrecht e.V.
Köln Nr. 13 (1996), 11

ders.
Zur gesamtdeutschen Neuregelung des Lebensschutzes ungeborener Kinder
Schriftenreihe der Juristen-Vereinigung Lebensrecht e.V.
Köln Nr. 8 (1991), 45

ders.
Bemerkungen zum aktuellen Stand der Abtreibungsdiskussion
Schriftenreihe der Juristen-Vereinigung Lebensrecht e.V.
Köln Nr. 3 (1986), 9

ders.
Notwendigkeit und Möglichkeiten einer Rechtsänderung zum Schutz des ungeborenen Kindes
Schriftenreihe der Juristen-Vereinigung Lebensrecht e.V.
Köln Nr. 1 (1985), 1

Bundesvereinigung Lebenshilfe für geistig Behinderte e.V.
In: Stellungnahme zur Einbecker Empfehlung
August 1991

Carpzow, Benedikt
Jurisprudentia forensis Romano-Saxonica
Frankfurt Anno MDCLXXXIV

Carstensen
Medizinische und ethische Probleme bei der pränatalen Diagnostik
HÄB 9/92, 321

Casper, Johann Ludwig
Practisches Handbuch der gerichtlichen Medizin. Thanatologischer Teil
2. Aufl. Berlin 1858

Catel, Werner
Grenzsituationen des Lebens: Beitrag zum Problem der begrenzten Euthanasie
Nürnberg 1962

Cavalli, Franco
Eine Plädoyer für die Straffreiheit der Tötung auf Verlangen
In: Schwank, Alex/Spöndlin, Ruedi (Hrsg.), Vom Recht zu Sterben zur Pflicht zu Sterben ? Beiträge zur Euthanasiedebatte in der Schweiz
1. Aufl. Zürich 2001

Classen, Claus Dieter
Abtreibung - Verfassung - Deutsche Einheit. Schwierigkeiten bei der Rechtsangleichung
Goltdammers Archiv 1991, 209

Closmann, Karl
Die Kindstötung historisch-dogmatisch dargestellt
Erlangen 1889

Constitutio Criminalis Theresiana
Faksimiledruck der Ausgabe Wien 1769, Osnabrück 1975

Cramer, Stephan
Embryopathische Indikation und pränatale Diagnostik
ZRP 1992, 136

Croughs, Wim
Selektives Nichtbehandeln und Töten von behinderten Neugeborenen in den Niederlanden
In: Herrmann, Georg/von Lüpke, Klaus (Hrsg.), Lebensrecht und Menschenwürde. Behinderung, eugenische Indikation und Gentechnologie
1. Aufl. Essen 1991

Darwin, Charles (übersetzt von Heinrich Schmidt-Jena)
Die Abstammung des Menschen
Stuttgart 1966

Dearing, Albin
Österreich
In: Eser, Albin/Koch, Hans-Georg (Hrsg.), Schwangerschaftsabbruch im internationalen Vergleich, Teil 1: Europa
Baden-Baden 1988

Dearing, Albin/Schwarz, Oliver
Österreich
In: Eser, Albin/Koch, Hans-Georg (Hrsg.), Materialien zur Sterbehilfe. Eine internationale Dokumentation
Freiburg 1991

Deutsch, Erwin
Die Spätabtreibung als juristisches Problem
ZRP 2003, 332

ders.
Verfassungszivilrecht bei der Sterbehilfe
NJW 2003, 1567

Deutscher Juristinnenbund
Forderungen des deutschen Juristinnenbundes zur Sicherung der 1976 erfolgten Reform der §§ 218 ff. StGB
StV 1990, 46

Dodegge, Georg
Die Entwicklung des Betreuungsrechts bis Anfang Juni 2000
NJW 2000, 2704

Dohna, Alexander Graf zu
Die Rechtswidrigkeit als allgemeingültiges Merkmal im Tatbestande strafbarer Handlungen
Halle 1905

Dreier, Horst (Hrsg.)
Kommentar zum Grundgesetz
Band I: Art. 1-19 GG
Tübingen 1996

Duttge, Gunnar
Die Präimplantationsdiagnostik zwischen Skylla und Charybdis
Goltdammers Archiv 2002, 241

Eberbach, Wolfram

Pränatale Diagnostik – Fetaltherapie – selektive Abtreibung: Angriffe auf § 218 a Abs. 2 Nr. 1 (embryopathische Indikation)
JR 1989, 265

Eisenmann, Alfred

Die Erlangung der Mensch-Eigenschaft, ihre rechtliche Bedeutung und Behandlung
Diss. Uni Tübingen 1914

Engisch, Karl

Aufklärung und Sterbehilfe bei Krebs in rechtlicher Sicht
In: Kaufmann, Arthur/Bemmann, Günter/Krauss, Detlef/Volk, Klaas (Hrsg.), Festschrift für Paul Bockelmann zum 70. Geburtstag
München 1979

ders.

Literaturbesprechung zu Catel, Grenzsituationen des Lebens
JZ 1964, 37

Entwurf 1843

Entwurf des Strafgesetzbuchs für die Preußischen Staaten, nach den Beschlüssen des Königlichen Staatsraths
Berlin 1843

Ernst, Ce´cile

Nein zur Legalisierung der aktiven Sterbehilfe
In: Schwank, Alex/Spöndlin, Ruedi (Hrsg.), Vom Recht zu Sterben zur Pflicht zu Sterben ? Beiträge zur Euthanasiedebatte in der Schweiz
1. Aufl. Zürich 2001

Eser, Albin

Schwangerschaftsabbruch: Auf dem verfassungsgerichtlichen Prüfstand Rechtsgutachten zum Normenkontrollverfahren zum Schwangeren- und Familienhilfegesetz von 1992
Baden-Baden 1994

ders.
Reformversuche in Umsetzung des BVerfG-Urteils
JZ 1994, 503

ders.
„Ärztliche Erkenntnis“ und richterliche Überprüfung bei Indikation zum Schwangerschaftsabbruch nach § 218 a StGB
In: Arzt, Gunter/Fezer, Gerhard/Weber, Ulrich/Schlüchter, Ellen/Rössner, Dieter (Hrsg.), Festschrift für Baumann zum 70. Geburtstag
Bielefeld 1992

ders.
Das neue Schwangerschaftsabbruchsstrafrecht auf dem Prüfstand
NJW 1992, 2913

ders.
Schwangerschaftsabbruch zwischen Grundwertorientierung und Strafrecht. Eine rechtspolitische Überlegungsskizze
ZRP 1991, 291

ders.
Deutsche Einheit: Übergangsprobleme im Strafrecht
Goltdammers Archiv 1991, 241

ders.
Ziel und Grenzen der Intensivpädiatrie
In: Kamps/Laufs (Hrsg.), Arzt- und Kassenrecht im Wandel, Festschrift für Prof. Narr zum 60. Geburtstag
Berlin, Heidelberg 1988

ders.
Freiheit zum Sterben - Kein Recht auf Tötung
JZ 1986, 786

ders.
Medizin und Strafrecht: Eine schutzgutorientierte Problemübersicht
ZStW 97 (1985), 1

ders.
Empfiehlt es sich, die Straftatbestände des Mordes, des Totschlags und der Kindstötung (§§ 211 bis 213, 217 StGB) neu abzugrenzen ?
Gutachten D für den 53. Deutschen Juristentag in Berlin 1980
München 1980

ders.
Früheuthanasie bei geschädigten Neugeborenen
In: Auer/Menzel/Eser, Zwischen Heilauftrag und Sterbehilfe
Köln u.a. 1977

ders.
Aspekte eines Strafrechtlers zur Abtreibungsreform
In: Hofmann, Dieter (Hrsg.), Schwangerschaftsunterbrechung. Ärztliche Überlegungen zur Reform des § 218
Frankfurt a.M. 1974

ders.
Reform der Schwangerschaftsunterbrechung
Med. Welt 1971, 721

ders./Hirsch, Hans A.
Sterilisation und Schwangerschaftsabbruch. Eine Orientierungshilfe zu medizinischen, psychologischen und rechtlichen Fragen – Einschlägige Bundesgesetze und Länderbestimmungen im Anhang
Stuttgart 1980

ders./Koch, Hans-Georg
Schwangerschaftsabbruch und Recht: vom internationalen Vergleich zur Rechtspolitik
1. Aufl. Baden-Baden 2003

dies.
Schwangerschaftsabbruch im internationalen Vergleich
Projektbericht 2000

dies.
Plädoyer für ein „notlagenorientiertes Diskursmodell“
In: Eser/Koch, Schwangerschaftsabbruch: Auf dem Weg zu einer Neuregelung
Baden-Baden 1992

dies.
Schwangerschaftsabbruch: Auf dem Weg zu einer Neuregelung
Baden-Baden 1992

dies.
Materialien zur Sterbehilfe. Eine internationale Dokumentation
Freiburg 1991

dies.
Schwangerschaftsabbruch im internationalen Vergleich.
Rechtliche Regelungen - Soziale Rahmenbedingungen - Empirische Grunddaten

Teil 1: Europa
Baden-Baden 1988

Teil 2: Außereuropa
Baden-Baden 1989

Teil 3: Rechtsvergleichender Querschnitt
Baden-Baden 1999

Everschor, Monika
Probleme der Neugeboreneneuthanasie und die Behandlungsgrenzen bei schwerstgeschädigten Kindern und ultrakleinen Frühgeborenen aus rechtlicher und ethischer Sicht
Diss. Uni Bonn 2000, Frankfurt am Main 2001

Fabrice, Heinrich v.
Die Lehre von der Kindsabtreibung und vom Kindsmord
3. Auflage Berlin 1911

Faßbender, Kurt
Präimplantationsdiagnostik und Grundgesetz
NJW 2001, 2745

Feja, Marianne
Das Krüppelkind. Ein Beitrag zur Geschichte der Körperbehindertenfürsorge
Diss. Uni Freiburg 1975

Feuerbach, Anselm Ritter von
In: Mittermaier, C.J.A. (Hrsg.), Lehrbuch des gemeinen in Deutschland gültigen Peinlichen Rechts
Giessen 1847

Fischer-Homberger, Esther
Medizin vor Gericht. Gerichtsmedizin von der Renaissance bis zur Aufklärung
Bern u.a. 1983

Fischer, Gerfried/Lilie, Hans
Ärztliche Verantwortung im europäischen Rechtsvergleich
Köln u.a. 1999

Foregger, Egmont/Fabrizy, Ernst Eugen
Kurzkommentar zum StGB Österreich
Wien 1999

Freisler, Roland
Mut zu lebenswahrem Strafrecht. Behandelt an Hand eines Beispiels verständlicher Tötung
DStR N.F. 1941, 65

ders.
Aufbau und Aufgaben des Besonderen Teils, Gestaltung seiner Tatbestände
In: Gürtner, Franz (Hrsg.), Das kommende deutsche Strafrecht - Bericht über die Arbeit der amtlichen Strafrechtskommission. BT
2. Aufl. Berlin 1936

Fritsche, P.
Ethische Aspekte der Pränatalen Diagnostik
MedR 1990, 237

Füllmich, Reiner
Zur Ablehnung künstlich lebensverlängernder medizinischer Maßnahmen durch nicht entscheidungsfähige Patienten
NJW 1990, 2301

Gante, Michael
§ 218 in der Diskussion. Meinungs- und Willensbildung 1945-1976
Diss. Uni Bonn 1991, Düsseldorf 1991

Gehrlein, Markus
Zulässiger Abbruch einer Zwillingsschwangerschaft
NJW 2002, 870

Geiger, Willi
Zum Stand der Neuregelung des Lebensschutzes Ungeborener - eine verfassungsrechtliche Würdigung der vorliegenden Gesetzesentwürfe
Schriftenreihe der Juristen-Vereinigung Lebensrecht e.V.
Köln Nr. 9 (1992), 29

ders.
Rechtliche Beurteilung des Schwangerschaftsabbruch
In: v. Voss/v. Voss/Hoffacker, Chancen für das ungeborene Leben
Köln 1988

ders.
Abtreibung und Rechtsordnung
Jura 1987, 60

Gernhuber, Joachim/Coester-Waltjen, Dagmar
Lehrbuch des Familienrechts
München 1994

Gesetzesrevision (1825-1848), I. Abt. Straf- und Strafprozessrecht
Schubert, Werner (Hrsg.), Bd. 5, Entwurf des Strafgesetzbuchs von 1843, Revision des Entwurfs des Strafgesetzbuchs von 1843 und revidierter Entwurf der Strafprozessordnung von 1841 - Ministerien Kamptz und Savigny
Liechtenstein 1994

Giger, Hans
Reflexionen über Tod und Recht. Sterbehilfe im Fokus von Wissenschaft und Praxis
Zürich 2000

Giwer, Elisabeth
Rechtsfragen der Präimplantationsdiagnostik
Eine Studie zum rechtlichen Schutz des Embryos im Zusammenhang mit der Präimplantationsdiagnostik unter besonderer Berücksichtigung grundrechtlicher Schutzfristen
Diss. Uni Köln 2000, Berlin 2001

Gleispach, W. Graf von
Tötung
In: Gürtner, Franz (Hrsg.), Das kommende deutsche Strafrecht - Bericht über die Arbeit der amtlichen Strafrechtskommission. BT
2. Aufl. Berlin 1936

ders.
Über Kindsmord (Ein Beitrag zur Frage nach den Gründen seiner Sonderstellung)
In: Archiv für Kriminal-Anthropologie und Kriminalistik, 27. Band
Leipzig 1908

Gordijn, Bert
Euthanasie und medizinisch assistierter Suizid. – Die neuesten Entwicklungen in den Niederlanden
Kritische Vierteljahresschrift (KritV) 2001, 457

ders.
Die Debatte um Euthanasie in den Niederlanden und Deutschland. Ein Vergleich aus historischer Sicht
In: Gordijn/ten Have (Hrsg.), Medizinethik und Kultur
Stuttgart-Bad-Cannstadt 2000

ders./ten Have, Henk (Hrsg.)
Medizinethik und Kultur. Grenzen medizinischen Handelns in Deutschland und den Niederlanden
Stuttgart-Bad Cannstadt 2000

Grandke, Anita/Stolpe, Ilona
Überlegungen zur Fristenlösung in der DDR
Kritische Justiz (KJ) 1992, 213

Grauel, E. L./Heller, K.
Grenzsituationen ärztlichen Handelns in der Intensivtherapie Neugeborener
In: Körner/Seidel/Thom, Grenzsituationen ärztlichen Handelns
2. Aufl. Jena 1983

Greif, Elisabeth
Embryopathische Indikation. Entwicklungsgeschichte und aktuelle Diskussion
Diplom-Arbeit Uni Linz 2001

Grolmann, Karl Ludwig Wilhelm v.
Grundsätze der Criminalrechtswissenschaft
4. Aufl. Gießen 1825

De Groot, Dineke
Das Recht und das Lebensende in den Niederlanden
BtPrax 6/2001, 223

Gropp, Walter
Der Embryo als Mensch: Überlegungen zum pränatalen Schutz des Lebens und der körperlichen Unversehrtheit
Goldtammers Archiv 2000, 1

Guckes, Barbara
Das Argument der schiefen Ebene. Schwangerschaftsabbruch, die Tötung Neugeborener und Sterbehilfe in der medizinethischen Diskussion
Stuttgart u.a. 1997

Günther, Hans Ludwig
Die Gesetzentwürfe zur Reform des Abtreibungsstrafrechts und das „französische Modell“
MedR 1992, 65

Gütt, Arthur/Rüdin, Ernst/Ruttke, Ralf
Gesetz zur Verhütung erbkranken Nachwuchses vom 14. Juli 1933 nebst Einführungsverordnungen
2. Aufl. München 1936

Haeckel, Ernst
Ewigkeit. Weltkriegsgedanken über Leben und Tod, Religion und Entwicklungslehre
Berlin 1915

ders.
Die Lebenswunder. Gemeinverständliche Studien über Biologische Philosophie. Ergänzungsband zu dem Buche über die Welträthsel
Stuttgart 1904

Häußler-Sczepan, Monika
Arzt und Schwangerschaftsabbruch. Eine empirische Studie zur Implementation des reformierten § 218 StGB
Freiburg 1989

Haker, Hille
Entscheidungsfindung im Kontext pränataler Diagnostik
In: Kettner, Matthias (Hrsg.), Beratung als Zwang
Frankfurt am Main 1998

Hanack, Ernst - Walter
Strafrecht - Sterbehilfe und Nichtverhinderung fremder Selbsttötung
Zu den Verhandlungen der strafrechtlichen Abteilung des 56. Dt. Juristentages 1986
MedR 1987, 96

ders.
Grenzen ärztlicher Behandlungspflicht bei schwerstgeschädigten Neugeborenen aus juristischer Sicht
MedR 1985, 33

ders.
Zum Schwangerschaftsabbruch aus sogenannter kindlicher Indikation
In: Hauser, Robert/ Rehberg, Jörg/Stratenwerth, Günter (Hrsg.), Gedächtnisschrift für Peter Noll
Zürich 1984

ders.
Künstliche Eingriffe in die Fruchtbarkeit
In: Göppinger, Hans (Hrsg.), Arzt und Recht (Becksche Schwarze Reihe Band 41) München 1966

Handke, Hildegard
Die Kindestötung. Rechtshistorisch und rechtsvergleichend
Repr. der Ausgabe Breslau-Neukirch 1937, Frankfurt am Main 1977

Hangartner, Yvo
Schwangerschaftsabbruch und Sterbehilfe
Zürich 2000

Heine, Günter
Schweiz
In: Eser, Albin/Koch, Hans-Georg (Hrsg.), Materialien zur Sterbehilfe. Eine internationale Dokumentation
Freiburg 1991

Heinemann, Nicola
Frau und Fötus in der Prä- und Perinatalmedizin aus strafrechtlicher Sicht
Diss. Uni Freiburg 1997, Baden-Baden 2000

Held
Das Ziel der humangenetischen Beratung im Rahmen der pränatalen Diagnostik
HÄB 9/92, 322

Helmke, Thomas
Kritische Anmerkungen zum neuen Abtreibungsrecht
ZRP 1995, 441

Henn, Wolfram
Embryonenschutz: Keine Entscheidung ohne qualifizierte Beratung
DÄBl. 98 (2001), S. A-2088

Hennies, Günter
Schwangerschaftsabbruch bei schweren embryonalen Schäden ?
ArztR 1998, 127

Hepp, Hermann
Medizinisch-ethische Implikationen der Neuregelung des § 218 StGB
In: Jung, Heike/Müller-Dietz, Heinz, § 218 StGB. Dimensionen einer Reform
Heidelberg 1983

Herzberg, Rolf Dietrich
Sterbehilfe als gerechtfertigte Tötung im Notstand ?
NJW 1996, 3043

ders.
Der Fall Hackethal: Strafbare Tötung auf Verlangen ?
NJW 1986, 1635

Herzog, Felix
Präimplantationsdiagnostik - im Zweifel für ein Verbot ?
ZRP 2001, 393

Hiersche, Hans-Dieter
§ 218 aus des Sicht eines Frauenarztes. Quo vadis justitia ? - Quo vadis medicina !
In: Jescheck, Hans-Heinrich/Vogler, Theo (Hrsg.), Festschrift für Herbert Tröndle zum 70. Geburtstag
New York, Berlin 1989

ders.
Schwangerschaftsabbruch und Anencephalus - Bemerkungen eines Arztes zu den Ausführungen von JÄHNKE im Leipziger Kommentar zum Strafgesetzbuch 10. Aufl. 34. Lieferung § 218 Rdn. 4 -
MedR 1984, 215

ders./Hirsch/Graf-Baumann
Grenzen ärztlicher Behandlungspflicht bei schwerstgeschädigten Neugeborenen
1. Einbecker Workshop der Deutschen Gesellschaft für Medizinrecht 27.-29. Juni 1986
Berlin u.a. 1987

ders./Jähnke, Burkhard
Der todkranke Foetus. Probleme des Schwangerschaftsabbruchs aus sog. kindlicher Indikation
MDR 1986, 1

Hilgendorf, Erich
Extogenese und Strafrecht
MedR 1994, 429

Hippel, Eike v.
Besserer Schutz des Embryos vor Abtreibung ?
JZ 1986, 53

Hirsch, Günter E.
„Reduktion" von Mehrlingen – Aufriß der rechtlichen Probleme
MedR 1988, 292

Hochreuter, Anna
Pränatale Diagnostik und Embryopathie
KritV 1996, 171

Hofmann, Dieter
Ärztliche Überlegungen zur Reform des § 218
In: Hofmann, Dieter (Hrsg.), Schwangerschaftsabbruch
Frankfurt a.M. 1974

Hofstätter, Heiko
Der embryopathisch motivierte Schwangerschaftsabbruch. Recht und Rechtswirklichkeit
Diss. Uni Heidelberg 1999, Frankfurt a. Main 2000

Hohloch, Gerhard
Familienrecht
Stuttgart u.a. 2002

Holderegger, Adrian (Hrsg.)
Das medizinisch assistierte Sterben. Zur Sterbehilfe aus medizinischer, ethischer, juristischer und theologischer Sicht
Freiburg (Schweiz), Wien 1999

Holschneider, Alexander Matthias
Verantwortungsethik – ein Problem der Gegenwart
Deutsches Ärzteblatt 86, Heft 42, 19.10.1989, C-1865 = ArztR 1998, 97

ders./Holschneider, V.
Behandlung Neugeborener mit schwersten angeborenen Fehlbildungen
ArztR 1998, 97

Honsell, Heinrich (Hrsg.)
Handbuch des Arztrechts
Zürich 1994

Hubben, Josep
Sterbehilfe in den Niederlanden. Das Verhältnis zwischen Gesetzgebung und Rechtsprechung
In: Gordijn, Bert/ten Have, Henk (Hrsg.), Medizinethik und Kultur. Grenzen medizinischen Handelns in Deutschland und den Niederlanden
Stuttgart-Bad Cannstadt 2000

Hülsmann, Christoph
Produktion und Reproduktion von Mehrlingen: Aspekte einer Folgeerscheinung medizinisch unterstützter Fortpflanzung aus strafrechtlicher und rechtspolitischer Perspektive
Diss. Uni Freiburg 1991/92, Stuttgart 1992

Hufen, Friedhelm
In dubio pro dignitate. Selbstbestimmung und Grundrechtsschutz am Ende des Lebens
NJW 2001, 849

ders.
Präimplantationsdiagnostik aus verfassungsrechtlicher Sicht
MedR 2001, 440

Imhof, Arthur E.
Unterschiedliche Einstellung zu Leib und Leben in der Neuzeit
In: Imhof (Hrsg.), Der Mensch und sein Körper. Von der Antike bis heute
München 1983

Isemer, Friedrich-Eckart/Lilie, Hans
Rechtsprobleme bei Anencephalen
MedR 1988, 66

Isensee, Joscf/Kirchhof, Paul
Handbuch des Staatsrechts
Bd. VI – Freiheitsrechte
Heidelberg 2001

Jakobs, Günther
Rechtmäßige Abtreibung von Personen ?
JR 2000, 404

Janssen, Andre´
„Sterbe-Tourismus" in die Niederlanden – Euthanasie im „Land der unbegrenzten Möglichkeiten" ?
ZfL 4/2002, 107

ders.
Die Regelung der aktiven Sterbehilfe in den Niederlanden – Ein Novum
ZRP 2001, 179

Jarass, Hans/Pieroth, Bodo
Grundgesetz-Kommentar
6. Auflage München 2002

Jähnke, Burkard
Grenzen der ärztlichen Behandlungspflicht bei schwerstgeschädigten Neugeborenen aus juristischer Sicht
In: Hiersche/Hirsche/Graf-Baumann, Grenzen ärztlicher Behandlungspflicht bei schwerstgeschädigten Neugeborenen
1. Einbecker Workshop der Deutschen Gesellschaft für Medizinrecht 27.-29. Juni 1986
Berlin u.a. 1987

Jerouschek, Günter
Lebensschutz und Lebensbeginn. Kulturgeschichte des Abtreibungsverbots
Diss. Uni Freiburg 1986, Stuttgart 1988

Jung, Mathias
Verweigertes Leben Verweigerter Tod: Die moralischen Konflikte der Medizin an den Grenzen des Lebens
Erlangen 1995

Jung, Susanne
Die Rechtsprobleme der Nürnberger Prozesse dargestellt am Verfahren gegen Friedrich Flick
Tübingen 1992

Jung, Heike/Müller-Dietz, Heinz
§ 218 StGB. Dimensionen einer Reform
Heidelberg 1983

Kahlke
Medizinische und ethische Aspekte der ärztlichen Entscheidung bei schwerstgeschädigten Neugeborenen und pränataler Diagnostik - Einführung
HÄB 9/92, 321

Kaiser, Günther
Eugenik und Kriminalwissenschaft heute
NJW 1969, 538

Kaminski, Claudia
Spätabtreibungen in Deutschland
idea Dokumentation 15/1998, 11

Kapp, Wolfgang
Von der „Abtreibung“ zur „Euthanasie“ ?
EthikMed 1994, 117

ders.
Der Fötus als Patient ?
MedR 1986, 275

Kastner, Klaus
Der Kindsmord: historische, rechtliche und literarische Aspekte
NJW 1991, 1443

Kaufmann, Arthur
Zur ethischen und strafrechtlichen Beurteilung der sog. Früheuthanasie
JZ 1982, 481

ders.
Gutachten zur Früheuthanasie
Gynäkologie und Geburtshilfe 2/1982, 21

Keller, Rolf/Günther, Hans-Ludwig/Kaiser, Peter
Kommentar zum Embryonenschutzgesetz
Stuttgart u.a. 1992

Keller, Walter/Wiskott, Alfred (Klaus Betke Hrsg.)
Lehrbuch für Kinderheilkunde
6. Aufl. Stuttgart, New York 1991

Kern, Bernd-Rüdiger
Rechtliche Aspekte der Humangenetik
MedR 2001, 9

Ketting, Evert/van Praag, Philip
Schwangerschaftsabbruch. Gesetz und Praxis im internationalen Vergleich
Tübinger Reihe Bd. 5
1. Aufl. München 1985

Kettner, Matthias (Hrsg.)
Beratung als Zwang. Schwangerschaftsabbruch, genetische Aufklärung und die Grenzen kommunikativer Vernunft
Frankfurt am Main 1998

Kienapfel, Diethelm
Grundriß des Österreichischen Strafrechts
BT Band I Delikte gegen Personenwerte
3. Aufl. Wien 1990

Kimsma, Gerrit/van Leeuven, Evert
Euthanasie und Beihilfe zum Suizid in den Niederlanden
In: Grodijn, Bert/ten Have, Henk (Hrsg.), Medizinethik und Kultur. Grenzen medizinischen Handelns in Deutschland und den Niederlanden
Stuttgart-Bad Cannstadt 2000

Kindl, Manfred
Philosophische Bewertungsmöglichkeiten der Abtreibung
Diss. Uni Tübingen 1994, Berlin 1996

Klee, Ernst
„Euthanasie“ im NS-Staat. Die „Vernichtung lebensunwerten Lebens“
Frankfurt a.M. 1992

Klinkhammer, Gisela
Keine Abtreibung nach der 20. Woche
Dt. Ärzteblatt (DÄBl.) 95, Heft 11 1998, C-441

Koch, Hans-Georg
„Der medizinisch assistierte Tod“ Aktuelle Rechtsfragen der Sterbehilfe im deutschen Recht
In: Holderegger (Hrsg.), Das medizinisch assistierte Sterben
Freiburg (Schweiz), Wien 1999

ders.
Grundfragen einer Neuregelung des Schwangerschaftsabbruchs im vereinten Deutschland
In: Eser/Koch (hrsg.), Schwangerschaftsabbruch: Auf dem Weg zu einer Neuregelung
Baden-Baden 1992

Koch, Gerhard
Euthanasie, Sterbehilfe. Eine dokumentierte Bibliographie
Erlangen 1984

Körner, Uwe/Seidel, Karl/Thom, Achim (Hrsg.)
Grenzsituationen ärztlichen Handelns
2. Aufl. Jena 1983

Kollek, Regine
Präimplantationsdiagnostik: Juristische und gesellschaftliche Aspekte
Schriftenreihe der Juristen-Vereinigung Lebensrecht e.V.
Köln Nr. 17 (2000), 39

Krause, I./Körner, U./Schneider, I.
Soziale und ethische Aspekte in der Neugeborenenchirurgie
In: Körner/Seidel/Thom (Hrsg.), Grenzsituationen ärztlichen Handelns
2. Aufl. Jena 1983

Kröner, Otto
Die vorsätzlichen Tötungsdelikte in ihrer Entwicklung von der Carolina bis zum Ausgang des 18. Jahrhunderts
Diss. Uni Göttingen 1958

Kutzer, Klaus
Strafrechtliche Grenzen der Sterbehilfe
NStZ 1994, 110

Laber, Jörg
Der Schutz des Lebens im Strafrecht
Diss. Universität Köln 1996, Franfurt am Main 1997

ders.
Die rechtlichen Probleme der Früheuthanasie
MedR 1990, 182

Lachwitz, Klaus
Schwerstgeschädigte Neugeborene im Grenzbereich zwischen Lebensschutz und Behandlungsabbruch. Kritische Anmerkungen zur Richtlinie der Bundesärztekammer zur ärztlichen Sterbebegleitung (Stand 27.7.1998)
BtPrax 1998, 208

Lackner, Karl
Die Neuregelung des Schwangerschaftsabbruchs. Das 15. Strafrechtsänderungsgesetz
NJW 1976, 1233

ders./Kühl, Kristian
Kommentar zum Strafgesetzbuch
24. Aufl. München 2001

Lammich, Sigfried
DDR
In: Eser/Koch (Hrsg.), Schwangerschaftsabbruch im internationalen Vergleich, Teil 1: Europa
Baden-Baden 1988

ders.
Die ärztliche Pflicht zur Bewahrung des Lebens im DDR-Recht und in der DDR-Diskussion
MedR 1987, 90

ders.
Die Pflicht des Arztes zur Bewahrung des Lebens und ihre Grenzen im DDR-Recht und in der DDR-Diskussion
Recht in Ost und West (ROW) 1986, 287

Laufs, Adolf
Soll eine Präimplantationsdiagnostik eingesetzt werden dürfen ?
Schriftenreihe der Juristen-Vereinigung Lebensrecht e.V.
Köln Nr. 17 (2000), 81

ders.
Zivilrichter über Leben und Tod ?
NJW 1998, 3399

ders.
Selbstverantwortetes Sterben ?
NJW 1996, 763

ders.
Fortpflanzungsmedizin und Arztrecht
Berlin 1992

ders.
Pränatale Diagnostik und Lebensschutz aus arztrechtlicher Sicht
Schriftenreihe der Juristen-Vereinigung Lebensrecht e.V.
Köln Nr. 7 (1990), 47 = MedR 1990, 231

Lemburg, P.
Schwere ethische Entscheidungen in der pädiatrischen Intensivmedizin
In: Hohenhauer, Leonhard, Pädiatrische Intensivmedizin VII
11. Symposium der Deutsch - Österreichischen Gesellschaft für Pädiatrische Intensivmedizin und Neonatologie in Linz
Stuttgart, New York 1986

Leipziger Kommentar
Jescheck, Hans-Heinrich/ Ruß, Wolfgang/Willms, Günter
Kommentar zum Strafgesetzbuch
§§ 211-219b StGB - 11. Aufl. (44. Lieferung), Berlin Stand August 2002
§§ 317-323c StGB – 11. Aufl. (22. Lieferung), Berlin Stand Juni 1996
§§ 185-262 StGB – 10. Aufl., Berlin, New York 1989

Liszt, Eduard Ritter von
Die vorsätzlichen Tötungen. Eine kriminalpolitische Studie
Wien 1919

ders.
Die kriminelle Fruchtabtreibung. Bd. I
Zürich 1910

Liszt, Franz v.
Strafrechtliche Vorgänge und Erfahrungen. Der Entwurf eines Gesetzes gegen Unfruchtbarmachung und Schwangerschaftsunterbrechung
ZStW 40 (1919), 74

ders.
Rechtsgut und Handlungsbegriff im Bindingschen Handbuche
ZStW 6 (1886), 663

Locher, Jakob
Schweiz
In: Eser, Albin/Koch, Hans-Georg (Hrsg.), Schwangerschaftsabbruch im internationalen Vergleich, Teil 1: Europa
Baden-Baden 1988

Loewenich, Volker v.
Grenzen ärztlicher Behandlungspflicht bei schwerst geschädigten Neugeborenen aus ärztlicher Sicht
MedR 1985, 30

ders.
Grenzen der Therapie bei Kindern - Grenzen der neonatologischen Intensivbehandlung
In: Müller, Helmut/Olbing, Hermann (Hrsg.), Ethische Probleme in der Pädiatrie und ihren Grenzgebieten
München u.a. 1982

Lohmann, Thomas
Euthanasie in der Diskussion. Zu Beiträgen aus Medizin und Theologie seit 1945
Diss. Uni Tübingen 1976, Düsseldorf 1975

Lüttger, Hans
Der Beginn der Geburt und das Strafrecht. Probleme an der Grenze zwischen Leibesfruchtcharakter und Menschenqualität
JR 1971, 133

Luterbacher, Franz
Der Prodigienglaube und Prodigienstil der Römer. Eine historisch-philologische Abhandlung
Nachdruck der 2. Auflage, Burgdorf 1904

Maier, Barbara
Ethik in der Gynäkologie und Geburtshilfe. Entscheidungen anhand klinischer Fallbeispiele
Berlin, Heidelberg 2000

Mangoldt, Herrmann v./Klein, Friedrich/Starck, Christian
Das Bonner Grundgesetz – Kommentar
Bd. 1: Präambel, Art. 1-19
4. Aufl. München 1999

Marti, Mario M.
Sterbehilfe in der Schweiz
Schweiz. Ärztezeitung 2002; 83: Nr. 12 S. 570

Maunz, Theodor/Dürig, Günter u.a.
Kommentar zum Grundgesetz
Bd. I Art. 1-11
Loseblattsammlung (Lieferung 1-42), München 2001

Maurach, Reinhart/Schroeder, Friedrich-Christian/Maiwald, Manfred
Strafrecht Besonderer Teil
Teilband 1 Straftaten gegen Persönlichkeits- und Vermögenswerte
9. Aufl. Heidelberg 2003

Medizin-ethischer Arbeitskreis Neonatologie des Universitätsspitals Zürich
Dialog Ethik, Interdisziplinäres Institut für Ethik im Gesundheitswesen (Hrsg.)
An der Schwelle zum eigenen Leben. Lebensentscheide am Lebensanfang bei zu früh geborenen, kranken und behinderten Kindern
Bern u.a. 2002

Meltzer, Ewald
Das Problem der Abkürzung „lebensunwerten" Lebens
Halle 1925

Merkel, Reinhard
Früheuthanasie: Rechtsethische und strafrechtliche Grundlagen ärztlicher Entscheidungen über Leben und Tod in der Neonatalmedizin
Habil.-Schrift Universität Frankfurt am Main 2000, Baden-Baden 2001

ders.
Ärztliche Entscheidungen über Leben und Tod in der Neonatalmedizin
JZ 1996, 1145

Mesner, Maria
Frauensache ? Zur Auseinandersetzung um den Schwangerschaftsabbruch in Österreich nach 1945
Diss. Universität Wien 1993, Wien 1994

Mieth, Diego
Das sehr kleine Frühgeborene. Ethische Fragen aus der Sicht eines Neonatologen
In: Medizin-ethischer Arbeitskreis, An der Schwelle zum eigenen Leben
Bern u.a. 2002

Mitscherlich, Alexander/Mielke, Fred
Medizin ohne Menschlichkeit. Dokumente des Nürnberger Ärzteprozesses
Frankfurt am Main 1978

dies.
Das Diktat der Menschenverachtung. Eine Dokumentation (vom Prozeß gegen 23 SS-Ärzte und deutsche Wissenschaftler)
Heidelberg 1947

Mommsen, Theodor
Roemisches Strafrecht
Nachdruck der 1899 im Verlag Duncker & Humboldt als 4. Teil der 1. Abteilung des Systematischen Handbuch der Rechtswissenschaft, herausgegeben von Karl Binding, in Leipzig erschienen Ausgabe
Graz 1955

Müller, Gerda
Unterhalt für ein Kind als Schaden
NJW 2003, 697

Münch, Ingo v./Kunig, Philipp
Grundgesetz-Kommentar
Band 1 Präambel bis Art. 20
5. Aufl. München 2000

Münchener Kommentar zum Bürgerlichen Gesetzbuch
Rebmann, Kurt/Säcker, Franz Jürgen/Rixecker, Roland (Hrsg.)
Bd. 8 Familienrecht II §§ 1589-1921, SGB VII
4. Aufl. München 2002

Münchener Kommentar zum Strafgesetzbuch
Joecks, Wolfgang/Miebach, Klaus (Hrsg.)
Bd. 3 §§ 185 - 262 StGB
München 2003

Murken, Jan (Hrsg.)
Pränatale Diagnostik und Therapie
2. Aufl. Stuttgart 1987

Nager, Frank
Der Arzt angesichts Sterben und Tod
EthikMed Bd. 10 (1998), S. 14

Nickel, Lars Christoph
Anmerkung zu OLG Frankfurt, Beschl. v. 15.7.1998
MedR 1998, 520

Nietzsche, Friedrich
Die Fröhliche Wissenschaft (La gaya scienza)
Stuttgart 1965

Nippert, Irmgard
Wie wird im Alltag der pränatalen Diagnostik tatsächlich argumentiert ?
Auszüge aus einer deutschen und europäischen Untersuchung
In: Kettner, Matthias (Hrsg.), Beratung als Zwang
Frankfurt am Main 1998

Nomos Kommentar zum Strafgesetzbuch
Gesamtredaktion: Neumann, Ullrich/Pappe, Ingeborg/Schild, Wolfgang
Bd. IV §§ 164-262
Bd. V §§ 263-358
Loseblattsammlung (Grundwerk-14. Lieferung), Baden-Baden Stand November 2003

Nowak, Kurt
„Euthanasie“ und Sterilisierung im Dritten Reich. Die Konfrontation der evangelischen und katholischen Kirche mit dem „Gesetz zur Verhütung erbkranken Nachwuchses“ und der „Euthanasie“-Aktion
2. Aufl. Göttingen 1980

ders.
Eugenische Ausmerze und Vernichtung sogenannten lebensunwerten Lebens
Diss. Universität Leipzig 1971

Otto, Harro
Vom medizinisch indizierten Schwangerschaftsabbruch zur Kindstötung
ZfL 1999, 55

ders.
Die strafrechtliche Problematik der Sterbehilfe
Jura 1999, 434

ders.
Die strafrechtliche Neuregelung des Schwangerschaftsabbruchs
Jura 1996, 135

Palandt, Otto
Bürgerliches Gesetzbuch Kommentar
63. Aufl. München 2004

Peters, Ralf
Der Schutz des neugeborenen, insbesondere missgebildeten Kindes
Diss. Universität Tübingen, Stuttgart 1988

Philipp, Wolfgang
Aufgezwungene Pflichtenkollisionen – Frauenärzte im Konflikt
Frauenarzt 1998, 1504

Pieroth, Bodo/Schlink, Bernhard
Staatsrecht II - Grundrechte
Heidelberg 2001

Platon (übersetzt von Wilhelm Andreae)
Staat. Platons Schriften, Zweiter Teil
Jena 1925

Pluisch, Frank
Der Schwangerschaftsabbruch aus kindlicher Indikation im Spannungsfeld der pränatalen Diagnostik
Diss. Universität Bonn 1991, Berlin u.a. 1992

Porz, Friedrich
Vorzeitige Beendigung der Schwangerschaft bei letaler Fehlbildung im II./III. Trimenon aus der Sicht des Kinderarztes
gyn 2002, 51

Radbruch, Gustav
Geburtshülfe und Strafrecht
Jena 1907

ders./Gwinner, Heinrich
Geschichte des Verbrechens. Versuch einer historischen Kriminologie
Stuttgart 1951

Ratzel, Rudolf/Heinemann, Nicola
Zulässigkeit der Präimplantationsdiagnostik nach Abschnitt D, IV Nr. 14 S. 2 (Muster)-Berufsordnung – Änderungsbedarf ?
MedR 1997, 540

Rauch, Silvia
Meine Erfahrungen mit dem Modell
In: Medizin-ethischer Arbeitskreis, An der Schwelle zum eigenen Leben.
Berlin u.a. 2002

Regenbrecht
Zum Problem der Sterbehilfe
Münch. Med. Wschr. 1973, 601

Rehberg, Jörg/Schmid, Niklaus
Strafrecht III Delikte gegen den Einzelnen
6. Aufl. Zürich 1994

Reichenbach, Peter
Ist die medizinisch-embryopathische Indikation bei dem Schwangerschaftsabbruch nach § 218 a II StGB verfassungswidrig ?
Jura 2000, 622

Reimann, Andreas/Reimann, Ruth
Der Schmerz des Kindes bei der Abtreibung. Fakten und politische Standpunkte der Länderparlamente
ZfL 1997, 62

Reis, Hans
Die Gesetzgebung zur Euthanasie in den Niederlanden
ZfL 1994, 42

Reis, Hans
Heutige Auffassungen in der Bundesrepublik Deutschland und in der Deutschen Demokratischen Republik zu Euthanasie, „Selbstbestimmungsrecht“ und Beihilfe zur Selbsttötung
EuGRZ 1987, 277

Renzikowski, Joachim
Die strafrechtliche Beurteilung der Präimplantationsdiagnostik
NJW 2001, 2753

Reuter, Birgit
Die gesetzliche Regelung der aktiven ärztlichen Sterbehilfe des Königreichs der Niederlanden – ein Modell für die Bundesrepublik Deutschland ?
Diss. Universität Göttingen 2000, 2. Aufl. Frankfurt am Main 2002

Riedel, Ulrike
„Kind als Schaden" Die höchstrichterliche Rechtsprechung zur Arzthaftung für den Kindesunterhalt bei unerwünschter Geburt eines gesunden, kranken oder behinderten Kindes (erstellt im Auftrag des Instituts Mensch, Ethik und Wissenschaft)
Frankfurt am Main 2003

Riklin, Franz
Die strafrechtliche Regelung der Sterbehilfe. Zum Stand der Reformdiskussion in der Schweiz
In Holderegger, Adrian (Hrsg.), Das medizinisch assistierte Sterben. Zur Sterbehilfe aus medizinischer, ethischer, juristischer und theologischer Sicht
Freiburg (Schweiz), Wien 1999

Roche
Hoffmann - La Roche AG u. Urban & Schwarzenberg (Hrsg.)
Lexikon Medizin
2. Aufl. München u.a. 1987

Röger, Ralf
Verfassungsrechtliche Grenzen der Präimplantationsdiagnostik
Schriftenreihe der Juristen-Vereinigung Lebensrecht e.V.
Köln Nr. 17 (2000), 55

Rueff, Jakob
Hebammenbuch
Frankfurt am Main 1563, Reprint München 1968

Rüfner, Wolfgang
Abtreibung in Deutschland nach dem Einigungsvertrag
Schriftenreihe der Juristen-Vereinigung Lebensrecht e.V.
Köln Nr. 8 (1991), 25

Rüping, Hinrich
Grundriß der Strafrechtsgeschichte
3. Aufl. München 1998

Saati, Miriam Ina
Früheuthanasie
Diss. Universität Göttingen 2001, Frankfurt am Main u.a. 2002

Sagel-Grande, Irene
Rechtliche Regelungen der Euthanasie in den Niederlanden
ZStW 111 (1999), 742

Schäfer, Dieter
Wann sind genetische Beratungen sinnvoll ? Über Definition, Funktion und Bedeutung genetischer Beratung
In: Kettner, Matthias (Hrsg.), Beratung als Zwang. Zur Sterbehilfe aus medizinischer, ethischer, juristischer und theologischer Sicht
Frankfurt am Main 1998

Schaffstein, Friedrich
Die Schwangerschaftsunterbrechung bei eugenischer Indikation als Fall des übergesetzlichen Notstandes
JW 1934, 1883

Schallmayer, Wilhelm
Vererbung und Auslese. Grundriß der Gesellschaftsbiologie und der Lehre vom Rassendienst
3. Aufl. Jena 1918

Scherpner, Hans
Geschichte der Jugendfürsorge
Göttingen 1966

Schick, Peter J.
Todesbegriff, Sterbehilfe und aktive Euthanasie. Strafrechtsdogmatische und kriminalpolitische Erwägungen
In: Bernat, Erwin (Hrsg.), Ethik und Recht an der Grenze zwischen Leben und Tod
Graz 1993

Schliebeck, Peter
Die zeitliche Scheidung des Fruchtlebens vom Menschenleben im Strafrecht mit einem geschichtlichen Überblick von der peinlichen Gerichtsordnung Karls V. und einer Vergleichenden Darstellung des Zivilrechts
Diss. Universität Heidelberg um 1910, Borna-Leipzig 1910

Schlumbohm, Jürgen
Kinderstuben. Wie Kinder zu Bauern, Bürgern, Aristokraten wurden. 1700-1850
München 1983

Schlund, Gerhard H.
Die neue Rechtslage zu §§ 218 ff. StGB
ArztR 1997, 235

ders.
Grenzen ärztlicher Behandlungspflicht bei schwerstgeschädigten Neugeborenen
Arztrecht 1991, 109

Schmaltz, Christiane
Sterbehilfe. Rechtsvergleich Deutschland – USA
Diss. Universität Göttingen 2000, Frankfurt am Main 2000

Schmid, Werner (Hrsg.)
Codex Juris Bavarici Criminalis de anno MDCCCLI. Anmerkungen über den Codicem Juris Bavarici Criminalis
Frankfurt am Main 1988

Schmidt, Eberhard
Einführung in die Geschichte der deutschen Strafrechtspflege
3. Aufl. Göttingen 1965

Schmid-Tannwald/Overdick-Gulden, Maria (Hrsg.)
Vorgeburtliche Medizin zwischen Heilungsauftrag und Selektion
München u.a. 2001

Schmitt, Rudolf
Das Recht auf den eigenen Tod
MDR 1986, 6127

ders.
Eugenische Indikation vor und nach der Geburt
In: Kohlmann, Günter (Hrsg.), Festschrift für U. Klug zum 70. Geburtstag
Köln 1983

ders.
Euthanasie aus der Sicht des Juristen
JZ 1979, 462

Schmuhl, Hans-Walterr
Rassenhygiene, Nationalsozialismus, Euthanasie. Von der Verhütung zur Vernichtung „lebensunwerten Leben" 1840-1925
Diss. Universität Bielefeld 1986, Göttingen 1992

Schneider, H.
Schwangerschaftsabbruch, pränatale Diagnostik und intrauterine Therapie
EthikMed 10 (1998), 46

Schneider, Susanne
Auf dem Weg zur gezielten Selektion – Strafrechtliche Aspekte der Präimplantationsdiagnostik
MedR 2000, 360

Schönke, Adolf/Schröder, Horst
Lenkner, Theodor/Eser, Albin/Cramer, Peter/Stree, Walter (Hrsg.)
Strafgesetzbuch-Kommentar
26. Aufl. München 2001
25. Aufl. München 1997
24. Aufl. München 1991
19. Aufl. München 1978

Schöpf, Bernhard
Das Tötungsrecht bei den frühchristlichen Schriftstellern bis zur Zeit Konstantins
Habil.-Schrift Universität Würzburg 1957, Regensburg 1958

Scholten, Hans-Joseph
Die niederländische Regelung der Sterbehilfe – ein Modell für Deutschland ?
BtPrax 2001, 231

ders.
Niederlande
In: Eser, Albin/Koch, Hans-Georg (Hrsg.), Materialien zur Sterbehilfe
Freiburg 1991

ders.
Niederlande
In: Eser, Albin/Koch, Hans-Georg (Hrsg.), Schwangerschaftsabbruch im internationalen Vergleich, Teil 1: Europa
Baden-Baden 1988

Schramm, Edward
Über die Beleidigung von behinderten Menschen
In: Eser, Albin/Schittenhelm, Ulrike/Schumann, Heribert (Hrsg.), Festschrift für Theodor Lenckner zum 70. Geburtstag
München 1998

Schroeder-Kurth, Traute M.
Vorgeburtliche Diagnostik
In: Schroeder-Kurth, Traute M./Wehowsky, Stephan (Hrsg.), Das manipulierte Schicksal. Künstliche Befruchtung, Embryotransfer und Pränatale Diagnostik
Frankfurt a.M., München 1988

Schrömbgens, Gerhard E.
Die Fruchtschadensindikation zum Schwangerschaftsabbruch
Diss. Universität Heidelberg 1976

Schroth, Ulrich
Forschung mit embryonalen Stammzellen und Präimplantationsdiagnostik im Lichte des Rechts
JZ 2002, 170

Schubarth, Martin
Kommentar zum schweizerischen Strafrecht
Besonderer Teil Bd. 1 Delikte gegen Leib und Leben Art. 111-136 StGB
Bern 1982

Schulz, Ulrike
Gene mene muh, raus bist du. Eugenik – von der Rassenhygiene zu den Gen- und Reproduktionstechnologien
München 1992

Schumann, Eva/Schmidt-Recla, Adrian
Die Abschaffung der embryopathischen Indikation – eine ernste Gefahr für den Frauenarzt ?
MedR 1998, 497

Schwabe, Jürgen
Der Schutz des Menschen vor sich selbst
JZ 1998, 66

Schwalbe, Ernst
Allgemeine Missbildungslehre
Jena 1906

Schwank, Alex/Spöndlin, Ruedi (Hrsg.)
Vom Recht zu Sterben zur Pflicht zu Sterben ? Beiträge zur Euthanasiedebatte in der Schweiz
Zürich 2001

Schwarz, Manfred
Die Kindstötung in ihrem Wandel vom qualifizierten zum privilegierten Delikt
Diss. Universität Heidelberg 1935, Berlin 1935

Sendler, Horst
Menschenwürde, PID und Schwangerschaftsabbruch
NJW 2001, 2148

Siebenthal, Kurt
Das Kind im Mittelpunkt
In: Medizin-ethischer Arbeitskreis, An der Schwelle zum eigenen Leben
Bern u.a. 2002

ders./Baumann-Hölzle, Ruth
Das interdisziplinäre „Züricher Modell" zur Urteilsbildung für medizin- und pflegeethische Fragestellungen in der neonatalen Intensivmedizin
In: Medizin-ethischer Arbeitskreis, An der Schwelle zum eigenen Leben
Bern u.a. 2002

Soergel, Th (Begründer)/Siebert, W. (Hrsg.)
Bürgerliches Gesetzbuch Kommentar
Band 8 Familienrecht II §§ 1589-1921 BGB
Stuttgart u.a. 1987

Soranus v. Ephesus (übersetzt von H. Lüneburg, kommentiert und mit Beilagen versehen J. Ch. Huber)
Die Gynäkologie. Geburtshilfe, Frauen- und Kinderkrankheiten, Diätetik der Neugeborenen
München 1894

Spickhoff, Andreas
Die Entwicklung des Arztrechts 2002/2003
NJW 2003, 1701

ders.
Medizin und Recht zu Beginn des neuen Jahrhunderts. Die Entwicklung des Medizinrechts 2000/2001
NJW 2001, 1757

Spieker, Manfred
Schwangerschaftsabbrüche. Zur Problematik der Statistik in der Bundesrepublik Deutschland
Jura 1987, 57

Spöndlin, Ruedi
Sterbehilfe - legal/illegal ?
In: Schwank, Alex/Spöndlin, Ruedi (Hrsg.), Vom Recht zur sterben zur Pflicht zu sterben ? Beiträge zur Euthanasiedebatte in der Schweiz
1. Aufl. Zürich 2001

Starck, Christian
Verfassungsrechtliche Grenzen der Biowissenschaft und Fortpflanzungsmedizin
JZ 2002, 1065

Steltzer, Christian Julius Ludwig
Lehrbuch des teutschen Criminalrechts
Halle 1793, Nachdruck Goldbach 1996

Stenglein, Melchior (Hrsg.)
Sammlung der deutschen Strafgesetzbücher
1. Bd. Bayern, Oldenburg, Sachsen-Altenburg, Württemberg, Braunschweig
München 1858
2. Bd. Hannover, Großherzogtum Hessen und Frankfurt, Baden, Nassau
München 1858
3. Bd. Thüringen, Preußen und Waldeck und Anhalt Bernburg, Österreich, Sachsen und Sachregister München 1858

Sternberg-Lieben, Detlef
Strafbarkeit des Arztes bei Verstoß gegen ein Patiententestament
NJW 1985, 2734

Stratenwerth, Günter
Schweizerisches Strafrecht
Besonderer Teil I: Straftaten gegen Individualinteressen
5. Aufl. Bern 1995

Stürner, Rolf
Der Schutz des ungeborenen Kindes im Zivilrecht
Jura 1987, 75

Systematischer Kommentar
Gesamtredaktion: Rudolphi, Hans-Joachim
Kommentar zum Strafgesetzbuch

Band 2 BT §§ 201-266b StGB, §§ 267-358 StGB
Loseblattsammlung (22.-59. Lieferung), Neuwied u.a. Stand Oktober 2003

Band 2 BT §§ 80-358 StGB
5. Aufl. Neuwied u.a. 1993

Tappe, Herbert

Die Schwangerschaftsunterbrechung aus eugenischer und ethischer Indikation im geltenden und künftigen Recht
Diss. Universität Göttingen 1935, Emsdetten 1935

Tille, Alexander

Von Darwin bis Nietzsche. Ein Buch Entwicklungsethik
Leipzig 1895

Tolmein, Oliver

Der Entwurf der Richtlinien zur Sterbehilfe der Bundesärztekammer - Absage an die Rechtsprechung des Bundesgerichtshofes oder Rückzug aus der Auseinandersetzung
MedR 1997, 534

Tröndle, Herbert

Anmerkung zur Einstellungsverfügung StA Oldenburg
NStZ 1999, 462

ders.

Zum Problem der Spätabtreibungen
Schriftenreihe der Juristen-Vereinigung Lebensrecht e.V.
Köln Nr. 16 (1999), 95

ders.

Preisgabe des individuellen Lebensschutzes – Auswirkungen des 2. Fristenregelungsurteils
Schriftenreihe der Juristen-Vereinigung Lebensrecht e.V.
Köln Nr. 12 (1995), 91

ders.

Das Schwangerschafts- und Familienhilfeänderungsgesetz
NJW 1995, 3009

ders.
Das zweite Fristenlösungsurteil des Bundesverfassungsgerichts und die Folgen
MedR 1994, 356

ders.
Das Menschbild des Grundgesetzes und die Neuregelung des Abtreibungsrechts im geeinten Deutschland
In: Seebode, Manfred (Hrsg.), Festschrift Günter Spendel zum 70. Geburtstag
Berlin, New York 1992

ders.
Warum ist die Sterbehilfe ein rechtliches Problem ?
ZStW 99 (1987), 25

ders.
„Soziale Indikation" – Rechtfertigungsgrund ?
Jura 1987, 66

ders.
Gibt die Rechtsprechung den Schutz ungeborenen menschlichen Lebens vollends preis?
MedR 1986, 31

ders./Fischer, Thomas
Kommentar zum Strafgesetzbuch
50. Aufl. München 2001
51. Aufl. München 2003

Uhlenbruck, Wilhelm
Bedenkliche Aushöhlung der Patientenrechte durch die Gerichte
NJW 2003, 1710

ders.
Vorab-Einwilligung und Stellvertretung bei der Einwilligung in einen Heileingriff
MedR 1992, 134

Ullmann, Johannes Gottfried
Das Strafrecht der Städte der Mark Meissen, der Oberlausitz, des Pleissner-, Oster- und Vogtlandes während des Mittelalters
Leipzig 1928, Leipzig 1970

Ulsenheimer, K.
Therapieabbruch bei schwerstgeschädigten Neugeborenen
MedR 1994, 425

ders.
Kompetenzprobleme bei der Entscheidung über die Behandlung oder Nichtbehandlung schwerstgeschädigter Neugeborener
In: Hiersche/Hirsche/Graf-Baumann, Grenzen ärztlicher Behandlungspflicht bei schwerstgeschädigten Neugeborenen
1. Einbecker Workshop der Deutschen Gesellschaft für Medizinrecht 27.-29. Juni 1986
Berlin u.a. 1987

Verweij, Marcel
Die Debatte in Sachen Nichtreanimationsentscheidungen in den Niederlanden
In: Gordijn, Bert/ten Have, Henk (Hrsg.), Medizinethik und Kultur. Grenzen medizinischen Handelns in Deutschland und den Niederlanden
Stuttgart-Bad Cannstadt 2000

Voigt, Moritz
Die XII Tafeln, Geschichte und System des Zivil- und Kriminalrechts wie –prozeßes der XII Tafeln nebst deren Fragmenten, Bd. I und II
Neudruck der Ausgaben Leipzig 1883, Aalen 1966

Vormbaum, Thomas/Welp, Jürgen
Das Strafgesetzbuch. Sammlung der Änderungsgesetze und Neubekanntmachungen
Band 1: 1870-1953
Baden-Baden 1999

Voss, Hubertus v.
Humangenetik-Kinderheilkunde: Der Kinderarzt im Spannungsfeld der Lebenserhaltung von Frühgeborenen bei der Praxis des Schwangerschaftsabbruchs nach § 218 StGB
Schriftenreihe der Juristen-Vereinigung Lebensrecht e.V.
Köln Nr. 2 (1985), 52

Voss, Hubertus v./Voss, Rüdiger v./Hoffacker, Paul
Chancen für das ungeborene Leben
Köln 1988

Wächter, Carl Georg
Lehrbuch des Römisch-Teutschen Strafrechts
Erster Theil Stuttgart 1825
Zweiter Theil Stuttgart 1826

Wächtershäuser, Wilhelm
Das Verbrechen des Kindsmordes im Zeitalter der Aufklärung. Eine rechtsgeschichtliche Untersuchung der dogmatischen, prozessualen und rechtssoziologischen Aspekte
Berlin 1973

Wagner, Christian
Das behinderte Kind als Schaden ?
NJW 2002, 3379

Wahl, Gisela
Zur Geschichte der ätiologischen Vorstellungen über die Entstehung von Missgeburten
Diss. Universität Düsseldorf 1974

Wehowsky, Stephan

Grenzüberschreitungen – Zur Zukunft einer Gesellschaft aus dem Labor
In: Schroeder-Kurth, Traute M/Wehowsky, Stephan (Hrsg.), Das manipulierte Schicksal
Frankfurt am Main, München 1988

Weiß, Norman

Spätabtreibungen - Dilemma für den Rechtsstaat oder lösbare Aufgabe für die Rechtsordnung ?
ZfL 1/2003, 14

Wessels, Johannes/Hettinger, Michael

Strafrecht BT/1 Straftaten gegen Persönlichkeits- und Gemeinschaftswerte
26. Aufl. Heidelberg 2002

Wiebe, Knut

Anmerkung zu BGH ZfL 3/2003, 83
ZfL 3/2003, 85

ders.

Mitten ins Herz
ZfL 3/2002, 73

Wimmer, August

Kein Recht auf den eigenen Tod ?
FamRZ 1975, 438

Winter, Stefan F./Fenger, Hermann/Schreiber, Hans-Ludwig

Genmedizin und Recht. Rahmenbedingungen und Regelungen für Forschung, Entwicklung, Klinik und Verwaltung
München 2001

Wisser, Josef
Ultraschallscreening in der Schwangerschaft. Heilkundliche Notwendigkeit oder belastende Selektionsmaßnahme
In: Schmid-Tannwald, Ingolf/Overdick-Gulden, Maria (Hrsg.), Vorgeburtliche Medizin zwischen Heilauftrag und Selektion
München u.a. 2001

Wladimiroff, J.W.
Die Problematik des späten Schwangerschaftsabbruchs in den Niederlanden
Abstract zur gemeinsamen Tagung der DGGG und der BÄK in Berlin vom 24.06.03

Wolfslast, Gabriele/Conrads, Christoph (Hrsg.)
Textsammlung Sterbehilfe
Berlin u.a. 2001

Zimmermann, Mirijam
Geburtshilfe als Sterbehilfe ? Zur Behandlungsentscheidung bei schwerstgeschädigten Neugeborenen und Frühgeborenen
Frankfurt a.M. u.a. 1997

Zimmermann-Acklin, Markus
Das niederländische Modell – ein richtungsweisendes Konzept ?
In: Holderegger, Adrian (Hrsg.), Das medizinisch assistierte Sterben. Zur Sterbehilfe aus medizinischer, ethischer, juristischer und theologischer Sicht
Freiburg (Schweiz), Wien 1999

Ihna Link

Schwangerschaftsabbruch bei Minderjährigen

Eine vergleichende Untersuchung des deutschen und englischen Rechts

Frankfurt am Main, Berlin, Bern, Bruxelles, New York, Oxford, Wien, 2004. 401 S.
Recht und Medizin. Herausgegeben von Erwin Deutsch, Adolf Laufs und Hans-Ludwig Schreiber. Bd. 69
ISBN 3-631-51661-4 · br. € 68.50*

Im Jahr 2002 betrafen rund sechs Prozent aller in Deutschland durchgeführten Schwangerschaftsabbrüche Minderjährige. In England lag der Anteil der Minderjährigen sogar bei knapp zehn Prozent. Obwohl seit langem Gegenstand juristischer Auseinandersetzung, sind die vorwiegend zivilrechtlichen Probleme, die sich aus der Minderjährigkeit der schwangeren Frau ergeben, bis heute nicht befriedigend geklärt. Bedarf es immer der (zusätzlichen) Einwilligung der Eltern? Welche tatsächlichen Fähigkeiten muss eine Minderjährige aufweisen, um wirksam einwilligen zu können? Mit diesen und zahlreichen weiteren Fragen beschäftigt sich diese Arbeit aus einer rechtsvergleichenden Sicht.

Aus dem Inhalt: Der Schwangerschaftsabbruch in der Rechtsordnung · Grundlagen der Einwilligungsdogmatik · Einwilligungsfähigkeit Minderjähriger · Beurteilung der Einwilligungsfähigkeit · Elterliche Entscheidungsbefugnis bei einwilligungsunfähigen Minderjährigen · Gerichtlicher Rechtsschutz · Problematik um den Behandlungsvertrag · Ausblick – Möglichkeiten einer gesetzlichen Regelung